Charlotte McGregor

HIGHLAND HAPPINESS
Die Schmiede von Kirkby

CHARLOTTE McGREGOR

HIGHLAND *Happiness*

DIE SCHMIEDE VON KIRKBY

ROMAN

Charlotte McGregor
Highland Happiness – Die Schmiede von Kirkby

Carin Müller
c/o Die Bücherfee Karina Reiß,
Zick Zack 1, 39393 Am Großen Bruch

www.charlottemcgregor.de
www.carinmueller.de

1. Auflage, Juli 2024

ISBN 978-3-910843-02-8

Umschlaggestaltung: Sabine Albrecht, www.benisa-werbung.de
Unter Verwendung von:
©Depositphotos.com/farinosa
©Depositphotos.com/bpm82
©Depositphotos.com/IgorP
©Depositphotos.com/Shaiith79
©Depositphotos.com/dpp2012
©Freepik/tirachard

Lektorat/Korrektorat: Julia Funcke

Druck und Bindung:
Smilkov Print Ltd, Blagoevgrad

INHALT

Anhang

ÜBER DAS BUCH

LIEBE LESERIN, LIEBER LESER,

schön, dass du wieder zusammen mit mir nach Kirkby reist. Für mich ist es schon der neunte »große« Ausflug – dazu kommen zwei Kurzromane, ein Krimi und diverse kleine Kurzgeschichten (mehr dazu ganz am Ende). Das malerische Dörfchen in den schottischen Highlands wächst und gedeiht – und damit auch der Cast in meinen Geschichten. Damit es mit den vielen Namen nicht zu verwirrend wird, findest du ganz hinten im Buch ein detailliertes Figurenregister.

Doch nun viel Spaß mit »Highland Happiness – Die Schmiede von Kirkby«.

Deine Charlotte

PS: Kennst du schon meine »Letters from Kirkby«? Das ist eine anderthalbjährige virtuelle Schottlandreise – mit regelmäßigen Mails von mir über unsere Lieblingsregion. Ich behandle darin alles, was ich an Schottland und den Highlands liebe: die Menschen, die Tiere, den Whisky, die rauschenden Feste und die absonderlichen Bräuche. Außerdem gibt's Infos zu den Kirkby-Romanen, den Protagonisten und in der gelegentlichen »Extra-Post« auch die aktuellsten Neuigkeiten. Zur Begrüßung erhältst du den Kurzroman »Die Glückskuh von Kirkby«. Das Ganze ist natürlich absolut kostenlos, aber ganz bestimmt nicht umsonst, denn es könnte sein, dass du dich genauso in Kirkby und seine Einwohner verliebst wie viele Menschen vor dir …

Unter charlottemcgregor.de geht's zu den »Letters from Kirkby« und der »Glückskuh«
(https://carinmueller.de/kirkby-letters).

AUF GRANIT GEBISSEN

»WURZELBEHANDLUNG?«, keuchte Marlin Fraser entsetzt und presste dann fest die Zähne zusammen.

»Ich fürchte, das ist alternativlos«, gab Brodie zurück.

»Ich bin wegen Zahnschmerzen gekommen und erfahre jetzt, dass …« Marlin plusterte sich auf, was in seiner aktuellen halb liegenden Position auf dem Behandlungsstuhl ein bisschen albern wirkte, und Brodie war froh, dass er eine Maske trug, sodass sein widerspenstiger Patient sein Lächeln nicht sehen konnte.

»Zahnschmerzen entstehen ja nicht ohne Grund«, erklärte er ruhig. »Und ich wette, die sind nicht erst heute Morgen aufgetaucht, was?«

»Das Wochenende war die Hölle«, gab Marlin schmallippig zu. »Betty wollte mich schon am Samstag zu dir schicken, aber du warst ja nicht da, und auf die Zahnklinik hatte ich keine Lust. Da haben am Wochenende ja doch nur Studenten Dienst.«

»Es wäre trotzdem eine schlaue Idee gewesen, die dir weitere Schmerzen hätte ersparen können«, entgegnete Brodie und widerstand dem Bedürfnis, sich für seine Abwesenheit zu rechtfertigen. Auch er durfte mal übers Wochenende verreisen. Nicht dass es in Edinburgh besonders erfreulich gewesen war, aber immerhin hatte Emma wieder mit ihm gesprochen und damit ihren fast einjährigen Schweigebann gebrochen. Man musste wohl dankbar für die kleinen Dinge sein, auch wenn Marie keine besondere Hilfe war. Kaum verwunderlich. Doch er verdrängte diese Gedanken und konzentrierte sich lieber wieder auf seinen Patienten.

»So ein paar Schmerzen hauen mich nicht um«, behauptete Marlin, aber besonders glaubwürdig wirkte er nicht.

»Zahnschmerzen sind mit das Gemeinste, was wir Menschen erleiden können«, widersprach Brodie. »Und blöderweise vergehen sie in den seltensten Fällen von allein. Aber glücklicherweise leben wir im einundzwanzigsten Jahrhundert und sind bestens dazu in der Lage, etwas dagegen zu tun. In deinem Fall wäre das eine Wurzelbehandlung.«

»Jeder, der schon mal eine Wurzelbehandlung hatte, sagt, dass es das schlimmste Erlebnis seines Lebens war«, presste Marlin hervor, und Brodie erkannte in den Augen des sonst immer so selbstbewussten und gerne auch großspurigen älteren Mannes blanke Angst.

»Es ist auch keine ganz triviale Angelegenheit, aber ich kann dir versichern, dass ich weiß, was ich tue. Und alle Menschen, die ich bisher auf diese Weise behandelt habe, haben nicht nur überlebt, sondern waren danach auch sehr erleichtert.«

»Was wäre die Alternative?«

»Wir könnten den betreffenden Backenzahn ziehen, aber das würde ich nicht empfehlen. Der Zahn selbst ist ja noch in einem guten Zustand, es ist lediglich der Nerv angegriffen. Wenn wir den Zahn entfernen, müssen wir zunächst mit einer viel größeren Wundfläche zurechtkommen, die höchst anfällig wäre für weitere Infektionen und damit für Schmerzen. Und später stellt sich die Frage nach einem Zahnersatz, denn die Lücke kann ja nicht bleiben. Man müsste ein Implantat einsetzen, was aber frühestens nach ungefähr einem halben Jahr möglich wäre, denn der Kieferknochen muss ja erst wieder Substanz aufbauen. Also alles in allem viel mehr Besuche bei mir und potenziell mehr Schmerzen.«

Marlin war bei der Beschreibung aschfahl geworden, und Brodie nutzte die Gunst der Stunde, um weiterzusprechen.

»Die Wurzelbehandlung dagegen ist vergleichsweise wenig invasiv. Ich gehe von oben in den Zahn hinein, ziehe den Nerv und säubere dann vorsichtig, aber gründlich die Wurzelkanäle. Dann spüle ich die Wurzeln, desinfiziere sie und fülle sie auf. Wenn ich gut gearbeitet habe, wird es komplikationslos ausheilen. In ein paar Monaten setzen wir dann eine Krone drauf, und der Zahn ist so gut wie neu.«

»Und wenn du nicht gut arbeitest?«

»Ich arbeite immer gut, keine Sorge«, sagte Brodie mit ruhiger Stimme. »Das habe ich vielleicht ungeschickt formuliert. Manchmal lassen sich nicht alle

Bakterienherde restlos entfernen, und dann kann es nach einiger Zeit erneut zu Schmerzen kommen, und eine weitere Sitzung wird fällig. In rund siebzig Prozent der Fälle reicht aber die Erstbehandlung.«

»Kann ich darüber nachdenken?«, fragte Marlin.

»Natürlich. Aber jeder Tag, den du länger wartest, bedeutet eine Ausweitung der Infektion und mehr Schmerzen. Wenn wir es jetzt gleich machen, hast du heute Nachmittag vergessen, dass du Zahnweh hattest.«

Marlin verzog das Gesicht. »Das würde ich kategorisch ausschließen.«

»Glaub mir, ich weiß, wie du dich fühlst. Ich habe das auch hinter mir. Und ich hatte nicht mich als Arzt, sondern musste einem Kollegen vertrauen.«

»Und wie lange wird es dauern? Irgendwann am Mittag oder frühen Nachmittag kommt der neue Hufschmied auf den Hof, da wäre ich gerne dabei.«

»Unter optimalen Bedingungen sind wir in einer guten Stunde fertig.«

»Was wären optimale Bedingungen?«

»Gerade Wurzelkanäle und ein entspannter Patient.« Brodie zog sich die Maske runter aufs Kinn, denn diesmal wollte er, dass Marlin sein zuversichtliches Lächeln auch sah. Er drückte ihm auch leicht den Oberarm, weil manche Menschen auf eine physische Verstärkung besser reagierten als nur auf Worte. »Wir kriegen das hin.«

»Okay.« Marlin gab sich geschlagen. »Wird es sehr wehtun?«

»Du spürst nur ein paar minimale Pikse von der örtlichen Betäubung, ansonsten merkst du gar nichts«, versprach er.

»Sicher?«

»Ganz sicher. Und ich kann gerne Kate rufen, die sehr gut darin ist, Patienten zu beruhigen.«

»Ich dachte, deine Helferin heißt Christine.« Marlin schaute ihn verwirrt an.

»Heißt sie auch, und sie muss mir assistieren. Kate dagegen wäre nur für dich da.«

Marlins Stirnrunzeln wich einem ungläubigen Blick. »Sprichst du etwa von deinem Hund?«

Brodie nickte. »Kate liebt es, sich auf den Patienten zusammenzurollen und sich während der Behandlung von ihnen streicheln zu lassen.«

»Aber … wir sind hier doch in einer Zahnarztpraxis. Ich meine, du weißt, wie sehr ich Tiere liebe, aber … ist das nicht unhygienisch?«

»Auch nicht unhygienischer als dein Stallpullover«, gab Brodie grinsend zurück. »Aber keine Sorge, wir decken dich und den Hund ab. Kate ist das gewohnt. Und sie ist der Hit bei Angstpatienten.«

Hinter Marlins kahler Stirn arbeitete es sichtbar. Es war sonnenklar, dass er nicht als Angstpatient bezeichnet werden wollte. Es war aber auch klar, dass ihm gerade der Arsch auf Grundeis ging.

»Ich bin gleich wieder da«, kündigte Brodie an. Er verließ das Behandlungszimmer und lief rasch die Treppe hinunter zum Rezeptionsbereich seiner Praxis, die er sich mit Hausärztin Anna Campbell und

Hebamme Martha Millner teilte. Während Anna und Martha ihre Behandlungsräume im Erdgeschoss hatten, mussten seine Patienten in den ersten Stock steigen – oder mit dem Treppenlift hochfahren, auf dem Bürgermeister Collum McDonald bestanden hatte, »um allen Bürgern Kirkbys eine barrierefreie Behandlung zu bieten«.

Tatsächlich war der Lift in dem Jahr, seit Brodie hier praktizierte, kein einziges Mal in Gebrauch gewesen, sondern diente vorwiegend als Schlafplatz für Annas Riesenkater Elvis. Doch heute war von dem Tiger nichts zu sehen. Brodies graue Whippets Kate und Moss dagegen schlummerten aneinandergeschmiegt in ihrem Kuschelkorb in der Teeküche und hoben nicht einmal die Köpfe, als er an der Tür vorbeilief.

»Kannst du den Elf-Uhr-Termin ein bisschen nach hinten schieben?«, bat er Maggie, die Praxismanagerin, die selbst beim größten Ansturm immer die Ruhe selbst war. »Ich muss eine Wurzelbehandlung bei einem Angstpatienten machen, dafür möchte ich mir etwas Zeit lassen.«

»Klar, kein Problem.« Maggie rief im Online-Terminkalender die entsprechenden Daten auf.

»Wollte nicht mein Vater zu dir kommen?«, mischte sich Isla Fraser ein, die gerade mit ihrem dicken Bauch zum Anmeldetresen watschelte und seinen letzten Satz gehört hatte. Kirkbys Sterneköchin erwartete in wenigen Wochen ihr erstes Kind und hatte wohl entweder bei Anna oder bei Martha einen Termin.

»Du weißt, dass ich nicht über meine Patienten sprechen kann«, erwiderte Brodie, doch Maggie hob grinsend einen Daumen. »Hey, die Schweigepflicht gilt auch für dich«, tadelte Brodie sie.

»Ich hab doch nichts gesagt«, behauptete Maggie gut gelaunt, und auch Isla grinste.

»Dad war das ganze Wochenende über unerträglich, weil er solche Schmerzen hatte. Gut, dass er endlich was unternimmt. Soll ich mitkommen und ihm die Hand halten?« Isla schien das Ganze wahnsinnig witzig zu finden.

»Nein, den Job übernimmt Kate«, entgegnete Brodie knapp und verschwand in der Teeküche, wo er die Hündin aus dem Korb hob – sehr zum Missfallen ihres Bruders Moss, der herzzerreißend zu jaulen begann.

»Komm zu mir, mein Schatz, ich tröste dich«, säuselte Maggie in Richtung des traurigen Rüden. Der stelzte daraufhin auf seinen langen, dünnen Beinen aus der Küche, sprang mit einem eleganten Satz auf Maggies ausladenden Schoß und legte seinen schmalen Kopf auf ihre Schulter.

»Gott, ich liebe Kirkby«, stellte Isla fröhlich fest. »Sag meinem Dad, er soll tapfer bleiben, damit er bald seinen neuen Enkel in Empfang nehmen kann. Und keine Sorge, ich verrate niemandem, dass er bei dir als Angstpatient gilt.« Letzteres rief sie so laut, dass es jeder in den Wartezimmern hören musste – und zweifellos auch Marlin selbst.

Brodie unterdrückte ein Augenrollen und ging wortlos mit Kate auf dem Arm nach oben.

»Da bin ich wieder«, verkündete er und legte Kate ohne weitere Diskussionen auf Marlins Schoß ab. Dort kringelte sie sich umstandslos so hin, dass ihr Kopf auf Marlins Bauch lag, und warf dem schmerzgeplagten Patienten einen seelenvollen Blick aus ihren dunklen Augen zu.

»Gutes Mädchen«, lobte Brodie leise, und Marlin schien sich schlagartig zu entspannen.

»Hab ich da eben meine Tochter gehört?«, erkundigte sich Marlin, während er bereits das seidenweiche dunkelgraue Fell des Hundes streichelte.

»Möglich«, antwortete Brodie ausweichend. »Aber darüber sollten wir uns jetzt keine Gedanken machen. Christine hat schon alles vorbereitet, wir können also gleich loslegen.« Er ging zum Waschbecken und wusch sich gründlich die Hände. Dann griff er sich einen frischen OP-Umhang aus dem Regal, schlüpfte hinein und zog sich eine neue Maske und Handschuhe an.

»Bist du bereit?«, erkundigte er sich bei Marlin, der nur nickte.

Christine breitete ein steriles Laken über Patient und Hund aus und befestigte es mit einem Kettchen, das sie Marlin um den Hals legte.

Brodie fuhr den Stuhl ein ganzes Stück hoch und brachte Marlin weiter in die Horizontale, damit er einen guten Zugang zum lädierten Backenzahn bekam. Dann nahm er die Spritze mit der superfeinen Nadel und bat seinen Patienten, den Mund zu öffnen.

Eine gute Stunde später war alles erledigt. »Die Betäubung wird noch ein Weilchen anhalten«, schärfte er Marlin ein. »In der nächsten Stunde solltest du nichts essen und auch danach noch vorsichtig sein, nicht dass du dich versehentlich selbst verletzt. Spätestens heute Abend müsstest du wieder normal essen können. Ich gebe dir ein paar starke Schmerztabletten mit, aber normalerweise solltest du mit ein, zwei Ibuprofen gut versorgt sein. Wenn nicht, ruf mich an und komm vorbei, aber ich bin sehr zuversichtlich, dass wir alles gut erwischt haben.«

»Dein Wort in Gottes Ohr«, nuschelte Marlin und richtete sich vorsichtig auf, um Kate nicht zu erschrecken. »Danke, du Gute«, lobte er die Hündin und streichelte ihr noch einmal über den Kopf.

»Katie, ab!«, befahl Brodie. »Hol dir bei Maggie deine Belohnung.« Der Hund sprang elegant vom Behandlungsstuhl und warf Christine einen auffordernden Blick zu, die prompt gehorsam die Tür öffnete.

»Ungewöhnliche Methoden«, befand Marlin, immer noch mit schwerer Zunge.

»Es wirkt. Wusstest du, dass man weniger Schmerzmittel braucht, wenn ein Tier den Patienten beruhigt? Bei einem hohen Angstlevel muss man sonst viel größere Dosen spritzen, was wiederum dazu führt, dass die Betäubung länger anhält und es manchmal zu unschönen Folgeverletzungen kommt. Diese Sorge müssen wir uns wohl nicht machen. Wie gesagt, erst mal nichts essen und dann vielleicht nur weiche

Sachen oder eine Suppe. Wenn du keine Beschwerden hast, sehen wir uns nächste Woche zur Kontrolle, ansonsten natürlich jederzeit früher.«

»Ich hab's kapiert. Danke, Doc.« Marlin betastete vorsichtig seine Wange, die immer noch geschwollen war. Doch Brodie war optimistisch, dass sich das bald legen würde.

»Hab einen guten Tag, Marlin«, verabschiedete er sich und reichte ihm die Hand. »Lass dich nicht unterkriegen.«

• • •

Es war ein kalter, aber trockener Märznachmittag, als Charly am Westufer des Loch Ness entlang in Richtung Norden zuckelte. Von dem milden Frühlingswetter, das sie noch vor zwei Wochen in Andalusien erlebt hatte, war hier in den rauen Highlands nichts zu spüren. Um diese Jahreszeit war hierzulande jederzeit noch ausgedehnter Schneefall drin. Doch im Augenblick sah es nicht nach Niederschlag aus.

Das Wetter war in ihren Überlegungen momentan allerdings zweitrangig. Vielmehr war sie gespannt, was sie gleich an ihrem neuen Arbeitsplatz erwarten würde. Spannend und herausfordernd dürfte es auf jeden Fall werden. Rupert Fraser war nicht nur ein bekannter Züchter von Clydesdales, der alten schottischen Kaltblutrasse, sondern hatte über die Landesgrenzen hinaus einen einzigartigen Ruf als Pferdetherapeut und -trainer. Zusammen mit seiner Tochter Hailey betreute er jedes Jahr mehrere Dutzend Pferde, die mit physischen und/oder psychischen Problemen in das abgelegene Reitsport- und Therapiezentrum kamen.

Vater und Tochter eilte der Ruf voraus, dass sie beinahe jedes Tier wieder fit bekamen. Die letzte Erfolgsgeschichte war die von Cameron Sinclairs Wunderspringpferd Artemis, das sich vor knapp drei Jahren von einem Tag auf den anderen geweigert hatte, auf einem Reitplatz über Hindernisse zu springen. Die Behandlung hatte so ausgesehen, dass Artemis gedeckt wurde und ein Fohlen bekam. Gut zwei Jahre hatte sie fast ohne Training auf der Weide verbracht, doch letztes Jahr im Dezember war sie von ihrem Reiter zum ersten Mal wieder bei einem internationalen Turnier vorgestellt worden und hatte aus dem Stand heraus einen sensationellen zweiten Platz erzielt.

Charly fand solche ganzheitlichen Ansätze sehr spannend – auch weil sie im Lauf ihrer Berufstätigkeit schon sehr oft ganz anderes erlebt hatte. Da war es häufig nur darum gegangen, ein Tier in Form zu spritzen, um es teuer verkaufen zu können. In ihrem Fall war zwar lediglich ein spezieller orthopädischer Beschlag gefordert, der den Tieren einen schwungvolleren oder sichereren Tritt verleihen sollte, aber auch das hatte ihr oft genug Kopfschmerzen bereitet, wenn es vor allem kosmetische Wirkung haben sollte. Möglich war da vieles, doch mit ihrem Verständnis von Tierwohl vertrug sich das ganz und gar nicht. Daher war sie vielfach angeeckt und hatte oft genug ihre

Stelle verloren, weil sie sich weigerte, reine Schönheitsbehandlungen anzuwenden statt therapeutische.

Charly hatte gehört, dass Rupert Fraser einer jener Menschen war, die durch eine simple Berührung herausfanden, wo bei einem Tier das Problem lag. Sie hatte keine Ahnung, ob so etwas wirklich möglich war, empfand aber großen Respekt vor derartigem Talent. Sie selbst musste mehrere Sinne bemühen: Zuerst schaute sie sich immer das Gangbild ihrer vierbeinigen Kunden an. Das verschaffte ihr schon eine ziemlich präzise Vorstellung davon, ob das Tier Unterstützung brauchte oder nicht. Danach tastete sie das ganze Pferd mit ihren Händen ab – nicht nur an den Beinen, sondern auch an Rücken, Kruppe, Hals und Schultern. Überall dort, wo große Muskeln saßen. Verspannungen an diesen Stellen gaben ihr ebenfalls Hinweise darauf, wie es um den Bewegungsapparat des jeweiligen Tiers bestellt war. Genauso wichtig war die Hufbeschaffenheit. Was sie über die Vorgeschichte hörte, empfand sie selbst dagegen fast als zweitrangig, denn das Tier »sprach« viel präziser zu ihr als seine Halter. Und schließlich kam es auch immer noch darauf an, welche Aufgaben das Pferd zu meistern hatte.

Sobald sie diese Variablen im Kopf hatte, sagten die ihr ganz genau, wie viel sie von welchem Huf wegschneiden und abraspeln sollte und wie jedes Eisen aussehen musste. Dass sie scheinbar intuitiv arbeitete, hatte ihr ebenfalls einen gewissen Ruf eingebracht und für großartige Referenzen gesorgt – jedenfalls von den Arbeitgebern, denen das Wohl der Pferde genauso am Herzen lag wie ihr.

Die letzten vier Jahre über hatte sie in einem großen Dressurstall in Andalusien gearbeitet und dort wundervolle Tiere und Menschen kennengelernt. Doch in letzter Zeit hatte sie immer häufiger ein diffuses Heimweh verspürt, etwas, das sie sich niemals hatte vorstellen können, als sie vor zwanzig Jahren mit zarten siebzehn für ein Praktikum nach Kentucky geflogen und dort für die nächsten acht Jahre geblieben war. Gefolgt waren Aufenthalte in Argentinien, in zwei arabischen Emiraten, in Frankreich und zuletzt in Spanien.

Heimweh – sie hatte lange gebraucht, um überhaupt zu begreifen, dass ihre seltsame Melancholie genau das war. Die Sehnsucht nach ihren Wurzeln. Wobei, ganz stimmte das nicht. Ihre Familie war seit vielen Generationen in Oban an der schottischen Westküste beziehungsweise auf der Isle of Mull beheimatet, und alle, wirklich restlos alle Mitglieder ihrer Sippe waren der Seefahrt verbunden. Als Fischer, als Fährkapitäne, als Meeresbiologen, als Taucher oder Walbeobachter. Es schüttelte sie, wenn sie nur daran dachte. Wasser war einfach nicht ihr Element. Sie hatte sich schon immer zum Feuer hingezogen gefühlt.

Sie liebte ihre Familie – ihre Eltern, ihre Geschwister, die Tanten und Onkel und die zahllosen Cousins und Cousinen –, doch sie hatten sich einfach nichts zu sagen. Das war während der letzten Tage, die sie zu Hause in Oban verbracht hatte, wieder mehr als deutlich geworden. Wenn Charly über Pferde redete und ihre Geschwister mit der gleichen Eindringlichkeit über Wale, Delfine und Robben, dann benutzten sie zwar die gleichen Worte, aber vollkommen fremde Sprachen.

Nun, in Kirkby würde das anders sein, davon war sie überzeugt. Sie hatte inzwischen Drumnadrochit erreicht und bog nach links ab. Jetzt waren es nur noch wenige Kilometer bis zu ihrem Ziel, und nach allem, was sie vor ihrer Bewerbung herausgefunden hatte, sprach man dort eindeutig Pferd und nicht Wal.

Als Charly einen Hügelkamm erreichte, erspähte sie über Bäume hinweg zunächst den Kirchturm von Kirkby und ein großes Schloss oder Herrenhaus. Nach der nächsten Kurve hatte sie den Wald hinter sich gelassen und sah das ganze Dorf vor sich. In diesem Moment breitete sich ein warmes Gefühl in ihrem Magen aus und verdrängte die Nervosität, die sie während der gesamten gut zweistündigen Fahrt von Oban hierher verspürt hatte. Das hier würde ihr Zuhause werden, da war sie sich ganz sicher.

Als sie kurz darauf mit ihrem prähistorischen, aber zuverlässigen Range Rover auf den Parkplatz des wirklich mehr als großzügigen Reitsportzentrums fuhr, verstärkte sich das Gefühl noch weiter. Das hier war ihre Welt. Sie war an etlichen Koppeln vorbeigefahren, auf denen die imposanten Clydesdales grasten, und konnte die Vorfreude auf die kommenden Herausforderungen kaum bremsen. Mit solchen Kolossen hatte sie noch nie zu tun gehabt, doch alles, was sie über diese Pferde wusste, gefiel ihr. Außerdem würde sie sich wohl zum Großteil auch um die Gästepferde kümmern müssen, die spezielle Bedürfnisse hatten.

Rupert Fraser hatte beim Bewerbungsgespräch, das über Zoom stattgefunden hatte, gesagt, dass sein Bruder Marlin als Schmied künftig etwas kürzertreten, sich aber nicht vollständig zurückziehen wollte. Das klang in Charlys Ohren nach einer guten Arbeitsteilung, und sie freute sich darauf, sich von dem erfahrenen Kollegen noch den ein oder anderen Trick abschauen zu können.

Sie stieg aus ihrem Wagen und sah sich um. Auf einem nahe gelegenen Reitplatz fand gerade eine Kinderreitstunde statt, auf einem anderen, etwas weiter entfernten übten zwei Frauen mit ihren Pferden Dressurlektionen. Die Luft war kühl, und doch meinte sie, einen Hauch Frühling erschnuppern zu können. Und über allem lag der unverkennbare, vertraute Duft nach Pferd. In ihrem Hänger rumorte es. Penny hatte keine Lust mehr auf ihr rollendes Quartier, und Charly konnte es ihr nicht verdenken. Nach der endlos langen Reise von Andalusien nach Schottland und den paar Tagen im Garten von Charlys Eltern sehnte sich auch die Eselin zweifellos nach Normalität und Freiheit.

»Ruhig, Penny. Halt noch ein bisschen durch, dann lass ich dich raus«, raunte Charly ihrer treuesten Gefährtin zu.

»Kann ich helfen?« Vor ihr hatte sich wie aus dem Nichts eine kurvige rotblonde Frau in Reiterkluft materialisiert und strahlte sie freundlich an.

»Hailey Fraser?«, fragte Charly, die sich sicher war, ihr Gegenüber von diversen Fotos auf der Webseite wiedererkannt zu haben.

»Die bin ich.«

»Cool. Ich bin Charly MacRae.« Sie streckte Hailey die Hand hin und erwartete eine erfreute Begrüßung. Stattdessen schien das Lächeln auf dem Gesicht ihrer zukünftigen Chefin in sich zusammenzufallen. »Die neue Schmiedin«, fügte Charly noch hinzu, weil offenbar eine Erklärung notwendig war. »Dein Vater und dein Onkel erwarten mich.«

»Heilige Scheiße«, murmelte Hailey und fing dann haltlos an zu lachen. Sie lachte so heftig, dass ihr die Tränen aus den Augen liefen.

»Ähm?« Charly wusste nicht, was sie von dieser Show halten sollte. *So* hatte sie sich ihren ersten Auftritt in Kirkby nicht vorgestellt. Das warme Gefühl in ihrer Magengrube verflüchtigte sich schlagartig und machte feuchter Kälte Platz.

In diesem Moment stieß Penny ein markerschütterndes »Iah« aus, das einen Moment später von einer weit entfernten Koppel beantwortet wurde.

»Du hast da einen Esel drin?«, fragte Hailey ungläubig, als sie genug gelacht hatte.

»Ist das ein Problem?« Charly hatte angekündigt, dass sie in vierbeiniger Begleitung anreisen würde, und Rupert hatte ihr versichert, das sei in Ordnung.

»Der Esel dürfte das geringste deiner Probleme sein«, gab Hailey zurück und schien mit dem nächsten Lachflash zu kämpfen.

Charly hatte keine Ahnung, wie sie diese mehr als seltsame Begrüßung finden sollte. Ihre riesige Vorfreude war jedoch deutlichem Unbehagen gewichen. Aber sie straffte die Schultern. Wenn das hier nichts wurde, könnte sie jederzeit woanders eine Anstellung finden oder sich endgültig selbstständig machen. Bei ihrer Expertise und der zwanzigjährigen Erfahrung sollte das kein Problem sein. Ein Rückschlag, mehr war das hier nicht. »Dann mach ich mich wohl mal wieder auf den Weg«, sagte sie zu Hailey, die immer noch damit rang, ihre Gesichtszüge in den Griff zu bekommen.

»Was?«, rief Hailey erschrocken. »Auf gar keinen Fall. Bitte, es tut mir leid, dass ich so … ähm … reagiert habe …«

»Unprofessionell?«, half Charly aus. Sie war sich nach allem, was sie über Hailey Fraser herausgefunden hatte, sicher gewesen, dass sie mit der Juniorchefin bestens zurechtkommen würde, doch das war wohl ein Irrtum gewesen.

»Ja. Total unprofessionell«, gab Hailey zu und klang aufrichtig zerknirscht. »Entschuldige bitte. Ich freu mich total, dass du hier bist. Dein Ruf eilt dir ja weit voraus, und Onkel Marlin ist zwar wirklich gut, aber eher kein … ähm … Und außerdem will er langsam kürzertreten.« Wieder schien sie ein Kichern unterdrücken zu müssen, doch diesmal schaffte sie es besser. »Wir haben hier einige sehr herausfordernde Fälle, und du scheinst … die richtige … ähm … Person dafür zu sein.«

»Davon bin ich bis eben auch ausgegangen«, entgegnete Charly reserviert und zuckte leicht zusammen, als Penny mit voller Wucht gegen die Hängerwand auskeilte. Das kannte sie von ihrer sonst so sanftmütigen Eseldame nicht.

»Da hat wohl jemand einen Lagerkoller«, stellte Hailey fest, und diesmal war ihr Lächeln ganz warmherzig. »Sollen wir ihn retten?«

»Sie. Penny«, korrigierte Charly und fügte hinzu: »Und ja, das wäre schön. Ich glaube, sie hat langsam die Nase voll von dem Hänger.« Sie öffnete die Heckklappe und schlüpfte rasch zu dem aufgeregten Tier hinein. Sofort spitzte Penny wieder fröhlich die Ohren und ließ sich ganz ohne Hampelei aus dem Anhänger führen. Das Abteil im Inneren war eigentlich für zwei große Pferde vorgesehen, aber die kleine graue Zwergeselin teilte sich ihr Fahrquartier mit Charlys Werkzeugen.

»Du bist ja eine Süße«, stellte Hailey fest und ließ Penny an ihren Händen schnuppern, ehe sie ihr mit sichtlich geübten Griffen den Mähnenkamm kraulte, was die Eselin schlagartig fast schon ekstatisch die Augen verdrehen ließ.

»Das ist sie wirklich. Und du scheinst Wunderfinger zu haben.« Charly merkte, wie ihre Vorbehalte gegenüber Hailey wieder etwas schwanden. Wer so liebevoll mit Tieren umging, konnte kein ganz schlechter Mensch sein.

»Sollen wir mal zur Schmiedescheune rüberlaufen?«, schlug Hailey vor. »Penny kann mitkommen, oder wir stellen sie in einen leeren Paddock.«

»Sie will sicher lieber mitkommen«, erwiderte Charly, die ihr neugieriges Mädchen kannte. Penny liebte nichts mehr, als in ihrer Nähe zu sein und alles ganz genau in Augenschein zu nehmen.

Hailey nickte und marschierte los. »Das hier sind unsere Außenreitplätze, vorwiegend für Unterricht und zur Nutzung durch unsere Mieter«, erklärte sie. »Das hier ist der große Hauptstall. Wir haben noch einen Gästestall und einen Offenstall mit riesiger Koppel, der vor allem von unseren Ponys, den robusten Freizeitpferden und einigen unserer älteren Clydesdales das ganze Jahr über bewohnt wird. Aber alle Tiere haben jeden Tag ausgedehnte Weidezeit, und ich überlege schon eine Weile, ob wir unseren Hauptstall in einen großen Laufstall umbauen sollten, in dem die Tiere nicht in einzelnen Boxen stehen, sondern in einem artgerechten Sozialverband leben. Aber mein Vater und viele unserer Mieter sehen das skeptisch.« Ihr entfuhr ein kleiner Seufzer.

»Für die Tiere wäre es bestimmt schöner, aber für die Halter ist es natürlich gewöhnungsbedürftig.« Charly erwärmte sich immer mehr für Hailey. Sie hatte selbst auf tollen Anlagen gearbeitet, aber restlos überall wurden die Pferde in Einzelboxen gehalten. Selbst wenn diese groß und luxuriös waren, entsprach das einfach nicht den Bedürfnissen der hochsozialen Herdentiere. Sie musste zugeben, dass sie das bis vor Kurzem selbst nie hinterfragt hatte, bis sie auf eine tolle Dokumentation von einer Norwegerin gestoßen war, die ihren Stall radikal umgebaut und umorganisiert hatte.

Das war ein echter Augenöffner gewesen.

»Es reden sich alle auf Tradition raus«, ereiferte sich Hailey. »Dabei ist es eine vergleichsweise neue Entwicklung, dass Pferde einzeln gehalten werden. Andere argumentieren mit Sicherheit. Und ja, ich würde jetzt auch kein nervöses verletztes Vollblut einfach so mit unseren Clydesdales in einem Laufstall unterbringen, aber unter Tieren, die sich ohnehin schon lange kennen …« Sie winkte ab. »Darüber will ich mich gerade nicht aufregen, denn dieses Problem kriege ich so schnell nicht gelöst. Aber sobald ich hier endgültig das Sagen habe …« Sie sprach den Satz nicht zu Ende, doch das war auch nicht nötig.

»Man kann ja mal experimentieren, die Tiere einige Zeit in eine Halle stellen und beobachten, was passiert«, schlug Charly vor.

»Schöne Idee.« Hailey blickte überrascht zu ihr herüber. »Allerdings sind unsere beiden Hallen immer gut gebucht. Das Wetter ist hier halt gerne mal sehr schottisch.« Sie grinste. »Aber ich krieg das schon hin. Früher oder später. Apropos Hallen: Das hier ist die Halle, die wir vorwiegend für die Gastpferde nutzen, also die Tiere, die wegen Verletzungen oder Verhaltensauffälligkeiten zu uns kommen und mit denen wir geschützter trainieren. Wir haben für diese Fälle auch ein Dressurviereck, einen Springparcours und sogar eine kurze Rennstrecke mit Startboxen wie auf der Rennbahn.«

»Sehr beeindruckend«, befand Charly und meinte es auch so. Sie hatte von all diesen Dingen zwar auch schon auf der Webseite gelesen, aber sie fand es noch viel spannender, von der Betreiberin persönlich davon zu hören.

»Hm.« Hailey zuckte mit den Schultern. »Es ist das, was die Kunden erwarten. Wenn es nach mir ginge, könnte ich gut darauf verzichten, traumatisierte Rennpferde wegen ihrer Angst vor der Startanlage zu therapieren.«

»Es ist leider nicht alles schön, was mit dem Reitsport zusammenhängt«, sagte Charly leise. Sie selbst hatte da reichlich Erfahrung sammeln müssen. Besonders schlimm wurde es, wenn es um viel Geld ging. Doch diese Kommentare sparte sie sich.

»So, hier wären wir.« Sie waren einen großen Bogen gelaufen und letztlich an einem Gebäude angekommen, das zwischen Haupt- und Gästestall untergebracht war.

Charly nahm an, dass eine Hälfte davon ein Futter- oder Gerätelager war. Oder womöglich eine Remise für Kutschen, die es hier zweifellos auch gab. Doch sie hatte vor allem Augen für die Schmiede, die mit einem Innen- und einem Außenbereich zum Beschlagen aufwartete. Und mit einem Werkraum, der all ihre Träume wahr werden ließ. Dominiert wurde dieser Raum von einer großen, kohlebefeuerten Esse in der Mitte. In den raumhohen Regalen lagerten Eisenrohlinge in allen Größen und außerdem diverse Spezialbeschläge aus Gummi und Kunststoff. Sie erspähte eine Kollektion aus Raspeln in jeder Körnung und stellte fest, dass die Werkzeuge zwar deutliche

Gebrauchsspuren aufwiesen, aber allesamt tipptopp gesäubert waren. Genau, wie es sein sollte.

»Wow, das ist wirklich beeindruckend«, lobte sie. »Und eine kleine gasbefeuerte Esse gibt es auch.« Das war praktisch, wenn man zwischendurch nur ein Pferd behandeln musste und es sich nicht lohnte, die große Kohleesse in Betrieb zu nehmen. Wobei bei einem Betrieb dieser Größe sicher kaum ein Tag verging, an dem nicht mehrere Pferde zu behandeln waren.

»Gute Ausstattung ist das eine, gutes Know-how ist das andere«, sagte Hailey mit einem Schulterzucken. »Nicht dass mein Onkel Marlin nicht superkompetent wäre«, beeilte sie sich hinzuzufügen. »Ganz und gar nicht, aber …« Sie lief rot an und beendete den Satz lieber nicht. »Ich schreib meinem Vater, dass du da bist.« Sie zog ihr Handy aus der Brusttasche ihrer Reitweste und tippte rasch ein paar Worte.

»Know-how allein hilft aber auch nicht. Es ist schon gut, wenn auch optimales Material zur Verfügung steht«, entgegnete Charly und sah sich weiter um. Es juckte sie in den Fingern, die Schubläden zu öffnen und zu erforschen, was für Schätze sich wohl darin befanden. Vermutlich Nägel, Kunsthorn, das man bei Hufverletzungen und -krankheiten verwendete, und zahllose andere nützliche Dinge. Ihre mobile Notfall-Ausstattung im Hänger brauchte sie wohl eindeutig nicht.

»Kommen auch Pferdebesitzer aus der Umgebung hierher, oder kümmern wir … kümmert man sich hier nur um die im Betrieb untergestellten Tiere?«

»Du kannst ruhig ›wir‹ sagen«, meinte Hailey lächelnd. »Du hast ja bereits einen festen Arbeitsvertrag, wenn ich es richtig verstanden habe. Also ja, wir kümmern uns hier ausschließlich um unsere Tiere, aber vor allem deshalb, weil Marlin nicht mehr bewältigen konnte. Vielleicht ändert sich das ja in Zukunft. In Notfällen, wenn der eigentliche Schmied nicht kann, springen wir aber auch jetzt schon immer mal wieder ein. Und nach dem, was ich auf die Schnelle gesehen habe, bist du ja auch für den mobilen Einsatz vorbereitet.«

»Allerdings wirklich nur für akute Notfälle. Ich habe lediglich eine Basisausstattung im Hänger. Das hier ist echt das Paradies.«

»Nach allem, was in deinem Lebenslauf steht, hast du in lauter hochklassigen Ställen gearbeitet. Da müsste es doch ganz ähnlich sein, oder?«

»Schön wär's.« Charly seufzte. »Den meisten ist es zwar wichtig, dass die Pferde gesunde Hufe und einen optimalen Beschlag haben, doch so viel Platz für eine richtige Schmiede stellt fast niemand zur Verfügung. Den könnte man ja für mehrere teuer bezahlte Boxen oder so verwenden.« Charly machte eine wegwerfende Handbewegung. »Ich finde es wichtig, dass sich nicht nur die Pferde wohlfühlen, sondern auch …«

»Wer sind Sie?«, donnerte eine Männerstimme. »Und wem gehört der Esel, der da den Türrahmen zernagt?«

Charly betrachtete den bärtigen, glatzköpfigen älteren Mann, der einen wilden Blick und eine geschwollene Wange hatte. Wenn sie nicht alles täuschte, war das Marlin Fraser – der aktuelle Hufschmied. »Ich bin Charly MacRae«, stellte sie sich vor. »Und das da draußen ist mein Esel Penny.« Sie stieß einen kleinen Pfiff aus, und Penny drängelte sich an dem Mann vorbei und eilte an Charlys Seite. »Böses Mädchen, du darfst nichts annagen«, schimpfte sie leise mit dem Tier.

Marlin öffnete den Mund und schloss ihn wieder – offenbar fehlten ihm die Worte. Hailey grinste schon wieder und schien sich köstlich zu amüsieren.

»Charly, darf ich dir meinen Onkel und deinen Vorgänger Marlin vorstellen? Seines Zeichens Hufschmied, selbst ernannter Hundeflüsterer, Hobbyschäfer, ehemaliger Popstar und Angstpatient beim Zahnarzt.« Ihre blauen Augen funkelten so vergnügt, als wollten sie gleich Funken sprühen.

Marlins Blick wurde dagegen noch mörderischer, doch diesmal galt sein Todesstarren seiner Nichte, und Charly fragte sich, mit welchem Teil der Vorstellung sich Hailey das verdient hatte.

»Sie ist eine Frau!«, brachte er empört hervor.

War *das* die Neuigkeit, die ihn so aus der Fassung gebracht hatte? Dass Charly eine Frau war? Was im Übrigen nicht zu übersehen war – nicht mal für einen Hufschmied, Hundeflüsterer, Schäfer, Popstar und Angstpatienten.

»Ist mir auch aufgefallen«, erwiderte Hailey belustigt.

»Wer ist eine Frau?«, hörte Charly von draußen eine weitere Männerstimme, und einen Moment später kam Rupert Fraser in die Schmiede und stellte sich neben seinen Bruder. Er war fast einen Kopf größer und mindestens zweimal so schwer. Außerdem hatte er viel mehr Haare – auf dem Kopf wie am Kinn –, grauweiß mit einigen roten Strähnen. Die Augenpartie war jedoch identisch, nur dass Ruperts blaugraue Augen fragend und nicht tödlich strahlten.

»Der Schmied ist eine Frau«, antwortete Marlin und deutete mit einem Finger auf Charly, was sie als ziemlich unhöflich empfand. »Eine winzige Frau mit blauen Haaren und Nasenpiercing«, stellte er das Offensichtliche fest.

»Sie sind Charly MacRae?« Nun hing auch Ruperts Mund offen.

»Ja, und offen gestanden verstehe ich nicht, warum das eine Überraschung ist«, brachte Charly hervor, der die ganze Situation immer abstruser vorkam. »Wir haben uns doch bei dem Zoom-Interview gesehen.«

»Das hat nicht funktioniert«, gab Rupert zähneknirschend zu, und Charly bemerkte, dass sich Hailey im Hintergrund in lautlosen Lachkrämpfen wand. Offenbar fand sie die Situation wirklich wahnsinnig witzig.

»Ich konnte Sie gut sehen«, entgegnete Charly. »Warum haben Sie denn nichts gesagt?«

»Weil er sich nicht als Technik-Idiot outen wollte«, grunzte Marlin.

»Du ja auch nicht«, fauchte ihn Rupert an. »Außerdem war das Interview doch ohnehin nur Formsache. Wir hatten uns ja schon aufgrund des Lebenslaufs und der Empfehlungen entschieden. Und natürlich haben wir uns im Vorfeld bei den angegebenen Referenzen erkundigt.«

»Aber Dad, dir muss doch schon die Stimme aufgefallen sein«, warf Hailey ein und wischte sich eine Lachträne aus dem Augenwinkel. »Ich meine, Charly hat ja kein rauchiges Whisky-Organ, das man mit dem eines Mannes verwechseln könnte.«

»Ich dachte halt, dass der Ton ebenfalls schlecht wäre.« Rupert kratzte sich verlegen das bärtige Kinn. »Aber Sie sind eindeutig eine Frau«, wandte er sich in anklagendem Tonfall an Charly.

»Ich habe nie etwas anderes behauptet.« Charly kraulte unbewusst Pennys Hals. Die Eselin hatte offenbar mitbekommen, dass moralische Unterstützung dringend nötig war, und schmiegte sich an ihre Zweibeinerin. »Und ich weiß ehrlich gesagt auch nicht, warum das ein Problem sein soll.« Das stimmte nicht, natürlich wusste sie, dass viele Menschen – Männer! – ein Problem damit hatten, wenn eine zierliche Frau diesen archaischen Beruf ausübte, der doch eindeutig der Testosteron-Fraktion vorherbestimmt war. Doch letztlich hatte sie bislang alle Skeptiker überzeugen können.

»Haben Sie schon mal Clydesdales beschlagen?«, erkundigte sich nun Marlin.

»Nein.«

»Nun, da haben Sie's! Das ist auch schon die Antwort auf die Frage. Ich sehe beim besten Willen nicht, wie Sie mit achthundert bis tausend Kilo Körpermasse klarkommen wollen.« Marlin schien mit dieser prächtigen Ausrede sehr zufrieden zu sein, und auch Rupert nickte vehement, während Hailey die Augen verdrehte und schon zu einer Replik ansetzen wollte.

Doch Charly war schneller. »Mir war nicht klar, dass ich als Schmiedin mit den Pferden ringen muss.« Sie bemühte sich erst gar nicht, den Sarkasmus aus ihrer Stimme herauszuhalten. »Wenn es so ist, dann wird das natürlich nie was. Mein Fehler. Wirklich dumm von mir.« Sie tat so, als würde sie die Schmiede verlassen wollen, hielt aber in der Bewegung inne. »Wobei ich gerne sehen würde, wie *Sie* mit einer Tonne Muskelmasse in den Ring steigen«, sagte sie dann zu Marlin. »Bei allem Respekt, Sir, Sie machen nicht den Eindruck, als würden Sie viel mehr Körpergewicht auf die Waage bringen als ich.«

Marlin und Rupert schienen so verdutzt zu sein, dass ihnen die Worte fehlten, dafür schüttelte sich Hailey bereits wieder vor Lachen.

»Und mit Ihren Reflexen dürfte es auch nicht mehr so weit her sein, nicht wahr?«, fuhr Charly fort. »Sie sind ja locker doppelt so alt wie ich.« Sie war unglaublich sauer, weil sie sich mit derart dämlichem Sexismus herumschlagen musste. Ja, es hatte wie ein Traumjob gewirkt, und sie war schockverliebt in die Örtlichkeit, doch vermutlich waren ihre Sinne vom Heimweh und von der Sehnsucht nach Schottland vernebelt gewesen. Darüber würde sie hinwegkommen.

»Mit meinen Reflexen ist alles in Ordnung«, knurrte Marlin und klang dabei wie ein verwundetes Tier.

Schwer getroffen, aber sehr gefährlich. »Und außerdem bin ich ganz sicher nicht doppelt so alt wie Sie.«

Sie taxierte ihn mit einem kühlen Blick. Vermutlich war er tatsächlich nicht doppelt so alt wie sie, wenn auch locker dreißig Jahre älter. Aber das spielte keine Rolle. Sie würde ganz bestimmt nicht unter solchen Bedingungen arbeiten. »Wenn Sie meinen«, gab sie scheinbar nonchalant zurück, auch wenn sie innerlich bebte. »Vermutlich habe ich meinen Beruf bislang völlig falsch ausgeübt, denn *ich* musste in den letzten zwanzig Jahren noch nie auf meine Körperkraft setzen« – sie deutete auf ihren Bizeps, der von einem warmen Fleecepulli verhüllt war und auf den sie insgeheim ziemlich stolz war. »Sondern ausschließlich auf mein Einfühlungsvermögen mit den Tieren« – sie legte sich eine Hand auf die Brust. »Denn in diesem Punkt haben Sie zweifellos recht: In Sachen Körperkraft wäre ich sogar einem Shetlandpony unterlegen. Sie aber auch, Sir.« Sie schnippte kurz mit den Fingern, um Penny zum Abmarsch zu bewegen, und verließ hoch erhobenen Hauptes die Schmiede.

ZWEITER VERSUCH

SIE KAM JEDOCH NICHT WEIT, denn an der Tür im Vorraum stand eine hochschwangere, rothaarige Frau, die ähnlich wie Hailey lachend um Fassung rang und jetzt die Hand ausstreckte, um Charly zurückzuhalten.

»Bitte nicht weglaufen«, japste sie kichernd.

»Auf gar keinen Fall«, stimmte Hailey ein, die hinter Charly aufgetaucht war. »Ich muss mich nicht nur für mein Benehmen entschuldigen, sondern auch für das von meinem Onkel und meinem Vater. Die beiden alten Narren haben diese Abreibung so was von verdient.«

»Wir mögen alt sein, hören aber jedes Wort«, brummte Rupert.

»Gut so. Ich hoffe, ihr hört es nicht nur, sondern versteht es auch«, wandte sich die Schwangere an die beiden Männer. »Ehrlich, wie könnt ihr euch dermaßen bescheuert benehmen? Ich bin ja viel von euch gewohnt, aber das war ein neuer Tiefpunkt, selbst für eure Standards. Ich finde aber Charlys Vorschlag, dass du mit einem unserer Clydesdales in den Ring steigst, sehr charmant, Dad. Ich bin übrigens Isla und eine Tochter von Marlin«, sagte sie dann zu Charly und reichte ihr die Hand. »Ich will ihn wirklich nicht in

Schutz nehmen, aber normalerweise ist mein alter Herr nicht so ein sexistischer Arsch. Muss wohl daran liegen, dass er tagelang Zahnschmerzen hatte und nun beim Zahnarzt als Angstpatient gilt, der eine Behandlung nur mit Therapietier erträgt. Ganz schlecht fürs Ego.«

Charly hatte keine Ahnung, was sie mit dieser Info anfangen sollte, die bei Hailey zum nächsten Lachflash führte und selbst bei Rupert für ein Geräusch sorgte, das man als Kichern interpretieren konnte. Sie fand diese Isla sympathisch, genau wie Hailey, doch das wog nicht das Verhalten der Männer auf. »Nett, dass du das sagst, aber das ändert nichts daran, dass man mir meine Kompetenzen abspricht, nur weil ich keinen Pimmel habe.« Sie sah zu Marlin. »Gute Besserung für Ihren Zahn und viel Erfolg bei der Suche nach einem geeigneten Nachfolger. Ich muss los.«

Wieder schaffte sie nur ein paar Schritte, dann hielt Ruperts Stimme sie auf. »Sie haben vielleicht keinen Pimmel, aber eindeutig Eier in der Hose.« Täuschte sie sich, oder klang er tatsächlich amüsiert?

Sie drehte sich zu ihm. »Ich bin mir nicht sicher, ob das ein Kompliment sein soll.«

»War es«, versicherte Rupert und trat auf sie zu. »Tut mir leid, dass ich so unsouverän reagiert habe. Natürlich kommt es beim Schmieden nicht auf Muskelkraft an, oder nur sehr begrenzt, und Ihre Referenzen sind über alle Zweifel erhaben. Ich war nur total überrascht, weil wir einen Mann erwartet haben. Meine Töchter und Nichten würden mir jetzt zweifellos wieder Vorurteile vorwerfen, basierend auf meinem männlichen Privileg oder so. Und vermutlich hätten sie recht damit«, brummte er. »Bitte bleib! Und sag Rupert zu mir.« Er hielt ihr seine mächtige Pranke entgegen, und nach einigem Zögern schlug sie ein.

»Na schön, dann versuchen wir es, Rupert«, antwortete sie und blickte zu Marlin, dem es nun jedoch offenbar die Sprache verschlagen hatte.

»Großartig«, freute sich Hailey. »Ich finde es toll, dass das Team hier weiblicher wird. Weißt du schon, wo du wohnen wirst?«

»Dein Vater hat mir fürs Erste eine Wohnung über dem Stall angeboten«, entgegnete Charly. »Aber sollte ich länger bleiben, würde ich mir etwas anderes suchen.« Wieder schielte sie zu Marlin. Rupert und Hailey mochten ihre eigentlichen Arbeitgeber sein, doch Marlin war der Entscheider. Das war ihr klar, auch ohne dass sie mehr über die Situation der Familie wusste.

»Super, dann zeig ich dir alles.« Hailey rieb sich die Hände. »Und welche Art von Logis schwebt der hübschen Penny vor?«

»Ich habe sie mit der Hand aufgezogen, daher ist sie sehr auf mich geprägt und beinahe lieber mit mir als mit Artgenossen zusammen. Aber ich könnte mir vorstellen, dass sie sich langfristig vielleicht mit den Ponys im Offenstall anfreunden könnte. Allerdings kennt sie das schottische Klima noch nicht und hat nur ein dünnes Winterfell. Darum würde ich sie momentan lieber noch in den Stall stellen. Zumindest nachts.«

»Kein Problem. Wir haben im Hauptstall gerade eine freie Box mit eigenem Paddock, da wird sie sich hoffentlich wohlfühlen. Kommt mit.«

Für Hailey war die Unterhaltung mit den beiden Männern offensichtlich beendet, denn sie fasste Charly resolut am Ellbogen und zog sie mit sich.

»Hey, wartet auf mich«, bat Isla und folgte dem Trio leicht stöhnend. »Ich bin gerade nicht so schnell. Gott, bin ich froh, wenn Brutus endlich draußen ist und ich wieder Kontrolle über meine Körperfunktionen habe.«

»Brutus?«, entfuhr es Charly, ehe sie sich zügeln konnte.

»Das ist nur der Arbeitstitel für meinen Neffen«, erklärte Hailey. »Hoffe ich wenigstens. Wobei Brutus Fraser gar nicht so schlecht klingt. Oder Brutus Grant, wenn er nach seinem Dad benannt werden soll. Du musst wissen, dass meine liebe Cousine immer noch nicht verheiratet ist, obwohl sie mit ihrem Jon schon seit Jahren verlobt ist.«

»Es sind noch nicht einmal zwei Jahre, und wir hatten bisher einfach keine Zeit«, schnaufte Isla und watschelte ihnen hinterher, so schnell sie konnte. »Und natürlich wird er nicht wirklich Brutus heißen, obwohl er sich wie ein gigantischer Schreckensherrscher benimmt.« Trotz ihrer harschen Worte streichelte sie mit einem liebevollen Lächeln ihren prallen Bauch.

Charly wusste nicht so recht, was sie dazu sagen sollte. Sie war noch keine Stunde hier an ihrer neuen

Wirkungsstätte und hatte schon mehr intime Informationen über den Familienclan der Frasers gehört, als sie in den letzten vier Jahren von ihrem Arbeitgeber in Andalusien erfahren hatte. Das alles erinnerte sie wahnsinnig an ihre eigene Sippe. Sie war sich nur noch nicht sicher, ob auf gute oder schlechte Art.

»So, hier wären wir«, verkündete Hailey und öffnete das Schiebetor zum großzügigen Hauptstall.

Charly sah sich um und sog die heimelige Atmosphäre in sich auf. Sie konnte Haileys Wunsch nach einem großen Laufstall zwar sehr gut nachvollziehen, aber wenn es um eine traditionelle Unterbringung ging, war dieser Stall ganz weit vorn. Einige Pferde schauten neugierig aus ihren Boxen hervor, doch die meisten waren leer. Offenbar standen die Tiere auf der Weide oder in ihren Paddocks. Bei etlichen Boxen waren die seitlichen Gitterstäbe zum Nachbarn hin entfernt oder beiseitegeschoben, genau konnte Charly das auf den ersten Blick nicht erkennen. Jedenfalls hatten die Pferde so die Möglichkeit zu etwas Körperkontakt. In Charlys Augen wirkte das alles wie ein sehr guter Kompromiss.

»Denkst du, hier würde sich Penny wohlfühlen?«, fragte Hailey, während sie eine Box öffnete, die sauber und frisch eingestreut war.

»Ganz bestimmt.« Charly lockte die Eselin in ihr neues Quartier und stellte dann amüsiert fest, dass in der Heuraufe ein großer getigerter Kater schlief. »Falls der Hauptmieter nichts dagegen hat, jedenfalls«, bemerkte sie und deutete auf die schlummernde Mieze.

»Das ist Elvis, der Kater unserer Dorfärztin Anna«, erklärte Hailey lächelnd und stupste den Tiger an, der daraufhin seine bernsteinfarbenen Augen öffnete und nacheinander Menschen und Esel taxierte. Dann streckte er sich und sprang mit einem eleganten Satz auf den Boden.

Penny schnaubte nervös und beäugte den Kater, der wirklich gigantisch war. Charly hatte noch nie eine so große Katze gesehen und schätzte, dass Penny ihn für ein gefährliches Raubtier hielt. »Sie ist keine Beute«, sagte sie zu ihm.

Isla lachte. »Keine Sorge, er ist wirklich sehr lieb und freundlich zu allen Menschen und Tieren. Schau doch.«

Tatsächlich maunzte der Kater leise und kein bisschen bedrohlich, sodass auch Penny ihre Sorge verlor und neugierig, wenn auch vorsichtig an ihm schnupperte.

»Die beiden werden im Handumdrehen die besten Freunde sein«, prophezeite Hailey. »Sollen wir uns jetzt die Wohnung ansehen?« Sie lotste Charly und Isla auf die Stallgasse und schloss die Schiebetür der Box. »Hier geht's hoch.«

Charly blickte zu der schmalen, recht steilen Treppe, die fast mehr wie eine Leiter wirkte und am hinteren Ende des Stalls neben einer Tür, die vermutlich zur Sattelkammer gehörte, auf die Galerie führte. Von unten konnte sie auf einer Seite Heu- und Strohballen erkennen. Auf der anderen Seite war womöglich die Wohnung untergebracht.

»Es ist nichts Besonderes, aber für die erste Zeit wird es hoffentlich reichen«, sprach Hailey weiter, während sie die ersten Stufen erklomm.

»Da bin ich mir ganz sicher«, gab Charly zurück, die schon in sehr spartanischen Unterkünften gehaust hatte. Sie brauchte nicht viel Platz und Komfort und war froh, einfach nur ein Dach über dem Kopf zu haben.

»Ähm, ich warte wohl besser hier unten auf euch.« Isla seufzte frustriert. »Ich käme zwar wahrscheinlich hoch, aber runter?«

»Lieber nichts riskieren, Cousinchen«, rief ihr Hailey zu und öffnete dann die Tür zu Charlys neuem Zuhause. »Home sweet home! Willkommen in Kirkby und bei uns«, sagte sie und ließ Charly eintreten.

»Wie schön.« Charly war spontan sehr angetan von der kleinen, heimeligen Wohnung, die im Wesentlichen aus einem Wohnschlafraum, einer Küchennische und einem kleinen, aber gut ausgestatteten Badezimmer bestand. Das schmale Einzelbett war frisch bezogen, auf dem Tischchen stand ein Strauß frischer Tulpen, und im Bad wartete ein Stapel flauschiger Handtücher.

»Ah, Mum wusste also Bescheid«, stellte Hailey erfreut fest. »Sie hat dir garantiert auch den Kühlschrank gefüllt.« Tatsächlich war der gut bestückt, und in einem Schrank fanden sich auch einige Tüten mit Nudeln sowie Dosentomaten und andere haltbare Lebensmittel.

»Das ist sehr nett von ihr.« Charly blickte auf all den Käse im Kühlschrank und überlegte, ob jetzt ein günstiger Zeitpunkt dafür wäre, sich als Veganerin zu outen. Vermutlich nicht. Also hielt sie die Klappe, zumal sie die vegane Ernährungsweise ohnehin nur halbherzig durchhielt und gerade bei Käse schwach wurde. Und bei Eiern. Und bei Butter. Sie lüpfte den Deckel der Metalldose, die neben den Tulpen auf dem Tisch stand. »Oh mein Gott«, entfuhr es ihr, als sie das Shortbread darin entdeckte, das garantiert ebenfalls nicht vegan war, sondern reichlich gute Butter enthielt.

»Ich schätze, das stammt aus der Backstube meiner Schwester Kristie«, meinte Hailey. »Probier mal, und sag mir, ob du jemals besseres Shortbread gehabt hast.«

»Ich hatte in den letzten zwanzig Jahren so gut wie nie welches.« Charly konnte nicht widerstehen und biss in den ersten Keks, der mürbe und buttrig war und genau das richtige Maß an Süße hatte. Es schmeckte göttlich.

»Wo kommst du denn her?«, wollte Hailey wissen.

»Meine Familie lebt ungefähr zu gleichen Teilen in Oban und auf der Isle of Mull, aber ich bin mit siebzehn von zu Hause weggegangen und war zwischendurch nur ganz selten da.«

»Kein gutes Verhältnis zu deinen Leuten?«

»Doch, aber nicht zur Seefahrt. Meine Sippe ist besessen von allem, was mit Meer zu tun hat. Mein Ding ist das gar nicht. Mich hat Feuer immer mehr interessiert als Wasser, und … na ja, nach der Schule bin ich in die USA geflogen und habe in einem großen Rennstall in Kentucky angeheuert. Da bin ich zum ersten Mal mit dem Schmieden in Berührung gekommen und war sofort begeistert.« Das war die ultrakurz zusammengedampfte Version von Charlys Lebensgeschichte, aber mehr musste für den Moment wohl auch nicht sein. »Dann hole ich mal rasch meine Sachen und richte mich ein. Ab wann geht's morgen mit der Arbeit los?«

Hailey stutzte, offensichtlich ein bisschen verwirrt wegen des abrupten Themenwechsels. »Keine Ahnung, du bist die neue Chefin der Schmiede. Du bestimmst, wann du anfängst.« Sie grinste.

»Aber dein Onkel hat doch bestimmt Pläne gemacht?«

»Mein Onkel hat einen stämmigen Zwei-Meter-Hünen erwartet, der dafür sorgt, dass er selbst ab sofort wieder nur Musik machen kann. Es ist also wirklich deine Sache, wie du dich organisierst.«

Das wagte Charly ganz massiv zu bezweifeln, doch sie behielt ihre Bedenken für sich. »Aber es gibt doch sicher Pläne dafür, welches Pferd wann fällig ist, oder?«

»Na klar, dafür haben wir ein System.« Hailey blickte sich in dem kleinen Raum um und entdeckte dann auf dem Kopfkissen das Gesuchte. Rasch griff sie nach dem flachen Gegenstand, der sich bei näherem Hinsehen als ein iPad in einer etwas abgegriffenen Lederhülle entpuppte. »Wir haben alles digitalisiert, sodass jeder im Stall weiß, was wann anliegt. Erfasst sind alle Fütterungsdetails, Tierarztbesuche, Turnierdaten,

Reiteinsätze und natürlich die geplanten Hufpflegetermine für jedes Pferd. Du kannst nach allen möglichen Kriterien suchen und findest zu jedem Tier die wichtigsten Infos über Charakter, Beschlagungshistorie, Hufgesundheit und was du dir sonst noch vorstellen kannst.«

Charly starrte verblüfft auf das ausgeklügelte System. Damit hätte sie hier beim besten Willen nicht gerechnet. Schon gar nicht, nachdem Rupert und Marlin Fraser offensichtlich nicht einmal in der Lage waren, eine Videokonferenz abzuhalten.

»Glaub mir, es hat mich einiges an Nerven gekostet, das einzuführen, aber inzwischen sind alle froh, und es erleichtert die Arbeit enorm. Du kannst hier also deine eigene Terminplanung eingeben, und unsere Stallhelferlein werden dir dann pünktlich die jeweiligen Tiere in die Schmiede bringen.« Hailey lächelte stolz.

»Das ist wirklich beeindruckend. Ich schaue es mir nachher in Ruhe an. Jetzt hol ich meinen Kram, und du kümmerst dich wohl besser um deine Cousine.«

Hailey schien noch etwas hinzufügen zu wollen, verkniff es sich aber glücklicherweise. »Brauchst du noch Hilfe?«, erkundigte sie sich stattdessen.

»Nein, ich komme klar. Ich habe nicht viel Zeug. Wir sehen uns dann morgen.«

• • •

Brodie hörte ein lautes Scheppern und gleich darauf schrilles Gebell. Er seufzte und erhob sich von seinem Schreibtischstuhl, auf dem er schon viel zu viel

Zeit verbracht hatte. Berichte, Papierkram und Abrechnungen waren wirklich der Teil der Arbeit, der überhaupt keinen Spaß machte und auf den einen im Medizinstudium niemand so richtig vorbereitete. Nun hastete er die Treppe hinunter, um nachzusehen, ob seine Hunde irgendwelchen Unsinn angestellt hatten.

Als er die Teeküche betrat, kläfften Kate und Moss immer noch und starrten anklagend zur Arbeitsfläche, auf der Kater Elvis herumstolzierte und offensichtlich nach Fressbarem Ausschau hielt. Auf dem Boden lag eine Metalldose, die zweifellos er runtergeschubst hatte. Allerdings war sie leer, denn die Zweibeiner in der Praxis waren keine Anfänger. Sie kannten den trickreichen Kater, der problemlos Schränke und Schubladen öffnen konnte. Niemand würde eine gefüllte Keksdose unbeobachtet in der Küche stehen lassen. Das Mobiliar war gesichert wie Fort Knox – zum Teil so gut, dass Brodie selbst oft Mühe hatte, an seine Teebeutel zu kommen.

»Randalierst du mal wieder?«, schimpfte Anna, die nun ebenfalls die Küche betrat.

Brodie hatte gedacht, dass die Allgemeinärztin längst gegangen sein musste, genau wie Hebamme Martha, Rezeptionistin Maggie und das gesamte Helferteam. »Auch noch Papierkram?«, fragte er seine Kollegin.

Anna nickte. »Ich kann dir gar nicht sagen, wie sehr ich das hasse. Und natürlich bin ich mal wieder viel zu spät dran. Ich wollte es am Wochenende machen, doch Lennox hat mir einen Vortrag darüber gehalten, dass man an den Wochenenden nicht arbeiten darf und …« Sie winkte seufzend ab. »Stattdessen habe ich ihm dabei zugesehen, wie er gearbeitet hat. Bei Musikern gilt diese Regel offensichtlich nicht.«

»Der Gig war bestimmt unterhaltsamer als Abrechnungen«, gab Brodie zu bedenken.

»Wie war's in Edinburgh?«, erkundigte sich Anna, während sie die leere Keksdose in die Spülmaschine packte. Dann zog sie aus einem der gut gesicherten Oberschränke eine Schachtel mit Leckerlis für Hund und Katz hervor und fütterte die hungrigen Tiere damit.

»Frag nicht.« Nun war es an ihm, zu seufzen. »Ich habe von Emma die volle Teeniedröhnung gekriegt. Tränen, Motzen, eiskalte Schulter und anschmiegsames Kätzchen, als wir an einem Buchladen vorbeigekommen sind, wo sie mich um eine absurd teure Schmuckausgabe eines Buches angebettelt hat, in dem es um Drachen und was weiß ich alles geht. Das Ding hat fast vierzig Pfund gekostet! Ich meine, für ein Buch!«

»Sei doch froh, dass sie liest«, gab Anna lächelnd zurück. »Sie hätte dich ja auch in einen Schuh- oder Klamottenladen schleppen können. Oder dich um Kosmetik anflehen. Das wäre noch teurer geworden.«

»Ich hab es ihr natürlich gekauft. Wie könnte ich auch nicht? Aber dasselbe Buch gibt's auch als Taschenbuch, für ein Drittel des Preises. Da steht doch das Gleiche drin.« Er schüttelte den Kopf.

»Man könnte auch argumentieren, dass es ganz wunderbare Hemden von der Stange gibt, die ein ebenso schönes Streifenmuster haben wie deine und vermutlich nur ein Viertel so viel kosten wie deine Maßhemden.« Anna lächelte milde, und natürlich hatte Brodie dazu kein gutes Gegenargument. »Sieh es doch so, dass deine Tochter ihren Sinn für Schönheit und Qualität von dir geerbt hat. Ich würde das als positives Signal werten.«

»Oder ihre Mutter hat ihr eingeschärft, dass sie mich ausnehmen soll«, brummte er frustriert und schämte sich gleichzeitig für seine negativen Gedanken.

»Denkst du das wirklich?« Anna musterte ihn eindringlich.

Er schätzte Anna, nicht nur als Kollegin, sondern auch als Freundin. Sie hatten in dem Jahr, seit er in Kirkby lebte und arbeitete, einige sehr intensive Gespräche über alles Mögliche geführt. Sie wusste eine Menge über ihn und seine Vergangenheit, aber eben nicht alles.

»Ehrlich gesagt habe ich keine Ahnung«, gab er zu. »Aber man kann sicher mit Fug und Recht behaupten, dass wir in Fragen der Erziehung unserer Tochter nicht auf Augenhöhe kommunizieren.«

»Das ist ja auch kein Wunder. Emma lebt bei ihr, und Marie ist im Alltag doch ziemlich auf sich allein gestellt. Versteh das nicht als Vorwurf, mir ist ja klar, dass es lange Zeit nicht anders möglich war. Natürlich weiß sie nicht, in welchem Ausmaß sie dir vertrauen kann. Und Emma weiß das auch nicht. Außerdem ist sie in einem schwierigen Alter, da kann man nicht einfach erwarten, dass es gleich rundläuft.«

Anna hatte natürlich recht, aber das waren trotzdem nicht die Worte, die er hören wollte. »Mir wäre es auch lieber, wenn es anders wäre.«

»Es ist aber halt nicht anders, und vom Hoffen und Wünschen allein ändert sich gar nichts. Da braucht es schon auch das Tun.« Sie legte ihm eine Hand auf den Arm, und er fühlte sich durch diese kleine Geste seltsam getröstet. Anna hatte ein besonderes Talent dafür, Nähe zu ihren Mitmenschen herzustellen, ohne viele Worte zu verlieren. »Du schaffst das. Vertrau auf den Prozess. Und wenn Emma dich erst mal hier besucht, wird sicher alles viel einfacher werden.«

»Dein Wort in Gottes Ohr.« Brodie rang sich ein Lächeln ab. Es war geplant, dass Emma Ostern bei ihm verbrachte. Das wäre eine Premiere. Aber es wäre auch nicht das erste Mal, dass ein geplanter Besuch in letzter Sekunde abgesagt wurde. Entgegen allen klugen Worten von Anna konnte er in diesem Fall doch nur auf das Prinzip Hoffnung setzen. Hoffnung darauf, dass Emma diesmal erstens tatsächlich kam und es zweitens nicht zum Fiasko wurde.

»Ich mach jetzt meinen Kram fertig und gehe anschließend in den Pub. Auf Kochen habe ich so gar keine Lust heute. Willst du mit?«

»Vielleicht komm ich nach. Ich weiß nicht, wie lange ich noch brauche, und dann müssen die beiden noch mal richtig rennen.« Er deutete auf seine

Hunde, die sich nach dem kleinen Snack wieder klein und kompakt in ihrem Bett zusammengefaltet hatten. Sie waren glücklicherweise wahnsinnig geduldig, aber er wusste, dass sie explodieren würden, sobald sie den Feldweg erreichten.

»Mach das wirklich«, bat Anna. »Es täte dir gut, wenn du hier mehr unter die Leute gehen würdest. Du machst dich für den Geschmack der Ureinwohner viel zu rar.«

»Ich weiß nicht, ob ich bei den Ureinwohnern noch einen guten Ruf genieße«, sagte er mit einem schiefen Lächeln. »Nicht nachdem ich Marlin heute eine Wurzelbehandlung verpasst habe und Isla mitbekommen hat, dass er Kate zur Unterstützung brauchte. Das hat sie dann sofort im halben Ort verbreitet.« Bei seiner Mittagsrunde mit den Hunden hatten ihn drei verschiedene Leute darauf angesprochen, und vermutlich war aus dem ohnehin schon stark dramatisierten Tatsachenbericht inzwischen eine formidable Räuberpistole geworden, die nichts mehr mit der eigentlichen Sache zu tun hatte.

»Ha, ein Grund mehr für mich, nachher in den Pub zu gehen. Ich hab noch gar nichts mitgekriegt.« Anna stieß ihr glockenhelles Lachen aus. »Also, bis später!« Damit verschwand sie wieder in ihrem Büro.

Brodie sah ihr kurz nach und ging dann selbst zurück an die Arbeit. Er war sich nicht sicher, ob er ihre Belustigung teilen konnte. Ein Pubbesuch stand jetzt jedenfalls ganz bestimmt nicht mehr auf seiner Liste für heute. Stattdessen würde er nach der Runde

Toben für seine Hunde ins Auto steigen und in den Nachbarort zu seinen Eltern fahren. Und das dürfte ähnlich herausfordernd werden wie das Zusammentreffen mit seiner Tochter.

NICHT GERADE DER BESTE START

ES HATTE KAUM EINE HALBE STUNDE gedauert, bis Charly ihre Habseligkeiten in ihrer neuen Bleibe verstaut hatte. Dinge waren ihr nicht wichtig. Sie hatte außer ihrer überschaubaren Garderobe, die zum großen Teil aus Arbeitskleidung bestand, nur wenige Sachen, an denen ihr Herz hing. Einige Bücher, ein paar Fotoalben und eine Schachtel, die sämtliche Erinnerungen an das enthielt, was sie einst geliebt und verloren hatte. Das alles passte in zwei Reisetaschen.

Sie nahm auf dem leicht abgenutzten, aber gemütlichen Sessel neben dem kleinen Bücherregal Platz, in dem noch etliche Bücher von vorherigen Bewohnern warteten, und schaute sich in ihrem neuen Zuhause um. Die Wohnung verströmte eine angenehme Heimeligkeit, die der Atmosphäre im Stall in nichts nachstand, und langsam kam sie zur Ruhe. Sie wollte wirklich, dass das hier funktionierte, denn wie noch nie zuvor in ihrem Leben sehnte sie sich nach Wurzeln und dem Gefühl des Angekommenseins. Ob das aber klappte, stand in den Sternen. Nach dem Auftritt von Marlin Fraser in der Schmiede vorhin hatte sie ernsthafte Zweifel. Egal, was Rupert, Hailey und auch Isla sagten.

Ihr Handy klingelte. Sie angelte danach und stellte fest, dass es ihre Mutter war, die anrief. Sie seufzte, nahm das Gespräch aber trotzdem an.

»Hi, Mum.«

»Bist du gut angekommen?«

»Ja, alles bestens. Ist ja nicht so weit weg von euch.«

»Ich hoffe, dass wir uns jetzt häufiger sehen.«

»Wir waren doch die letzten zwei Wochen zusammen.« Charly mochte ihre Familie wirklich, aber sie fühlte sich immer wie ein Alien, wenn sie Zeit mit ihnen verbrachte.

»Es waren höchstens zehn Tage, und die sind kaum ein Trost für die vergangenen zwanzig Jahre, in denen wir dich praktisch nie zu Gesicht bekommen haben«, entgegnete ihre Mutter. »Ich freu mich einfach, dass du jetzt in der Nähe bist, und hoffe von ganzem Herzen, dass du findest, wonach du dich sehnst.«

»Danke, Mum.« Charly schluckte. Sie hatte mit ihren Eltern nicht darüber gesprochen, dass sie in letzter Zeit Heimweh und Sehnsucht nach Schottland verspürt hatte, aber offenbar war Marjorie MacRae viel empathischer, als ihre Tochter es für möglich gehalten hatte.

»Und wenn du uns brauchst, sind wir immer für dich da. Ich hoffe, das weißt du.«

Charly merkte, wie sich in ihrem Hals ein Knoten formte. »Ich weiß, und ich bin sehr froh darüber. Ich muss mich jetzt mal um Penny kümmern und dann meinen ersten Arbeitstag morgen planen. Ich melde mich bald wieder. Liebe Grüße an alle.« Sie schickte noch einen Kuss hinterher und beendete dann das

Gespräch, ohne ihrer Mutter noch die Chance zu einer weiteren Antwort zu lassen.

Unter ihr im Stall schien gerade reichlich Betrieb zu herrschen. Sie nahm an, dass viele Pferdehalter nach der Arbeit zum Reiten kamen, und überlegte, ob sie runtergehen und sich vorstellen sollte. Es war bestimmt gut, sich so schnell wie möglich mit den Leuten hier bekannt zu machen. Aber andererseits war sie sich immer noch nicht sicher, ob sie bleiben und sich der Aufwand überhaupt lohnen würde. Stattdessen nahm sie daher das iPad zur Hand und rief das Stallmanagement-Programm auf. Sie kannte solche Programme schon von anderen Arbeitgebern, aber bei keinem hatte es eine eigene Abteilung für den Schmied gegeben. Sie klickte auf den Kalender und sah, mit welchen Tieren sie es in den nächsten Tagen zu tun haben würde. Dann las sie sämtliche Einträge zu den entsprechenden Pferden und war sehr beeindruckt, wie detailliert die Aufzeichnungen waren. Es war ja eine Sache, so ein digitales Management einzuführen, eine ganz andere dagegen, die beteiligten Menschen dazu zu bringen, das Programm auch zu nutzen und es mit sinnvollen und nachvollziehbaren Informationen zu füttern.

Sie hatte so oft erlebt, dass die alten Hasen zwar alles im Kopf hatten, aber unfähig oder unwillig waren, es zu notieren. Das war kein Problem, solange diese Männer – und es waren allesamt Männer gewesen – arbeitsfähig waren, aber wehe, wenn sie ausfielen und ihr Wissen vorher mit niemandem geteilt hatten. Dann fing man komplett bci null an.

Hier war das anders. Es gab präzise Beobachtungen zu allen möglichen Aspekten – Futter, Einstreu, Rang im Herdenverband, Sympathien und Antipathien, Ausbildungsgrad, Eigentümer, Krankheitsgeschichte, Verhalten beim Hufschmied. Wenn Hufprobleme vorlagen, waren diese nicht nur beschrieben, sondern vor allem auch fotografisch dokumentiert. Niemals hätte sie gedacht, dass der starrsinnige Marlin Fraser und sein technisch offensichtlich inkompetenter Bruder Rupert ihre Erfahrungen und Erkenntnisse in einem Computerprogramm dokumentierten. Erstaunlich.

Sie machte für den nächsten Tag Termine für fünf Pferde und blockte am Vormittag und Nachmittag jeweils eine Stunde für etwaige Notfälle. Dann speicherte sie das Ganze im Programm und beschloss, mit Penny eine Runde spazieren zu gehen. Bewegung und frische Luft schadeten schließlich nie, und außerdem hatte sie noch gar nichts von Kirkby gesehen. Sie schlüpfte wieder in ihre warme Fleecejacke und kletterte die steile Treppe hinab nach unten.

Es war immer noch einiges los. In der ersten Box neben der Treppe stand ein prächtiger Rappe, der sie mit einem ausgesprochen unternehmungslustigen Blick musterte. Vorhin war der jedenfalls noch nicht da gewesen.

»Du bist ja ein Hübscher«, sagte sie und streichelte ihm die weichen Nüstern. »Dorian«, las sie von dem Schild an der Boxentür ab.

»Dodo«, quakte da plötzlich eine zarte Kinderstimme, und Charly gefror fast das Blut in den Adern.

Auf dem Boden der Box, Zentimeter von den wirklich gigantischen Hufen des stattlichen Tiers entfernt, krabbelte ein kleines rothaariges Kind. »Dodo!«, rief es erneut mit einem herzigen Babygrinsen.

Charly schaute sich hektisch um. Wer konnte so irrsinnig sein, ein Kleinkind mit einem unberechenbaren Koloss allein zu lassen? Nun zauste das winzige Ding auch noch höchst vergnügt am üppigen Fesselbehang des Hengstes herum. Charly war drauf und dran, in die Box zu springen und das Kind aus der Gefahrenzone zu bugsieren, als ein großer, breitschultriger Mann aus der Sattelkammer kam und sie freundlich anlächelte.

»Du bist die neue Schmiedin, was?« Sein Lächeln wurde breiter, und seine blauen Augen blitzten vergnügt. »Kein Wunder, dass Dad auf hundertachtzig ist. Ich bin Alex.« Er reichte ihr seine Pranke und drückte fest zu.

Doch Charly hatte gerade keinen Sinn für Freundlichkeiten. »Da ist ein Kind, und …« Sie sah, dass sich der Winzling gerade an einem Bein des Pferdes hochzog.

»Dodo!«

»Das ist meine Tochter Roya«, erklärte Alex und zückte sein Handy, um das absurde Bild festzuhalten. »Sie ist vierzehn Monate alt und war bisher sehr zurückhaltend mit Steh- und Laufversuchen.« Er strahlte übers ganze Gesicht. »Das machst du ganz fein, Mäuschen.«

»Dodo!«

»Ja, Dorian hilft dir dabei.« Er klopfte dem Rappen anerkennend den Hals. »Reden ist auch nicht so ihr Ding. Sie sagt weder ›Mummy‹ noch ›Daddy‹, sondern nur ›Dodo‹, ›Tito‹ und ›Lulu‹.«

»Das ist doch schon einiges«, erwiderte Charly und schüttelte dann den Kopf, denn das war ja gerade gar nicht das Thema. »Aber es geht doch nicht, dass sie mit dem Pferd allein ist. Da könnte ja wer weiß was passieren.«

Nun fühlte sie Alex' Blick wieder auf sich. Er runzelte die Stirn und fuhr sich mit der Hand durch seinen roten Schopf, der ein bisschen dunkler war als der seiner Tochter. »Dorian und Roya kennen sich seit dem Tag ihrer Geburt. Er ist ihr liebstes Kuscheltier.«

»Aber wenn er sich erschreckt, ist sie Brei«, gab Charly ein wenig drastisch, aber durchaus realistisch zu bedenken.

»Ich mag nicht so ein Pferdeflüsterer sein wie mein Onkel, aber ich weiß, dass Dorian nichts tun würde, was Roya gefährdet«, sagte er im Brustton der Überzeugung und klang dabei so bestimmt, dass Charly sich weitere Kommentare sparte.

Sie nickte nur und drehte sich um, weil sie wenig Lust auf noch eine Auseinandersetzung mit einem männlichen Fraser hatte. Ohne groß auf die anderen Pferde und Menschen zu achten, ging sie zu der Box, in der Penny untergebracht war. Ihre Eselin begrüßte sie mit einem enthusiastischen und so lauten »Iah«, dass die Wände wackelten und einige Pferde aufgeregt schnaubten. Hoffentlich war »Dodo« wirklich so nervenstark, wie Alex sich einbildete.

»Komm, meine Süße, lass uns einen kleinen Spaziergang machen.« Charly schnippte mit dem Finger, und Penny folgte ihr bei Fuß wie ein Hund. Ganz ohne Halfter und Strick und ganz ohne verbale Befehle. Genau so, wie es in den letzten zehn Jahren zur Routine zwischen ihnen geworden war.

Sie verließen den Stall und liefen zunächst an den Reitplätzen vorbei, auf denen fleißig trainiert wurde. Dann passierten sie eine große Koppel, auf der eine bunte Herde weidete. In der Ferne sah Charly den großzügigen Offenstall, der garantiert ebenso gut gepflegt war wie alle anderen Unterkünfte. Außerdem gab es hier einige große Bäume, die im Sommer Schutz vor Hitze und Regen spendeten – wobei Ersteres hier im Hochland eher kein so großes Problem sein dürfte. Der massive Holzzaun war in einem guten Zustand, und sie beobachtete eine Weile die zusammengewürfelte Truppe. Ponys in allen Größen waren hier zu Hause. Shetlandponys, Highland-Ponys und ein paar andere, die sie nicht auf Anhieb identifizieren konnte. Dazwischen gab es auch einige Clydesdales und Warmblüter, die meisten mit ziemlich zotteligem Fell nach dem langen und zweifellos harten Winter. Auch zwei Esel gehörten zur Wohngemeinschaft, und die kamen neugierig näher, als sie Penny entdeckten.

Einer war recht groß und braun-weiß gescheckt, der andere genauso grau wie Penny, aber ein Stückchen größer als sie. Ihre Eselin war nicht immer an Artgenossen interessiert, doch diese beiden beschnupperte sie mit gespitzten Ohren zwischen den Zaunlatten hindurch.

»Das könnten neue Freunde werden«, sagte Charly lächelnd zu Penny und kicherte, als der große Schecke methodisch an ihren Jackentaschen zupfte. »Ich hab leider nichts dabei«, erklärte sie bedauernd und hielt ihm wie zum Beweis ihre leeren Hände hin.

»Iahhhh!«, dröhnte er daraufhin empört – und sosehr Charly Esel liebte, auf ihre Lautäußerungen hätte sie gut verzichten können.

»Das nächste Mal bringe ich was mit«, versprach sie und ging dann weiter. Penny zögerte ein bisschen, sie schien es zu bedauern, dass sie sich von ihren neuen Bekannten trennen musste. Doch dann lief sie Charly hinterher.

• • •

Es tat gut, sich ein wenig die Beine zu vertreten und frische Luft zu atmen. Nach dem Wochenende in Edinburgh wusste Brodie das noch mehr zu schätzen. Wie hatte er es früher dauerhaft in der Stadt ausgehalten? Nach seinem Schulabschluss hatte er die ländlichen Highlands gar nicht schnell genug gegen die schottische Hauptstadt eintauschen können und hatte jede Sekunde davon geliebt. Bis es nicht mehr funktioniert hatte. Er ließ diese Gedanken jedoch mit der nächsten heftigen Böe ziehen und war dankbar, dass er diese Technik perfektioniert hatte.

Hier auf dem Land war es friedlich und sicher, und Kate und Moss konnten sich nach Herzenslust austoben. Er war kurz zu Hause gewesen, um sich Gummistiefel und seine Wachsjacke anzuziehen, doch nun waren es nur noch ein paar Schritte bis dahin, wo es nichts als Wiesen und Felder gab und seine Whippets wie irre toben und rennen konnten. Er ließ die beiden von der Leine und sah ihnen nach, während sie schier explodierten. Selbst nach fast fünf Jahren bekam er einfach nicht genug von diesem Spektakel. Auch für die Hunde war es die beste Entscheidung gewesen, Edinburgh zu verlassen. Hier musste er sich nicht darum sorgen, dass sie bei ihrer wilden Hatz irgendwo unter die Räder kamen.

Er fuhr herum, als es hinter ihm heiser kläffte. Brodie kannte den Sound. Das war Rudi, ein Dackel, der zwei Häuser weiter in derselben Straße wohnte wie er und der die Whippet-Kanonen höchst skeptisch betrachtete. Aber eigentlich galt das für jeden anderen Hund. Rudi hatte im Grunde gegen alles und jeden was.

»Die hören dich sowieso nicht mehr«, sagte Brodie zu dem Dackel und lächelte dann dessen Besitzerin an, die nur die Augen verdrehte.

»Seine Blockwart-Attitüde wird er wohl nicht mehr los«, bemerkte Fanny König.

»Wahrscheinlich nicht, aber dafür mögen und schätzen wir ihn.«

»Du bist ein charmanter Lügner, Brodie.« Die Frau mit dem lustigen deutschen Akzent grinste ihn an. »Gehen wir ein paar Schritte zusammen?«

»Gerne.« Brodie mochte die extravagante Fanny, die auch heute wieder eines ihrer knallbunten Kleider trug, das sie wie selbstverständlich mit weiß getupften, knallroten Gummistiefeln kombiniert hatte. »Gibt's irgendwelche aufregenden Neuigkeiten?«

»Als ob ich so was wüsste«, gab Fanny zurück. »Ich bin hier doch der Neuzugang.«

»Dafür hast du aber immer sehr gute Informationen parat«, konterte Brodie lächelnd.

»Ach, im Moment scheint hier alles ruhig und friedlich zu sein«, sagte sie und klang fast ein wenig bedauernd. »Allerdings habe ich gehört, dass ein amerikanischer Investor in der Gegend sein soll, der ein Golfresort eröffnen will. Wo es in Schottland ja auch einen Mangel an Golfplätzen gibt.« Sie schüttelte den Kopf.

»In Kirkby gibt es keinen«, wandte Brodie ein. »Dabei wäre hier Platz genug, und ich würde mich freuen.«

»Ernsthaft?« Sie warf ihm einen skeptischen Blick zu.

»Ja, klar. Golf ist toll, und ich würde lieber zu Fuß zum Platz gehen, als eine halbe Stunde mit dem Auto fahren zu müssen.«

»Du bist so ein Klischee.« Sie lachte mit neuerlichem Kopfschütteln. »Der golfspielende Zahnarzt mit Maßhemden und Barbourjacke.«

»Ich denke nicht, dass du in der Position bist, über meine Bekleidung zu spotten«, gab er zurück und deutete auf ihre eigene, etwas abgetragene Barbourjacke und ihr selbst geschneidertes Kleid. »Außerdem spielt hier in Schottland praktisch jeder Golf. Das ist ein Volkssport, wie Fliegenfischen.«

»Und noch ein Punkt, den ich auf meiner Liste abhaken kann.« Sie zwinkerte ihm gut gelaunt zu.

Er mochte die albernen Schlagabtausche mit seiner Nachbarin, die einen erfrischend anderen Blickwinkel lieferte und die typischen schottischen Befindlichkeiten und Marotten amüsiert zur Kenntnis nahm. »Also, ein amerikanischer Golf-Investor? Mehr Details?«

»Nein, gar nichts. Aber wenn ich etwas höre, wirst du der Erste sein, der es erfährt. Gibt's bei dir Neuigkeiten?«

»Auch keine, nur ein weiterer normaler Tag im Dienst von Kirkbys Zahngesundheit.« Er grinste schief.

»Ehrlich, ich weiß nicht, wie es einem Spaß machen kann, in den Mündern anderer Menschen herumzustochern.« Fanny schüttelte sich gespielt angewidert. »Wie ist das, wenn du jemanden küsst – tastest du dann mit der Zunge die Zahnreihen ab und denkst dir: Hm, da könnte ein Loch sein?«

»Weißt du, dass das die Frage ist, die ich mit großem Abstand am häufigsten höre?«

»Ist doch naheliegend. Ich checke ja auch immer direkt ab, ob mein Gegenüber gut gekleidet ist. Das ist Berufsrisiko.«

»Ich kann dir versichern, dass ich beim Küssen an andere Dinge denke.« Nicht dass er da aus jüngerer Erfahrung berichten konnte.

»Das beruhigt mich. Trotzdem würde ich nur ganz ungern meinen Zahnarzt küssen.«

Brodie wusste nicht so recht, wie er darauf reagieren sollte. Er mochte Fanny und fand die Frau, die ein paar Jahre älter sein dürfte als er, auch sehr attraktiv – auf ihre etwas schräge Art. Außer gemeinsamen Gassirunden konnte er sich jedoch nichts mit ihr vorstellen. Sie sich mit ihm ja offensichtlich auch nicht, sonst hätte sie das nicht so betont. Aber …

»Es ist ziemlich witzig, wie leicht man dich aus der Fassung bringen kann«, sprach sie weiter. »Keine Sorge, das war kein Anbaggerversuch von mir. Ich frage mich nur wirklich seit sehr vielen Jahren, ob es Zahnärzte nicht besonders schwer haben bei der Partnerwahl.«

»Hm.«

»Andererseits verdient ihr ja ganz gut, nicht wahr? Das dürfte wiederum ein Plus-Argument sein.«

»Warum genau führen wir dieses Gespräch?«, wollte er wissen – und fühlte sich einerseits ziemlich unbehaglich, andererseits auch sehr amüsiert, einfach weil es so abstrus war.

»Man wundert sich halt im Dorf, dass ein so gut aussehender, gepflegter, charmanter Mann wie du Single ist«, gab sie rundheraus zu. *Das* wiederum war keine Neuigkeit für ihn.

»So. Man wundert sich?«, stellte er sich jedoch dumm.

»Ja, tut man. Und ich frage jetzt mal konkret: Stehst du auf Frauen oder auf Männer?«

»Findest du das wirklich angemessen für ein Gespräch unter Hundebesitzern?« Nun tendierte sein Gefühl eindeutig zu Unbehagen.

»Für eine zielführende Problemlösung muss man sämtliche Parameter kennen«, entgegnete sie ungerührt.

»Es gibt kein Problem, das zu lösen wäre.« Er räusperte sich und stieß dann einen schrillen Pfiff aus, der sein rasendes Duo zurücklocken sollte, aber vor allem eine weitere Keifsalve von Rudi provozierte.

»Na schön, dann halt nicht. Man wird sehr enttäuscht sein, dass auch ich nicht mehr herausgefunden habe.« Sie seufzte.

»Will ich wissen, wer ›man‹ ist?«

»Vermutlich nicht.« Sie tätschelte ihm kurz den Arm. »Ich schätze, Rudi hat keine Lust mehr. Ich geh jetzt also heim. Schönen Abend noch.« Mit diesen Worten drehte sie um und stapfte den Feldweg zurück in Richtung Zivilisation.

»Mannomann«, murmelte Brodie. Das war eindeutig der Nachteil am Landleben: Jeder meinte, sich in die Angelegenheiten seiner Mitmenschen einmischen zu können. »Kate, Moss, hierher!«, rief er dann laut, doch von den beiden Whippets war weiter nichts zu sehen. Mist. Vermutlich waren sie in den Wald gerannt, während er von Fanny abgelenkt gewesen war. Hoffentlich jagten sie nichts.

• • •

Langsam war sich Charly sicher, dass ganz Kirkby ein Irrenhaus war. Erst die Familie Fraser mit ihrer mindestens fragwürdigen Einstellung zu Humor, zum Hufschmiedehandwerk und zur Vergesellschaftung von Kleinkindern und Riesengäulen, und jetzt hörte sie auch noch jemanden mit wachsender Verzweiflung nach Kate Moss rufen.

Sie hielt es für extrem unwahrscheinlich, dass das ehemalige Supermodel in den schottischen Hochlandhügeln verloren gegangen war. Wobei – nein, für den Moment wollte sie nichts mehr ausschließen.

Penny und sie waren an einem kleinen See vorbeigelaufen, hatten unzählige Schafe getroffen und ein paar Menschen, die verzückt dem ausgelassenen Spiel einiger übermütiger Junghunde zuschauten. Sie hatten das imposante, schlossartige Herrenhaus links liegen lassen und dann ein Waldstück betreten, das in der einsetzenden Dämmerung des frühen Abends wunderbar verwunschen wirkte.

In wenigen Wochen, wenn überall frisches Grün zu sehen war, wäre es hier garantiert noch malerischer – doch sie bezweifelte, dass sie dann noch hier sein würde.

»Kate Moss, hierher!«, ertönte nun wieder die Männerstimme. Diesmal deutlich näher, so nah, dass Penny mit einem höflichen »Iah« antwortete.

Charly hoffte, dass sie weder dem Model noch dem dazugehörenden Suchtrupp begegnen würde, und stapfte weiter. Penny schien an einer Bekanntschaft deutlich interessierter zu sein, denn sie blieb wie angenagelt stehen und iahte fröhlich weiter.

»Klappe, Penny«, bat Charly, doch das war natürlich vergebliche Liebesmüh. Wenn ihr Esel erst mal in Schwung war, war er so schnell nicht zu bremsen. Allerdings klang der Ruf, der sie an ein lautes, rostiges Türscharnier erinnerte, gar nicht mal besonders fröhlich, sondern deutlich besorgt. Charly kehrte also um, um nachzusehen, was Penny da ins Visier nahm.

Auf den ersten Blick konnte sie nichts erkennen, doch mit dem zweiten erspähte sie hinter dem Gestrüpp, vor dem die Eselin Position bezogen hatte, etwas ziemlich Merkwürdiges. Aus einem Erdloch, das womöglich ein Fuchs- oder Dachsbau war, ragten zwei ziemlich staksige Hundehinterteile hervor.

»Was zur Hölle?«, murmelte sie und trat näher. Die Hinterteile zuckten nervös, was Charly einerseits als gutes Zeichen wertete, denn das war der Beweis, dass die Hunde noch lebten. Andererseits steckten die Tiere eindeutig fest. Natürlich hatte sie weder einen Spaten noch sonstiges Werkzeug bei sich – wer rechnete schon damit, bei einem kleinen Abendspaziergang zwei magere Hunde aus einem Fuchsbau retten zu müssen? –, aber sie versuchte mit bloßen Händen und mithilfe eines Asts, die Öffnung etwas zu weiten.

Sie verstand nicht, warum die Hunde nicht rauskamen. Eigentlich müssten sie es doch locker schaffen. Vielleicht hatten sie sich innen irgendwie verkeilt? Sie wagte es nicht, einfach ein Tier herauszuziehen, stattdessen legte sie sich bäuchlings auf den Boden – genau zwischen die Hunde – und tastete mit einer Hand in die Höhle hinein. Weit kam sie mit ihrer Fleecejacke jedoch nicht, daher zog sie sich die Jacke und ihr dünnes Langarmshirt aus, bis sie nur noch ihr Tanktop anhatte.

Die »Kate Moss«-Rufe hörten nicht auf, entfernten sich jedoch etwas. Wobei die Hundepopos jedes Mal aufgeregt zitterten, wenn der Name ertönte. Charly sparte sich Überlegungen darüber, was sie von der fragwürdigen Namensgebung halten sollte, und ignorierte auch Pennys weiterhin ohrenbetäubendes Geschrei. Womöglich waren das jetzt Anfeuerungsrufe? Stattdessen glitt sie mit ihrem nackten Arm zwischen den beiden bebenden Hundeleibern hindurch tiefer in die Höhle. Wie groß waren diese Biester bitte schön?

Endlich war sie bei den Hälsen angekommen und bemerkte, dass die zwei Halsbänder ineinander verheddert waren. Mit einiger Mühe schaffte sie es, einen Verschluss zu öffnen, und das befreite Tier schoss rückwärts in die Freiheit und verpasste ihr dabei ein paar schmerzhafte Kratzer mit den Krallen.

»Autsch«, entfuhr es Charly zwischen zusammengebissenen Zähnen, denn der zweite Hund drehte nun vollends durch und wand sich wie Aal, ohne jedoch vom Fleck zu kommen. Ihr Schmerzenslaut wurde von Pennys Gekreische und dem erfreuten oder verzweifelten Geheul des geretteten Hundes übertönt.

»Bleib ganz ruhig«, beschwor sie das feststeckende Tier und legte ihren linken Arm um dessen schlanken Körper. Mit rechts tastete sie in der erdigen

Dunkelheit nach dem Widerstand. Es schien, als hätte sich der Metallring zum Befestigen der Leine an einer Wurzel verhakt. Der Hund zerrte in heller Panik daran. »So geht das nicht«, keuchte sie. Das Tier müsste nur ein paar Zentimeter nach vorne robben, dann könnte sie die Öse losmachen, doch der Hund versuchte alles, um nach hinten zu entkommen. Schließlich gelang es ihr irgendwie, die Schnalle seines Halsbands zu öffnen, und auch dieses Tier sprang aufheulend in die Freiheit, nicht ohne weitere Kratzer an ihr zu hinterlassen.

Charly konnte das Halsband jetzt halbwegs mühelos entfernen und stand dann ächzend auf. Es war plötzlich ganz ruhig geworden. Penny hatte ihr Geschrei eingestellt, und auch die beiden Hunde – irgendwelche mittelgroßen, dunkelgrauen Windhunde – waren still und schnupperten interessiert an Penny herum.

Charly nahm die Halsbänder in Augenschein. Sie waren sehr breit und wunderschön gearbeitet, aus weichem schwarzen Leder und mit eingestanzten Namen. Die beiden hießen …

»Kate! Moss! Da seid ihr ja!«, rief die Männerstimme, die jetzt vor allem erleichtert klang. »Aber wie seht ihr denn aus, und was …?«

Charly drehte sich zu dem Mann um, der einem Modemagazin für den elegant-modernen britischen Landedelmann hätte entsprungen sein können: gut geschnittene dunkelblonde Haare, warme braune Augen, die gerade jedoch zu schmalen Schlitzen zusammengekniffen waren, saubere Jeans, die in Gummistiefeln steckten und wirkten, als hätten sie noch nie einen ernsthaften Einsatz im Matsch erlebt. Blau-weiß gestreiftes Hemd und ein marineblauer Pullover mit V-Ausschnitt unter einer geöffneten grünen Barbourjacke.

»Was haben Sie mit meinen Hunden gemacht?«, blaffte er sie an.

• • •

»Wie bitte?« Grünblaue Augen funkelten ihn konsterniert an. Augen, die in einem ziemlich verdreckten Gesicht saßen.

Wie überhaupt die ganze Frau schmutzig wirkte. Brodie dachte an eine Obdachlose. Dass es so jemanden in Kirkby gab, schockierte ihn fast noch mehr als der Zustand seiner Hunde. Die waren ebenfalls völlig verdreckt, sahen aber auf den ersten Blick unverletzt aus. Allerdings trugen sie keine Halsbänder mehr. Die hielt die Frau mit den elaboriert tätowierten Armen in den Händen. Ob sie dachte, dass sie sie zu Geld machen könnte?

»Die sind nichts wert«, behauptete er und streckte seine Hand danach aus.

Sie starrte ihn fassungslos an und warf ihm die Halsbänder vor die Füße.

Er hob sie auf, befestigte sie rasch an den schlanken Hälsen von Kate und Moss und klickte die Leinen an. Noch eine Extratour brauchten die beiden heute sicher nicht. Er sah, wie sie zitterten. Dann zog er sein Portemonnaie aus der Jackentasche, kramte einen Zwanzig-Pfund-Schein hervor und reichte ihn der Frau. »Für etwas zu essen«, murmelte er.

Sie rührte den Schein nicht an, sondern verschränkte die Arme vor der Brust. »Sind Sie eigentlich noch zu retten?«, fuhr sie ihn an.

»Ist das zu wenig?« Er holte noch einen weiteren Zwanziger hervor. »Nehmen Sie es, dann müssen Sie keine unschuldigen Hunde bestehlen.« Er schaffte es kaum, ihr in die Augen zu schauen, aber er sah, dass sie ein paar unschöne und ziemlich tiefe, blutige Kratzer an den Armen hatte. Ob sie versucht hatte, die Hunde bei lebendigem Leib … Nein, daran mochte er gar nicht denken. Und was machte eine Obdachlose mit einem Esel? Er zog seine Whippets, die von dem Tier fasziniert zu sein schienen, ein Stück beiseite. Wer wusste schon, womit sie sich bei einem Esel anstecken konnten? Eins war klar, er würde die beiden heute noch zum Tierarzt bringen und durchchecken lassen.

»Ich habe keine Ahnung, was in Ihrem Kopf vor sich geht«, sagte die Frau nun so kühl, wie auch der Blick aus ihren Augen war. »Aber ich würde Ihnen empfehlen, die Halsbänder zukünftig zu entfernen, ehe Sie Ihre Hunde jagen lassen. Die beiden steckten in diesem Bau fest. Ich habe mir erlaubt, sie zu befreien.«

Was war das denn bitte für eine idiotische Räuberpistole? Zugegeben, da war ein Bau, vor dem ein zusammengeknülltes Shirt und eine schmutzige

Fleecejacke lagen. Und ja, seine Windhunde verfielen manchmal in einen Jagdrausch, aber nie und nimmer würden sie … oder? Nein, sie waren doch keine Dackel.

»Wie auch immer«, brummte er. »Nehmen Sie schon das Geld, Sie sehen aus, als hätten Sie es nötig.« Er warf ihr die beiden Zwanzig-Pfund-Scheine vor die Füße, genau wie sie es eben mit den Halsbändern getan hatte, und marschierte dann rasch mit seinen Hunden davon.

• • •

Charly starrte dem Trio fassungslos hinterher. Dann bückte sie sich und hob das Geld auf. »Lass uns zurückgehen«, sagte sie zu Penny, bevor sie Shirt und Jacke einsammelte und beides wieder anzog. Sie war sich fast sicher, dass ihre erste und gleichzeitig letzte Nacht in diesem seltsamen Ort vor ihr lag. So schön der Stall und so interessant die Arbeit zweifellos war, so merkwürdig waren die Menschen. Wenn sie etwas nicht in ihrem Leben brauchte, dann Schwierigkeiten auf zwischenmenschlicher Ebene – und verantwortungslose Tierbesitzer, die sie für eine Bettlerin hielten. Der Typ hatte sie doch nicht mehr alle.

Als sie am Stall ankamen, war glücklicherweise kaum noch jemand da. Ein Stallbursche, der sich als Joe vorstellte und Charly mit einem etwas seltsamen Blick musterte, war der Einzige, dem sie begegnete. Sie versorgte Penny und kletterte dann hoch zu ihrer Wohnung. Sie brauchte jetzt dringend eine Dusche und musste die blutigen Striemen auf ihren Armen versorgen. Danach würde sie sich noch eine schnelle Pasta kochen, und dann ab ins Bett.

»Ach du Scheiße«, entfuhr es ihr, als sie ihr Spiegelbild sah. Jetzt wunderte es sie auch nicht mehr, dass Joe und der Windhunde-Mann so eigenartig auf sie reagiert hatten. Ihr Gesicht war dreckverschmiert, und auch in ihren Haaren klebten Erde und etwas Gras.

Sie zog ihre Jacke aus und schlüpfte aus dem Langarmshirt, das an ein paar Stellen Blutflecken zeigte. Verdammter Mist, einige der Kratzer waren ganz schön tief. Hoffentlich entzündeten sie sich nicht.

Als sie die Verletzungen nach der Dusche genauer in Augenschein nahm, beruhigte sie sich jedoch wieder. So schlimm war es dann doch nicht. Sie desinfizierte die oberflächlichen Wunden und klebte Pflaster über die beiden Stellen, die noch ein bisschen bluteten. Sie würde wohl überleben.

Nach einer großen Portion Nudeln fiel sie ins Bett. Hatte sie jemals einen irrsinnigeren Einstieg in einen neuen Job erlebt? Mit diesem Gedanken schlief sie ein.

BOHREN UND RASPELN

BRODIE WAR GESTERN ABEND weder zu seinen Eltern gefahren noch zum Tierarzt gegangen – auch wenn er Letzteres versucht hatte. Doch Kendrick McIntosh war auf irgendeinem Hof in der Umgebung gewesen, bei einer Kuh, die Schwierigkeiten beim Kalben hatte. Seine Frau Shona hatte einen Blick auf Kate und Moss geworfen und Brodie versichert, dass es unnötig sei, zur Tierklinik in Inverness zu fahren. Trotzdem wollte er die beiden später durchchecken lassen. Allerdings wirkten sie ganz munter und weitgehend unversehrt, ein paar oberflächliche Kratzer ausgenommen. Da hatte die Frau im Wald ein schlimmeres Bild geboten.

Er hatte Shona von der Begegnung erzählt, aber die hatte sich nicht vorstellen können, dass es in den Wäldern um Kirkby eine obdachlose Frau geben sollte, die es auf magere Whippets abgesehen hatte. Der abenteuerlichen Geschichte mit dem Fuchsbau dagegen schien sie eher Glauben zu schenken. Nun ja, er würde die Sache auf sich beruhen lassen. Unwahrscheinlich, dass sich sein Weg und der der Frau mit den Tätowierungen, dem Nasenpiercing und den blauen Haaren noch einmal kreuzen würden. Ihn schüttelte es allein beim Gedanken daran. Wie konnte man seinem Körper bloß solche Verunstaltungen antun? Aber vermutlich hatte sie ganz andere Probleme, und es war nicht an ihm, darüber zu urteilen.

»Guten Morgen«, begrüßte er Maggie, als er die Praxis betrat.

»Guten Morgen«, rief sie ihm fröhlich entgegen und herzte die beiden Hunde, die sich ihre morgendliche Kraulrunde bei ihr abholten und zweifellos auf ein Leckerchen hofften.

»Was liegt heute an?«, erkundigte er sich.

Maggie ließ von den Hunden ab und sah im Computer nach. »Nichts Aufregendes, zwei Zahnreinigungen und Kontrollen, aber vorhin hat Ainslee angerufen. Sie hat mal wieder Zahnschmerzen und Zahnfleischbluten. Ich hab ihr gesagt, sie soll gegen elf kommen.«

»Alles klar, das klingt ja nach einem entspannten Tag. Ist Christine schon da?«

»Nein, heute hat Timmy Dienst«, erinnerte ihn Maggie mit einem breiten Grinsen. »Er bereitet schon alles vor.«

»Worauf muss ich mich diesmal gefasst machen?« Brodie unterdrückte ein Stöhnen. Er schätzte seinen jungen Mitarbeiter, der vor zwei Monaten einfach so in seine Praxis geschneit war. Es war ungewöhnlich, dass Männer diesen Beruf ergriffen, doch Timmy war mit Leidenschaft Zahnmedizinischer Fachangestellter und hatte schon etliche Weiterbildungen vorzuweisen. Er war sehr gut in seinem Job und der Hit gerade bei jungen Patientinnen und Patienten – aber optisch war er eine echte Herausforderung.

»Sein Iro ist frisch gefärbt, und er trägt seine Augenbrauen-Piercings heute in Regenbogenfarben – passend zum Augen-Make-up. Also insgesamt recht zivil.«

»Na dann …« Brodie sparte sich jeden weiteren Kommentar, auch wenn er beim Stichwort »Piercing« direkt wieder an die Frau im Wald denken musste. Er ging in die Küche und brühte sich eine Tasse Tee auf. Während das Getränk zog, strich Elvis aufreizend an seinen Beinen entlang und hinterließ garantiert wieder reichlich Haare auf seiner Hose. »Was haben wir vereinbart?«, sagte er zu dem Kater, dem das natürlich vollkommen egal war. Brodie entriegelte den Sicherungsmechanismus der Schranktür, hinter der sich die Leckerli-Dose befand, und verfütterte einige Happen an Elvis und die beiden Whippets, die jedoch ganz manierlich in ihrem Bett warteten und nicht so aufdringlich Fell auf ihm verteilten. »Seid jetzt brav, ihr drei, und macht uns keinen Kummer.« Er räumte die Dose wieder weg, warf den Teebeutel in den Müll und trug die Tasse in sein Büro im ersten Stock.

Aus dem Labor hörte er Timmy mit irgendwas hantieren und dabei leise vor sich hinsingen. Garantiert hatte er wieder Kopfhörer auf den Ohren und würde ihn vorläufig nicht vermissen.

Also nippte er an seinem Tee und checkte erst einmal seine Mails. Ein Newsletter von der Zahnärztekammer, zwei Schreiben von Krankenversicherungen bezüglich der Kostenübernahme bei Zahnersatzbehandlungen – natürlich negative Bescheide – und eine Mail von Bürgermeister Collum.

Darin ging es um den Ostermarkt. Schon wieder. Er hatte schon beim ersten Mal klipp und klar gesagt, dass er sich als Zahnarzt ja schlecht daran beteiligen konnte, es sei denn, dem Dorfvorsteher schwebte ein mittelalterlicher Barbier-Stand vor, wo er mit martialischen Zangen ohne Betäubung Zähne zog. Stattdessen hatte er eine üppige Summe gespendet. Doch Collum ließ nicht locker.

... weil die Tierschauen beim Landwirtschaftsfest im letzten Sommer so gut angekommen sind, schrieb er, *haben wir uns überlegt, dass wir zu Ostern etwas Ähnliches veranstalten wollen. Wir könnten uns vorstellen, lustige Hunderennen in unterschiedlichen Klassen auf der Rennstrecke des Reiterhofs zu veranstalten, und deine Windhunde haben garantiert Champion-Potenzial.*

Brodie schüttelte den Kopf. Er mochte Kirkby sehr. Wirklich. Und er hatte auch die Landwirtschaftsausstellung im letzten Sommer durchaus genossen, obwohl er mit Kate und Moss nicht an den Tierschauen teilgenommen hatte. Aber musste man aus jedem winzigen Anlass ein großes Event machen? Andererseits wollte Emma über Ostern zu ihm kommen – wenn sie es sich nicht kurzfristig wieder anders überlegte –, und sie hätte vielleicht Spaß an so einer Aktion.

Also tippte er rasch eine Antwort mit einer Zusage zum Hunderennen. Zweifellos würden seine Whippets alle anderen in Grund und Boden rennen. Dann überlegte er kurz und fügte doch noch den besorgten Hinweis hinzu, dass er gestern Abend im Wald einer verwahrlosten Frau mit blauen Haaren und einem Esel begegnet war, mutmaßlich einer Landstreicherin. Bestimmt würde sich Collum darum kümmern und der Frau irgendwie helfen. Zufrieden mit sich selbst schickte er die Mail los und bereitete sich auf seinen Arbeitstag vor.

»Guten Morgen«, begrüßte er Timmy und brachte das Kunststück fertig, beim Anblick des lila leuchtenden Irokesenschnitts keine Miene zu verziehen. Der bildete einen wirklich wenig attraktiven Kontrast zu dem türkisen Poloshirt, das zusammen mit einer weißen Hose die Arbeitskleidung seines Assistenzteams darstellte. Brodie selbst war Traditionalist und liebte seinen stets blütenweißen Arztkittel, den er immer über einem makellos gebügelten Hemd und einer ebenfalls weißen Hose trug. Ja, Poloshirts oder OP-Kittel mochten bequemer und praktischer sein, aber um Bequemlichkeit ging es in seinem Job schließlich nicht. Er musste den Menschen oft genug wehtun und fand es nur höflich, wenn er dabei ordentlich gekleidet war.

»Morgen, Chef.« Timmy strahlte ihn gut gelaunt an. »Sieht bisher nach einem ruhigen Tag für dich aus. Zwei Zahnreinigungen von mir und zwei Kontrolltermine. Aber vielleicht finden wir dabei ja ein paar fiese Kariesherde?«

»Besser wäre es, wenn nicht«, gab Brodie zurück. »Außerdem habe ich im Labor einiges zu tun. Gestern kam die Lieferung vom Zahntechniker, und ich muss noch ein paar Kronen vorbereiten. Außerdem ist um elf wieder Ainslee da.«

»Ach, die Arme, die ist wirklich wahnsinnig gebeutelt von ihrer Schwangerschaftsgingivitis«, sagte Timmy aufrichtig besorgt. »So eine nette Frau und so viele Probleme, das ist doch nicht fair, oder?«

»Ob jemand nett oder nicht so nett ist, ist den Krankheiten egal«, wandte Brodie ein.

»Ja, klar, aber es gibt Menschen, bei denen täte es mir nicht so leid wie bei Ainslee.«

Insgeheim gab ihm Brodie recht. Er mochte die elegante Ainslee Ferguson ebenfalls sehr, die zusammen mit Collums Frau Harriet die *Kirkby Tartan Mill* auf Monroe Manor betrieb. Sie und er waren vor einem Jahr ziemlich zur gleichen Zeit in Kirkby angekommen, und sie war ihm mit ihrer zurückhaltenden, aber wahnsinnig freundlichen Art gleich aufgefallen. Auch weil es im Ort außer ihm selbst und George King, der in derselben Straße lebte wie er, niemanden gab, der so viel Wert auf Kleidung legte. Von einigen netten Gesprächen abgesehen, war zwischen ihm und Ainslee aber nie etwas passiert – und dann hatte sie sich sehr schnell in den smarten Historiker Paul Starling verliebt. Jetzt würden die beiden in wenigen Wochen Eltern werden, und Brodie freute sich von ganzem Herzen für sie – auch wenn Ainslee gerade tatsächlich keine gute Zeit durchmachte. Doch das würde bald ein Ende haben, und dann schwebte sie garantiert wieder auf Wolke sieben.

»Entschuldige, was hast du gesagt?«, fragte Brodie, der so in Gedanken gewesen war, dass er nicht weiter zugehört hatte.

»Ich habe gesagt, dass heute Nachmittag Aidan zur Spangenkontrolle kommt, und noch ein Mädchen, das vermutlich ebenfalls eine Korrektur benötigt. Ich hab ihren Namen vergessen.«

»Dann ist es ja doch ein gut gefüllter Tag«, befand Brodie. »Ich wollte mittags mal kurz mit den Hunden zum Tierarzt, falls er nicht wieder Kälbern oder Lämmern auf die Welt helfen muss.«

»Sind Kate und Moss krank?« Timmy, der die beiden Whippets anbetete, wirkte ernsthaft besorgt.

»Nein, aber sie hatten gestern im Wald ein merkwürdiges Abenteuer, und ich würde sie einfach gern durchchecken lassen. Sie müssen ja fit sein, weil Collum sie bei den Hunderennen an Ostern sehen möchte.«

»Ach, cool, dann nimmst du also daran teil. Ich wette, die beiden räumen alles ab.« Timmys Sorge schien wie weggeblasen zu sein, und er schaute auf die Uhr. »Sollen wir das erste Opfer rufen?«

• • •

Charly hatte erstaunlich gut und tief geschlafen und fühlte sich am Morgen topfit. Damit hatte sie nach dem gestrigen Tag wahrlich nicht gerechnet. Sie frühstückte rasch ein Müsli – natürlich mit Kuhmilch, weil etwas anderes in ihren Vorräten nicht zu finden war – mit Tee und gönnte sich zum Dessert noch einen der leckeren Shortbread-Happen. Um halb sieben schlüpfte sie aus ihrer Wohnung in den Stall, wo schon einiger Betrieb herrschte, und schaute kurz bei Penny vorbei.

»Heute nehme ich dich noch nicht mit«, kündigte sie mit leichtem Bedauern an. »Ich muss mich erst mit allem vertraut machen, aber dann darfst du wieder mitkommen«, raunte sie ins weiche Fell der Eselin, die aber einen entspannten Eindruck machte.

Wenige Minuten später betrat Charly die Schmiede, bereit für den Tag und die nächsten Herausforderungen. Insgeheim hatte sie damit gerechnet, dass Marlin Fraser bereits da sein würde, um ihr mit guten Ratschlägen oder weiteren blöden Bemerkungen zur Seite zu stehen, doch alles war friedlich und verlassen. Das war ihr ganz recht. Das erste Pferd hatte sie für halb neun eingeplant, was ihr genug Zeit geben sollte, sich mit allem vertraut zu machen und die Esse vorzuheizen. Damit fing sie auch als Erstes an.

Charly liebte das archaische Spiel und beobachtete fasziniert wie beim ersten Mal, wie die kleinen Flammen zunächst zögerlich am Holz und an den Kohlen leckten und sich dann recht schnell zu einem ordentlichen Feuer entwickelten. Ja, das würde nachher Spaß machen. Als Nächstes ging sie systematisch die Regalreihen durch, prüfte die Qualität der Eisenrohlinge – natürlich topp –, sah in jeden Schrank und prägte sich genau ein, wo was zu finden war. Für ihren ersten Kunden, ein barfüßiges altes Shetlandpony namens Fiddler, würde sie jedoch nichts von alledem benötigen. Laut System brauchte der kleine Kerl lediglich eine frische Pediküre, um dann weiterhin ein vergnügtes Leben auf der Koppel oder ab und zu als Kinderreittier führen zu können.

Um kurz nach acht schaute Hailey vorbei. Sie wirkte verschwitzt und hatte rote Wangen – offensichtlich hatte sie bereits eine erste anstrengende Trainingseinheit hinter sich. »Guten Morgen, wie ist die Lage bei dir?«, erkundigte sie sich freundlich.

»Bisher alles bestens«, gab Charly zurück. »Die Esse ist bereit, ich weiß, wo alles zu finden ist, und freu mich drauf, gleich loszulegen.«

»Bist du allein?« Hailey machte den Hals lang und blickte sich um. Womöglich vermutete sie ihren Onkel in irgendeiner dunklen Ecke.

»Bin ich. Sollte mir das zu denken geben?«

»Ähm …« Hailey kratzte sich am Kinn und schien ebenso verdattert zu sein wie Charly.

»Ich bin es gewohnt, allein zu arbeiten. Deswegen bin ich doch hier. Wahrscheinlich hat dein Onkel andere Dinge zu tun.«

»Oder die Hölle friert zu«, murmelte Hailey, jedoch nicht leise genug, sodass Charly es deutlich verstand. Hailey zog ihr Handy hervor und tippte hektisch darauf herum. »Ah, Fiddler ist dein erster Kunde«, stellte sie fest. »Und danach ist Ruben dran und anschließend Tilly. Und, oh …« Sie machte große Augen. »Am Nachmittag hast du dir meine Airgead vorgenommen.«

»So ist jedenfalls der Plan, und ich bin sehr gespannt, ob das System funktioniert.«

»Es funktioniert einwandfrei, keine Sorge. Ich muss jetzt wieder los und mich um meinen nächsten Fall kümmern, aber wenn es irgendwelche Probleme gibt, ruf mich an oder …«

»Ich komm schon klar«, beruhigte Charly sie.

»Ich werde ein Auge auf sie werfen«, tönte es nun aus dem Hintergrund, und Marlin betrat den Raum. Seine Wange war etwas weniger geschwollen als gestern, dafür schillerte sie blau und grün und verlieh ihm eine latent gewalttätige Note.

»Benimm dich bitte«, beschwor ihn Hailey und bedachte ihren Onkel mit einem nervösen Blick.

»Wie gesagt, ich komme klar.« Charly bemühte sich um ein verbindliches Lächeln. »Guten Morgen, Mr Fraser.«

»Das wird sich erst noch herausstellen«, schnaubte er und wandte sich dann an seine Nichte. »Du kannst gehen, ich hab hier alles im Griff.«

Hailey sah aus, als würde sie gerne etwas hinzufügen, doch sie verkniff sich jeden weiteren Kommentar. Vermutlich hatte sie es wirklich eilig. Sie winkte knapp und machte sich dann aus dem Staub.

Charly ging zur Esse und stocherte mit dem Schürhaken darin herum. Es bildete sich bereits eine sehr intensive Glut. Sie schüttete noch etwas mehr Kohle nach und legte zwei weitere Holzscheite in die Mitte. Bis ihr zweiter Kunde Ruben fällig war, sollte die perfekte Temperatur erreicht sein.

Marlin sagte nichts, sondern lehnte mit verschränkten Armen im Türrahmen und ließ sie nicht aus den

Augen. Ihr war das ganz recht, denn auf Konversation mit dem ungehobelten alten Mann hatte sie so gar keine Lust. Stattdessen legte sie ein Messer und einige Raspeln bereit, die sie für die Hufe des Ponys verwenden würde.

Wenigen Minuten später hörte sie Hufgetrappel. Sie schlängelte sich an Marlin vorbei, der offensichtlich versuchte, ihr den Weg nach draußen zu versperren, doch der Durchgang war groß und Marlin ein eher schmaler und sehniger Typ. Und sie selbst passte durch die engsten Ritzen. Sie eilte nach draußen, weil sie sich schon einen ersten Eindruck vom Gangbild des Ponys machen wollte, das zu ihrem Erstaunen nicht etwa von Joe oder einem seiner Kollegen gebracht wurde, sondern von Rupert Fraser.

Wobei, nein, überrascht war sie deshalb eigentlich nicht. Sie ignorierte das Gefühl, kontrolliert zu werden, und konzentrierte sich vollends auf das kleine Pferdchen, das durchaus munter neben dem großen Rupert hertrippelte. Die Hufe waren eindeutig zu lang und eine Behandlung in ihren Augen überfällig, aber auch sonst, fand sie, waren seine Bewegungen nicht ganz rund. Ja, der kleine, schwarz-weiß gescheckte Fiddler war schon dreiundzwanzig, aber für ein Shetty war das eigentlich kein Alter. Der sollte ihrer Meinung nach noch einige gute Jahre vor sich haben.

»Guten Morgen«, begrüßte Rupert sie mit einem Brummen, das gar nicht mal so unfreundlich klang. Jedenfalls deutlich netter als Marlins. »Das ist der erste Kandidat.«

»Guten Morgen«, erwiderte Charly und näherte sich den beiden. »Du bist ja ein putziger Kerl«, sprach sie das Pony an und kraulte es am Mähnenkamm. »Dann lass uns doch mal nachschauen, was wir für dich tun können.« Sie nahm Rupert den Führstrick aus der Hand und befestigte ihn am dafür vorgesehenen Metallring, der an dem hölzernen Anbindebalken im halb offenen Außenbereich der Schmiede angebracht war.

Dann begann sie, das Pony systematisch abzutasten. Die bohrenden Blicke der beiden Männer blendete sie aus. Solange sie schwiegen, musste sie nicht reagieren. Fiddler ließ die Prozedur jedenfalls geduldig über sich ergehen. Schließlich trat sie ein paar Schritte zurück und betrachtete ihn aus einigen Metern Entfernung von allen Seiten. Dann war ihr klar, was sie zu tun hatte. Sie zog einen Markierstift aus ihrer Lederschürze und zeichnete Linien, Punkte und Kreuze auf die kleinen Hufe. Anschließend holte sie das Messer, zwei Raspeln und eine Beinstütze in der passenden Größe und machte sich ans Werk.

So rausgewachsen, wie die Hufe im Moment waren, konnte sie nicht genau feststellen, ob die vorhergehenden Behandlungen korrekt ausgeführt worden waren oder nicht. Doch sie war sich intuitiv sicher, dass Marlin einen nicht ganz so steilen Winkel herausgearbeitet hatte, wie sie ihn für richtig hielt. Mindestens genauso sicher war sie, dass ihre Version dem Pony einen besseren Gang verpassen würde.

Die Hornstruktur der Hufe war tadellos und ließ sich sehr gut bearbeiten. Sie kam rasch voran und ignorierte die Geräusche, die Marlin von sich gab. Genervtes Zischen, schmerzvolles Japsen – der Mann war wirklich ein guter Schauspieler. Doch solange er nichts sagte, fühlte sie sich zu keiner Reaktion bemüßigt. Und selbst wenn – es gab keinen Grund, sich zu rechtfertigen.

Als sie mit dem groben Schnitt fertig war, betrachtete sie erneut ihr Werk und löste dann den Strick. »Würdest du ihn bitte ein bisschen auf und ab führen?«, bat sie Rupert, der es im Gegensatz zu seinem Bruder schaffte, einen neutralen Gesichtsausdruck zu zeigen.

Fiddler machte die ersten Schritte wie auf rohen Eiern. Es musste sich merkwürdig für ihn anfühlen, doch Charly war zuversichtlich, dass er gleich merken würde, wie viel angenehmer die radikale Pediküre war.

»Ich kann gar nicht hinsehen«, hörte sie Marlin hinter sich aufstöhnen.

Nach ungefähr einer Minute änderte sich die Körpersprache des Ponys radikal. Fiddler spitzte die Ohren, richtete sich auf und tänzelte regelrecht am Führstrick. Rupert strahlte, sie selbst konnte ein Lächeln nicht unterdrücken, nur von hinten ertönte ein gegrunztes »Hmpff«.

»Ihr könnt wieder herkommen«, rief Charly Rupert zu, und der brachte den kleinen Wallach zurück in die offene Scheune. »Jetzt gibt's noch das Feintuning, und dann darfst du wieder auf die Weide.« Sie schob dem

Pony ein Stückchen Karotte zwischen die weichen Lippen und bearbeitete die vier Hufe mit einer feineren Raspel. »Fertig.« Es gab noch ein Stück Karotte und ein kleines Kraulen, dann drückte sie Rupert den Strick erneut in die Hand und machte sich daran, die Hornspäne zusammenzukehren.

»Gute Arbeit«, lobte Rupert knapp und schenkte ihr ein kleines Lächeln. Er warf seinem Bruder einen warnenden Blick zu und brachte Fiddler zurück auf seine Koppel.

Marlin hatte wieder seine Lauerposition im Durchgang eingenommen und starrte Charly an, die die gesammelten Hufspäne in einen Eimer kippte und dann erneut die Glut in der Esse überprüfte.

Eigentlich hatte sie die Klappe halten wollen, doch die schweigsame Feindseligkeit, die Marlin zur Schau trug, ging ihr auf die Nerven. »Ich habe viele Talente, aber Gedankenlesen gehört nicht dazu. Also wäre es gut, wenn Sie mir einfach sagen, was Ihnen nicht passt, Sir. Damit hatten Sie gestern ja auch keine Schwierigkeiten.«

Sie wartete einen Moment, doch als keine Antwort kam, lief sie erneut an ihm vorbei und hinaus auf den Hof. Nun würde es nicht mehr lange dauern, bis Ruben dran war, das neunjährige Dressurpferd einer jungen Reiterin aus dem Dorf. Laut den Aufzeichnungen war Ruben sehr gutmütig und trug eine Schicht aus Hartgummi zwischen Horn und Eisen, die als Stoßdämpfer diente. Tatsächlich bog pünktlich auf die Minute Joe, der Stallbursche, mit dem eleganten Braunen um die Ecke. Das Tier schritt frei aus und wirkte entspannt und locker. Ein wirklich gutes Zeichen, freute sich Charly und nahm den Warmblüter zunächst genauso in Augenschein wie vorher Fiddler. Dann entfernte sie den bisherigen Beschlag, der tadellos gearbeitet war, und sah sich die nackten Hufe an. Auch hier keine Schwierigkeiten. Sie raspelte das überschüssige Horn weg, schnitt frische Gummieinlagen zurecht, weil die alten verschlissen waren, konnte die Eisen jedoch noch einmal verwenden.

Die ganze Behandlung ging so schnell, dass sie noch Zeit hatte, die Hufe zu polieren und sie mit schwarzem Lack zu veredeln. Wenn Ruben am Wochenende sein nächstes Turnier bestreiten sollte, durfte er ruhig extraschick gemacht werden.

»Du hast ein ganz schönes Tempo drauf«, befand Joe, der ansonsten genauso schweigsam war wie Marlin, ihr aber kompetent assistiert hatte.

»Das war ja auch besonders unkompliziert, und dann gibt es keinen Grund, unnötig Zeit zu verschleudern. Ich bin mir sicher, Ruben freut sich auch, dass es fix ging.« Sie tätschelte den Pferdehals und schob dem Braunen ein Stück Möhre ins Maul. »Weißt du, ob sich ein Notfall angekündigt hat?«

»Nicht dass ich wüsste«, entgegnete Joe.

»Prima, dann nutze ich die Zeit, bis Tilly dran ist, und gehe mit Penny eine Runde spazieren. Neben der Weide des Offenstalls habe ich gestern einen leeren Paddock gesehen. Meinst du, ich kann sie da für ein paar Stunden abstellen? Sie könnte schon mal mit den anderen Tieren Kontakt aufnehmen, wäre aber in Sicherheit.«

»Ja klar, kein Problem.« Joe nickte. »Ich schätze, du könntest auch die beiden anderen Esel dazustellen. Die sind sehr freundlich und tun ihr garantiert nichts.«

»Dann mach ich das. Wir treffen uns dann in einer Stunde wieder, mit Tilly.«

»Bis dann.« Joe hob die Hand zum Gruß und verschwand mit Ruben.

Charly kehrte in die Schmiede zurück, hängte ihre schwere Lederschürze an den Haken und schlüpfte in ihre Fleecejacke. »Muss ich mit einem Sabotageakt rechnen?«, erkundigte sie sich bei Marlin und warf einen letzten prüfenden Blick auf die Esse.

Er gab keine Antwort. Stattdessen stolzierte er wortlos davon – zweifellos, um jemanden zu finden, der sich seine Klagen freiwillig anhören würde.

Nicht Charlys Problem.

Hoffte sie.

• • •

»So, das sollte es jetzt gewesen sein«, sagte Brodie nach einem letzten Blick in Ainslees Mund.

Ungefähr sechzig bis fünfundsiebzig Prozent aller Schwangeren litten an einer Schwangerschaftsgingivitis, also an hormonell bedingten Zahnfleischproblemen, die unterschiedlich schwer ausfielen. Ainslee hatte es hart getroffen. Ihr Zahnfleisch war so empfindlich, dass sie sich kaum noch die Zähne putzen konnte und auch beim Essen Schmerzen hatte. Sie war deshalb während der letzten Monate alle drei bis vier Wochen bei ihm in der Praxis gewesen.

»Ich hoffe es wirklich sehr«, erwiderte sie und tupfte sich die Mundwinkel ab. »Und ich hoffe noch mehr, dass sich das wieder einpendelt. Ich hatte nie groß Probleme mit meinen Zähnen und dem Zahnfleisch, aber das ist echt fies.«

»Früher hat man gesagt, dass jedes Kind die Mutter einen Zahn kostet. Diese dunklen Zeiten liegen glücklicherweise hinter uns. Und es ist sehr wahrscheinlich, dass sich nach der Geburt alles wieder normalisiert. Bald ist es ja geschafft.«

»Laut Plan in vier Wochen. Ich hätte jedoch nichts dagegen, wenn Madame früher auszieht.« Sie lächelte schief, streichelte jedoch liebevoll ihren Bauch, der gar nicht so üppig aussah. Aber das musste ja nichts heißen.

»Erste Kinder lassen sich gerne mal ein bisschen Zeit«, entgegnete Brodie, der sich noch lebhaft an den Nervenkrieg mit Emma erinnern konnte. Die war fast zwei Wochen überfällig gewesen, und Maries Arzt hatte schon mit einer Einleitung gedroht. Doch dann war alles ganz schnell gegangen.

»Mach mir keine Angst.« Ainslee verdrehte die Augen.

»Will ich nicht. Die Natur hat halt ihren eigenen Rhythmus. Ich bin mir sicher, es wird alles nach Plan laufen.«

»Dir ist schon klar, wie widersprüchlich diese beiden Sätze sind?« Sie zog eine Braue hoch und erhob sich ein bisschen schwerfällig vom Behandlungsstuhl.

»Es wird alles nach dem Plan der Natur laufen«, konkretisierte er mit einem Lächeln. »Meine Tochter hat sich fast zwei Wochen Zeit gelassen, dafür ging die eigentliche Geburt wahnsinnig schnell. Von der ersten Wehe bis zum ersten Schrei in unter fünf Stunden.« Er sprach nicht mit vielen Leuten über sein Kind, aber Ainslee wusste davon.

»Wie geht es Emma?«, wollte sie prompt wissen.

»Gut. Denke ich. Ich war am Wochenende in Edinburgh und … Ach, sie ist halt ein Teenager, und die sind immer anstrengend. Sie will über Ostern herkommen.«

»Wie schön. Das wäre eine Premiere, oder?«

»Ja, und ich glaube es auch erst, wenn sie wirklich hier ist.« Er seufzte. Das mit dem Elternsein hatte er sich vor fünfzehn Jahren noch ganz anders vorgestellt. Aber da waren Marie und er ja auch noch blutjung gewesen, mitten im Studium, mit vielen Plänen für die Zukunft, aber praktisch ohne jede Ahnung, wie das Leben wirklich sein konnte. Sie hatten ein paar gute Jahre zu dritt gehabt, doch dann war alles aus dem Ruder gelaufen. Und das hatte nichts mit der Natur und alles mit falschen Entscheidungen zu tun gehabt. Vor allem seinen. Dass dabei die Beziehung zu seinem einzigen Kind unter die Räder geraten war … Er schob den Gedanken energisch weg, denn für diese Überlegungen war gerade nicht die richtige Zeit.

»Ich wünsche dir, dass sie kommt. Euch beiden.« Ainslee drückte seine Hand.

»Danke. Das wünsche ich mir auch. Und dir wünsche ich eine schmerzfreie Restschwangerschaft. Wenn es doch noch länger dauern sollte, weißt du ja, wo du mich findest.«

»Ich weiß. Danke. Hab einen guten Tag, Brodie.«

Als Ainslee gegangen war, schaute Brodie auf die Uhr. Kurz vor zwölf. Für den Vormittag waren keine weiteren Patienten eingeplant, und die Laborarbeiten konnten noch ein bisschen warten. »Ich dreh eine Runde mit den Hunden«, kündigte er bei Timmy an. »Wir sehen uns nach der Mittagspause.«

Er lief nach unten, wo im Wartebereich noch reichlich Betrieb herrschte, der aber vor allem Anna betraf, und leinte Kate und Moss an. Rasch verließ er mit ihnen die Praxis. Es war ein angenehm milder Tag, und die Hunde schnupperten mit hoch erhobenen Schnauzen. Die beiden machten wirklich einen guten Eindruck und schienen den gestrigen Vorfall weggesteckt zu haben. Trotzdem wollte er auf Nummer sicher gehen und schlug den Weg zum Tierarzt ein. Kendrick McIntosh lebte am Ortsrand und betrieb im Anbau seines Hauses an zwei bis drei halben Tagen pro Woche eine Kleintierpraxis. Die meiste Zeit über war er jedoch mit seinem Tierarzt-Van auf den umliegenden Höfen unterwegs und behandelte Nutztiere. Aber vielleicht würde Brodie heute Glück haben?

Tatsächlich begegnete er Harriet McDonald mit ihrer jungen, schwarzen Großpudelhündin Ava. Ava hatte eine verbundene Pfote, die sie aber nicht weiter zu stören schien, denn sie zerrte beim Anblick von Kate und Moss wie verrückt an der Leine und schleifte ihre etwas gestresst wirkende Zweibeinerin hinter sich her. »Lass das, Ava!«, schimpfte Harriet und versuchte, mit eisernem Griff dagegenzuhalten.

»Was hat sie denn an der Pfote?«, erkundigte sich Brodie, während seine Whippets der aufgeregten Pudelhündin arrogant die kalte Schulter zeigten.

»Eine blutige Schramme. Ich nehme an, eine unserer Hennen hat ihr die verpasst, als Ava mal wieder mit ihnen ›spielen‹ wollte.« Die Gänsefüßchen bei dem Wort »spielen« waren klar zu hören. »Ehrlich, ich habe keine Ahnung, wie sie es immer schafft, ins Hühnergehege einzubrechen. Das kriegen nicht mal Füchse hin.«

»Auweia«, gab Brodie zurück und versuchte, ein Lächeln zu unterdrücken. »Und wie geht's dem Huhn?«

»Prächtig. Ava tut ihnen ja nichts. Ich glaube, sie findet sie einfach lustig und will sich wirklich nur mit ihnen anfreunden, aber für die Hühner ist sie natürlich der personifizierte Dämon. Jedenfalls hat sie sich die Abreibung eindeutig verdient. Lass das, Ava!«, sagte sie erneut zu ihrem Hund, der nun frustriert herumheulte, weil er es nicht fassen konnte, dass die beiden grauen Artgenossen so desinteressiert waren. »Ich glaube, sie ist gerade in der Pubertät«, fügte sie in entschuldigendem Tonfall an Brodie gewandt hinzu. »Wie anstrengend das ist, erzählt einem auch niemand.«

»Ich erinnere mich vage.« Nun zuckten Brodies Mundwinkel.

»Und was haben deine beiden?«

»Ich hoffe, nichts. Ich will sie aber durchchecken lassen, weil wir gestern im Wald eine unangenehme Begegnung hatten.«

»Oh?«

»Die zwei sind mir abgehauen, und als ich sie wiedergefunden habe, waren sie vollkommen verdreckt, und eine verwahrloste Frau hatte ihre Halsbänder in der Hand. Keine Ahnung, was sie mit ihnen gemacht hat, aber ich schätze, sie war der Meinung, dass die Halsbänder wertvoll sein könnten.« Er schüttelte sich leicht bei dem Gedanken.

»Das ist ja krass.« Harriet sah ihn mit großen Augen an. »Eine verwahrloste Frau mitten im Wald?«

»Ich schätze, es war eine Landstreicherin. Sie hatte einen Esel dabei.«

Harriet runzelte die Stirn. »Eine Landstreicherin mit Esel?« Offenbar konnte sie das nicht glauben.

»Ich hab mir das nicht ausgedacht. Und ich hab vorhin deinem Mann eine Mail geschrieben. Womöglich braucht die Frau Hilfe. Ich habe ihr Geld gegeben, aber das schien sie eher zu empören. Vielleicht hat sie psychische Probleme oder so.«

»Und was soll Collum da machen?«

»Keine Ahnung. Sein Bürgermeister-Ding halt. Er kümmert sich doch immer um alles und jeden. Aber wahrscheinlich ist sie ohnehin schon über alle Berge, und wir sehen sie nie wieder. Ich geh jetzt mal rein«, kündigte er an und deutete auf die offene Tür der Tierarztpraxis. Auf ein weiteres Gespräch mit Harriet hatte er keine Lust, weil sie ihm ohne große Worte das Gefühl gab, dass er in der Situation versagt hatte. Vermutlich stimmte das auch. Wäre nicht das erste Mal.

LANDSTREICHER-LEGENDE

KENDRICK McINTOSH UND SEINE Praktikantin Nina hörten sich Brodies Geschichte aufmerksam und ohne größere Nachfragen an. Sie tasteten die Hunde gründlich ab, überprüften Augen, Ohren und Fänge und kamen zu dem Schluss, dass beide kerngesund waren. Die paar Kratzer, die man in dem feinen Fell noch erkennen konnte, waren nicht weiter schlimm.

»Mach dir keine Sorgen, die beiden sind topfit«, befand Kendrick und strich den Whippets über die Köpfe. »Mir erscheint die Fuchsbau-Geschichte aber ehrlich gesagt nicht so abwegig, das kann schon sein. Und ich muss der unbekannten Frau auch insofern recht geben, als sie sich mit diesen Halsbändern wirklich unglücklich verhaken können.«

»Das ist doch absurd. Natürlich haben Whippets einen starken Jagdtrieb, aber doch so, dass sie ihre Beute übers freie Land hetzen und nicht in einen Bau verfolgen. Ich kann mir auch nicht vorstellen, dass sie einen Fuchs jagen würden.« Brodie sah, wie Kendrick und Nina einen raschen Blick wechselten.

»Vermutlich werden wir nie genau erfahren, was geschehen ist. Aber ich würde vorschlagen, dass du ihnen in Zukunft dic Halsbänder abnimmst, bevor du sie frei laufen lässt. Ist sicherer«, gab Kendrick diplomatisch zurück.

»Noch besser wäre es, wenn du ein zuverlässiges Jagd-Abbruchsignal hättest, damit sie gar nicht auf die Idee kommen, stiften zu gehen«, mischte sich nun die junge Mitarbeiterin ein.

»Das funktioniert in der Regel gut, aber ich war gestern etwas abgelenkt und habe es gar nicht mitgekriegt«, verteidigte sich Brodie und ärgerte sich über den nächsten vielsagenden Blick zwischen Tierarzt und Assistentin. »Jedenfalls bin ich erleichtert, dass es den beiden gut geht. Vielen Dank.«

Nina kassierte einen üppigen Betrag für die Behandlung, die ja im Grunde gar keine gewesen war, und Brodie war sich sicher, dass darin ein Aufschlag für besonders nervige und gleichzeitig wohlhabende Tierbesitzer enthalten war. Auch darüber ärgerte er sich, ließ sich aber nichts anmerken. Es war schließlich besser, sich zu viel zu sorgen, als zu wenig.

Er hatte noch Zeit, ehe die Nachmittagssprechstunde begann, also beschloss er, sich im Pub ein Mittagessen zu gönnen. *The Wise Pelican* war bereits gut besucht, aber Betty Murray winkte ihn an ihren Tisch. Die Thrillerautorin kam oft zum Schreiben in die Kneipe, weil sie das Ambiente so inspirierend fand. Auch heute hatte sie ihren Laptop dabei, doch der lag zugeklappt auf dem Tisch.

»Wie geht's Marlin?«, erkundigte sich Brodie, nachdem er Platz genommen und Kate und Moss sich unter der Sitzbank zusammengefaltet hatten.

»Frag nicht. Der ist auf dem Kriegspfad«, winkte Betty ab.

»Hat er immer noch Schmerzen? Dann sollte er besser in die Praxis kommen, damit ich mir das ansehen kann.«

»Was? Nein. Den Zahn hat er schon vergessen. Er regt sich über seinen Nachfolger auf, der sich als Nachfolgerin entpuppt hat.« Betty kicherte.

»Nachfolger wofür?« Brodie war total ahnungslos.

»Marlin will zukünftig wieder mehr Musik machen und nicht mehr jeden Tag Pferde beschlagen, daher hat Rupert einen neuen Schmied angestellt. Der ist gestern eingetroffen – und es ist kein Mann, sondern eine Frau.«

»Aha.« Er hatte keine Ahnung, inwiefern das problematisch sein sollte. »Und das kam überraschend? Ich meine, es gab doch bestimmt ein Bewerbungsgespräch, oder verzichtet man in der Hufschmiedeszene auf solche Nebensächlichkeiten?«

»Natürlich gab es eins.« Bettys Augen funkelten vergnügt. »Über Zoom, weil die Kandidatin zu diesem Zeitpunkt noch bei ihrer alten Arbeitsstelle in Andalusien war.«

»Aber da hätte man doch feststellen können, dass …«

»Was kann ich dir bringen?«, unterbrach Kellnerin Ivy seine Frage.

»Ein Wasser und das Tagescurry bitte«, bestellte er mit einem kleinen Lächeln und wandte sich dann wieder Betty zu.

»Hätte man. Wenn die Herren es fertiggebracht hätten, ihr Videosignal zu empfangen – beziehungsweise sich zu beklagen, als sie eben kein Bild gesehen haben.« Sie kicherte leise. »Jedenfalls haben sie sich eingeredet, dass Charly MacRae ein Mann sein muss, und waren gestern völlig baff, als eine zierliche Frau auf den Hof gerollt kam.«

»Und Frauen können keine Hufschmiede sein?« Brodie verstand die Problematik immer noch nicht ganz.

»Doch. Offenbar sogar sehr gute, denn ihre Referenzen sind wohl ziemlich beeindruckend.«

»Und warum ist Marlin dann auf dem Kriegspfad?«

»Weil er ein sturer, unflexibler Bock ist, der sich veräppelt fühlt. Und ich nehme an, dass er sich zu wilden Thesen verstiegen und sie ihm womöglich entsprechend Kontra gegeben hat. Aber das ist nur eine Theorie von mir, ich war nicht dabei – und er hat sich nicht dazu geäußert.«

»Haha, das mit den wilden Thesen kannst du laut sagen«, mischte sich da Isla ein. Sie servierte Brodies Wasser und ließ sich dann mühsam auf einen freien Stuhl sinken. Im Gegensatz zu Ainslee, die trotz ihrer fortgeschrittenen Schwangerschaft noch sehr agil wirkte, sah Isla Fraser aus, als würde sie Drillinge erwarten, die schon einen Monat überfällig waren. Trotzdem schien sie allerbester Stimmung zu sein. »Das war wirklich ein Spektakel gestern. Dad hat die abstrusesten Behauptungen dazu von sich gegeben, warum Frauen für den Job angeblich ungeeignet sind.

Doch Charly ist cool geblieben. Die hat sich nichts gefallen lassen und ihm ordentlich Paroli geboten.«

»Wie ich befürchtet habe.« Betty schüttelte amüsiert den Kopf. »Ich frage mich, wann er es mal lernt.«

»Vermutlich nie.« Isla massierte sich mit beiden Händen den unteren Rücken und versuchte, auf dem harten Kneipenstuhl eine bequemere Position zu finden. »Ich nehme an, er beschattet sie heute den ganzen Tag und macht ihr das Leben zur Hölle.«

»Davon ist auszugehen.« Betty seufzte und nahm dann dankbar die Schüssel Curry entgegen, die ihr Ivy gerade servierte.

Brodie atmete tief die Aromen ein und schloss verzückt die Augen. Das Chicken Tikka Masala gehörte zu seinen absoluten Favoriten.

»Magst du auch eine Portion?«, erkundigte sich Ivy bei Isla, die jedoch lächelnd den Kopf schüttelte. »Ich hatte schon, danke.«

Ein paar Minuten lang herrschte genüssliches Schweigen am Tisch.

»Himmlisch«, befand Brodie, als er den letzten Bissen hinuntergeschluckt hatte. »Ich könnte in Helens Chicken Tikka Masala baden.«

»Das gäbe unschöne Flecken auf deiner makellos weißen Hose«, entgegnete Betty augenzwinkernd. »Ist mir ohnehin ein Rätsel, wie du es schaffst, den ganzen Tag über sauber zu bleiben. Wahrscheinlich hast du fünf Ersatz-Outfits in der Praxis, oder?«

»Nur zwei Garnituren«, sagte Brodie. »Ich habe schließlich einen Ruf zu verlieren.«

»Das ist das Problem mit euch Männern, ihr seid immer viel zu fixiert auf euren angeblichen Ruf.« Betty verdrehte die Augen, und Brodie nahm an, dass sie damit weniger ihn meinte als Marlin.

»Es war übrigens kein Chicken Tikka Masala, was ihr da gegessen habt«, brachte Isla das Gespräch aufs Essen zurück.

»Sondern?«, fragten Betty und Brodie wie aus einem Mund.

»Ein veganes Tikka Masala nach Hähnchen-Art.« Isla grinste nun übers ganze Gesicht.

»Ernsthaft? Aber das ist doch Etikettenschwindel«, grummelte Brodie. »Ich habe nichts gegen veganes Essen, ganz im Gegenteil, aber das muss man doch ankündigen.«

»Wieso? Ihr habt kein Chicken Tikka Masala bestellt, sondern das Tagescurry«, widersprach Isla mit einem leicht selbstgefälligen Grinsen. »Ihr hättet ja mal auf die Tafel schauen können.« Sie deutete auf die Wandfläche, wo die Tagesspezialitäten aufgelistet waren.

»Trotzdem«, brummte Brodie. Irgendwie kam er sich betrogen vor, obwohl das natürlich absolut albern war.

»Was trotzdem?« Isla klang kämpferisch. »Es gab keinen Etikettenschwindel. Du hast dich nicht ausreichend informiert – und es hat dir trotzdem geschmeckt. Wo liegt also das Problem?«

»Es gibt ja kein Problem. Ich …« Er zögerte, sprach dann aber doch weiter. »Ich kann jetzt aber irgendwie auch Marlin und Rupert verstehen. Die haben einen Mann erwartet und fühlen sich nun wahrscheinlich verarscht, weil eine Frau gekommen ist.«

Einen kurzen Moment lang schwiegen Betty und Isla, regelrecht konsterniert, dann fing sich die weißhaarige Autorin als Erste: »Jeden ersten Mittwoch im Monat trifft sich hier der Stammtisch der unverstandenen Männer, denen veganes Essen und weibliche Hufschmiede untergeschoben wurden. Du bist herzlich eingeladen. Ich bin mir sicher, Marlin wird dich zu seinem Vizevorsitzenden ernennen.«

»Jetzt hör schon auf, ich bin doch nicht reaktionär. Ich beschäftige schließlich einen männlichen Zahnarzthelfer. Vermutlich den einzigen in ganz Großbritannien.«

»Ja, und am meisten stört dich nicht sein Geschlecht, sondern seine Haarfarbe und seine Piercings«, traf Isla den Nagel erschreckend präzise auf den Kopf.

»Ich verstehe einfach nicht, wie man sich freiwillig dermaßen verunstalten kann«, verteidigte sich Brodie.

»Ich gehe davon aus, dass er es nicht als Verunstaltung betrachtet, sondern schön findet«, mutmaßte Isla. »Man muss es dir wohl hoch anrechnen, dass du ihn so auf deine Patientinnen und Patienten loslässt.«

»Noch mal, ich bin nicht so rückständig, wie ihr mich darstellt. Natürlich sage ich nichts, solange er insgesamt ordentlich und gepflegt ist und die Patienten gut behandelt.« Brodie gefiel der Lauf des

Gesprächs ganz und gar nicht. »Ich habe nur meine Meinung geäußert. Und ich begreife wirklich nicht, wie man seinen Körper mit Piercings und Tätowierungen verletzen kann. Ich meine, eine Frisur lässt sich ja ändern, aber Löcher und Farbe in der Haut bleiben.«

»Aber das sind doch nur Äußerlichkeiten«, warf Betty ein. »Entscheidend sind doch ganz andere Dinge. Persönlichkeit, Anstand, Wertschätzung. Ganz zu schweigen davon, dass Narben auf der Seele viel schmerzhafter sein können als Tätowierungen.«

»Nur dass man die Narben auf der Seele nicht sieht, sodass man nicht alle anderen Menschen damit belästigt«, erwiderte Brodie schmallippig.

»Das ist ein sehr interessanter Einwurf, mein Lieber.« Bettys Stimme klang beinahe sanft, doch zu seiner großen Erleichterung wechselte sie dann abrupt das Thema: »Gibt's sonst was Neues im Dorf? Etwas interessanterer Tratsch als engstirnige Hufschmiede und Zahnärzte? Was macht Brutus?«

»Brutus?« Brodie war verwirrt.

»Arbeitstitel für den Junior«, erklärte Isla und deutete auf ihren Bauch. »Außer dass er sich anfühlt wie ein Babyelefant und ich keine Ahnung habe, wie dieser Koloss rauskommen soll, tut sich nichts. Ich schätze, er wird seinen befristeten Mietvertrag bis zum letzten Tag nutzen.« Sie seufzte. »Aber abgesehen davon, dass ich mich kaum bewegen kann und jede denkbare Position ziemlich schnell unangenehm wird, fühle ich mich super.«

»Weißt du schon, ob du dich wegen der Babypause von einem oder beiden Sternen verabschieden musst?«, fragte Betty.

»Keine Ahnung.« Sie zuckte mit den Schultern. »Wir lassen das Restaurant ja weiterlaufen. Tom und Grace haben sich super entwickelt, und die Neuen scheinen sich ebenfalls gut einzufügen. Außerdem haben wir für diese Saison umfirmiert, von *The Scottish Thistle* zu *The Scottish Thistle-Bistro*, und haben etwas abgespeckte Menüs. Aber ehrlich gesagt ist es mir egal. Die Leute kommen auch, wenn ich keinen Stern habe, und später kann ich ihn mir ja wieder erkochen.«

»So lässig hättest du das vor ein, zwei Jahren noch nicht gesehen«, stellte Betty mit einem liebevollen Lächeln fest.

»Die Zeiten ändern sich eben. Und die Prioritäten. Jetzt ist erst mal Brutus dran, und dann werde ich mich wieder ums Restaurant kümmern. Aber ich genieße es, zur Abwechslung mal etwas Freizeit zu haben und nicht ständig in der Küche zu stehen.«

»Sie redet nur von *ihrer* Restaurantküche«, mischte sich nun Jon ein, der zum Tisch getreten war, und legte beide Hände auf die Schultern seiner Partnerin. »In *meiner* hängt sie dafür ständig herum und bereichert uns mit ihren Ideen.« Er drückte ihr einen Kuss auf die Wange.

»Wie das Chicken Tikka Masala ohne Hühnchen?«, fragte Brodie.

»Nein, das war allein Helens Idee«, verteidigte sich Isla. »Aber ich finde sie großartig. Ich experimentiere auch mit veganen Kreationen, die jedoch nichts für euch Banausen sind, sondern die es ab nächster Saison in meinem Restaurant geben wird.«

»Wie Brutus das wohl findet, wenn er auf feste Nahrung umgestellt wird?« Brodie grinste.

»Ehe das ein Thema wird, muss er zunächst mal ausziehen. Und ich wette, dass mein Sohn meinen guten Geschmack geerbt haben wird.«

»Solange er mein gutes Aussehen bekommt, ist mir alles recht«, sagte Jon gutmütig und wandte sich dann an Brodie. »Mich hat vorhin Collum angerufen. Du hast ihm was von einer Landstreicherin geschrieben, die du gestern im Wald getroffen haben willst.«

»Was heißt ›haben willst‹? Es war so. Ich war schließlich dabei und habe mit ihr gesprochen«, blähte sich Brodie auf.

»Ja, schon, aber bist du dir auch sicher, dass es eine Landstreicherin war? Ich meine, wir sind hier in Kirkby und …«

»Und du glaubst, dass es obdachlose Menschen nur in Großstädten gibt?«, forderte ihn Brodie leicht ärgerlich heraus. »Dass es auf dem Land keine Armut gibt und keine Menschen, die vielleicht wegen einer Mischung aus psychischen Problemen und finanziellen Sorgen keinen festen Wohnsitz haben?«

»Natürlich nicht. Ich denke nur, dass …«

»Dass was?«

»Keine Ahnung. Ich kann mir einfach nicht vorstellen, dass hier in der Gegend ein mittelloser Mensch unterwegs ist und es niemand mitbekommt.«

»Ich bin doch wohl nicht niemand, oder?«

»Bist du nicht, aber …« Jon gingen eindeutig die Argumente aus.

»Wie sah die Frau denn aus?«, wollte Betty wissen.

»Schmutzig und ungepflegt«, begann Brodie. »Tätowierungen an beiden Armen, ein Nasenpiercing, blutige Kratzer, leicht irrer Blick. Vielleicht ist sie drogenabhängig?«

»Vielleicht hättest du ihr dann helfen müssen«, schlug Betty vor. »Wenn sie verletzt war. Du bist schließlich Arzt.«

»Zahnarzt«, korrigierte Brodie.

»Und Zahnärzte können keine Wunden versorgen? Und haben nicht den hippokratischen Eid geschworen?«

»Es waren nur Kratzer. Außerdem war sie eindeutig feindselig und wollte nichts mit mir zu tun haben. Ich habe ihr Geld gegeben, damit sie sich etwas zu essen kaufen kann. Ich meine, sie hat meine Hunde bedroht und wollte zumindest ihre Halsbänder stehlen.«

»Warum sollte jemand Hundehalsbänder stehlen?« Isla schüttelte den Kopf.

»Weil es teure Sonderanfertigungen sind?«

»Ja, eben. Was sollte jemand damit anfangen? Das ergibt doch keinen Sinn. Oder sind da echte Edelsteine eingearbeitet oder Ösen und Schließen aus Gold?« Isla schien es nicht nachvollziehen zu können.

»Natürlich nicht. Aber was weiß ich, was in ihrem Kopf vorgegangen ist? Sie hat behauptet, dass sie meine Hunde aus einem Fuchsbau gerettet hat.«

»Und das findest du abwegiger, als dass sie die Halsbänder klauen wollte?«, fragte Jon.

»Nun ja, schon. Als ob meine Hunde einen Fuchs jagen würden.« Brodie verlor die Geduld mit dieser Truppe. »Sorry, Leute, so gerne ich mich weiter über alles unterhalten würde, ich muss jetzt wieder in die Praxis.« Er stand auf und angelte nach den Leinen von Kate und Moss, dann fiel ihm noch etwas ein. »Vielleicht wollte sie daraus ein Halfter für ihren Esel basteln.«

»Für ihren Esel?«, wiederholte Isla, doch da war Brodie bereits an der Tür und hob nur noch die Hand zum Gruß. Ehe die Tür hinter ihm zufiel, hörte er noch lautes Gelächter, aber das konnte ja wohl kaum etwas mit ihm zu tun haben, oder?

• • •

»Wow, die ist aber toll«, befand Charly, als sie Haileys Schimmelstute Airgead als zweite Kundin des Nachmittags präsentiert bekam. Das große, barocke Tier tänzelte nervös am Führstrick und schien keine Lust auf Fußpflege zu haben. Charly hatte in der Akte nachgelesen, dass die Stute speziell war und zum Auskeilen und Schnappen neigte.

»Airy ist auch toll, aber sehr eigensinnig«, sagte Hailey, die sich von den Kapriolen ihres Pferdes nicht aus der Ruhe bringen ließ. »Keine Ahnung, wie sich das bei ihr genetisch zusammengewürfelt hat, denn beide Elterntiere sind absolut nervenstark und lammfromm. Sie ist mit Sicherheit das untypischste Clydesdale, das mir je begegnet ist.«

»Ihre Bewegungen sind wirklich großartig«, lobte Charly. »Aber sie wirkt etwas verspannt in der Kruppe. Ist sie das immer oder nur, weil sie weiß, dass es ihr an die Hufe geht?«

»Verspannt?« Hailey blickte verblüfft auf Airgeads Hinterteil. »Ist mir nicht aufgefallen. Ich würde es eher als natürliches Versammeln interpretieren.«

»Hm. Kann natürlich auch sein«, lenkte Charly ein, glaubte aber nicht daran. Sie würde sich gleich selbst ein Bild davon machen.

Nachdem sie Penny zusammen mit den beiden anderen Eseln in den Paddock neben der großen Offenstallweide gestellt hatte, war sie in die Schmiede zurückgekehrt. Von Marlin war nichts mehr zu sehen gewesen, und er war auch nach der Mittagspause nicht wieder aufgetaucht. Sie hatte also bislang einen recht entspannten Tag verbracht. Doch nun tauchten Marlin und Rupert fast zeitgleich aus unterschiedlichen Richtungen auf. Ob man ihr beim Scheitern zuschauen wollte? Den Gefallen würde sie den Herrschaften jedenfalls nicht tun.

»Airgead ist ein bisschen eigen beim Beschlagen«, sagte Rupert beim Näherkommen. »Wenn du Hilfe brauchst, sind wir da.«

»Danke«, entgegnete Charly nur knapp, ohne groß auf die beiden Männer zu achten. Stattdessen bedeutete sie Hailey, mit Airgead noch draußen auf dem Hof zu bleiben, und näherte sich den beiden sachte.

»Na, du Hübsche. Darf ich mir gleich mal deine Füße ansehen?«, sprach sie leise mit dem Pferd und ließ es an einer Hand schnuppern, während sie mit der anderen langsam den mächtigen Hals entlangfuhr.

Airgead schnaubte leise, wirkte aber nicht unfreundlich. Sie ließ es auch zu, das Charly sie an Brust, Widerrist und Vorderbeinen abtastete. Als sie jedoch mit der Hand über den Rücken in Richtung Kruppe fuhr, wurde das Pferd deutlich nervöser. »Das mag sie nicht«, stellte Charly fest.

»Ja, das war schon immer so. Ich habe keine Ahnung, warum«, gab Hailey zu. »Wir haben schon alles Mögliche ausprobiert und sie auch mehrfach durchchecken lassen. Schmerzen scheint sie nicht zu haben.«

»Da bin ich mir nicht so sicher. Ich habe das Gefühl, dass da eine Verspannung sitzt.« Charly ließ sich nicht beirren und fuhr mit beiden Händen und leichtem Druck über die großen Muskeln an der Hinterhand, bis hinunter zu den Hufen.

Es gefiel der Stute nicht, doch sie ließ es über sich ergehen.

»Ich könnte mir vorstellen, dass ein minimal veränderter Auftrittswinkel an den Hinterbeinen eine große Wirkung haben konnte. Ich habe den Eindruck, dass die Sehnen etwas verkürzt sind und das zu Verspannungen und Schmerzen führt, wie bei einer Frau, die dauerhaft hohe Schuhe trägt. Sie kann es nicht leiden, wenn man sie an der Kruppe berührt, aber ich glaube, dass ihr Problem nicht da oben liegt, sondern unten an den Hufen«, erklärte Charly ruhig, aber bestimmt. »Wir können es auch mit einer Gummidämpfung versuchen. Das könnte sie weiter entlasten.«

»Bullshit«, hörte sie Marlin genervt ausrufen.

»Ich finde schon, dass das einleuchtend klingt«, widersprach Rupert, der sich nun ebenfalls dem Pferd näherte und seine Hand von der Kruppe bis zum Fesselgelenk heruntergleiten ließ. »Was meinst du, mein Mädchen? Sollen wir Charlys Vorschlag mal ausprobieren?«

Charly war sich nicht sicher, ob Rupert mit seiner Tochter oder mit dem Pferd redete, aber sie bemerkte die subtile Veränderung in Airgeads Körpersprache.

»Es ist nicht irreversibel, was wir hier machen«, erklärte sie Hailey. »Es geht um eine minimale Änderung um vielleicht vier, fünf Grad. Insofern war der Vergleich mit den hohen Schuhen natürlich falsch. Wenn es nicht hilft, können wir es beim nächsten Mal wieder anders machen, aber ich denke, dass es einen Versuch wert wäre.«

»Warum nicht?«, meinte Hailey. »Wenn du glaubst, das hilft ihr.«

»Das glaube ich ganz bestimmt, und schaden wird es auf gar keinen Fall.«

Marlin brachte das Kunststück fertig, genervter zu schnauben als Airgead.

»Bist du anderer Meinung?«, erkundigte sich Rupert.

»Warum willst du das wissen? Meine Meinung scheint ja nicht mehr gefragt zu sein«, kam es beleidigt zurück.

»Doch. Aber du hast doch selbst zugegeben, dass du bei Airy mit deinem Latein am Ende bist«, erinnerte ihn Rupert.

»Nach Latein klingt das hier aber auch nicht. Eher nach …« Marlin suchte zweifellos nach einer Beleidigung, doch Charly hatte genug von dem Kinderkram.

»Ich verstehe Ihr Problem nicht, Mr Fraser. Ich will Ihnen weder ein Förmchen wegnehmen noch Ihnen mit meinem Rechen eins über den Schädel ziehen.« Das war gelogen, Letzteres würde sie sehr gerne tun, vorzugsweise mit dem Schürhaken. »Wir müssen hier nicht Kindergarten spielen. Sie haben erheblich mehr Erfahrung als ich, und ich hoffe, dass ich mir einige Tricks von Ihnen abschauen kann, aber ein paar Problemfälle habe ich in den letzten zwanzig Jahren ebenfalls in den Griff bekommen. Unter anderem einen ganz ähnlich gelagerten – ein Andalusier, der bestens in der Hohen Schule ausgebildet war, aber zum Auskeilen neigte. Damit war es schlagartig vorbei, als wir die Hinterhufe anders behandelt haben. Ich behaupte nicht, dass es bei Airgead genauso sein wird, aber ich halte einen Versuch für die beste Option.« Sie war stolz auf sich, weil sie so ruhig blieb – wenn auch nur wegen des Pferdes. »Falls Sie eine bessere Idee haben, dann lassen Sie uns darüber sprechen.«

Marlin antwortete nicht, sondern bedachte sie mit einem mörderischen Blick.

»Ernsthaft, Onkel Marlin?«, empörte sich nun Hailey.

»Was? Ich hab doch gar nichts gesagt«, ereiferte er sich. »Mir werden hier Dinge unterstellt, die jeder Grundlage entbehren.«

»Gott, du bist so stur, das ist wirklich unerträglich«, warf Rupert ärgerlich ein. »Wir probieren das jetzt aus. Mit oder ohne deine Zustimmung. Wie Charly schon sagte, Airy hat nichts zu verlieren, aber einiges zu gewinnen.«

Marlin zögerte einen Moment, dann machte er auf dem Absatz kehrt und verschwand um die nächste Ecke.

»Wird das jetzt immer so sein?«, wollte Charly wissen.

Vater und Tochter warfen sich einen Blick zu, den Charly nicht wirklich interpretieren konnte, dann erwiderte Hailey: »Vergiss ihn. Lass uns einfach loslegen, denn Airgeads Kardinaltugend ist Geduld auch nicht gerade.«

Trotz aller Unkerei kamen sie gut voran, und Charly hatte kaum Schwierigkeiten mit der Stute. Sie arbeitete ruhig und methodisch und war gerade dabei, das letzte Eisen zu befestigen, als sie von draußen Hufgeklapper, aufgeregtes Wiehern und Stimmen hörte. Airgead blähte die Nüstern und versuchte, das Bein wegzuziehen, doch Rupert beruhigte sie, und Charly beendete rasch ihre Arbeit.

»So, das hätten wir. Ich würde jetzt gerne sehen, wie sie sich bewegt, aber vielleicht sollten wir erst mal feststellen, was da draußen los ist?«

»Entschuldigt die Störung«, sagte ein großer Mann, der mit besorgtem Gesichtsausdruck eintrat, »aber Shona und Azzedine hatten einen Unfall.«

»Ist was Schlimmes passiert?«, fragte Hailey alarmiert.

»Shona geht's gut, aber Azzedine hat am Bach gebockt und sie abgeworfen. Danach ist er selbst an der Böschung ausgerutscht. Dabei hat er ein Eisen verloren und ein Stück Horn. Jetzt lahmt er massiv.«

»Scheiße«, befand Rupert. »Hailey, bring Airgead in ihre Box. Wir können uns ihren Gang nachher anschauen.« Er löste rasch den Führstrick der Stute von der Halterung, und Hailey machte sich mit ihrem Pferd davon.

Einen Moment später kam eine etwas zerzaust wirkende, dunkelhaarige junge Frau mit einem sehr aufgeregten Rappen in die Schmiede.

»Das sieht übel aus«, befand Rupert, und Charly musste ihm recht geben.

»Es ist alles meine Schuld«, jammerte die Dunkelhaarige. »Ich war einen Moment lang unaufmerksam, und dann …«

»Du kannst nichts dafür«, tröstete der große Mann, konnte die Besorgnis aber auch nicht aus seiner Stimme heraushalten.

»Charly, das sind Kendrick und Shona McIntosh. Er ist unser Tierarzt, sie ist meine jüngste Nichte. Und das ist Azzedine. Kendrick hat ihn vor fast zwei Jahren buchstäblich von der Rennbahn gerettet. Da war der arme Kerl in einer verheerenden Verfassung. Es hat Monate gedauert, bis er wieder schmerzfrei laufen konnte.«

»Hi«, grüßte Charly knapp die beiden Menschen, hatte aber nur Augen für das Tier. An seinem rechten Vorderhuf fehlte nicht nur das Eisen, sondern auch ein großes Stück Horn.

»Kendrick, Shona, das ist unsere neue Schmiedin Charly MacRae. Wenn jemand es schafft, Azzedine zu helfen, dann sie«, sprach Rupert weiter, doch das unverhohlene Lob prallte an Charly ab.

Sie war schon dabei, Kontakt mit dem Pferd aufzunehmen, das weit aufgerissene Augen und stark geblähte Nüstern zeigte. Ob vor Schmerzen oder aus Angst, war ihr noch nicht klar. Nachdem sie den Wallach einmal komplett durchgecheckt hatte, konzentrierte sie sich auf das rechte Vorderbein. Azzedine war inzwischen etwas ruhiger und ließ es umstandslos zu, dass sie sich den Huf anschaute.

»Das sieht schlimmer aus, als es ist«, befand sie schließlich. »Also, versteht mich nicht falsch, es ist schlimm, aber keine Katastrophe. Es ist glücklicherweise nur die äußere Hornschicht betroffen. Ich kann ein spezielles Eisen herstellen und die fehlende Masse mit Kunsthorn auffüllen. Wenn wir das engmaschig kontrollieren, sollte er in ein paar Monaten wieder voll belastbar sein.«

Shona stieß erleichtert Luft aus und wischte sich eine Träne aus dem Augenwinkel. »Es tut mir so leid, Süßer«, raunte sie dem hübschen Pferd ins Ohr, das seinen Kopf vertrauensvoll an sie drückte.

Kendrick betrachtete nun seinerseits den Schaden und tastete dann an dem Bein herum. »Die Sehne scheint in Ordnung zu sein, es ist also wirklich nur der Huf beschädigt.« Auch er klang erleichtert.

»Ja, das denke ich auch, und den kriegen wir hin. Ist ein bisschen tricky, aber machbar. Und zumindest das linke Vorderbein sollte ich ebenfalls behandeln, damit wir eine gleichmäßige Belastung hinbekommen.«

»Was immer nötig ist«, sagte Shona.

Charly geriet bei der Arbeit ordentlich ins Schwitzen, und irgendwann zog sie ihre Fleecejacke aus und trug nur noch ein T-Shirt unter der Lederschürze.

»Das sind ja fiese Kratzer an deinen Armen«, bemerkte Kendrick mit einem Stirnrunzeln.

»Ach, geht schon wieder«, winkte Charly ab. Sie hatte am Morgen nur noch eine Stelle frisch verpflastern müssen. Die anderen verschorften schon.

»Pferde waren das aber nicht«, stellte Shona fest.

»Nein. Das waren zwei panische Hunde, die ich gestern Abend aus einem Fuchsloch gerettet habe.« Sie ächzte, doch dann saß der Eisenschuh an der richtigen Stelle.

»Oh?«, sagten Kendrick und Shona wie aus einem Mund.

»Ja, zwei magere graue Windhunde. Ich schätze, sie haben den Fuchs gejagt und ihn in seinen Bau gehetzt. Dabei haben sie sich mit ihren Halsbändern aneinander verhakt und an einer Wurzel verheddert. Ohne Hilfe wären sie wohl nicht rausgekommen. Gut, dass Penny sie entdeckt hat.«

»Ist Penny dein Hund?«, wollte Shona wissen.

»Nein, mein Esel. Aber ich glaube, sie denkt, sie sei ein Hund.«

»Dann bist du also die Landstreicherin!« Kendrick schien nicht recht zu wissen, ob er losprusten sollte oder nicht. Er rang jedenfalls sichtlich um Fassung.

»Bitte?« Charly setzte Azzedines Huf auf den Boden, wischte sich den Schweiß von der Stirn und starrte Kendrick entgeistert an.

»Kate und Moss gehören unserem Zahnarzt Brodie, und der erzählt im Dorf herum, dass eine Landstreicherin seinen beiden Lieblingen etwas antun und deren Halsbänder klauen wollte.« Nun siegte seine Belustigung, und auch Shona kicherte ungebremst los.

»Ich fass es nicht. Der geschniegelte Lackaffe hat mir vierzig Pfund vor die Füße geworfen, damit ich mir etwas zu essen kaufen kann, dabei habe ich ihm erklärt, was vorgefallen war.« Sie fühlte sich jetzt sonderbarerweise noch mehr herabgewürdigt als gestern. Da hatte sie sich noch eingeredet, dass sie es mit einem etwas exzentrischen, im Grunde aber überforderten und hilflosen Mann zu tun gehabt hatte. Doch dass er offensichtlich im ganzen Ort herumerzählte, sie sei eine Landstreicherin, tat erstaunlich weh.

»Brodie ist eigentlich ein echt Netter«, sagte Shona, als ihr Lachanfall wieder abgeebbt war.

»Ja, genau wie Marlin, was? Der ist ja angeblich auch ein Netter und benimmt sich nur mir gegenüber wie ein Neandertaler.«

»Nein, diesbezüglich ist Marlin großzügig. Es gibt viele Leute im Ort, die seine Neandertaler-Seite kennen«, mischte sich Rupert grinsend ein.

»Neandertaler.« Shona kicherte wieder. »Ja, das trifft es gut. Aber auch er hat einen guten Kern. Wirklich. Manchmal dauert es nur ein bisschen, bis er ihn zeigt. Brodie dagegen kenne ich nur nett. Der muss die Situation gestern wirklich falsch eingeschätzt haben.«

»Das ist offensichtlich«, bemerkte Charly und verzog sich dann in die Werkstatt, um das Kunsthorn für Azzedine anzurühren. Es war wichtig, dass es die richtige Konsistenz hatte, ehe sie die Lücke damit füllte. Und sie selbst brauchte ein paar Augenblicke Auszeit von den Menschen da draußen, die es wahnsinnig witzig zu finden schienen, dass zwei Männer aus ihrer Gemeinschaft sie wie Abschaum behandelten.

»Darf ich mir die Kratzer mal anschauen?«

Charly fuhr herum. Sie hatte nicht gehört, wie Kendrick zu ihr in den Raum gekommen war. Er hatte seine Tasche dabei und stellte sie auf der Arbeitsfläche ab.

»Die sind echt nicht so schlimm«, wehrte sie ab.

»Das denke ich auch, aber es schadet nichts, wenn ich einen Blick drauf werfe«, sagte Kendrick unbeirrt. Er entfernte vorsichtig das Pflaster und desinfizierte den tiefsten, immer noch leicht nässenden Kratzer. »Hast du eine aktuelle Tetanus-Impfung?«, wollte er wissen.

»Ja, und ich habe die Wunden gestern auch gründlich gespült und desinfiziert«, grummelte sie.

»Sehr gut. Die anderen sehen auch schon gut aus, aber auf diesen Kratzer würde ich gern eine antibiotische Salbe geben.«

»Tier-Medikamente?«, fragte sie, nickte aber gleichzeitig.

»Der Wirkstoff ist derselbe. Du kannst natürlich auch zu unserer Dorfärztin Anna gehen, aber die wird auch nichts anderes machen.« Er gab etwas Salbe auf die Verletzung und klebte dann ein frisches Pflaster drauf.

»Danke«, murmelte sie.

»Nicht dafür«, wehrte er ab. »Ich danke dir dafür, wie sehr du dich für Azzedine einsetzt. Ich hatte wirklich Angst, dass es schlimmer ist.«

Wieder nickte sie nur. Hufverletzungen konnten für Pferde buchstäblich fatale Folgen haben, und sie hatte einige Male erlebt, dass ein ansonsten gesundes Tier eingeschläfert werden musste. Das war immer besonders schrecklich.

»Was Marlin betrifft«, sprach Kendrick weiter. »Ich kann mir lebhaft vorstellen, wie er mit dir umgeht, und ich hoffe, dass er sich rasch einkriegt, denn allein nach dem, was du mit meinem Pferd angestellt hast, ist mir klar, dass du eine Bereicherung für den Stall und alle Tiere bist. Und ich weiß auch, wie schwer es ist, als Neuling in diese Gemeinschaft zu kommen. Kirkby ist ein besonderer Ort, und die Familie Fraser besteht aus sehr besonderen Menschen. Beides kann anfangs etwas überfordernd und überwältigend wirken.«

»Der Zahnarzt ist aber kein Fraser, oder?«

Kendrick lachte. »Nein. Der ist ein Henderson und, wie Shona schon sagte, eigentlich ein sehr netter Mensch. Glaub mir, er wird sich in Grund und Boden schämen, wenn ihm klar wird, was gestern wirklich passiert ist.«

Charly zuckte mit den Schultern. »Offen gestanden ist mir das egal. Ich denke nicht, dass sich unsere Wege oft kreuzen werden. Ich bin mir nicht mal sicher, ob ich hier überhaupt bleiben möchte.«

»Sag das nicht«, bat er. »Ich wette, du wirst das hier im Handumdrehen lieben. Und wir brauchen dich. Azzedine braucht dich.«

»Wir werden sehen. Die Füllung dürfte jetzt jedenfalls fertig sein.« Sie überprüfte deren Konsistenz und ging dann wieder zu ihrem vierbeinigen Patienten.

HEIKLE FRAGEN

DIE NÄCHSTEN TAGE WAREN für Charly arbeitsreich und spannend, blieben aber glücklicherweise ohne weitere Zwischenfälle. Marlin war nicht mehr in der Schmiede aufgetaucht. Charly hatte ihn einmal von Weitem gesehen, als er mit zwei anderen Leuten ausritt, doch zu einer direkten Begegnung war es nicht gekommen.

Mit Rupert und Hailey dagegen lief die Zusammenarbeit bestens. Bei Hailey hatte Charly diesbezüglich ohnehin keine Zweifel gehabt, aber auch Rupert war viel offener, als sie ihm unterstellt hätte. Sie mochte ihn sehr und schätzte ihn für seine besonnene Art und seine Feinfühligkeit mit den Pferden. Er erspürte die subtilsten Veränderungen im Verhalten der Tiere und schien durch leichte Berührungen und Bewegungen mit ihnen zu kommunizieren – auf einer Ebene, die sie selbst gar nicht wahrnehmen konnte.

Hailey, die das Talent ihres Vaters eindeutig geerbt hatte, verfolgte zwar einen etwas anderen Ansatz, war jedoch ähnlich sensibel. Die meisten Pferde vertrauten diesen beiden Menschen instinktiv und auf Anhieb. Allein dafür mochte Charly die zwei. Und auch dafür, dass sie nicht mit Lob und Wertschätzung geizten, sondern genauso fasziniert von Charlys Arbeitsweise zu sein schienen wie umgekehrt.

So gesehen war es wirklich ein Traumjob. Auch Penny fühlte sich offenbar wohl. Sie hatte sich intensiv mit ihren Eselkumpels angefreundet, liebte es aber auch, Charly in der Schmiede Gesellschaft zu leisten. Gerade wenn nervöse und ängstliche Pferde oder unerfahrene Jungtiere auf dem Plan standen, bewährte sich die Eselin als perfekte Assistentin. Allein ihre Anwesenheit beruhigte die anderen Tiere, und Charly konnte viel besser und entspannter arbeiten.

»Was sagst du nach der ersten Woche?«, wollte Hailey wissen, als sie am frühen Freitagnachmittag mit ihrem ungestümen jungen Hund zu Charly in die Schmiede kam. Palmer, ein Airedale-Terrier-Großpudel-Mix, begleitete sie ab und zu in den Stall, auch wenn er dort eher für Unruhe sorgte. Prompt schnappte sich der Hund ein Stück Hartgummi aus dem Mülleimer und rannte mit seiner Beute davon.

»Ich bin ziemlich begeistert von den Arbeitsbedingungen und den tollen Pferden«, begann Charly sachte.

»Ich wittere ein Aber.«

»Kein Aber. Nur …« Charly wusste nicht so recht, wie sie es formulieren sollte. Sie wusste ja nicht einmal, was genau sie selbst empfand.

»Nur?«, bohrte Hailey weiter. »Liegt es an Onkel Marlin? Hat er sich wieder danebenbenommen?«

»Nein, ich hab ihn seit dem ersten Tag nicht mehr gesehen. Offen gestanden kann ich es dir nicht sagen.

Ich meine es ernst mit meiner Begeisterung. Ich habe schon in vielen tollen Anlagen und Gestüten gearbeitet und mit vielen wunderbaren Pferdemenschen zu tun gehabt, aber euer Betrieb ist etwas ganz Besonderes. Es ist eine Ehre und Freude, hier arbeiten zu dürfen.«

»Aber?« Hailey ließ nicht locker.

»Aber …« Charly zögerte. »Ich bin hier noch nicht wirklich angekommen. Ist nach so wenigen Tagen ja auch nicht weiter verwunderlich. Normalerweise dauert es viel länger, bis ich mich richtig wohlfühle, aber hier …« Sie seufzte. Sie konnte es selbst nicht richtig greifen. Es hatte mit ihren geheimsten Sehnsüchten und Wünschen zu tun, aber die wollte sie mit Hailey nicht diskutieren. Eigentlich nicht mal mit sich selbst. »Ich habe ehrlich und aufrichtig keine Ahnung, woran es liegt.«

»Womöglich daran, dass du dich noch nicht wirklich heimisch fühlst?«, befand Hailey erstaunlich scharfsinnig.

»Vielleicht.«

»Weißt du, was ich denke?«

»Nein.«

»Ich denke, dass du dir die volle Kirkby-Dröhnung geben musst. Lern die Leute hier kennen, geh in den Pub, erlebe etwas. Man kann es sich kaum vorstellen, aber es gibt neben dem Stall auch noch ein aktives Dorfleben, und es gibt Menschen, die du hier drin nicht kennenlernen kannst, weil sie aus mir unerfindlichen Gründen keinen Wert auf Pferde legen.«

Charly lachte leise. »Das kann ich kaum glauben, dass sich jemand nicht für Pferde interessiert.«

»Warum? Du reitest doch auch nicht.«

»Wie kommst du darauf?« Jetzt war Charly ernsthaft neugierig. Es stimmte, dass sie selbst nicht ritt, aber das hatte sie mit niemandem hier besprochen.

»Keine Ahnung. Instinkt vielleicht? Oder irre ich mich?«

»Nein, das stimmt schon. Und auch diese Frage kann ich dir nicht wirklich beantworten, aber ich hatte nie das Bedürfnis, zu reiten. Ich mag Pferde. Sehr sogar, aber …«

»Du musst dich nicht erklären. Man merkt dir sofort an, wie sehr dir die Tiere am Herzen liegen, und ich finde es völlig in Ordnung, wenn du nicht reiten möchtest. Es gibt ohnehin zu viele Menschen, die das aus den falschen Gründen tun. Ich frage mich nur, warum du dich bisher so rargemacht hast, denn eins ist klar: Du kannst nicht nur gut mit Pferden, sondern auch mit Menschen.«

»Hm. Nicht wirklich. Eigentlich nur mit Pferdemenschen, und da auch nicht mit allen«, gab Charly zu.

Lautes Knurren von draußen unterbrach das Gespräch.

»Himmel, was hat der Köter jetzt schon wieder angestellt?«, stöhnte Hailey und stürzte hinaus. Charly folgte ihr.

»Das gibt's doch nicht«, entfuhr es ihr, und sie musste lachen. Das Bild, das sich ihnen bot, war einfach zu lustig. Palmer und Penny hatten je ein Ende des Hartgummistücks im Maul und zerrten daran herum. Der Hund stieß dabei ein furchterregendes Knurren aus, das aber offensichtlich nicht böse gemeint war, sondern spielerisch. Er wedelte wie wild mit dem Schwanz, und in seinen dunklen Knopfaugen leuchtete pure Freude – genau wie in Pennys, die begeistert dagegenhielt.

»Na, die haben sich ja gesucht und gefunden.« Hailey knipste mit ihrem Handy ein paar Fotos. »Endlich mal jemand, der so richtig mitspielt, was, Palmer?«

»Penny liebt Zerrspiele«, sagte Charly. »Sie war eine Handaufzucht und hatte anfangs mehr mit Hunden zu tun als mit Artgenossen. Vermutlich hat sie deshalb angefangen, wie ein Hund zu spielen.«

»Zauberhaft.«

»Penny, übertreib's nicht«, rief Charly ihrer Eselin zu, die hartnäckig ihr Ende des Gummistücks festhielt und den jungen Hund langsam an seine Grenzen brachte.

»Ich bin froh, wenn der mal müde wird. Bisher kriegen wir ihn kaum klein. Ehrlich, das ist eine Mischung aus der Hölle.«

»Wie kam's dazu?«, erkundigte sich Charly – auch weil das wieder schön von ihrem Privatleben ablenkte.

»Ach, letzten Sommer ist der Pudelrüde von Ainslee ausgebüxt und hat gleich drei Hündinnen beglückt, die ihre ›heiße Phase‹ im Herrenhaus bei meinem Onkel George durchleben sollten. Ainslee ist übrigens eine der Betreiberinnen der örtlichen Weberei und mit Marlins unehelichem Sohn Paul zusammen, aber das nur am Rande. Jedenfalls haben die drei Hündinnen dann im Herbst beinahe zeitgleich Welpen bekommen. Zehn reinrassige Großpudel, elf Neufundländer-Pudel-Mixe und acht Höllentiere, die aus der Liaison mit Onkel Georges Airedale-Terrier-Hündin Abby hervorgegangen sind. Und während die Pudel und die knuffigen Newfypoos reißenden Absatz gefunden haben, waren die ›Airedoodles‹ deutlich schwieriger unterzubringen.«

»Verstehe.«

»Mein Freund Sean und ich haben dann Palmer adoptiert. Ich wollte schon lange einen Hund hier im Stall haben, der fit genug ist, um mich beim Reiten zu begleiten. Womit ich nicht gerechnet habe, ist seine … nennen wir es … Kreativität.« Sie rollte mit den Augen.

»Er wird schon noch ruhiger werden. Jetzt ist er vermutlich in der Pubertät, und die ist ja bei allen Säugetieren schwierig.« Charly grinste. Palmer hatte schlussendlich aufgegeben. Nun saß er mit einem etwas verdatterten Gesichtsausdruck da und schien zu überlegen, wie er sich an Penny rächen könnte.

»Hoffentlich.« Hailey seufzte.

»Wie geht's eigentlich Airgead?«

»Blendend. Sie ist so viel lockerer. Und sie hat seitdem kein einziges Mal mehr ausgeschlagen. Ich kann es echt nicht fassen, dass ihr Verhalten am falschen Beschlag lag.« Sie strahlte übers ganze Gesicht.

»Der war ja nicht falsch. Bei fünfundneunzig Prozent aller anderen Pferde wäre er sogar perfekt gewesen.«

»Jedenfalls bin ich froh, dass wir für sie eine gute Lösung gefunden haben, und ich bin gespannt, wie sie sich weiter entwickelt. Sie hat so tolle Anlagen und ist so lernbegierig, da wäre es schön, wenn ich das auch mal in der Öffentlichkeit präsentieren könnte.«

»Das wird schon. Sie ist ja auch noch ziemlich jung«, tröstete Charly und nahm dann Penny das Gummistück weg. »Mit meinem Müll muss ich in Zukunft wohl noch sorgsamer umgehen.« Sie stellte den Eimer auf die Arbeitsfläche, neben den mit den Hornspänen.

»Warum sammelst du die Späne eigentlich separat?«, wollte Hailey wissen. »Onkel Marlin hat sie immer ins Feuer geschüttet.«

»Aber das ist doch Verschwendung. Hornspäne sind ein fantastischer Dünger. Ich bin davon ausgegangen, dass sich die Leute darum reißen.«

»Darüber habe ich ehrlich gesagt noch nicht nachgedacht.« Haileys Gesicht hellte sich plötzlich auf. »Du könntest sie in kleinen Säckchen auf dem Markt verkaufen. Das wäre dann ein Zusatzverdienst, und außerdem würdest du im Handumdrehen alle Leute im Ort kennenlernen.«

»Bis ich genug habe, um sie verkaufen zu können, dauert es noch. Außerdem käme es mir seltsam vor, für ein Abfallprodukt Geld zu verlangen.«

»Man merkt, dass du sehr lange nicht in Schottland gelebt hast«, befand Hailey und lachte dann laut los. »Glaub mir, das wird funktionieren. Was ist das eigentlich für ein Anhänger?«, wechselte sie abrupt das Thema und deutete auf das spiralförmige Amulett, das an einem Lederriemen um Charlys Hals hing.

Charly umschloss es instinktiv mit einer Hand. »Ach, das ist nur eine Spielerei«, tat sie es ab. »Ich habe ihn aus einem alten Hufnagel hergestellt.« Sie presste die Lippen aufeinander, weil sie das Gefühl hatte, schon zu viel verraten zu haben.

»Wow, dann steckt ja sogar eine Künstlerin in dir«, sagte Hailey, die von Charlys Unbehagen nichts mitbekam – oder es dankenswerterweise ignorierte. »Solche Dinge würden auf dem Markt auch funktionieren. Damit würdest du ein Vermögen machen.«

»Das ist und bleibt ein Einzelstück«, wehrte Charly jedoch vehement ab.

»Wie du meinst. Das musst du ja nicht hier und heute entscheiden. Aber versprich mir, dass du dem Markt und Kirkby insgesamt eine Chance gibst.«

»Versprochen. Jetzt muss ich aber erst mal einkaufen fahren, und dann sollte ich mir wohl bald ein anderes Quartier suchen. Ich meine, der Weg zum Arbeitsplatz ist ein Traum, aber vielleicht würde ich mich heimischer fühlen, wenn ich vier Wände hätte, die sich mehr nach mir und weniger nach einem Kompromiss anfühlen.«

»Kann ich so was von verstehen. Ich hab letztes Jahr auch ein paar Wochen in der Stallwohnung kampiert. Das ist keine Dauerlösung. Wonach steht dir denn der Sinn?«

»Keine Ahnung, nach irgendwas Kleinem. Ich brauch nicht viel Platz, aber ein Garten wäre schön. Dürfte auch ein Gemeinschaftsgarten sein.«

»Hm.« Hailey kratzte sich am Kinn. »Spontan fällt mir nur mein altes WG-Zimmer ein. Ich habe jahrelang mit meiner Schwester zusammen in einem kleinen Cottage mitten im Ort gewohnt. Eine Zeitlang hat auch Shona bei uns gehaust und danach einige Monate Ainslee. Jetzt leben Kristie und ihre Freundin dort zu zweit. Ich kann sie aber fragen, ob sie eine neue WG-Bewohnerin haben wollen.«

»Gibt's noch Alternativen? Nicht falsch verstehen, ich wette, deine Schwester ist toll, aber …«

»Ich verstehe schon. Hm … Also Adley lässt gerade das alte Bauernhaus ihrer Großeltern umbauen. Da sollen drei oder vier Wohnungen entstehen. Allerdings ist der Hof ziemlich genau am anderen Ende des Ortes, und der Umbau hat gerade erst begonnen. Ansonsten …«

Charly wollte sich ihre Enttäuschung nicht anmerken lassen. Natürlich gab es in so einem kleinen Ort keine Singlewohnungen. Schon gar keine mit Garten. »Ich finde schon was.«

»Eine Sache fällt mir noch ein, da muss ich aber erst mal telefonieren. Aber wenn das klappt, wäre es ideal!« Haileys Gesicht hatte sich wieder aufgehellt. »Ich wette, du würdest es lieben.« Sie wartete gar keine Reaktion ab, sondern scrollte in ihrem Handy nach dem richtigen Kontakt. »Mailbox«, stöhnte sie dann genervt. »Mannomann, Susan ist der einzige Mensch, der wirklich nie ans Handy geht. Jedenfalls nicht während der Arbeit.« Sie tippte rasch eine Textnachricht. »Ich hab ihr geschrieben, dass sie mich anrufen soll. Aber komm doch heute Abend in den Pub. Da gibt's Kirkbys erstes Kneipenquiz. Vielleicht ist Susan auch dabei, dann können wir direkt mit ihr quatschen.«

Übermäßig viel Lust auf ein derartiges Event verspürte Charly zwar nicht, aber sie hatte auch keinen anderen Plan für ihren Freitagabend. Vielleicht war es keine schlechte Idee, ein paar Menschen kennenzulernen. »Okay«, verkündete sie, »ich bin dabei. Aber jetzt muss ich mich erst mal zivil machen und dann zum Einkaufen nach Inverness fahren. Wir sehen uns später.«

• • •

»Nun zier dich nicht so«, schimpfte Anna in der Teeküche mit Brodie. »Das wird ein Riesenspaß. Jon wollte das mit dem Kneipenquiz ja schon lange mal durchziehen, und ich freu mich total, dass es endlich klappt. Du musst einfach mitkommen!«

Brodie hatte nicht die geringste Lust darauf, sich in der Öffentlichkeit zu zeigen. Nicht, seit er flächendeckend propagiert hatte, dass sich eine Landstreicherin in Kirkbys Wäldern herumtrieb und unschuldigen Hunden auflauerte. Wie hatte er ahnen können, dass diese Frau die neue Schmiedin des Reiterhofs war? Jedenfalls stand er, seit dieser Fauxpas am Dienstag herausgekommen war, im Zentrum des Gespötts. Patienten konnte er buchstäblich mundtot machen, nicht jedoch die Menschen, die er in der Bäckerei oder auf der Straße traf.

»Ich weiß nicht«, brummte er.

»Du kannst dich nicht ewig verstecken«, argumentierte Anna. »Und du weißt doch, wie es ist – irgendwann haben die Leute keine Lust mehr auf den Tratsch und suchen sich etwas Neues. Ist wie Pflaster-Entfernen. Entweder ein kurzer, scharfer Schmerz oder endlose Agonie.«

»Wenn man ein Sensitiv-Pflaster verwendet, tut's gar nicht weh.«

»Du brauchst kein Sensitiv-Pflaster, du schaffst das auch so. Außerdem kommt vielleicht auch die geheimnisvolle Schmiedin, und du kannst dich bei ihr entschuldigen. Dann hättest du das auch aus dem System.«

»Wieso denkst du, dass ich mich bei ihr entschuldigen will?« Er verschränkte die Arme vor der Brust und ignorierte die auffordernden Tatzenhiebe von Elvis, der es sich auf der Arbeitsfläche gemütlich gemacht hatte und offensichtlich der Meinung war, die Zweibeiner müssten eine Runde Leckerlis ausgeben.

»Weil du sie öffentlich als Landstreicherin bezeichnet hast, die wahlweise psychisch krank oder drogenabhängig ist und es zudem auf deine Hunde beziehungsweise deren Halsbänder abgesehen hat?«, schlug sie vor. »Obwohl sie nichts anderes getan hat, als deine Fiffis aus einem Fuchsbau zu retten?«

»Wuff«, motzte Moss, der es gar nicht leiden konnte, wenn man ihn als Fiffi bezeichnete.

»Das ist nach wie vor ihre Version, die von niemandem sonst bezeugt werden kann«, entgegnete er trotzig, obwohl er natürlich wusste, dass Anna recht hatte. Und nicht nur sie. Ganz Kirkby stand auf der Seite der blauhaarigen, gepiercten und tätowierten Schmiedin – und er stand da wie der letzte Arsch.

»Himmel, bist du bockig. Das erinnert mich fatal an meinen Schwiegervater in spe. Der lässt auch nie von seiner Meinung ab – egal, wie eindeutig die Gegenbeweise sind.«

»Schön, es ist mir peinlich. Aber ich habe nicht aus bösem Willen Gerüchte in die Welt gesetzt, sondern weil ich ernsthaft besorgt war. Daraus kann man mir nun auch keinen Strick drehen, oder?«

»Nicht, wenn du dazu stehst und dich entschuldigst«, nervte Anna weiter.

»Sollten sich unsere Wege erneut kreuzen, werde ich das mit ihr klären. Das muss jedoch nicht in aller Öffentlichkeit passieren.«

»Besser wäre es …« Anna grinste.

»Hat dir schon mal jemand gesagt, wie penetrant du bist?«

»Die meisten halten mich für warmherzig und mitfühlend«, behauptete sie und zwinkerte ihm zu.

»Die kennen nicht die Teeküchen-Anna.« Er seufzte.

»Leute, quatscht mal zu Ende. Eure nächsten Patienten sind da«, tönte Maggies Stimme von der Rezeption her.

»Also? Heute Abend? Kneipenquiz?« Anna hielt ihn mit ihrem Blick fest und schien ihn nicht entlassen zu wollen, solange er sich nicht festlegte.

»Schön. Heute Abend im Pub. Zufrieden?«

»Total. Hab einen guten Nachmittag, wir sehen uns dann später. Und vielleicht hast du ja Glück, und deine landstreichende Schmiedin kommt gar nicht.« Mit diesen Worten schwebte sie aus der Küche und rief gleich darauf ihre nächste Patientin auf.

»Glück, was ist das schon?«, murmelte er leise vor sich hin und trank seinen Tee aus. Dann verließ er ebenfalls die Küche. »Wer ist bei mir der Nächste?«, erkundigte er sich bei Maggie.

»Marlin Fraser zur Kontrolle.«

Auch das noch! Doch das behielt er schön für sich. Stattdessen streckte er seinen Kopf ins Wartezimmer und rief Annas Schwiegervater in spe auf, dessen sauertöpfischer Gesichtsausdruck seinem eigenen Empfinden entsprach.

»Timmy hat schon alles vorbereitet«, sagte Brodie zu Marlin und bat ihn auf den Behandlungsstuhl. Von seinem farbenfrohen Mitarbeiter war jedoch gerade nichts zu sehen.

»Ist Christine nicht da?«, beklagte sich der alte Mann.

»Nein, aber wenn du wieder Kate zur moralischen Unterstützung brauchst, kann ich sie schnell holen. Allerdings will ich nur nachschauen, ob alles in Ordnung ist. Es wird diesmal nicht wehtun.« Hoffte er jedenfalls. Sicher konnte man sich nie sein.

»Ich komm schon klar«, knurrte Marlin. Er ließ sich von Timmy, der eben aus der Mittagspause zurückkehrte – mit ein paar schwarzen Streifen in seinem Irokesen –, das Lätzchen umbinden und gurgelte gehorsam mit der angebotenen Mundwasserlösung.

»Zebra oder Strichcode?«, entfuhr es Brodie, und er deutete auf den stacheligen Hahnenkamm seines Mitarbeiters.

»Du weißt, dass ich derart unangemessene Fragen nicht beantworten muss«, erwiderte Timmy, doch sein Grinsen verriet, dass er es nicht ernst meinte.

Zumindest hoffte Brodie das, denn der junge Mann war nicht nur bei der Berufswahl ein Einhorn. Er wusste auch erschreckend viel über Arbeitsrecht beziehungsweise darüber, wie sich Vorgesetzte idealerweise gegenüber ihren Mitarbeitern zu verhalten hatten. Brodie sagte nichts mehr dazu, sondern wandte sich an Marlin, der das Mundwasser inzwischen ausgespuckt hatte. »Wie geht es dir? Was macht der Zahn? Hat er Schwierigkeiten gemacht?«

»Der Zahn ist in Ordnung. Denke ich. Jedenfalls macht *er* keine Schwierigkeiten. Im Gegensatz zu …« Marlin warf ihm einen vielsagenden Blick zu.

»Im Gegensatz zu wem oder was?« Brodie hatte keine Ahnung, was er meinen könnte.

»Im Gegensatz zu unserer gemeinsamen Nemesis!« Marlin mahlte mit den Kiefern, was nicht gut für sein Gebiss sein konnte.

»Öffne bitte den Mund«, bat Brodie und fragte dann: »Welche gemeinsame Nemesis?«

»Wah whie Whiewin!«

»Ich verstehe kein Wort.« Brodie leuchtete mit der Lampe in Marlins Mund und betrachtete mit dem kleinen Spiegel den Backenzahn. Er überprüfte die Füllung und das Zahnfleisch. »Sieht alles sehr gut aus«, befand er dann.

»Na die Schmiedin!«, wiederholte Marlin, sobald das Gerät aus seinem Mund entfernt war.

»Oh. Hast du sie auch als Landstreicherin bezeichnet?«

»Was? Nein. Warum auch? Aber sie hat mir meinen Job weggenommen!«, empörte sich Marlin.

»Habt ihr sie nicht deshalb eingestellt? Weil du den Job nicht mehr machen willst und jemand anders übernehmen soll?«

»Aber doch nicht sie!«, rief er gereizt. »Und nicht so vollständig. Ich meine, ich gehöre ja noch lange nicht zum alten Eisen. Ich dachte halt, da kommt jemand, der … mit dem … also … aber doch nicht so …«

»Boomer!«, raunte Timmy kaum hörbar.

»Wenn sie nicht gut ist, dann müsst ihr sie doch nicht beschäftigen«, gab Brodie zu bedenken, der Marlins Problem nicht so ganz nachvollziehen konnte.

»Ich habe nicht gesagt, dass sie nicht gut ist.«

»Ich habe gelernt, dass man seine Mitarbeiter nicht über ihr Aussehen definieren darf«, bemerkte Brodie mit einem Seitenblick auf Timmy, der ihm mit breitem Grinsen stumm applaudierte. »Und ich weiß auch, dass man keine Schlüsse vom Aussehen auf die

Kompetenz ziehen darf, und brandneu wurde mir nahegebracht, dass man die Optik auch nicht kommentieren darf.«

»Behauptet wer?«, blaffte Marlin.

»Das Antidiskriminierungsgesetz«, erklärte Timmy, doch Brodie war sich nicht sicher, ob er sich das nicht gerade ausgedacht hatte. »Vor allem darf man Menschen nicht aufgrund ihres Geschlechts diskriminieren.«

»Ich …«, blähte sich Marlin auf, doch er verstummte gleich wieder. Dafür bedachte er Timmy mit einem mordlüsternen Blick.

»Man hat mir ebenfalls gesagt, dass es nicht in Ordnung ist, den Schluss zu ziehen, dass ich eine verwahrloste Landstreicherin vor mir habe, wenn mir im Wald eine schmutzige, ungepflegte Frau begegnet, die die Halsbänder meiner Hunde in den Händen hält.«

»Das stammt nicht von mir!«, stellte Timmy klar.

»Nein. Das stammt von jedem anderen Bürger unseres kleinen Ortes.«

Marlins Mundwinkel zuckten. »Hast du ihr tatsächlich Geld gegeben?«

»Ich hab's nur gut gemeint«, verteidigte sich Brodie.

»Gut gemeint, schlecht gemacht«, tönte Timmy.

»Ist der immer so?«, erkundigte sich Marlin mit einem Seitenblick auf Timmy. »Ehrlich, ich vermisse Christine.«

»Ist er. Und ich habe wirklich gedacht, dass die Frau in Not ist. Ich wollte einfach nur helfen.«

»Tja, so ist das. Man kann heutzutage offenbar nur noch Fehler machen.«

»Und jetzt soll ich mich dafür entschuldigen«, sprudelte es aus Brodie hervor, ehe er sich zügeln konnte.

»Das ist ja wohl das Mindeste, Mann«, entgegnete Timmy prompt.

»Wofür? Dass du ihr helfen wolltest?« Marlin schnaubte. »Wenn überhaupt, müsste sie sich bei dir entschuldigen.«

Das fand selbst Brodie ein bisschen weit hergeholt.

»Warum sollte sie das?«, wollte Timmy kämpferisch wissen. »Nach allem, was ich höre, hat sie die Hunde von meinem Chef gerettet und wurde dann von ihm als drogensüchtige Pennerin beschimpft.«

»Das ist eine vollkommen inadäquate Wiedergabe der Geschehnisse«, verteidigte sich Brodie und fragte sich, woher Timmy diese Informationen hatte. Er selbst hatte das mit seinem Mitarbeiter ganz sicher nicht diskutiert. »Ich habe sie keineswegs beschimpft. Schon gar nicht als drogensüchtige Pennerin.« Er schüttelte sich.

»Im Eifer des Gefechts rutschen einem schon mal Dinge heraus, die man später bereut«, gab Marlin zu bedenken.

»Möglich, dass ich das gedacht habe. Und vielleicht auch in einem anderen Kontext gegenüber anderen Menschen so geäußert habe. Aber ich habe es ganz sicher nicht zu ihr gesagt«, verteidigte sich der Zahnarzt.

Marlin presste die Lippen aufeinander.

»Oh, du meinst gar nicht mich …« Brodie wusste nicht, ob er erleichtert sein durfte. »Was ist dir denn rausgerutscht?«

»Nichts, was ich hier im Antidiskriminierungsumfeld diskutieren möchte«, zischte er.

»Ich bin langsam echt neugierig auf diese Frau.« Timmy schien gegen Marlins Feindseligkeiten immun zu sein. »Hoffentlich treffe ich sie bald mal.«

»Oh, ihr habt zweifellos eine großartige Gesprächsgrundlage. Allein schon in Modefragen«, entgegnete – zu Brodies Erleichterung – Marlin.

»Ich werde immer neugieriger.« Timmy rieb sich unternehmungslustig die Hände. »Vielleicht kommt sie heute zum Pub-Quiz?«

»Was macht jemand in deinem Alter bei einem Kneipenquiz?«, wollte Brodie wissen. Er selbst hätte das mit Anfang zwanzig vollkommen absurd gefunden. Andererseits war er in Timmys Alter schon Vater gewesen und war eigentlich gar nicht mehr ausgegangen. Also was wusste er schon?

»Ich freu mich schon die ganze Woche drauf, und danach fahre ich noch nach Inverness und treffe meine Gang. Kommt ihr auch?«

»Lieber lasse ich mich öffentlich auf dem Marktplatz entmannen!«, verkündete Marlin dramatisch.

»Oh, schöner Programmpunkt. Werde ich Collum bei der nächsten Gemeinderatssitzung vorschlagen.« Innerlich musste Brodie seinem Assistenten applaudieren. Der hatte wirklich vor gar nichts Angst – und vor niemandem Respekt.

Marlin schnaubte, doch es klang mehr amüsiert als wütend.

»Und du? Du kommst doch, oder hast du Angst, dass ich dich beim Quiz besiegen werde?«, provozierte Timmy nun auch seinen Chef.

»Ich werde da sein«, kündigte Brodie an. »Soll ja das Spektakel des Jahres werden.«

»Sagen wir eher, das Spektakel der ersten Märzwoche«, schränkte Marlin ein. »Unser Bürgermeister hat für Ostern ja schon wieder große Pläne, und wer weiß, was ihm im Rest des Jahres noch in den Sinn kommt.« Er erhob sich und schüttelte Brodie die Hand. »Danke für die gute Behandlung. Und nicht unterkriegen lassen. Du hast nichts falsch gemacht.« Er nickte Timmy zu und verließ dann den Behandlungsraum.

Und sosehr sich Brodie über das Lob freute, so sehr zweifelte er am letzten Teil von Marlins Behauptung. Ihm war klar, dass er sich danebenbenommen hatte und dass eine Entschuldigung fällig war. Er hoffte nur, dass das Pflaster-Abreißen schnell gehen würde.

FEURIGES SCHLUMPFBLAU

WARUM NUR WAR ER so wahnsinnig nervös, fragte sich Brodie am frühen Abend. Ja, er stand gerade quasi am Dorfpranger, doch niemand in Kirkby war bei seinem Spott wirklich bösartig. Ganz im Gegenteil. Die meisten Bewohner schienen das als eine Art Initiationszeremonie zu begreifen, durch die jeder mal durchmusste. Er war in seinem ersten Jahr hier praktisch unter dem Radar geflogen und nie unter das Brennglas der allgemeinen Aufmerksamkeit geraten. Er hatte allerdings mehrfach bezeugen können, wie es bei anderen abgelaufen war.

Nun ja, er würde es überleben. Er hatte wahrlich schon Schlimmeres durchgestanden und wusste, dass sich auch dieser Sturm verziehen würde. Wobei »Sturm« ohnehin übertrieben war. Ein paar heftige Böen, aber nichts, was ihn nachhaltig aus dem Gleichgewicht bringen konnte.

Draußen heulte der Wind – kein Wunder, dass er zu idiotischen Wettermetaphern griff. Was um alles in der Welt zog man zu einem Pub-Quiz an? Und warum machte er sich überhaupt solche Gedanken? Das war doch wirklich mehr als albern. Etwas Lässiges war wohl angebracht. Kurz entschlossen zog er sich ein frisches Hemd und eine Jeans an und hängte sich seinen marineblauen Lieblings-Kaschmirpulli um die Schultern. Vielleicht zog es ja im Pub, da wollte er auf Nummer sicher gehen.

Kate und Moss ließen ihn nicht aus den Augen. Offensichtlich witterten sie, dass er plante, sie allein zu lassen. Das konnten sie gar nicht leiden und weinten dann minutenlang herzzerreißend, um ihm ein schlechtes Gewissen zu machen. Meist erfolgreich. Doch in den mutmaßlich proppenvollen Pub wollte er sie wirklich nicht mitnehmen. Und er wusste, dass sie die Mitleidsnummer nie lange durchhielten. Die Haustierkamera, die er sich deswegen einst angeschafft hatte, zeigte ihm jedes Mal zuverlässig an, dass sich die zwei nach spätestens fünf Minuten auf ihren Betten zusammenrollten und umstandslos einschliefen. So weit her konnte es also nicht sein mit dem Trennungsschmerz.

Draußen stürmte es nicht nur, es regnete auch immer wieder, aber da es von seinem Häuschen zum Pub nur ungefähr fünf Minuten zu Fuß waren, setzte er sich eine Mütze auf und schlug den Kragen seiner Wachsjacke hoch. So würde es gehen.

Auf der Straße begegnete er Fanny König und George King.

»Kommst du auch zum Pub-Quiz?«, erkundigte sich Fanny und musterte ihn mit einem Grinsen.

»Ja. Man hat mich überredet«, gab er zu und taxierte seinerseits die beiden Nachbarn. Fanny trug wie fast immer eines ihrer bunten Kleider, doch George schien unter seinem schicken Trenchcoat einen Anzug anzuhaben. War das nicht etwas übertrieben? Oder war er selbst underdressed? Vielleicht hätte er wenigstens ein Sakko statt des Pullis wählen sollen? Nun war es zu spät.

»Das wird bestimmt ein Riesenspaß«, behauptete Fanny und rieb sich vergnügt die Hände.

George murmelte etwas Unverständliches und wirkte insgesamt nicht ganz so begeistert.

»Wir werden sehen«, sagte Brodie diplomatisch.

»Kann es sein, dass du dich in der letzten Stunde dreimal umgezogen hast?«, erkundigte sich Fanny und hakte sich mit einem Arm bei George und mit dem anderen bei Brodie ein.

»Wie kommst du denn auf diese Idee?«

»Ich hab dich gesehen, als du vorhin aus der Praxis heimgekommen bist. Minuten später warst du mit den Hunden draußen, und jetzt hast du wieder etwas anderes an.«

»Ja, und? Ich gehe doch mit meiner weißen Arzthose nicht auf den Hundeacker und mit den Hundeklamotten nicht in den Pub.« War das so schwer nachzuvollziehen?

»Ich hätte jedenfalls keine Lust, ständig die Klamotten zu wechseln. Ich hab dieses Kleid heute früh angezogen, war bei der Arbeit, war mehrmals mit Rudi draußen und gehe jetzt damit in die Kneipe.«

George machte den Eindruck, als müsste er sich mit Gewalt einen Kommentar verkneifen, und Brodie ahnte, dass es schlauer wäre, sich ein Beispiel an seinem Nachbarn zu nehmen. Leider war er nicht schlauer.

»Jeder nach seiner Fasson«, entgegnete er. »Ich lege eben Wert darauf, zu jedem Anlass angemessen gekleidet zu sein.«

Fanny entzog ihm abrupt ihren Arm und blieb stehen. »Willst du damit etwa andeuten, dass ich unangemessen gekleidet bin?« Sie funkelte ihn herausfordernd an.

»Ich will gar nichts andeuten, ich …« Ihm war klar, dass er sich gerade mit Schwung in das nächste Fettnäpfchen hineinmanövriert hatte.

»Wahrscheinlich war die arme Charly am Montag bei ihrem Waldspaziergang auch unangemessen gekleidet, sodass du sie für eine Landstreicherin gehalten hast?«

Das war sie zweifellos gewesen, aber Brodie hatte dazugelernt und behielt diesen Gedanken für sich. »Das war eine unglückliche Verkettung von Umständen und eine peinliche Fehleinschätzung von mir«, ruderte er stattdessen zurück.

»Hast du sie denn inzwischen kennengelernt?«, erkundigte sich George interessiert bei Fanny.

»Nein, aber ich habe heute früh Isla Fraser in der Bäckerei getroffen, und sie hat mir von ihr erzählt. Scheint eine sehr interessante Frau zu sein. Hoffentlich kommt sie heute Abend auch in den Pub.«

Brodie teilte diese Hoffnung nicht unbedingt, aber er bewunderte die Münchner Schneiderin insgeheim dafür, dass sie in Kirkby alles genau im Blick hatte.

»Gibt es eigentlich Neuigkeiten von dem Golf-Investor?«, lenkte er das Gespräch auf mutmaßlich unverfänglichere Themen.

»Ähm …« Wurde die abgebrühte Fanny tatsächlich rot? »Nein, ich denke nicht«, sagte sie rasch und mied entschieden jeden Blickkontakt zu Brodie und George.

Letzterer hatte die Stirn gerunzelt und schien gerade schwer an sich halten zu müssen. Hatte Brodie versehentlich in ein Wespennest gestochen?

»Wo ist eigentlich Rudi?«, fragte er, um auch diesen Moment zu überspielen.

»Zu Hause. Seine Sozialkompetenz ist überschaubar, und nachdem er heute den ganzen Tag mit der wilden Ava verbringen musste, dürfte er froh sein, wenn er jetzt ein paar Stunden lang seine Ruhe hat.«

»Stimmt, du vertrittst ja Ainslee während ihrer Babypause in der Weberei«, zählte Brodie eins und eins zusammen. Ava war die temperamentvolle junge Pudelhündin von Bürgermeister Collum und Weberin Harriet. »Geht's ihrer Pfote inzwischen besser?«

»Der Verband behindert sie jedenfalls kein bisschen. Sie hat immer noch genug Power, um Rudi zu terrorisieren.« Fanny grinste und hatte offenbar kein Mitleid mit ihrem Dackel. »Harriet ist das total peinlich, und ich glaube, dass sie es manchmal tief bereut, sich einen Welpen gewünscht zu haben.«

»Das wächst sich aus«, sagte Brodie, der ja auf reichlich eigene Erfahrung zurückgreifen konnte. »Als meine beiden in dem Alter waren …« Er ließ den Satz austrudeln.

»Ich weiß genau, was du meinst«, behauptete Fanny mit einem wissenden Nicken.

Dabei konnte sie gar nichts wissen. Als Kate und Moss ein halbes Jahr alt gewesen waren, hatte Brodie ganz andere Sorgen gehabt, als sich über das Verhalten ungebärdiger Junghunde aufzuregen. Genau genommen waren die Kapriolen der beiden das Einzige gewesen, was ihn halbwegs bei Verstand gehalten hatte.

Glücklicherweise hatten sie jetzt den Dorfplatz erreicht und gingen rasch auf den hell erleuchteten Pub zu.

»Hast du schon ein Team?«, wollte Fanny wissen.

»Ein Team?«

»Ja, es treten Teams gegeneinander an, und es gibt wohl richtig tolle Preise. Shona hat Whisky und Gin gestiftet, und außerdem kann man ein Abendessen für zwei in Islas Restaurant gewinnen.«

»Ähm …« Brodie hatte weder an Whisky und Gin Interesse noch an einem romantischen Dinner im Sternerestaurant. Dafür fehlte ihm allein schon die passende Begleitung. Von Teams hatte Anna vorhin auch nichts erwähnt. »Ehrlich gesagt habe ich keine Ahnung. Kann sein, dass Anna da was organisiert hat.«

»Falls nicht, kannst du gerne bei uns mitknobeln. Wir wurden mit dem Pfarrer und den Stewarts zusammengelost, aber bestimmt haben wir noch Platz für einen mehr.«

George verzog bei dieser Aufzählung das Gesicht, als hätte er in eine Zitrone gebissen, hüllte sich aber wieder in elegantes Schweigen.

»Danke, das ist nett. Ich schau erst mal, wie die Lage ist«, kündigte Brodie an und öffnete dann mit Schwung die Tür zu *The Wise Pelican.*

• • •

Charly hatte nicht die allergeringste Lust auf einen lauten Kneipenabend, bei dem sie auch noch Quizfragen beantworten musste. Aber sie hatte es Hailey mehr oder weniger versprochen, und vermutlich hatte ihre Chefin recht damit, dass es eine gute Gelegenheit wäre, ein paar andere Leute kennenzulernen. Und womöglich mit dieser Susan zu sprechen, die ihr vielleicht in Wohnungsfragen weiterhelfen konnte.

Sie war am Nachmittag in Inverness gewesen und hatte ihre Lebensmittelvorräte aufgestockt. Außerdem hatte sie die Gelegenheit genutzt, in der kleinen, aber quirligen Studentenstadt zum Friseur zu gehen. Sie war zufrieden mit dem Ergebnis. Je nach Styling konnte sie fast konservativ wirken – wenn man von der knallblauen Farbe mal absah, die sich leider viel zu rasch rauswusch. Der hippe, über und über tätowierte Stylist hatte ihr dichtes Deckhaar akkurat auf Kinnlänge gekürzt. Mit einem Mittelscheitel wirkte es wie ein Bob, aber sie konnte die Haare auch cool auf eine Seite frisieren, sodass man das ausrasierte Sternenmuster erkannte. Und sie waren immer noch lang genug, dass sie sich bei der Arbeit einen Minipferdeschwanz machen konnte. Was konnte sie der Dorfgemeinschaft zumuten, fragte sie sich – und das nicht nur auf dic Frisur bezogen.

Sie beschloss, guten Willen zu zeigen, und schlüpfte in eine ihrer insgesamt drei Blusen. Sie war weiß, und dank der vielen aufgedruckten blauen Sterne merkte man kaum, dass sie nicht besonders gut gebügelt war. Genau genommen gar nicht, denn Charly besaß weder Bügelbrett noch Bügeleisen. Die Bluse kombinierte sie mit einer sauberen Jeans und weißen Sneakern. Also, ehemals weißen Sneakern, doch im schummrigen Kneipenlicht würde wohl kaum auffallen, dass auch ihr Schuhwerk schon bessere Zeiten gesehen hatte.

Puh, wann hatte sie zum letzten Mal darüber nachgedacht, was ein angemessenes Outfit war? Sie konnte sich kaum erinnern. Vermutlich bei der Beerdigung ihrer Großmutter vor drei Jahren. Aber bei solchen Anlässen war man mit Schwarz ja immer gut beraten, und kaum jemand hatte zur Kenntnis genommen, dass sie eine Arbeitshose getragen hatte.

Sie beschloss, heute auf die geliebte warme Fleecejacke zu verzichten, und schlüpfte stattdessen in ihre alte Lederjacke, die zwar etwas abgetragen war, der man aber mit etwas gutem Willen »Vintage-Charme« unterstellen konnte. Wegen der ziemlich kühlen Temperaturen schlang sie sich einen weichen Wollschal im blau-grünen MacRae-Tartan um den Hals. Den hatte sie vor Jahren von ihrer Familie zu Weihnachten bekommen – als Andenken an die alte Heimat. Hier in Schottland war das gute Stück passender denn je.

Im Stall schaute sie noch kurz in Pennys Box. Die kleine Eselin mampfte zufrieden ihr Heu, freute sich aber auch über die kurze Streicheleinheit und die Möhre. Draußen war es verdammt windig und nass, und so beschloss Charly, mit dem Auto in den Ort zu fahren. Zwanzig Minuten Fußmarsch bei dem Wetter mussten heute Abend vielleicht nicht sein. Außerdem war sie schon etwas spät dran.

Was sie wohl erwartete? Ob Marlin Fraser ebenfalls im Pub sein würde? Oder der geschniegelte Zahnarzt mit seinem Windhunde-Duo? Auf beide Kandidaten konnte sie sehr gut verzichten.

Der Parkplatz neben dem Pub war komplett gefüllt, aber sie fand eine Lücke in einer Nebenstraße und lief dann die wenigen Meter durch den Nieselregen zur Kneipe. Vor der Eingangstür blieb sie jedoch stehen, zu gleichen Teilen unschlüssig, ob sie es wirklich wagen sollte, und verblüfft. Der Laden hieß ernsthaft *The Wise Pelican*! Wie kam man denn auf solche Ideen?

Ehe sie sich zum Rückzug entschließen konnte, ging die Tür auf, und zwei Teenager kamen lachend heraus. Der rothaarige Junge sah Charly mit großen Augen an, und sie wappnete sich innerlich für einen blöden Kommentar.

»Du bist die Hufschmiedin, oder?«, fragte er jedoch freundlich und mit einem breiten Lächeln in seinem sommersprossigen Gesicht.

»Bin ich«, gab sie zu.

»Ich bin Aidan Fraser«, stellte er sich vor. »Meinen Dad und meine kleine Schwester Roya hast du schon kennengelernt, und natürlich meinen Grandpa.« Nun ließ er eine fast dreckige Lache hören. »Der ist immer noch auf hundertachtzig wegen dir, dabei bist du doch total cool.«

Charly wusste nicht so recht, was sie darauf erwidern sollte, also beschränkte sie sich auf ein lahmes »Hi«.

»Machst du beim Quiz mit?«, erkundigte er sich.

»Ja, du auch?«

»Nein, ich musste nur noch was mit Dad klären …«

Der andere Junge raunte Aidan etwas ins Ohr, das Charly nicht verstand.

»Nee, so spannend finde ich das nun auch wieder nicht«, antwortete Aidan seinem Freund und wandte sich dann wieder an Charly. »Schönen Abend noch und viel Glück!«

»Wofür?«, fragte sie blöde. Sollte sie wirklich Glück brauchen, um einen Pubabend in Kirkby zu überstehen? Ihr Fluchtinstinkt wurde schon wieder stärker.

»Fürs Quiz natürlich. Es gibt tolle Gewinne, aber nur für Erwachsene«, erklärte Aidan und hob dann die Hand zum Abschied, ehe er mit seinem Kumpel über den Dorfplatz eilte.

Preise für Erwachsene? Charly wollte lieber nicht darüber nachdenken, was damit wohl gemeint war. Sie holte noch einmal tief Luft und trat dann ein.

Der Gastraum überraschte sie. Sie hatte einen typischen düsteren Land-Pub erwartet, doch alles wirkte hell, einladend und freundlich. Tische und Stühle waren alt, aber der Rest sah so aus, als sei er erst vor Kurzem gründlich entstaubt und renoviert worden. Sie erspähte Hailey, die ihr von einem großen Tisch aus energisch zuwinkte, und wollte schon in ihre Richtung laufen, als sie erstarrte. Hinter dem Tresen, über einer Tür, die vermutlich in die Küche führte, thronte ein riesiger ausgestopfter Pelikan. Charly stieß ein ungläubiges Lachen aus. Konsequent war man hier jedenfalls bei der Gestaltung.

»Das ist unser Maskottchen«, hörte sie eine warme, leicht belustigte Männerstimme hinter sich. »Und du musst zum ersten Mal hier sein. Nur Debütanten verfallen bei seinem Anblick in Schockstarre.«

Sie drehte sich um und fand sich einem gut aussehenden Mann mit breitem Lächeln und Kilt gegenüber wieder. Das Tartanmuster hatte exakt die gleichen Farben wie die Muster auf den Wänden. »Es ist ein überraschender Anblick«, brachte sie hervor.

»Ich oder der Pelikan?«, erwiderte der Mann grinsend. »Ich bin übrigens Jon Grant, der Wirt dieses Etablissements. Du musst Charly MacRae sein.« Er streckte ihr seine Hand hin, und sie schüttelte sie. »Wow, kräftiger Händedruck.«

»Woher weißt du …«, begann sie, obwohl sie ahnte, dass diese Frage ähnlich dämlich war wie die mit dem Glück.

»Du bist natürlich Ortsgespräch«, antwortete er trotzdem mit einem gutmütigen Lächeln. »Aber keine Sorge, etwa siebenundneunzig Prozent stehen hinter dir.«

»Na dann«, stammelte sie und fühlte sich etwas überfordert.

»Hailey erwartet dich schon.« Er deutete auf den fraglichen Tisch. »Was darf ich dir zum Trinken bringen?«

»Eine Cola, bitte.«

Er nickte, und Charly schlängelte sich durch den Gastraum zu Haileys Tisch – verfolgt von unzähligen neugierigen Blicken, die unangenehm auf ihrer Kopfhaut prickelten.

»Ich hatte schon Angst, dass du doch noch kneifst«, sagte Hailey zur Begrüßung und klopfte auf den leeren Stuhl neben sich.

»Offen gestanden war ich kurz davor«, gab Charly zu und nahm Platz. »Hi, ich bin Charly«, grüßte sie mit einem scheuen Lächeln die Runde. Einige hatte sie schon mal auf dem Hof gesehen, aber die meisten kannte sie nicht.

»Leute, das ist Charly MacRae, unsere neue Wunderschmiedin«, übernahm Hailey die Vorstellung. »Charly, das hier ist Sean. Einer der besten Reiter im Stall, ein supertalentierter Keramikkünstler und der Mann, der mich zum Strahlen bringt.« Sie drückte dem dunkelhaarigen Mann, der etwas verlegen lächelte, einen kleinen Kuss auf die Wange. »Das sind Adley und Michael. Adley züchtet Highland-Rinder, und Michael ist Biobauer und arbeitet im Sternerestaurant von Isla. Und ehrlich gesagt habe ich keine Ahnung, warum er heute Abend freihat.« Ehe Michael antworten konnte, fuhr Hailey mit der Vorstellungsrunde fort: »Der hübsche blonde Kerl ist Sky Forrester, verheiratet mit meiner Cousine

Robin, die heute aus irgendwelchen Gründen nicht hier ist.«

»Sie ist wegen eines Falls in New York«, sagte Sky rasch.

»Robin ist eine superwichtige Anwältin, musst du wissen«, sprach Hailey weiter. »Nein, musst du eigentlich nicht wissen. Interessiert heute Abend auch niemanden. Aber für eine Anwältin ist sie schwer in Ordnung. Vermutlich würde sie dich auch gegen Onkel Marlin verteidigen, falls du dir rechtliche Schritte vorbehältst.«

»Ähm …« Charly fiel dazu keine schlagfertige Replik ein, aber die anderen am Tisch lachten laut.

»Und das hier sind Susan und Davie. Davie ist Architekt und Schreiner, und Susan ist die Leiterin des Kindergartens und außerdem womöglich deine neue Vermieterin.«

»Hi.« Charly sah zu der Frau, die auf ihrer anderen Seite saß. Susan hatte karottenrote Haare, die sie zu einem etwas chaotischen Zopf zusammengezuppelt hatte. Ihr Gesicht war mit Sommersprossen übersät, die um ihren lachenden Mund und ihre strahlenden Augen tanzten. Charly fand sie sofort extrem sympathisch.

»Hailey meinte, dass du eine Unterkunft suchst«, begann Susan. »Mir gehört ein kleines Cottage. Und wenn ich ›klein‹ sage, dann meine ich es genau so. Es hat nur ein Schlafzimmer, ein Bad, eine schöne Wohnküche und ein winziges anderes Zimmer. Aber es gibt ganz tolle Einbaumöbel, die Davie gemacht hat, und einen hübschen kleinen Garten.«

»Ich brauch nicht viel Platz«, entgegnete Charly, für die das alles einfach nur perfekt klang.

»Dann schau es dir morgen mal an. Wir können uns ja auf dem Markt treffen und dann zusammen hingehen. Wenn es dir gefällt, kannst du einziehen. Ich würde es sonst als Ferienwohnung vermieten, aber irgendwie fände ich es schöner, wenn jemand dauerhaft drin wohnt.«

Charly nickte. Was Dauerhaftigkeit betraf, konnte sie nichts garantieren, aber eigene vier Wände wären auf jeden Fall schon mal ein Schritt in die richtige Richtung. Und es wäre das erste Mal in den letzten zwanzig Jahren, dass sie nicht mehr in einer Wohnung direkt an ihrem Arbeitsplatz lebte. Auch das wäre eine Umstellung, aber eine, die sie seltsamerweise dringend herbeisehnte. Selbst wenn das bedeutete, dass sie nicht mehr ganz so eng mit Penny sein konnte. »Ich komme morgen gerne zum Markt«, sagte sie mit einem Nicken.

»Toll. Das freut mich. Übrigens darfst du natürlich Haustiere halten, wenn du magst.« Susan blickte sich um, als erwartete sie, dass aus Charlys Jacke plötzlich ein Tier herausgeschlüpft käme. Eine Katze vielleicht oder ein Hamster.

»Mein Haustier braucht wohl etwas mehr Platz, fürchte ich«, entgegnete Charly.

»Oh?«

»Ja, ich habe einen Esel. Aber Penny wird im Stall bleiben. Sie hat schon neue Freunde gefunden, und … ist ja auch egal. Also momentan wäre ich eine tierlose Mieterin.«

»Eine Cola für Charly«, kündigte eine junge Kellnerin an und servierte das Glas. »Wollt ihr jetzt was zum Essen bestellen, damit wir das vor der Quizrunde erledigt haben?«

Charlys Magen knurrte, und sie war bereit, all ihre Prinzipien in den Wind zu schießen und notfalls ein klassisches Pubessen zu bestellen, als ihr Blick auf eine Tafel mit den Tagesempfehlungen fiel. Da standen allen Ernstes zwei vegane Gerichte drauf: ein Scotch Pie und ein Curry. Sie ließ den anderen in der Runde beim Bestellen den Vortritt. Susan nahm das vegane Curry und Sky einen alkoholfreien Gin Tonic.

»Ich hätte gerne den veganen Scotch Pie und auch einen alkoholfreien Gin Tonic«, orderte Charly, als sie an der Reihe war. Das war doch mal eine gelungene Überraschung, mit der sie wirklich nicht gerechnet hätte. So konnte der Abend weitergehen. In netter Runde, mit der Aussicht auf eine eigene Wohnung – und mit veganem Essen. Sie merkte, wie sie sich entspannte, doch dann öffnete sich die Pubtür, und ein seltsames Trio betrat den Raum: eine bunt gekleidete Frau, ein Mann im Anzug, der gerade aus seinem Trenchcoat schlüpfte – und der polierte Zahnarzt.

• • •

Täuschte sich Brodie, oder erstarben die Gespräche im Pub? Nein, keine Täuschung. Es war deutlich stiller geworden – und er entdeckte auch sofort den Grund dafür: leuchtend schlumpfblaue Haare und ein schwer lesbarer Blick aus hellen Augen. Abscheu? Entsetzen? Panik?

Er wäre am liebsten sofort umgekehrt und wieder nach Hause gegangen, aber da hörte er, wie ihn jemand rief. Anna winkte von einem Tisch herüber, der glücklicherweise in maximaler Entfernung zu dem der Schlumpfdame stand.

»Offensichtlich habe ich ein Team«, sagte er zu Fanny und George und verabschiedete sich von den beiden, die daraufhin ihren eigenen Platz ansteuerten.

Er fühlte Blicke auf seiner Haut. Von allen Seiten. Fragend, fordernd. Unangenehm prickelnd. Doch er ignorierte sie und lief äußerlich unbeeindruckt zu dem Tisch, auf dem mittig eine Art Stammtischschild mit der Aufschrift »Die Heiler« prangte. Dem Design nach zu urteilen, war der Urheber Timmy. Der saß zwischen Christine und Maggie, und flankiert wurde das Trio von den Ehemännern der beiden Frauen. Martha Millner, die Hebamme, war ebenfalls da, genauso wie ihr Mann und ihre junge Praktikantin Poppy. Ein Platz war noch frei, und so setzte sich Brodie zwischen Shona und Anna, die in Begleitung ihrer jeweiligen besseren Hälfte gekommen waren: Tierarzt Kendrick und Musiker Lennox.

»Sie ist da«, raunte ihm Anna ins Ohr und musste nicht weiter ausführen, wer mit »sie« gemeint war.

»Ich weiß«, entgegnete er.

»Willst du es gleich hinter dich bringen oder lieber noch die Spannung steigern?« Sie schien das ausgesprochen unterhaltsam zu finden.

»Ich muss erst mal was essen, und dann geht's doch hier um ein Quiz, habe ich gehört«, sagte er munterer, als er sich fühlte.

»Sie ist der Hammer«, mischte sich nun Shona von der anderen Seite ein. »Sie hat den Huf von Azzedine gerettet und sieht absolut rattenscharf aus. Wie kannst du sie als Landstreicherin bezeichnen?«

Brodie wagte einen Blick zum anderen Tisch, und wieder trafen ihn die kühlen hellen Augen. Zugegebenermaßen sah sie bis auf die albernen knallblauen Haare, die wirklich sehr schlumpfig leuchteten, viel besser aus als am Montagabend im Wald. Sie hatte ein sauberes Gesicht, und die absurden Tätowierungen waren verdeckt, allerdings hätte ihre Bluse dringend ein Date mit dem Bügeleisen verdient. »Es war dämmrig«, behauptete er schmallippig. »Und ich habe mich geirrt, was mir sehr peinlich ist und leidtut.«

»Das musst du nicht uns erzählen, sondern ihr«, forderte ihn Shona auf und stupste ihn allen Ernstes mit dem Ellbogen in die Seite.

»Aua«, beklagte er sich. »Ich werde mich bei ihr entschuldigen, aber erst muss ich etwas essen.«

Glücklicherweise kam gerade der bekiltete junge Kellner namens Kevin zum Tisch gerauscht und war offensichtlich mehr als bereit, die Bestellungen entgegenzunehmen.

»Ich nehme das Chicken Tikka Masala, aber diesmal bitte die echte Version mit echtem Huhn und nicht die Betrügervariante, und außerdem einen alkoholfreien Gin Tonic«, bestellte Brodie, als er an der Reihe war.

»Keinen Mut antrinken?«, fragte Shona frech.

»Wofür brauche ich Mut?«, entgegnete er kühl. »Für das Quiz?«

»Nein, für deine öffentliche Entschuldigung. So wie Charly dich anfunkelt, scheint sie mindestens einen Schürhaken in der Hosentasche zu haben.« Sie kicherte.

»Vor einem Taschenschürhaken muss ich mich wohl auch nicht fürchten, und außerdem ziehe ich es vor, einen klaren Kopf zu behalten. Ist besser fürs Quiz und für etwaige … ähm …«

»Entschuldigungen«, half Anna aus.

»Feurige Diskussionen«, sagte er.

»Ich finde, darauf solltest du dich mit einer Schmiedin besser nicht einlassen, Chef«, schaltete sich nun auch noch Timmy ein. »Die hat Feuer wohl besser drauf. Obwohl es mich ehrlich gesagt wundert, dass sie als Signalfarbe Blau gewählt hat. Ich hätte eher einen Rotton erwartet. Sehr widersprüchlich, aber irgendwie auch sehr cool. Ich wette, da steckt ein Geheimnis dahinter.«

»So wie hinter deinem Strichcode?« Brodie deutete auf den nach wie vor gestreiften Irokesen und fügte gleich hinzu: »Du musst dich gar nicht aufblähen, wir sind hier gerade privat unterwegs und ganz ohne hierarchische Disbalance oder wie auch immer du das nennst.«

»Meine Streifen sind ein Gag, aber ich wette, es hat seine Gründe, wenn sich eine heißblütige Feuerfrau mit kühlen Wasserfarben schmückt.« Timmys Augen leuchteten sensationslüstern.

Brodie kommentierte das nicht weiter. Für alles, was ihm in den Sinn käme, würde man ihm hier am Tisch wieder mangelnden Respekt unterstellen, und womöglich hätten sie sogar recht damit. Aber eines war klar: Er sah in dieser Charly weder eine heißblütige Feuerfrau noch irgendwas mit kühlen Wasserfarben, sondern lediglich ein blau leuchtendes Ärgernis und Symbol seiner peinlichen Fehleinschätzung.

• • •

Der Scotch Pie war ein Traum. Charly hatte sich mehrfach versichern lassen, dass er wirklich vegan war, denn sie schmeckte keinen Unterschied zu würzigem Hackfleisch. Mit etwas gutem Essen im Bauch fühlte sie sich auch schlagartig besser – trotz der Blicke, die ihr der Zahnarzt ständig quer durch den Gastraum zuwarf. Er hatte seine blütenweißen Hemdsärmel ein Stückchen hochgekrempelt und einen blauen Pullover über seine Schultern gelegt. Wer tat so etwas heutzutage noch? Außer Golfern und älteren Herren, die Urlaub in Südfrankreich oder Florida machten. Nicht dass sie von solchen Dingen auch nur eine rudimentäre Ahnung hatte.

Sie unterbrach ihre kruden Gedanken. Jedenfalls fand sie den Look total affektiert und gewollt. Und schnöselig. Nun ja, nicht ihr Problem.

Ihr Problem war vielmehr, dass sie bei einem Großteil der Quizfragen nicht das Geringste beitragen konnte, denn es ging hier nicht um allgemeines Trivialwissen wie das Liebesleben von Popstars und Schauspielern, sondern allein und ausschließlich um Kirkby. Immerhin wusste sie jetzt, dass das beschauliche Örtchen ursprünglich Kirkgarroch geheißen hatte und erst vor rund siebzig Jahren vom damaligen Bürgermeister umbenannt worden war. Derselbe Bürgermeister hatte aus dem ehemaligen Montrose Manor auch Monroe Manor gemacht, weil er Marilyn Monroe so verehrte. Vergleichbar schrullige Anekdoten gab es hier in rauen Mengen.

Charly hatte gelernt, dass der Pub früher den noch seltsameren Namen *The Scary Hound* gehabt hatte und dass Rupert Fraser den Stammvater seiner Clydesdale-Zucht nicht etwa in einem Nachbardorf gekauft, sondern vor fast fünfzig Jahren aus den USA importiert hatte. Pluto war einer der seltenen Rappschecken gewesen und offenbar ein starker Vererber. Die allermeisten Clydesdales waren Füchse und Fuchsschecken, obwohl auch alle anderen Farbschläge offiziell zugelassen waren. Rupert hatte sich vorgenommen, für mehr Farbvielfalt zu sorgen.

Charly wusste nun auch über fast alles aus der jüngeren Dorfvergangenheit Bescheid, etwa über die Eröffnung des Tauschladens, den sie unbedingt besuchen musste, sollte es morgen mit dem Cottage klappen. Und sie hatte auch erfahren, was für ambitionierte Projekte nach wie vor in der Planungsphase steckten und erst noch umgesetzt werden mussten. Ein Outlander-Erlebniszentrum beispielsweise oder ein Filmfestival, dessen Nennung die aktuellen Bewohner des Herrenhauses betreten hatte wegschauen lassen.

Und sie hatte noch etwas erfahren: wie sehr sich die Bewohner für ihren kleinen Ort und ihre zweifellos enge Gemeinschaft engagierten. Die Sehnsucht klopfte wieder bei ihr an. Die Hoffnung, einen Ort zu finden, an dem sie dazugehören konnte, und Menschen, die mehr werden konnten als nur flüchtige Bekanntschaften. Ein richtiges Zuhause.

Gewonnen hatte am Ende der Klugscheißer-Tisch mit den Herrenhausbewohnern, dem Pfarrer und einem Paar, von dem sich Charly nicht sicher war, ob die beiden eine Liebesbeziehung pflegten oder eher eine Zweckgemeinschaft waren. Sie trug ein knallbuntes Trachtenkleid und hatte einen deutlichen deutschen Akzent, er war in einen so eleganten Anzug gehüllt, dass selbst der modisch unterbelichteten Charly klar war, dass er maßgeschneidert sein musste. Der Anzugtyp war jedenfalls ein unfassbarer Alleswisser, der selbst über die abseitigsten Details im Bilde war, was an anderen Tischen etliche frustrierte Kommentare provoziert hatte.

»Das nächste Mal darf er nicht am Kneipenquiz teilnehmen«, brummte Hailey, die immer noch sauer war, weil George King schneller auf den Namen des fraglichen Zuchthengstes gekommen war als sie selbst.

»Sorry, dass ich keine große Hilfe war, aber …« Charly zuckte mit den Schultern.

»Du warst ja nicht zum Helfen hier, sondern um Leute kennenzulernen und alles über Kirkby zu erfahren«, sagte Sky mit einem tröstenden Lächeln. »Also in ähnlicher Mission wie ich. Ich musste ja auch bei den meisten Fragen passen«, gab der nette Amerikaner zu.

»Ich auch«, bestätigte Adley. »Ich bin zwar hier geboren, habe aber zwanzig Jahre in Neuseeland gelebt und bin erst seit anderthalb Jahren wieder da.«

»Und Sean hat sich ohnehin nie für das Dorf interessiert«, stöhnte Hailey. »Jetzt, wo ich drüber nachdenke, hätte ich bei der Teamzusammenstellung wirklich mehr überlegen sollen.« Sie verdrehte gespielt dramatisch die Augen und grinste dann wieder. »Beim nächsten Mal werden wir sie fertigmachen. Da wird es dann nicht um Kirkby gehen können, sondern um ein anderes Thema.«

»Trotzdem hätte ich gerne das Abendessen im Sternerestaurant gewonnen, für ein romantisches Date.« Sean legte Hailey einen Arm um die Schultern und warf ihr einen glühenden Blick zu. »Das haben wir immer noch nicht geschafft.«

»Das kriegen wir hin«, tröstete sie ihn und schielte dann zum Gewinnertisch. »Bin gespannt, wen Lord Seidentüchlein zum Essen einlädt.«

»Lord Seidentüchlein?«, fragte Charly.

»Das ist Fannys Spitzname für den Oberklugscheißer im Anzug. Ich schätze, der bleibt ihm jetzt auf ewige Zeiten erhalten.« Hailey kicherte.

»Und Fanny ist die Deutsche mit dem bunten Kleid, nicht wahr? Sind die beiden kein Paar?«

»Ungeklärt«, gab Hailey zu. »Das wissen sie höchstens selbst. Oder auch nicht. Jedenfalls sind sie Nachbarn und bewohnen je eine Hälfte eines Doppelhauses.«

Charly schwirrte langsam der Kopf. Sie war sich sicher, dass sie das meiste morgen wieder vergessen haben würde, doch das war egal. Allen Sorgen zum Trotz hatte sie einen schönen Abend gehabt und war froh, in den Pub gekommen zu sein. »Ich glaube, ich mach mich jetzt langsam auf den Heimweg«, sagte sie und kramte nach ihrem Geldbeutel. Ivy, die Kellnerin, war gerade aufgetaucht und erkundigte sich nach weiteren Wünschen.

»Ja, wir packen es auch«, stimmte Hailey gähnend zu. »Ich muss morgen um sieben wieder auf einem Pferd sitzen. Wir sehen uns dann auf dem Markt, ja?«

»Definitiv«, stimmte Charly zu und beglich ihre Rechnung. Während sie sich ihre Lederjacke anzog und den Tartanschal um den Hals wickelte, traf sie noch einmal der Blick des Zahnarztes. Er wirkte halb erleichtert, halb alarmiert. Warum auch immer. Das war nicht ihr Problem.

HOME SWEET HOME

DAS WAR JA ALLES nicht so gelaufen wie geplant. Brodie ärgerte sich auch am nächsten Morgen noch über die verpasste Chance, mit Charly MacRae zu sprechen. Aber sie war so plötzlich aufgebrochen, und er hätte sie regelrecht verfolgen müssen, was zweifellos weitere Peinlichkeiten mit sich gebracht hätte.

Andererseits war der Quiz-Abend wirklich nett und aufschlussreich gewesen. Er war erstaunt, mit was für Errungenschaften sich Kirkby schmücken konnte. In seinem ersten Jahr hier hatte er zwar einiges mitbekommen, aber längst noch nicht alles. Daher war er am Heiler-Tisch auch keine große Hilfe gewesen. Allerdings stand er damit nicht allein da. Außer Martha Millner und ihrem Mann, die schon seit Jahrzehnten hier lebten, waren alle erst in jüngerer Vergangenheit dazugestoßen. Shona und Lennox hatten zwar ihre Kinder- und Jugendzeit hier verbracht, waren dann aber in die Welt gezogen und hatten sich lange nicht mehr um ihr Heimatdorf gekümmert. Beim Ratespiel hatten sie also glorios versagt, aber als Team einen wirklich lustigen Abend zusammen gehabt. Stünde »die Sache« nicht noch im Raum, könnte Brodie jetzt völlig entspannt sein.

Ob er darauf hoffen sollte, diese Charly zufällig zu treffen? Irgendwo im Ort? Oder bei einem Spaziergang im Wald? Oder sollte er mal zum Stall fahren und sie in der Schmiede suchen?

Er war noch nie im Stall gewesen, weil er sich nicht besonders viel aus Pferden machte, aber er war zugegebenermaßen neugierig, was das Schmieden betraf. Vor ein paar Jahren hatte er einen Goldschmiedekurs besucht – als Teil seiner Therapie. Das war natürlich etwas ganz anderes gewesen, und außerdem war es ihm fast natürlich vorgekommen, weil er sich als Zahnarzt ja ohnehin mit Goldlegierungen auskannte und in seinem Labor auch über die nötige Gerätschaft verfügte. Er hatte seitdem ein paar kleinere Schmuckstücke für Emma hergestellt. Allerdings hatte er keine Ahnung, ob sie ihr überhaupt gefielen. Er war vielleicht auch nicht der kreativste Zeitgenosse auf Erden, aber es faszinierte ihn, dass man aus einem harten, unflexiblen Werkstoff durch Feuer etwas anderes herstellen konnte. In seinem Fall waren das meist Zahnkronen, aber wie aufregend musste es sein, glühendes Eisen zu bearbeiten? Wie aufregend und archaisch?

»Wuff«, unterbrach Kate seine Gedanken. Gut, dass er sich immer auf seine Hunde verlassen konnte.

»Wollen wir unsere Morgenrunde machen und dann auf den Markt gehen?«, schlug er den beiden vor und erntete begeistertes Schwanzwedeln.

Der samstägliche Wochenmarkt war sein persönliches Highlight. Und nicht nur seines – darauf konnte sich das ganze Dorf einigen. Vor knapp zwei Jahren hatte man mit dem Experiment begonnen, alle vierzehn Tage Markttreibende aus dem Ort ihre Waren anbieten zu lassen. Was mit einer Handvoll Anbieter angefangen hatte – vorwiegend Landwirte –, war zu einem blühenden Geschäft geworden, das inzwischen längst wöchentlich und bei jedem Wetter stattfand, mit einer kurzen Pause im Dezember – doch da gab es stattdessen den Weihnachtsmarkt.

Es gab längst nicht mehr nur Lebensmittel: Ein Teil des Marktplatzes war inzwischen Flohmarktständen vorbehalten, außerdem wurde allerlei Kunsthandwerk verkauft. Brodie war begeistert, wie viel Kreativität sich hinter den bunt lackierten Haustüren von Kirkby verbarg. Schreiner Davie beispielsweise hatte manchmal tolle kleine Möbelstücke und Holzfiguren für Puppenhäuser im Repertoire. Töpfermeister Sean verkaufte Geschirr, und zwei Teenager-Mädchen präsentierten witzigen Schmuck, den sie aus bunten Perlen bastelten.

Die Weberei hatte gelegentlich einen Stand und verkaufte Decken, Kissenbezüge und putzige Teddybären im Kirkby-Tartan, und eine Schäferei stellte aus den Schaffellen Hand- und Hausschuhe her. Es fanden sich die tollsten Marmeladen und Chutneys, doch sein absoluter Favorit war der Stand von Kristie Fraser. Die Bäckerin brachte an Markttagen das Kunststück fertig, in ihrem mobilen Stand beinahe noch tollere Waren anzubieten als an jedem anderen Tag in ihrer zauberhaften *Old Bakery*, die nur wenige Schritte vom Marktplatz entfernt lag. Allerdings durfte man nicht zu lange warten, bevor man sich bei ihr in die Schlange einreihte, denn meist waren die Leckereien ruckzuck ausverkauft.

Brodie trank also rasch seinen Kaffee aus, schlüpfte in Gummistiefel und Wachsjacke und leinte Kate und Moss an, die bereits erwartungsvoll an der Tür standen und auf ihn warteten.

Der frühe Samstagmorgen schien noch unentschlossen zu sein, in welche Richtung er sich entwickeln wollte, doch das war in den Highlands beinahe Alltag. Graue Wolken in allen Schattierungen jagten über den Himmel, dazwischen waren jedoch ein paar leuchtend blaue Fetzen zu sehen. Blauschattierungen, die ihn ärgerlicherweise wieder an die Schmiedin denken ließen – weniger an ihren albernen Schlumpfschopf als an ihre intensiven Augen. Wobei die nicht wirklich blau waren, sondern … Warum um alles in der Welt dachte er jetzt an die Augenfarbe dieser Person, mit der er zukünftig idealerweise nicht mehr viel zu tun haben wollte?

Kate und Moss tobten ausgelassen über die große Wiese, deren Gras noch kein frisches Frühjahrsgrün zeigte, sondern in etwas abgestandenen, düsteren Brauntönen changierte. Er konnte es kaum erwarten, dass das neue Leben sich auch hier durchsetzte. Das Frühjahr war immer mit so viel Hoffnung verbunden. Hoffnung auf neues Leben, neue Chancen. Hoffnung darauf, dass Emma seine ausgestreckte Hand endlich ergreifen und ihm als Vater eine zweite Chance geben würde. Daran hielt er gerade mit jeder Faser seines

Herzens fest. Vielleicht sollte er ihr Zimmer noch ein bisschen einladender gestalten? Womöglich fand er heute auf dem Markt ein paar Dinge dafür, auch wenn seine kleine innere Stimme schon wieder höhnte, dass Emma an Ostern ja doch nicht kommen würde – egal, was vereinbart war.

»Hey, hiergeblieben!«, rief er seinen Hunden zu, die sich gerade wieder anschickten, zu einer Extratour in den Wald abzubiegen. Sie warfen ihm vorwurfsvolle Blicke zu, kehrten jedoch gehorsam zu ihm zurück. »So ist's brav«, lobte er sie. Sie schienen sich fürs Erste ausgetobt zu haben, also traten sie den Rückweg an. Zu Hause säuberte er ihre schmutzigen Pfoten und servierte ihnen ihr Frühstück. Dann schlüpfte er in eine andere Hose und andere Schuhe, zog den Tieren ihre schicken und vor allem warmen Filzmäntel an – burgunderrot für Kate, moosgrün für Moss – und stiefelte mit den beiden wieder los in Richtung Ortskern.

Auf dem Markt herrschte bereits der übliche Betrieb, aber neben den Einwohnern, die er inzwischen fast alle kannte, entdeckte er auch etliche fremde Gesichter. Besucher aus den umliegenden Gemeinden oder sogar aus Inverness und vermutlich auch einige Touristen, die sich selbst von dem noch ziemlich ungemütlichen Vorfrühling nicht von ihrem Schottland-Trip abbringen ließen. In den Sommermonaten würden sie hier wahrscheinlich wieder überrollt werden. Brodie war sich nicht sicher, ob er das gut finden oder eher bedauern sollte.

Sein erster Programmpunkt war eindeutig Frühstück, also stellte er sich in die lange Schlange vor Kristies Backstand. Vor ihm stand eine ihm unbekannte Familie mit einem Airedale Terrier, hinter ihm reihten sich Collum und Harriet mit ihrer jungen Pudelhündin Ava ein, die immer noch eine verbundene Pfote hatte, aber nichts dringender wollte, als mit den anderen Hunden zu spielen.

Kate und Moss, die sich nur mit ausgewählten Artgenossen abgaben, ignorierten die Annäherungsversuche und schauten buchstäblich hochnäsig an Ava vorbei. Der Terrier dagegen war genauso Feuer und Flamme wie sie, und so kam es zu einem kleinen chaotischen Gerangel.

»Vielleicht gehst du mit ihr ein paar Schritte weg?«, schlug Harriet ihrem Mann vor. »Ich kann mich ja auch allein anstellen.«

Collum nickte und zerrte die ungebärdige Pudelin aus der Reihe. Der Terrier heulte frustriert auf, und so gingen der Familienvater und die beiden Kinder mit, damit die Hunde spielen konnten.

»Sorry«, entschuldigte sich Harriet mit roten Wangen. »Ich hatte mir das echt einfacher vorgestellt.«

Die Mutter vor Brodie lachte. »Ich auch! Roddy ist jetzt anderthalb und anstrengender als meine Kinder. Wir haben nachher einen Trimmtermin im Herrenhaus und wollten uns vorher noch ein bisschen stärken.«

»Stammt Roddy von Monroe Manor?«, erkundigte sich Harriet, und Brodie kam sich zunehmend überflüssig vor.

»Möchtest du vielleicht vor mich?«, bot er Harriet an.

»Quatsch«, winkte sie ab. »Wir können uns doch trotzdem unterhalten.«

»Ja, ist er. Seine Mutter ist Joy, aber ein Freudenspender ist das Biest trotzdem nicht. Es ist mir schleierhaft, woher er seine unerschöpfliche Energie nimmt.«

»Das frage ich mich bei Ava auch«, gab Harriet seufzend zu und sah zu der Stelle mitten auf dem Marktplatz, an der sich jetzt noch viel mehr Hunde eingefunden hatten. Brodie erkannte die rotbraune Newfypoo-Hündin der Kindergärtnerin Susan und Palmer, den zottigen Mischling von Hailey Fraser. Auf Palmer waren seine beiden besonders schlecht zu sprechen, und Moss knurrte leise.

»Klappe, Moss«, tadelte Brodie seinen Hund und sagte dann zu den Frauen: »Die sind halt noch jung. Das wächst sich bestimmt aus.«

»Hoffentlich«, erwiderte die Mutter und betrachtete die beiden Whippets. »Die zwei sind ja sehr gechillt. Sind sie schon älter?«

»Fünf«, gab Brodie zurück. »Whippets sind sehr angenehme Zeitgenossen, wenn sie genug Möglichkeiten haben, sich auszutoben. Dabei geht das erfreulich schnell. Zwanzig Minuten Vollgas, und sie sind für die nächsten Stunden ruhig und ausgeglichen.« Er streichelte die seidigen Köpfe der beiden. »Aber als Welpen und Junghunde waren sie auch anstrengend und haben allerhand angestellt.«

»Ich dachte, dass Pudel ein entspanntes Temperament hätten«, beklagte sich Harriet. »Ich meine, ich kenne ja Avas Eltern. Ivy und Jules sind so cool. Die kann man überallhin mitnehmen, ohne dass sie sich danebenbenehmen, aber ihre Tochter …« Sie raufte sich die kurzen blonden Haare.

»Es wird besser«, tröstete Brodie. Nachdem sich die Schlange ein Stück vorgearbeitet hatte, wechselte er das Thema: »Ich hatte eigentlich gehofft, dass ihr heute einen Stand habt. Ich würde gern ein paar Dinge kaufen.«

»Haben wir.« Harriet deutete in eine Richtung, in der Brodie jedoch wegen der vielen Leute nichts erkennen konnte. »Wir haben uns aber eine Aushilfe gegönnt, die den Marktstand betreut. Wir haben ohnehin so viel Arbeit, und jetzt, wo Ainslee in der Babypause ist, brauchen wir einfach mehr Unterstützung.«

»Hilft Fanny nicht bei euch aus?«

»Doch, das tut sie. Aber eben nur mit den Schneideraufträgen von Ainslee. Wobei ›nur‹ die totale Untertreibung ist, auch da können wir uns vor Aufträgen kaum retten. Ich fasse es immer noch nicht, wie viele Bestellungen für Kilts wir reinbekommen. Aber da hat sich Fanny wirklich toll reingefuchst. Verständlicherweise hat sie aber keine Lust, sich auch noch die Samstage mit Arbeit vollzustopfen. Und ich brauch auch mal eine Pause, also …«

»Verstehe.«

»Wie lange läuft denn der Markt?«, erkundigte sich nun die Mutter. »Wir müssen Roddy in einer halben

Stunde im Herrenhaus abliefern und haben dann ein paar Stunden Zeit.«

»Bis mittags – oder bis alle Waren weg sind«, erklärte Harriet mit einem Lächeln. »Was schneller geht.«

Nun hatten sie den Stand der Bäckerei erreicht, der schon erschreckend abgegrast wirkte. Die Frau ließ sich vier herzhafte und vier süße Teile einpacken. Dann verabschiedete sie sich von Brodie und Harriet und ging in Richtung des lautstarken Hundeknäuels und ihrer Familie.

»Hast du noch eine Minute?«, fragte Kristie, als Brodie näher trat. »Ich würde gern schnell Nachschub aus der Backstube holen.«

»Darauf warte ich gerne auch zwei Minuten«, gab er zurück und schaute ihr nach, als sie mit den leeren Warenkörben in den Händen zurück zu ihrer Bäckerei eilte.

»Hast du das Missverständnis mit Charly inzwischen klären können?«, wollte Harriet nun wissen.

»Nein, noch nicht. Das hat sich gestern beim Quiz nicht ergeben.« Er fuhr sich durch die Haare. Diese Fragerei würde weitergehen, bis offiziell bekannt würde, dass er bei Charly MacRae zu Kreuze gekrochen war. »Wo wart ihr eigentlich gestern? Ich hätte nicht gedacht, dass sich ausgerechnet Collum das erste Pub-Quiz von Kirkby entgehen lassen würde. Schon gar nicht, wenn es dabei um die Dorfgeschichte geht.«

Harriets Wangen flammten rot auf. »Wir hatten andere Pläne«, murmelte sie verlegen, aber mit einem so verliebten Lächeln, dass Brodie es fast bedauerte, nachgefragt zu haben. Er merkte, wie ihn eine unschöne Welle des Neides erfasste. Es war so lange her, dass er sich schon gar nicht mehr daran erinnern konnte, wie es sich anfühlte, so vollkommen für einen anderen Menschen entbrannt zu sein.

»Es war jedenfalls ein bemerkenswerter Abend, und ich glaube, ich weiß jetzt alles über Kirkby, was man wissen kann«, sagte er und war dankbar, dass Kristie soeben schwer bepackt zurückgeeilt kam. »Wenn du eine Pilzquiche hast, nehme ich bitte eine und außerdem zwei Schokocroissants.« Er bezahlte und verabschiedete sich dann von Harriet. »Schönes Wochenende noch!«

• • •

Charly hatte keine Ahnung gehabt, was sie am Markttag erwarten würde, aber mit einem derartigen Trubel hatte sie nicht gerechnet. Die ganze Gemeinde schien sich auf dem Dorfplatz versammelt zu haben – entweder als Händler oder als Käufer. Sie wusste gar nicht genau, wohin sie zuerst gehen sollte, so bunt war das Angebot. Und gefühlt jeder hatte ein Tier dabei. So viele Hunde auf einmal hatte sie selten gesehen, aber Shona schoss den Vogel ab: Sie war flankiert von zwei riesigen Irischen Wolfshunden auf der einen Seite und zwei hübschen Alpakas auf der anderen.

»Wow, das ist mal ein Anblick«, entfuhr es Charly, als sie sich dem ersten bekannten Gesicht näherte.

»Dann weiß ich ja, dass ich das nächste Mal auch Penny mitbringen kann.«

»Mach das unbedingt, sie wäre der Hit hier.« Shona lachte. »Wir starten an Ostern wieder mit den Alpaka-Wanderungen, daher dachte ich mir, dass es schlau wäre, meine Schnuffis wieder ein bisschen gesellschaftsfähiger zu machen. Den Winter über waren sie ja mehr oder weniger unter sich. Das sind Petunia und Nessie«, stellte sie die beiden Alpakas vor. »Und das sind Orla und Higgins.« Sie streichelte die Riesenhunde, die jedoch absolut tiefenentspannt wirkten.

»Die sind wirklich toll. Wie viele Alpakas hast du denn?«

»Inzwischen sind es zehn, und ich habe den Verdacht, dass es bald mehr werden könnten.« Shona grinste und streichelte Petunias dicken Bauch. »Orla und Higgins sind normalerweise lieber mit Kendrick unterwegs, aber der ist noch im Reitstall. Da hat eines der Gästepferde eine schwere Kolik.« Sie verzog besorgt das Gesicht. »Sieht wohl nicht gut aus.«

»Mist.« Charly schluckte. Koliken waren schrecklich. Sie hatte selbst schon ein paarmal mitbekommen, wie Pferde daran verendet waren, und hoffte, dass dieses Schicksal Penny verschonen würde. »Ich hoffe, es geht gut.«

»Das hoffe ich auch.« Shona seufzte. »Kendrick und Rupert tun alles für das Pferd. Es ist ein Wallach, der früher im Vielseitigkeitssport eingesetzt wurde und wohl einige schlimme Dinge erlebt hat. Die neuen Besitzer sind wahnsinnig bemüht, dass er seine Traumata überwindet, deshalb haben sie ihn vor paar Wochen zu Rupert und Hailey in Therapie gegeben. Angeblich macht er schon gute Fortschritte. Es wäre einfach nicht fair.«

Charly sah, dass sich Shona eine Träne aus dem Auge wischen musste, und fühlte sich der temperamentvollen jungen Frau mit dem großen Herzen gleich noch enger verbunden. »Das Leben ist selten fair«, antwortete sie leise. »Aber vielleicht wird ja alles gut. Der Wallach ist ganz bestimmt in den allerbesten Händen.«

»Das ist er.« Shona schniefte und wechselte dann abrupt das Thema. »Was hältst du von unserem Markt?«

»Ehrlich gesagt bin ich ein bisschen überwältigt«, gab Charly zu. »Ich habe an ein paar Gemüsestände gedacht, aber das hier ist … sehr beeindruckend.«

»Gemüsestände?« Shona lachte auf. »Die gibt's natürlich auch, wobei die nach dem Winter nicht mehr allzu gut bestückt sind. Aber vor allem ist die gesamte kreative Power von Kirkby am Start. Einmal im Monat habe ich auch einen Stand hier«, berichtete sie mit einem verschmitzten Grinsen. »Aber Gin-Tasting am frühen Vormittag führt dann doch zu einigen … nennen wir es Einschränkungen, sodass ich es nicht mehr so oft mache. Beziehungsweise jetzt nur noch die alkoholfreien Varianten mitbringe.«

»Den alkoholfreien Gin Tonic habe ich gestern probiert. Der war von dir?«

»Ja, ich bin noch am Experimentieren. Im Grunde fand ich diesen Trend immer etwas fragwürdig, aber Jon hat mich und Isla überzeugt, dass es einen großen Markt für tolle alkoholfreie Drinks gibt. Und seit meine Schwester schwanger ist, ist sie mit Begeisterung dabei.«

»Gefällt mir sehr. Ich trinke gar keinen Alkohol und finde es immer schade, wenn ich mich auf Wasser, Säfte oder auf zuckrige Softdrinks beschränken muss«, sagte Charly und wappnete sich innerlich schon gegen neugierige Nachfragen, wie sie eigentlich immer kamen, wenn es um ihren nicht vorhandenen Alkoholkonsum ging. Sie musste sich doch auch nicht dafür rechtfertigen, dass sie nicht rauchte und keine Drogen nahm. Warum dann dafür, dass sie keinen Alkohol trank?

Doch Shona überraschte sie. »Ich stehe in der Destillerie noch ganz am Anfang mit der alkoholfreien Linie, aber Jon kennt sich im Markt gut aus und hat im Pub eine tolle Auswahl. Da wirst du garantiert fündig werden.«

»Cool. Vegane Speisen gibt's da ja auch. Kirkby ist wirklich ein sehr überraschendes Dorf.«

»Und du hast erst an der Oberfläche gekratzt.« Shona schenkte ihr ein offenes Lächeln. »Kleiner Profitipp, falls du hungrig bist: Hol dir unbedingt erst mal was von Kristies Backstand. Sie ist immer die Erste, die ausverkauft ist. Danach ist noch Zeit für den Rest.«

»Mach ich. Danke. Und dann bin ich ja mit Susan verabredet, weil ich mir ihr Cottage anschauen möchte.«

»Susan habe ich schon gesehen. Die steckt mit ihrer Ernie in dem Hundeknäuel da fest.« Shona deutete auf die leicht tumultartige Szene mitten auf dem Dorfplatz.

»Auweia …« Charly schmunzelte.

»Oh, und da ist ja Brodie. Seine Hunde lieben meine.« Während die Wolfshunde brav neben Shona sitzen blieben und lediglich sehnsüchtige Blicke auf die kleinen Windhunde des Zahnarztes warfen, zerrten diese Charlys – wie immer tadellos gekleidete – Nemesis hinter sich her.

An Flucht war nicht mehr zu denken, wenn sie sich nicht völlig blamieren wollte. Also blieb Charly, wo sie war, und beobachtete, wie Brodie mit seinen ebenso schick gewandeten Biestern kämpfte, es aber auch nicht mehr schaffte, einen eleganten Abgang hinzulegen.

»Hi«, sagte er, an niemand Konkreten gewandt, als er schließlich vor ihnen stand. Kate und Moss hüpften begeistert vor den zottigen Riesen herum und verteilten enthusiastische Hundeküsse.

»Wir müssen mal wieder ein Spiel-Date für die vier vereinbaren«, meinte Shona freundlich. »Und außerdem bin ich gespannt, wer von dem Quartett an Ostern das Hunderennen gewinnt.«

Hunderennen an Ostern? Charly fragte lieber nicht nach.

»Vermutlich gibt es irgendwo einen Buchmacher, der noch Wetten annimmt«, entgegnete Brodie und wandte sich dann an Charly. »Ich möchte für mein unangemessenes Benehmen neulich im Wald um Verzeihung bitten«, begann er und musterte sie erwartungsvoll.

Sie reagierte nicht, weil das ja doch nur eine ziemlich hohle Floskel war. Doch ehe sie auch nur eine Braue heben konnte, sprach er weiter.

»Und vor allem für den anschließenden Rufmord. Es tut mir sehr leid. Ich wollte Sie weder verletzen noch verunglimpfen, und ich habe keine bessere Erklärung für mein Verhalten als die, dass ich aufgeregt und in Sorge um meine Hunde war.« Er zögerte kurz, fuhr dann aber fort: »Und dass ich mich von idiotischen Vorurteilen zu falschen Annahmen und noch falscheren Behauptungen habe verleiten lassen.«

Wow, das war ja eine gründliche und vor allem sehr reflektierte Entschuldigung. Damit hatte sie nach dem halb garen Einstieg wirklich nicht gerechnet. Verblüfft räusperte sie sich, während er sie wartend ansah. Auch Shona schienen die Worte zu fehlen, denn über ihre halb geöffneten Lippen kam kein Laut.

»Danke«, sagte Charly schließlich. Sie war kein Mensch, der lange einen Groll hegte, und außerdem schien es ihm wirklich leidzutun. Oder vielleicht war er auch nur ein talentierter Schauspieler? Doch auch das war ihr egal. Er hatte sich entschuldigt, und damit war die Sache für sie erledigt. Wie oft würden sie sich hier schon über den Weg laufen?

»Wenn ich es irgendwie wiedergutmachen kann?« Er schaute ihr nun tief in die Augen, sodass sie für einen kurzen Moment das Gefühl hatte, von dem warmen, dunklen Braun umhüllt zu werden. Nicht unangenehm, eher sehr überraschend. Wie überhaupt die dunklen Augen einen seltsamen, aber durchaus aparten Kontrast zu seinen blonden Haaren bildeten. Ob die gefärbt waren? Wenn, dann war er konsequent, denn auch seine Wimpern und Augenbrauen waren dunkelblond.

Sie unterdrückte den Impuls, sich erneut zu räuspern, und antwortete dann: »Schon gut, von meiner Seite ist alles geklärt. Ich bin froh, dass es den Hunden gut geht, und hoffe, dass sie zukünftig keine weiteren derart abenteuerlichen Extratouren unternehmen.«

»Ich finde ja nicht, dass du ihn so leicht davonkommen lassen solltest«, mischte sich Shona ein, die ihre Sprache ganz offensichtlich wiedergefunden hatte. »Er hat Tüten von Kristies Backstand in der Hand. Das wäre eine angemessene Reparationszahlung, denn glaub mir, du willst jetzt nicht zwanzig Minuten anstehen und dann leer ausgehen.«

»Ich kann doch nicht …«, begann Charly, doch Brodie hielt ihr bereits die Tüten entgegen.

»Doch, bitte. Darin sind eine himmlische Pilzquiche und zwei Schokocroissants.«

Prompt knurrte Charlys Magen, und ihr lief das Wasser im Mund zusammen. Vegan klang das nicht, aber womöglich vegetarisch – außer es war Speck in der Quiche. Trotzdem konnte sie dem Mann doch nicht sein Mittagessen oder Frühstück wegnehmen. »Das ist viel zu viel«, behauptete sie.

»Das ist gerade angemessen«, widersprach Shona. »Und du kannst es dir auch leisten. Bei mir sähe das anders aus. Drei Sekunden im Mund, drei Jahre auf den Hüften. Unsere Ärztin Anna würde für die Schokocroissants sogar morden.«

»Das ist jetzt vielleicht etwas übertrieben«, relativierte Brodie. »Aber man kann sie erstklassig damit bestechen. Sie sind wirklich, wirklich gut. Die Quiche auch.«

»Gut, dann gerne. Aber ich nehme nur ein Croissant. Sie haben ja bestimmt auch Hunger.«

»Mein Hunger ist nicht so groß wie meine Scham«, entgegnete er jedoch mit einem fast charmanten Lächeln. »Und wenn es als Wiedergutmachung zählen würde, würde mir das viel bedeuten.«

»Deal«, sagte sie und nahm die Tüten mit der linken Hand entgegen. Dann streckte sie ihre Rechte aus. »Vergessen und verziehen. Ich bin übrigens Charly.«

Er griff ihre Hand und drückte fest zu. »Brodie. Und vielen Dank.«

»Du hättest ihn ruhig noch ein bisschen schmoren lassen können«, bemerkte Shona, als Brodie mit seinen Hunden wieder gegangen war.

»Ja, aber was bringt das? Es war doch so, wie er sagte: Er war in der Situation sehr aufgeregt und hatte Angst um seine Hunde. Wer bin ich, einem anderen Menschen seine Tierliebe vorzuwerfen?«

Shona sah aus, als hätte sie diesbezüglich ein paar Vorschläge, doch sie schluckte etwaige ätzende

Bemerkungen herunter. »Das ist jedenfalls sehr großzügig von dir.«

»Ach was, ich hab doch einen guten Deal gemacht«, entgegnete Charly und zog die Quiche aus der Tüte. Sie biss ab und verdrehte die Augen. »Die ist wirklich absolut göttlich. Dafür würde ich noch mal in ein Fuchsloch kriechen.«

»Ich dachte, du wolltest dir mein Cottage anschauen«, mischte sich Susan ein, die soeben zu ihnen getreten war. Ein großer, wolliger, rotbrauner Hund mit weißem Brustfleck tänzelte um sie herum und schmachtete Charly mit seinen Kulleraugen an.

»Das will ich auch immer noch. Fuchsbaubesuche dienen nur der Essensbeschaffung.« Sie grinste.

Der süße Hund jaulte.

»Es wird nicht gebettelt, Ernie«, tadelte Susan das Knäuel. »Ehrlich, mit diesem Benehmen wird aus dir nie ein guter Therapiehund.«

»Der Quiche kann man halt nur ganz schwer widerstehen. Egal ob Mensch oder Tier«, sagte Shona. »Ich muss dann auch weiter. Viel Spaß bei der Wohnungsbesichtigung.«

»Danke, und noch einen schönen Tag.«

»Willst du dich erst noch ein bisschen auf dem Markt tummeln, oder sollen wir gleich zum Cottage gehen? Es ist nicht weit weg, vielleicht fünf Minuten zu Fuß.«

»Gerne gleich.« Charly schluckte den letzten Bissen der Quiche und freute sich schon auf die Croissants. Wenn die nur halb so lecker waren, konnte sie sich nachher auf eine weitere Geschmacksexplosion gefasst machen. Doch jetzt war sie neugierig auf ihr mögliches neues Domizil.

Susan plapperte auf dem ganzen kurzen Weg. Über den Markt, über Kirkby und vor allem über das Cottage. »Für mich war das Häuschen drei Jahre lang ein sicherer Hafen, als ich nach einem längeren Auslandsaufenthalt und einer schrecklichen Beziehung wieder hierhergekommen bin. Ich wünsche mir, dass die neuen Bewohner es genauso wertschätzen, deshalb habe ich auch keine große Lust, es als Ferienwohnung zu vermieten, obwohl ich damit sicher mehr Geld verdienen könnte. Du wirst sehen, es ist etwas ganz Besonderes.«

Sie bogen in eine kleine Seitenstraße ab, in der lauter alte Häuser standen, jeweils umgeben von hübschen Gärten. Allein dieser Anblick löste schon ein wohliges Gefühl in Charly aus.

»Hier sind wir«, verkündete Susan gleich darauf, und das Gefühl verstärkte sich nur noch.

Das Cottage war wirklich winzig, aber es strahlte schon von außen eine unglaubliche Heimeligkeit aus. Doch als sie über die Schwelle traten und kurz darauf in der lichtdurchfluteten Wohnküche standen, war sich Charly absolut sicher, ihr neues Zuhause gefunden zu haben. Der Holzboden schimmerte honigfarben, und es gab sogar einen offenen Kamin. Die Küchenzeile war klein, aber mit allem ausgestattet, was man brauchte.

»Das ist perfekt«, sagte sie und drehte sich einmal um die eigene Achse. »Absolut perfekt.«

»Du hast doch noch gar nicht die anderen Zimmer gesehen«, bemerkte Susan, konnte aber selbst ein Lächeln nicht zurückhalten.

»Selbst wenn die hässlich sind, wäre es immer noch perfekt«, erwiderte Charly. »Und irgendwie bin ich mir sehr sicher, dass sie nicht hässlich sind.«

»Sind sie nicht«, gab Susan zu. »Das Schlafzimmer ist möbliert. Ich habe mein Bett und meinen Schrank dagelassen. Das zweite Zimmer ist leer – das war mein Sportraum, und die Sachen habe ich mitgenommen, aber du wirst bestimmt eine gute Verwendung dafür finden.«

»Wie gesagt, es ist perfekt. Wann darf ich einziehen?«

Susan hielt ihr den Schlüssel vor die Nase. »Wenn du willst, sofort.«

GEHEIMNISSE UND MARKTGESCHICHTEN

ZWEI WOCHEN SPÄTER saß Charly morgens mit einer Tasse Tee am Fenster und sah in den Garten hinaus. In *ihren* Garten. An *ihrem* Fenster. In *ihrem* Cottage. Sie konnte es kaum fassen, wie wohl sie sich hier inzwischen fühlte. Der erste Eindruck hatte nicht getäuscht, und tatsächlich war sie direkt nach der Besichtigung zurück in den Stall geeilt, hatte in der kleinen Wohnung ihre Siebensachen zusammengetragen und war zwei Stunden später eingezogen.

Natürlich fehlten ihr immer noch ein paar Dinge, auch wenn das Cottage möbliert war. Vor allem mit Haushaltskram wie Geschirr, Kochutensilien, Bettwäsche und Handtüchern war sie nur sehr notdürftig ausgestattet. Da sie bislang stets in komplett möblierten Wohnungen gelebt hatte, waren diese Dinge immer vorhanden gewesen. Ein paar Sachen für die Küche und ein ziemlich schrilles, orangefarbenes Service hatte sie letzte Woche im Tauschladen gefunden, Bettzeug und Bettwäsche hatte sie sich zunächst aus der Stallwohnung ausleihen dürfen, aber sie musste schleunigst eigene Garnituren besorgen.

Draußen im Garten pickten Vögel auf der immer noch winterlich braunen Grasfläche herum, vermutlich in der Hoffnung auf Würmer oder Körner. Die hatten es gut und mussten sich keine Gedanken über einen Hausstand machen. Beneidenswert. Allerdings hätte Charly auch keine große Lust darauf, von der Hand in den Mund zu leben. Sie war nun wirklich bereit, sich niederzulassen – und dazu gehörten eben auch so erwachsene Dinge wie Pfannen, Mixer und eigene Kopfkissen. Wurde mit siebenunddreißig vielleicht auch mal Zeit.

Sie hatte den schweren Fehler begangen, ihrer Mutter am Telefon von diesen Dingen zu erzählen, und natürlich war Marjorie MacRae sofort in wilden Aktionismus verfallen – mit dem Ergebnis, dass Charly nun Besuch erwartete.

Wie aufs Stichwort hörte sie wenige Minuten später, wie eine Wagentür zufiel, und gleich darauf klopfte es an ihrer Haustür.

»Gregory!«, rief sie überrascht, als nicht etwa ihre Eltern draußen standen, sondern ihr jüngerer Bruder, der sie mit einem breiten Lächeln anstrahlte. »Was machst du denn hier?«

»Ich bin dein Ritter in der Not.« Er zog sie in eine wahre Bärenumarmung.

»Mir war nicht klar, dass ich so einen brauche«, gab sie zurück und ließ ihn eintreten.

Gregory war fast einen Kopf größer als sie und ungefähr doppelt so breit. Mit ihm im Flur wirkte das Cottage noch kleiner. Fast wie ein Puppenhaus.

»Das ist ja sehr kuschelig hier«, kommentierte er prompt mit einem fröhlichen Lächeln.

»Ist es. Ich liebe es. Aber warum bist du hier? Ich hätte geschworen, dass Mum sich die Gelegenheit nicht entgehen lassen und selbst herfahren würde.« Sie lotste ihn in die Wohnküche und bot ihm eine Tasse Tee an.

»Wäre sie auch gerne, doch sie muss heute Omi-Dienst schieben.« Er winkte ab, als wären die Details nicht so wichtig. »Jedenfalls habe ich mich freiwillig gemeldet und freu mich darauf, einen schönen Tag mit dir zu verbringen.«

»Ich freu mich auch, aber es ist Samstag, und du hast doch bestimmt irgendwelche Touren, die du leiten müsstest.« Gregory arbeitete in der familieneigenen Organisation »Oban Marine Wildlife«, die nicht nur wissenschaftliche Projekte durchführte und betreute, sondern auch Bootstouren anbot, mit dem Ziel, die Meeresbewohner auch zu treffen. Charly schüttelte sich innerlich bei dem Gedanken.

»Es ist noch früh in der Saison, da kann ich mir schon mal einen Tag freinehmen. Ab Ostern nächste Woche sieht es dann wieder ganz anders aus. Apropos Ostern, Mum rechnet fest damit, dass du kommst.«

»Verlockend, aber ich habe zugesagt, den Besuchern des Osterfestivals zu zeigen, wie man Pferde beschlägt.« Sie verzog den Mund zu einem leicht verlegenen Lächeln, denn sie fühlte sich selbst immer noch ein bisschen überrumpelt. Vor drei Tagen hatte Bürgermeister Collum McDonald sie persönlich in der Schmiedescheune aufgesucht und ihr seine Idee unterbreitet.

Offensichtlich war aus dem Einfall, den Ostermarkt mit einer kleinen Landwirtschaftsausstellung samt Tierschauen und Hunderennen zu einem größeren Event zu machen, eine Tatsache geworden. Hailey hatte ihr schon berichtet, dass der Bürgermeister ein Händchen dafür hatte, aus dem Nichts Veranstaltungen von überregionalem Interesse zu zaubern, doch sie hatte nicht damit gerechnet, dass sie selbst ein Teil davon sein könnte. Aber da die Hauptattraktionen diesmal auf dem Gelände und den Anlagen des Gestüts stattfinden würden, war die Idee wohl naheliegend, dass die Schmiedin den Besuchern zeigte, wie man Eisen schmiedete und Pferde beschlug.

»Osterfestival?« Gregory hob eine Braue.

»Was soll ich sagen? Dieser Ort hier scheint sehr feierfreudig zu sein. Nach allem, was ich gehört habe, gibt es hier alle naselang die bizarrsten Veranstaltungen. Letzten Sommer sogar richtig große Highland Games, die auch diesen Sommer wieder stattfinden.«

»Das klingt doch toll«, entgegnete Gregory zu ihrer Überraschung. Sie hatte mit etwas mehr Skepsis oder womöglich sogar Enttäuschung gerechnet, weil sie Ostern nicht mit ihrer Familie verbringen würde. »Ich hab mir die Dorf-Webseite angesehen. Allein die ist schon der Hammer. Scheint ja einiges los zu sein in diesem verschnarchten Kaff.«

»Glaub mir, Kirkby ist nicht halb so verschnarcht, wie man anhand der reinen Eckdaten vielleicht glauben könnte. Lass uns auf den Markt gehen, dann kannst du dir selbst ein Bild machen«, schlug sie vor. »Außerdem können wir da wirklich gut essen.«

»Gerne. Aber erst bringe ich dir die Sachen rein, die Mum mir für dich mitgegeben hat.«

Fünf Minuten später standen zwei prall gefüllte Wäschekörbe, zwei riesige Kartons und eine Schachtel, die ihr vertraut vorkam, in ihrem Wohnbereich. Damit hatte sich ihr Besitz auf einen Schlag praktisch verdreifacht. »Was um alles in der Welt hat sie da eingepackt?«, wollte Charly leicht schockiert wissen und spähte schon mal in einen der Kartons.

»Die simpelsten Dinge des Lebens, nehme ich an«, sagte Gregory und packte resolut die andere Kiste aus. »Oder eher des Überlebens – eine Kaffeemaschine!« Er stellte das nagelneue Gerät auf die Arbeitsfläche und machte dann weiter.

In Windeseile bevölkerten ein Handmixer, Rührschüsseln, eine Küchenwaage, ein Messerblock, Kochlöffel, Schneidebretter und andere Gerätschaften ihre Arbeitsfläche. Im anderen Karton fanden sich Kochtöpfe, Pfannen und ein schlichtes weißes Geschirr-Set für vier Personen, Trinkgläser und Besteck.

»Wow«, hauchte Charly einigermaßen überrumpelt.

»Komm schon, so viel ist das auch wieder nicht«, relativierte Gregory. »Große Dinnerpartys wirst du damit eher nicht bestreiten können, aber für den Anfang wird es sicher reichen. Für eine Person auf alle Fälle, oder vielleicht auch für zwei.« Er ließ seinen

Blick durch den Raum schweifen, als erwartete er, dass gleich ein attraktiver Unbekannter um die Ecke biegen würde.

Charly ignorierte den wenig subtilen Versuch, sie auszufragen, und machte sich an die Wäschekörbe. Im einen gab es neues Bettzeug und zwei wunderschöne Wolldecken, im anderen zwei Garnituren Bettwäsche aus einem hübschen hellgrauen Baumwollstoff sowie zwei Handtuch-Sets: eines in einem knalligen Kobaltblau, das Charly besonders gut gefiel, das andere in einem dunklen Schiefergrau, das in ihrem Bad sicher sehr edel wirken würde. Alles war neu, aber frisch gewaschen und bereit für den ersten Einsatz. Ein warmes Gefühl von Dankbarkeit durchflutete Charly. So wichtig es ihr immer gewesen war, unabhängig zu sein, so schön war es gelegentlich auch, ein bisschen umsorgt zu werden.

Sie wusste, dass ihre Mutter nichts lieber tat, als ihren Kindern, Enkeln, Nichten und Neffen etwas Gutes zu tun, und da Charly sich so viele Jahre lang rargemacht hatte, war es ihr nun offensichtlich ein Bedürfnis, die ganz große Geste zu zeigen. Charly drückte ihr Gesicht in den weichen Frottee und atmete den vertrauten Duft ihrer Kindheit ein. Offensichtlich verwendete Marjorie immer noch dasselbe Waschmittel wie früher.

»Sollen wir die Sachen noch schnell alle aufräumen, ehe du mir die Highlights deines neuen Wohnortes zeigst?«, unterbrach Gregory ihre sentimentalen Gedanken.

»Ähm … Ich weiß gar nicht, wo ich anfangen sollte bei dem ganzen Küchenkram.« Sie fühlte sich etwas überfordert.

»Wie wäre es mit den dafür vorgesehenen Schränken und Schubläden?«, gab er mit einem ironischen Lächeln zurück. »Aber weißt du, was, du kümmerst dich um Schlafzimmer und Bad, ich um die Küche.« Ohne eine Antwort von ihr abzuwarten, öffnete er sämtliche Schränke und Schubladen, um all die neuen Gerätschaften sinnvoll unterzubringen.

Charly verschwand im Schlafzimmer und entfernte die geliehene Bettwäsche, die Decke und die Kopfkissen, ehe sie das Bett mit ihren neuen Sachen frisch bezog. Dann legte sie eine der beiden neuen Decken übers Fußende. Sie war in zarten Creme- und Grautönen gehalten und passte hervorragend zur grauen Bettwäsche. Es sah so einladend aus, dass sie sich am liebsten direkt reingelegt hätte, doch das musste bis heute Abend warten. Sie verstaute die andere Wäschegarnitur im Schrank und ging dann ins Bad, wo sie die geliehene Bettwäsche in die Waschmaschine stopfte. Am Montag würde sie alles frisch gewaschen zurückbringen.

Sie ersetzte ihre eigenen, ziemlich fadenscheinigen Handtücher durch die kobaltblaue Garnitur und fand, dass sie nun richtig angekommen war. Wer zueinander passende Handtücher besaß, war erwachsen, oder? Und Teller, Tassen, Gläser, Besteck, Töpfe und Pfannen. Eindeutig angekommen.

Gregory war ebenfalls fertig, als sie in die Küche zurückkehrte, und faltete gerade die leeren Kartons zusammen. »Alles untergebracht«, berichtete er stolz. »Platz genug für andere Dinge hast du immer noch. Es ist ja wirklich nur das Nötigste.«

»Wenn du meinst …«

»Sei froh, dass ich hier bin und nicht Mum, die hätte dich sofort ins Auto gepackt und wäre mit dir zum Shopping nach Inverness gefahren.« Gregory lachte. »Ehrlich, es ist mir ein Rätsel, wie man so frugal leben kann wie du.«

»Besitz ist Ballast«, entgegnete sie. »Und außerdem habe ich ja Sachen. Ich bin bisher immer klargekommen. Man braucht nämlich deutlich weniger, als man denkt.«

»Wenn du das sagst, Schwesterherz, dann will ich das mal unkommentiert stehen lassen. Was ist in dieser Kiste drin?«, wollte er dann wissen und deutete auf den etwas kleineren Umzugskarton, der abgeschrabbelte Ecken hatte und so wirkte, als hätte er mehrere Jahre irgendwo auf einem Speicher gestanden. Genau genommen waren es sogar zwei Jahrzehnte.

»Meine Kindheit«, antwortete sie schlicht. »Als ich vor zwanzig Jahren in die USA gegangen bin, habe ich mein Zimmer ausgemistet, damit du und Mia endlich jeder ein eigenes Reich haben konntet. Ganz viele Sachen habe ich weggeworfen, ein paar mitgenommen, und den Rest habe ich in diese Kiste gepackt.«

»Weißt du noch, was drin ist?«

Charly schüttelte den Kopf. Sie hatte ewig nicht mehr an ihre »Schatztruhe« gedacht. Insofern konnte es wohl nicht allzu wichtig sein, was darin war. Oder ihr siebenunddreißigjähriges Ich hatte andere Vorstellungen von Wichtigkeit als ihr siebzehnjähriges. Oder ihr siebenundzwanzigjähriges. Sie dachte an eine andere Schachtel, die viel kleiner war und ganz hinten auf dem obersten Regalbrett in ihrem Kleiderschrank stand. Was sich darin befand, wusste sie allerdings sehr genau, doch darüber wollte sie jetzt nicht nachdenken.

»Ich habe ehrlich gesagt keine Ahnung, aber es wird spannend sein, es herauszufinden. Nur nicht jetzt. Jetzt will ich dir Kirkby zeigen. Und wir müssen uns auch beeilen, denn sonst ist bei Kristie wieder alles ausverkauft.«

»Wer ist Kristie, und warum wäre das schlimm?«

»Kristie betreibt eine Bäckerei mit einem angeschlossenen Café, was beides schon wirklich sehr nett ist. Aber an Markttagen hat sie noch ein ganz anderes Sortiment, und das ist wahnsinnig begehrt.«

»Dann lass uns diese Kristie dringend besuchen.« Er klopfte auf seinen flachen Bauch. »Ich bin am Verhungern. Ist sie Single?«

»Gott, du bist ein Spinner«, tadelte sie, während sie in ihre Jacke und ein paar Turnschuhe schlüpfte. »Um deine Frage zu beantworten: Sie ist kein Single, und selbst wenn, wäre sie nicht an dir interessiert!«

»Wie kannst du das so einfach behaupten?« Sie nahm ihm seine Gekränktheit nicht ganz ab.

»Sie steht nicht auf Kerle wie dich.«

»Was soll das denn heißen?«

»Gut, sie steht überhaupt nicht auf Männer, sondern ist mit einer Frau zusammen. Außerdem ist sie hier in Kirkby so verwurzelt, dass sie niemals zu dir an die Küste ziehen würde.« Letzteres war zwar nur eine Annahme, denn so gut kannte sie Kristie längst nicht, aber sie hatte bei den meisten Leuten hier das Gefühl, dass sie nur ungern wieder wegziehen würden.

Gregory seufzte melodramatisch. »Sie hat keine Ahnung, was ihr entgeht. Mit mir und der Küste.«

»Hm, es stehen halt nicht alle darauf, wenn der Traummann lieber mit Seehunden knutscht als mit Frauen«, neckte sie ihn. Gregory hatte schon als Kind ein besonderes Händchen für verletzte oder verwaiste Robben gehabt und diese Tiere voller Geduld und Hingabe aufgepäppelt. Auch heute verging kaum ein Tag, an dem er nicht in der Rettungsstation vorbeischaute und bei den Schützlingen nach dem Rechten sah. Aber die meiste Zeit über war er, soweit sie wusste jedenfalls, mit dem Boot draußen. Entweder mit Wissenschaftlern oder mit Touristen. Aber ganz sicher nicht mit ihr. Sie schauderte es allein beim Gedanken daran.

»Ich knutsche nicht mit Seehunden«, entgegnete er indigniert. »Und außerdem kommt der Robben-Content auf unserem Social-Media-Kanal besonders gut an. Vor allem bei den Frauen.«

»Dann muss es wohl an deiner spröden Persönlichkeit liegen, dass du immer noch kein Deckelchen gefunden hast«, spottete sie liebevoll und hakte sich bei ihm unter. Gregory war drei Jahre jünger als sie, aber er war derjenige unter ihren Geschwistern, dem sie sich stets am nächsten gefühlt hatte. Wenn man das überhaupt sagen konnte als Freak, der lieber mit Feuer spielte, als auch nur einen Fuß ins Meer zu setzen.

»Spröde Persönlichkeit …« Er legte wie tief getroffen seine Hand auf die Brust. »Du hast es immer noch drauf, mich tief zu verwunden.«

Sie lachte. »Du kennst mich doch. Aber jetzt mach dich bereit, überwältigt zu werden.«

Es war Charlys dritter Marktsamstag, doch das Staunen hatte noch nicht nachgelassen. Sie war gleichermaßen bezaubert und überwältigt von dem quirligen Treiben, fühlte sich aber längst nicht mehr so fremd wie beim ersten Mal.

»Wow, damit hätte ich wirklich nicht gerechnet«, gab Gregory beeindruckt zu. »Gibt's da wirklich einen Stand mit Comics?«

»Sag ich doch. Aber vergiss erst mal die Flohmarktstände, wir müssen erst zu Kristie.« Sie lotste ihn zu der längsten Schlange. Dabei begegneten sie einigen Leuten, die sie kannte, und wechselten ein paar Worte.

Nach dem dritten Small Talk packte Gregory sie an den Schultern und drehte sie zu sich. »Du bist hier wirklich angekommen, was?«

»Ja, fühlt sich zumindest so an.« Sie lächelte scheu und ließ es zu, dass er sie in die Arme zog und einige Atemzüge lang festhielt.

»Mum wird so glücklich sein«, raunte er ihr ins Ohr. »Und ich bin auch froh.«

• • •

Brodie streifte über den Markt, ohne so recht zu wissen, was er suchte. Emmas Besuch stand immer noch im Raum, und langsam glaubte er daran, dass sie nächsten Donnerstag wirklich kommen und bis zum darauffolgenden Wochenende bleiben würde. Marie und ihr neuer Partner verreisten in dieser Zeit ebenfalls, daher blieb Emma auch nicht viel anderes übrig. Hoffte er jedenfalls.

Als er vor einem Jahr sein Haus bezogen hatte, hatte er ein Zimmer für seine Tochter eingerichtet. Allerdings ähnelte es eher einem unpersönlichen Gästezimmer, weil er offen gestanden keine Ahnung hatte, wie genau ihr Geschmack sich entwickelt hatte, was ihr gefiel und was nicht. In seiner blühendsten Erinnerung war sie immer noch acht, neun Jahre alt und liebte Einhörner, Harry Potter und Glitzersticker. Das letzte Treffen hatte ihm wenig Anhaltspunkte dazu geliefert, ob das immer noch ihre Leidenschaften waren.

Er hatte das Zimmer also neutral eingerichtet. Weiße Holzmöbel und bislang so gut wie keine Deko. Heute Morgen hatte er sich darin umgeschaut und festgestellt, dass es eher wie ein Krankenzimmer wirkte wie ein heimeliger Rückzugsort für eine fünfzehnjährige Teenagerin. Marie war diesbezüglich auch keine große Hilfe, sondern versicherte ihm bei ihren sporadischen Telefonaten, dass er schon klarkommen würde. Etwas, das bei ihr und Emma derzeit offenbar nicht so gut klappte. Vermutlich war das normal in diesem Alter. Wenn er an seine eigene Jugendzeit zurückdachte, erinnerte er sich auch an Phasen, in denen er gerade mit seinem Vater kein Wort gewechselt hatte.

Inzwischen lief es mit seinen Eltern glücklicherweise wieder gut. Sie lebten im Nachbarort Drumnadrochit, in demselben Haus, in dem er auch aufgewachsen war. Doch die beiden waren inzwischen in den Siebzigern und längst nicht mehr so fit wie früher. Das war ein weiterer Grund gewesen, warum er letztes Jahr hierhergezogen war. Er hatte keine Geschwister und fühlte sich verantwortlich dafür, dass es den beiden gut ging. Violet und Bruce konnten es kaum erwarten, ihre einzige Enkelin endlich mal wiederzusehen. Sie hatten zwar in den Zeiten, als es ihm selbst unmöglich gewesen war, trotz allem den Kontakt zu Emma und Marie gepflegt, aber in den letzten zwei Jahren war auch das ziemlich eingeschlafen.

Die Bilderbuchfamilie, die er sich mit Anfang, Mitte zwanzig vorgestellt hatte, gab es längst nicht mehr. Dafür waren viel zu viele Dinge geschehen. Aber er hoffte, dass Emma ihm eine zweite Chance gab, der Vater zu sein, den sie verdient hatte. Ob sie sich jemals wieder so nahe sein würden wie einst in ihren Kindertagen? Das wagte er nur ganz heimlich zu hoffen, aber jede Form der Annäherung wollte er als kleinen Sieg feiern.

Das half ihm jedoch nicht dabei, das Zimmer wohnlicher und heimeliger zu gestalten. Wenn er schon nicht wusste, worauf Emma derzeit stand, wie konnte er dann dieses Dilemma lösen?

Als er sich dem Stand der beiden Mädchen mit dem Perlenschmuck näherte, nahm er aus dem Augenwinkel wahr, dass Charly eng umschlungen mit einem gut aussehenden Typen in der Schlange vor Kristies Stand knutschte. Aus irgendeinem Grund brachte ihn dieser Anblick vollkommen aus dem Tritt. Es konnte ihm ja völlig egal sein, ob sie einen Freund hatte und mit wem sie zusammen war. Mehr als nur egal sogar, doch irgendwas irritierte ihn. Der Mann sah so … normal aus. Er hätte gedacht, dass Charlys Partner mindestens genauso exaltiert sein würde wie sie selbst. Also ungefähr wie Timmy, nur dass der wohl eher nicht auf Frauen stand. Nicht dass Brodie das genau wusste, und er hütete sich, nachzuhaken. Aber er fragte sich wirklich, was ein so attraktiver Mann mit einer Frau wie Charly … »Autsch!« Er hatte nicht mehr auf seine Schritte geachtet und war mit voller Wucht gegen den Stand der Perlenmädchen gekracht. Mist. Und unfassbar peinlich.

»Haben Sie sich verletzt, Dr. Henderson?«, fragte eines der Mädchen, das regelmäßig zur Spangenkontrolle zu ihm in die Praxis kam.

»Nein, alles gut, Lucy«, sagte er rasch. »Tut mir leid wegen dem Chaos.« Er betrachtete beschämt das Durcheinander, das er angerichtet hatte.

»Nicht so schlimm«, warf das andere Mädchen ein, das er nicht kannte. »Haben Sie schon unsere Schlupfhalsbänder gesehen, die wir neuerdings im Angebot haben?« Sie war offenbar die Geschäftstüchtigere der beiden und zeigte ihm die Konstruktionen aus etwa ein Zentimeter dicken Nylonseilen, die man einfach über einen Hundekopf streifen konnte. Er hatte schon häufiger Labradore mit solchen Halsbändern gesehen, aber für seine Whippets mit ihren schmalen Köpfen waren die total ungeeignet.

»Die sind sehr schön«, begann er und überlegte, wie eine taktvolle Absage klingen könnte.

»Für die Windhunde sind sie natürlich Quatsch«, schaltete sich Lucy ein. »Die funktionieren nur bei Hunden mit dicken Köpfen.«

Er nickte erleichtert.

»Aber wir bieten auch Schmuckhalsbänder aus Perlen an. Die sind rein dekorativ, und man kann sie nicht zum Anleinen verwenden, aber optisch sind sie der Knaller. Wir fertigen die ganz individuell an. Auch mit dem Namen des Hundes und im gewünschten Farbschema.«

Lucy lispelte ein bisschen, was womöglich an der neuen Einstellung der Klammer lag. Da würde er beim nächsten Besuch etwas ändern müssen. So was fiel Brodie sofort auf – aber wie er sich gegen einen Kauf wehren könnte, da hatte er keine Ahnung.

»Für Kate könnten wir Rottöne nehmen, für Moss in Grün arbeiten«, sprach das andere Mädchen weiter. »Das würde dann sehr gut zu den Mänteln der beiden passen. Was sagen Sie, Dr. Henderson?«

»Das klingt nach einer wundervollen Idee. Ich wette, die beiden würden solche Halsbänder voller Stolz tragen«, brachte er hervor. Er war einfach das totale Weichei, aber bei so viel geballtem Charme und seinen Schuldgefühlen, weil er die Deko ruiniert hatte, konnte er nicht anders, als zuzustimmen.

Lucy machte sich gleich an die Arbeit und maß die Halsumfänge der beiden, die sich die Prozedur geduldig gefallen ließen. »Wir fangen noch heute Nachmittag an, und ich kann die Halsbänder dann am Montag, spätestens am Dienstag in der Praxis vorbeibringen.«

»Okay. Ähm. Danke. Was bin ich euch schuldig?«

»Für Sie gibt's einen Freundschaftspreis. Zwanzig Pfund pro Halsband statt fünfundzwanzig. Macht also vierzig Pfund«, kam es wie aus der Pistole geschossen von der zweiten jungen Dame.

Freundschaftspreis? Brodie fand selbst zwanzig Pfund verdammt teuer für etwas, das er den Hunden garantiert niemals anziehen würde. Doch er kramte, ohne mit der Wimper zu zucken, fünfzig Pfund aus seinem Portemonnaie und reichte sie über den Tisch. »Stimmt so«, sagte er großzügig. Dann fiel sein Blick auf eine mit glänzendem Stoff bezogene Schaumstoffrolle, auf der etliche schmale Perlenarmbänder mit Namen aufgereiht waren. Eine »Emma« war auch dabei. »Was kostet das?« Er deutete auf das fragliche Schmuckstück und sah, wie die Mädchen vielsagende Blicke wechselten.

»Das geht aufs Haus«, antwortete Lucy und fummelte das Armband ab.

»Aber nur, wenn Sie uns verraten, wer Emma ist«, fragte ihre Geschäftspartnerin dreist. »Ihre Freundin?«

Lucy rief knallrot an, während sie das Armband in eine kleine Papiertüte gleiten ließ.

»Meine Tochter«, stellte er klar.

»Sie haben eine Tochter?«, platzte es aus Lucy heraus.

»Ja, sie ist fünfzehn und …« Er zögerte, dann kam ihm eine Idee. »Sie ist ab nächster Woche über Ostern zu Besuch, und ich würde ihr Zimmer gern ein bisschen persönlicher gestalten, als es bisher ist. Was gefällt denn jungen Damen in eurem Alter?«

Zwei irritierte Augenpaare musterten ihn skeptisch, und Brodie fragte sich, ob das an seiner saublöden Bemerkung mit den jungen Damen lag oder daran, dass er fremde Mädchen um Hilfe bat. Warum hatte er nicht einfach die Klappe gehalten?

»Warum fragen Sie sie denn nicht selbst, worauf sie steht?«, stellte Lucy die offensichtliche Frage. »Ich meine, das kann alles sein.«

»Ich hab sie gefragt, aber sie hat nichts dazu gesagt. Wir … ähm … wir sind uns während der letzten Jahre etwas fremd geworden«, gab er kleinlaut zu.

»Scheidungen sind scheiße«, befand die andere. »Mein Dad ist nur nach Inverness gezogen, und ich sehe ihn ständig, aber er beklagt sich trotzdem, dass wir uns entfremden würden. Ich meine, was soll das? *Ich* bin ja nicht gegangen, sondern er!«

»Es ist nicht immer so simpel. Aber vergesst meine Frage einfach, ich kriege das schon hin – und das Armband ist vielleicht ein guter Anfang.« Er nahm von Lucy die Papiertüte entgegen, steckte sie in seine Jackentasche und verabschiedete sich rasch von den

Mädchen. *Das* war eine richtig blöde Idee gewesen, ärgerte er sich über sich selbst, als er weiterging. Immerhin hatte ihn der Zwischenfall von Grübeleien über das Liebesleben der Schlumpffrau abgelenkt, von der jetzt nichts mehr zu sehen war.

Brodie ließ sich weiter über den Markt treiben. Als Nächstes hielt er am Stand der *Kirkby Tartan Mill* an, der von einer jungen Frau betreut wurde, die er nicht kannte. Stimmt, Harriet hatte ihm ja neulich erzählt, dass sie dafür jemanden engagiert hatten. Schade war es trotzdem, denn Harriet oder Ainslee hätten garantiert gute Ideen dafür, wie er das Zimmer seiner Tochter etwas aufpeppen konnte.

»Kann ich Ihnen helfen?«, wollte die Frau wissen, als er die weichen Plaids befingerte.

»Ich möchte etwas Farbe in mein Gästezimmer bringen«, antwortete er. »Es ist momentan viel zu weiß und zu steril. Ich glaube nicht, dass man sich da wirklich wohlfühlen kann.« Das war wieder deutlich zu viel Information, aber wenigstens hatte er diesmal nicht ausgeplaudert, dass es sich dabei um das Zimmer seiner Tochter handelte und er keine Ahnung hatte, was ihr gefiel. »Ich wünsche mir, dass sich mein Besuch wohlfühlt.«

»Was gefällt Ihnen denn?«, wollte sie wissen – weiterhin ein freundliches Lächeln auf den Lippen. »Ich denke, dass ein Gästezimmer immer auch ein Stück weit den Geschmack des Gastgebers widerspiegeln sollte. Das wirkt dann besonders authentisch und überträgt sich als gute Stimmung auf den Gast.«

Er starrte die Frau, die womöglich einen Feng-Shui-Ratgeber inhaliert hatte, sprachlos an. Damit hatte er nicht gerechnet. Aber womöglich war der Ansatz gar nicht so falsch. Er dachte an sein übriges Haus, das in gedeckten, warmen Farben gehalten war, die viel Ruhe und eine gewisse Eleganz ausstrahlten. Aufgepeppt wurde alles durch einige besondere Farbakzente: Bilder, Kissen und ein paar bunte Vasen, die auch ohne Blumen hübsch aussahen. Das knallweiße Kinder- oder Gästezimmer wirkte da tatsächlich vollkommen deplatziert.

»Ist das so eine schwierige Frage?«, wollte die Verkäuferin wissen, und ihr Lächeln verlor ein bisschen an Strahlkraft.

»Nein, gar nicht. Ich habe nur festgestellt, dass ich mir selbst im Weg gestanden und völlig falsche Überlegungen angestellt habe.« Er betrachtete das Warenangebot noch einmal genauer. »Ich nehme zwei Kissenbezüge und eine Decke«, beschloss er und fand, dass das ein guter Anfang war. An den hellen Möbeln konnte er auf die Schnelle nichts mehr ändern, wohl aber die Wände streichen und auch sonst für Accessoires sorgen, die ihm selbst gefielen. Sollte Emma den Wunsch verspüren, häufiger zu Besuch zu kommen, durfte sie mit ihrem Zimmer anstellen, was sie wollte, aber zunächst sollte es einladend wirken.

Er bezahlte und ging dann deutlich beschwingter weiter, die große Papiertüte in einer Hand und die Hundeleinen in der anderen. Am Stand von Schreiner Davie hielt er erneut inne. Sein Blick fiel auf einen schön aufgearbeiteten zierlichen Holzschreibtisch, der in früheren Zeiten mal der Schminktisch einer Dame gewesen sein mochte. Unter der nierenförmigen Tischplatte gab es ein paar Schubladen. Die Beine waren geschwungen, und der hölzerne Aufsatz hatte auf der einen Seite zwei kleine Schranktüren und auf der anderen offene Regalfächer. In der Mitte gab es eine Aussparung. Womöglich war da einst ein Spiegel an der Wand montiert gewesen. Jetzt könnte man dort problemlos einen Computermonitor unterbringen oder hatte Platz für seinen Laptop.

Brodie war wie elektrisiert von dem schönen Stück, und er war sich sicher, dass Emma es lieben und garantiert eine gute Verwendung dafür finden würde. Blöderweise war er nicht der einzige Interessent. Die Schlumpffrau, die er endlich auch in Gedanken Charly nennen sollte, und ihr Begleiter schienen ebenfalls hingerissen zu sein. Und sie waren vor ihm da gewesen. Mist. Doppelmist.

»… habe ich auf dem Speicher eines alten Stadthauses in Inverness entdeckt«, hörte er Davie erklären. »Der Tisch war in keinem guten Zustand, aber die Substanz gefiel mir, und deshalb habe ich ihn mitgenommen und aufgearbeitet.«

»Wunderschön«, befand Charly andächtig.

»Wenn er dir gefällt, dann solltest du ihn kaufen«, sagte der Mann.

»Ja, schon, aber ich wüsste gar nicht, wo ich ihn hinstellen sollte«, gab sie zu, und in Brodie wuchs ein wenig Hoffnung.

»Du hast doch noch ein komplett leeres Zimmer. Das könntest du als Arbeits- oder Gästezimmer einrichten und den Tisch reinstellen. Als Schreibtisch oder so«, schlug der Mann vor.

Brodie registrierte, dass die beiden wohl nicht zusammenlebten. Also noch ganz frisch?

»Oder ihn als Schminktisch nutzen«, warf Davie lächelnd ein. »Das war jedenfalls seine ursprüngliche Funktion.«

Daraufhin lachte Charly schallend. »Sehe ich aus, als bräuchte ich einen Schminktisch?«

Davie zuckte mit den Schultern. »Darüber erlaube ich mir besser kein Urteil, aber ich bin mir sicher, dass sich das gute Stück für viele Anwendungsmöglichkeiten eignet.«

»Meine Tochter würde ihn lieben«, entfuhr es Brodie, ehe er sich bremsen konnte, und er geriet in einen kaum zu bremsenden Redeschwall: »Sie kommt nächste Woche für zehn Tage Osterferien, und dieses Stück könnte das Highlight in ihrem neuen Zimmer werden. Es würde mir wirklich viel bedeuten, wenn ich es kaufen könnte.«

Er spürte Charlys kühlen Blick auf sich, ehe er auch nur in ihre Richtung sah. »Es könnte auch das Highlight in meinem neuen Cottage werden. Eines, das ich jeden Tag nutze und nicht nur einmal im Jahr in den Ferien.«

Autsch, das saß. Und sie hatte definitiv recht.

»Andererseits könntest du es nur in das leere Zimmer stellen, und so wie ich dich kenne, wirst du da in den nächsten Monaten auch nicht wieder reinschauen«, mischte sich ihr Begleiter ein und wandte sich dann an Brodie. »Hi, ich bin Gregory. Charlys Bruder.«

Bruder? Das war überraschend. Auch dass er seiner Schwester so schnell in den Rücken fiel. Aber Bruder? War das vorhin ein brüderlicher Kuss gewesen? Brodie räusperte sich und ergriff die angebotene Hand. »Ich bin Brodie.«

»Wie viel kostet es denn?«, wollte Charly wissen.

»Angesichts der vielen Arbeit, die ich reinstecken musste, zweihundert Pfund«, erwiderte Davie fast entschuldigend.

»Ich zahle dreihundert«, rief Brodie rasch und mied den Blick der Schmiedin. Er hatte sich geirrt. Ihre Augen mochten eine kühle Farbe haben, aber ihr Blick war feurig und lodernd, und zwar nicht auf die gute Art.

»Hey, das ist ein ziemlicher Arschloch-Move von dir«, sagte Gregory, dessen Loyalität sofort wieder seiner Schwester galt.

»Das wiederum ist wenig überraschend«, bemerkte Charly mit einem sparsamen Lächeln und in deutlich sarkastischem Tonfall. »Davie, diesen Deal solltest du dir nicht entgehen lassen. Schönen Tag noch.«

Sie zog ihren Bruder, der sichtlich noch Gesprächsbedarf hatte, am Ärmel beiseite und schob ihn mitten ins Gewühl.

Brodie hatte gewonnen, doch der Sieg fühlte sich nicht gut an. »Darf ich dir das Geld überweisen?«, fragte er Davie leicht zerknirscht. »Ich habe nicht so viel Bares bei mir.«

»Na klar, und für dreihundert Pfund gibt's sogar eine Lieferung frei Haus. Passt es dir heute Nachmittag nach dem Markt?«

UNGEPLANTE SONNTAGSAKTIVITÄTEN

WAR ER WIRKLICH EIN ARSCHLOCH? Brodie konnte das ungute Gefühl auch am nächsten Tag nicht ganz ablegen. Vermutlich hatte Gregory recht. Und auch Davie hatte dem Mann offensichtlich recht gegeben, denn er hatte, ohne mit der Wimper zu zucken, die dreihundert Pfund angenommen und war nicht etwa wieder auf den zunächst aufgerufenen Preis runtergegangen, als Charly ihr Interesse verloren hatte. Vermutlich war das die gerechte Strafe. Er freute sich über das gute Stück, das zweifellos das Highlight in Emmas Zimmer werden würde – sobald er mit dem Streichen der Wände fertig war. Trotzdem blieb ein schaler Nachgeschmack. Was, wenn Emma es bei ihm blöd fand? Das war eine nicht von der Hand zu weisende Möglichkeit. Was, wenn sie tatsächlich nur dieses eine Mal zu ihm zu Besuch kam und dann nie wieder? In drei Jahren wurde sie volljährig. Wie wahrscheinlich war es, dass sie dann noch Lust auf Aufenthalte in einem abgelegenen Highland-Kaff haben würde?

Nun, dann war das eben so. Auch damit würde er zurechtkommen müssen. Aber bis dahin konnte er sich ja Mühe geben, um es ihr so schön wic möglich zu machen. Und vielleicht würde auch sie dem besonderen Charme Kirkbys verfallen? Er wollte jedenfalls für alles bereit sein. Normalerweise verbrachte er seine Sonntage gerne mit seinem Vater auf dem Golfplatz und anschließend beim gemeinsamen Mittagessen mit seinen Eltern, doch er musste zugeben, dass ihm das Streichen der Wände Spaß machte. Er hatte letztes Jahr das ganze Haus selbst hergerichtet und daher noch allerlei Material in seiner Garage deponiert. Bereits gestern Nachmittag hatte er die schweren Möbel, also Schrank und Bett, in die Raummitte geschoben und abgedeckt. Außerdem hatte er alles präzise abgeklebt, damit der helle Holzboden sauber blieb und nichts von dem warmen, dunklen Taubenblau, in dem auch sein Wohnzimmer gestrichen war, die Stellen verunzierte, die weiß bleiben sollten.

Die erste Schicht war nun fertig, und er schickte sich gerade an, mit der zweiten Runde anzufangen, als es klingelte. Kate und Moss begannen zu bellen, doch es war ein freudiges Gekläff, kein warnendes, und so ging Brodie davon aus, dass sich hinter der Haustür netter Besuch verbarg. Nicht, dass er jemanden erwartete.

Er öffnete und fand sich seinen Eltern gegenüber wieder, die ihn anstrahlten. »Überraschung!«, rief seine Mutter und hielt ihm einen großen Korb hin. »Wenn du nicht zum Mittagessen zu uns kommen kannst, dann kommt der Lunch eben zu dir.«

Brodie trat zur Seite und ließ seine Eltern ins Haus. Kate und Moss waren außer sich vor Begeisterung, denn Violet und Bruce Henderson gehörten eindeutig zu ihren Lieblingszweibeinern auf der ganzen Welt.

»Beruhigt euch, ihr Süßen, für euch haben wir natürlich auch etwas dabei.« Violet lachte und folgte ihrem Sohn in die Küche. Bruce dagegen blieb zurück und betrachtete die Baustelle. »Das sieht doch schon ganz gut aus«, befand er, als Brodie zurückkehrte.

»Eine Schicht noch, dann sollte es fertig sein. Dann kommen die Möbel wieder an ihre Plätze, und Emma wird sich hoffentlich wohlfühlen.«

»Emma wird es vor allem darum gehen, Zeit mit dir zu verbringen«, sagte sein Vater.

»In einer idealen Welt wäre das so. Aber darauf kann ich mich nicht verlassen. Dafür ist viel zu viel geschehen, und außerdem ist sie fünfzehn …«

»Eben, sie ist alt genug, um gewisse Dinge zu verstehen. Ich hoffe, ihr findet eine Gelegenheit, ausführlich miteinander zu sprechen. Ich wette, sie wird die Situation dann anders beurteilen.« Sein Vater legte eine Hand auf Brodies Schulter. »Du musst endlich mal deine Schuldgefühle loswerden.«

Brodie seufzte. Sein Vater hatte recht, aber die Realität sah leider ganz anders aus als die Theorie. Das hatten sie schon etliche Male diskutiert – ohne jedoch zu einem Konsens zu kommen.

»Mach's ihm nicht noch schwerer, Bruce«, sagte seine Mutter mit einem tadelnden Blick auf ihren Mann.

»Mir wäre es schon ganz recht, wenn Emma und ich wieder ein halbwegs normales Verhältnis hätten«, erklärte Brodie. Er scheuchte seine Eltern aus dem Zimmer und schloss die Tür. Nicht, dass gewisse neugierige Windhunde noch auf dumme Ideen kamen, die mit Farbe auf Whippet-Pfoten zu tun hatten.

»Das wird schon wieder«, bemerkte Violet. »Emma ist ein gutes Mädchen, und du bist ein guter Vater.«

Wieder seufzte Brodie tief. »Ich war entscheidende Jahre lang gar kein Vater für sie. Und sie hat jedes Recht der Welt, mir das vorzuwerfen.«

»Das sehe ich anders«, widersprach seine Mutter entschieden. »Du warst ja nicht absichtlich abwesend, sondern weil du erstens ein Patriot bist und zweitens Opfer der Umstände wurdest.«

Brodie zuckte bei dem Wort »Opfer« zusammen. Er hasste es, als Opfer bezeichnet zu werden, fand aber selbst auch keine bessere Formulierung dafür. »Ich hätte mich niemals für den Einsatz melden dürfen. Es hätte andere gegeben. Leute ohne Familie. Jeder hätte es verstanden, wenn …«

»Nun hör mir mal gut zu, mein Sohn«, unterbrach ihn Bruce harsch. »Du hast getan, was du für richtig gehalten hast. Du hast getan, was ehrenhaft war. Dafür muss man sich nicht schämen.« Sein Vater hatte eine glänzende Karriere bei der Royal Air Force gehabt und war so stolz gewesen, als sich sein einziger Sohn zu einer militärischen Grundausbildung entschlossen hatte. Marie hatte Brodie darin bestärkt, weil auch sie aus einer Soldatenfamilie stammte, doch von allein hätte er sich wohl nie aktiv dafür entschieden. Er hatte sich dann vor sechs Jahren als Sanitäter für einen Afghanistan-Einsatz einziehen lassen. Das war ihm wie ein guter Kompromiss vorgekommen. So hatte er einerseits etwas für sein Land und seine Kameraden tun können, andererseits nicht direkt in Kampfhandlungen eingreifen müssen. Es war ihm vergleichsweise sicher erschienen.

»Ändern kann ich ohnehin nichts mehr, nur damit leben«, antwortete er seinem Vater und hoffte, dass das Thema damit beendet wäre. »Was hast du denn zum Essen mitgebracht?«, wollte er von seiner Mutter wissen.

»Nur einen Shepherd's Pie, weil der sich gut transportieren lässt«, entgegnete sie. »Wenn du und Emma an Ostern zu Besuch kommt, werde ich Salzwiesenlamm machen.«

»Ähm …« Ihm fiel gerade das Osterspektakel in Kirkby ein. »Können wir das vielleicht verschieben? Ich habe mir die ganze Woche nach Ostern freigenommen, um Zeit für Emma zu haben. Dann könnten wir kommen, aber über die Ostertage findet hier in Kirkby ein Festival mit allerhand Aktionen statt. Unter anderem ein Hunderennen, an dem auch Kate und Moss teilnehmen sollen. Vielleicht wollt ihr da ja auch herkommen? Das wird sicher ein großer Spaß.«

»Wir können ja noch besprechen, wie wir es genau machen. Ich packe jetzt mal den Auflauf in deinen Ofen«, kündigte Violet an und schritt gleich zur Tat.

Brodie schälte sich aus seinem weißen Schutzoverall, unter dem er nur Shorts und ein T-Shirt trug. »Ich zieh mir rasch etwas an.«

Im Bad schrubbte er sich die Farbe von den Händen und entfernte auch ein paar Farbspritzer aus seinem Gesicht. Mit einem Besuch seiner Eltern hatte er nun gar nicht gerechnet – und eigentlich passte er ihm auch nicht in den Kram. Viel lieber hätte er das Zimmer fertig gestrichen und sich dann noch ein paar Gedanken über die Einrichtung gemacht. Er brauchte noch einige Möbelstücke und Dekogegenstände, vor allem einen Stuhl für den tollen Schreib- oder Schminktisch. Er wollte online schauen, ob er etwas fand, was rechtzeitig geliefert werden konnte. Doch nun waren seine Eltern da und brachten nicht nur seine ganze Planung durcheinander, sondern stocherten auch noch in alten Wunden herum.

Er wechselte die Shorts gegen eine Jeans, ließ aber das T-Shirt an und zog lediglich einen dünnen Pullover darüber. Dann ging er ins Wohnzimmer, wo seine Mutter bereits dabei war, den Esstisch zu decken, während sein Vater es sich mit einem Buch auf dem Sofa gemütlich gemacht hatte. In Brodie krampfte sich alles zusammen, als er erkannte, um welches Buch es sich handelte. Es war ein populärwissenschaftlicher Ratgeber über Resilienz und posttraumatische Belastungsstörungen. »Das ist doch Humbug, was da drinsteht«, konstatierte der alte Mann prompt, als er Brodie sah.

Der sagte nichts, sondern zuckte nur mit den Schultern. Diskussionen mit seinem Vater über dieses Thema brachten nichts, das hatte er schmerzhaft gelernt. Vermutlich musste er es als Glück bezeichnen, dass er bei seinem Afghanistan-Einsatz auch körperlich verwundet worden war – eine Schussverletzung am linken Bein, wegen der er fast verblutet wäre, die aber längst vollständig und ohne Folgeschäden abgeheilt war. Ganz im Gegensatz zu seiner seelischen Verletzung, für die sein Vater jedoch keinerlei Verständnis zeigte. Wahre Soldaten ließen sich doch nicht so leicht verschrecken. Vermutlich war er eben kein wahrer Soldat.

»Stell das Buch wieder ins Regal«, forderte Violet ihren Mann resolut auf, doch Bruce war nicht so schnell zu besänftigen.

»Bücher wie dieses reden den Leuten doch erst ein, wie schlecht sie es angeblich haben. Kein Wunder, dass die Menschen von Generation zu Generation verweichlichter werden. Wenn ich das schon lese, von wegen Traumata, die einen über Jahre nicht loslassen«, polterte er gereizt. »Die Leute sollen sich nicht so anstellen, sondern einfach mal die Arschbacken zusammenkneifen und weitermachen. So haben wir das früher jedenfalls gemacht.«

Brodie verbiss sich mit Mühe einen Kommentar. Ja, sein Vater hatte gedient, aber er hatte während seiner gesamten Laufbahn an keinem einzigen Kriegseinsatz teilgenommen. Er hatte also nie das erlebt, was Brodie gesehen, gerochen, gehört und gespürt hatte. Bilder, Gerüche, Geräusche und Schmerzen, die ihn immer noch verfolgten. Es hatte lange gedauert, bis er gelernt hatte, damit einigermaßen umzugehen, und er hatte einen sehr hohen Preis für die drei Wochen Patriotismus gezahlt, auf die sein Vater so stolz war.

Nur drei Wochen hatte sein Einsatz gedauert, bis er bei einem Rettungseinsatz selbst so schwer verletzt worden war, dass er als Notfall ausgeflogen werden musste. Doch diese drei Wochen hatten ihn fast sein Leben, definitiv seine Ehe, das gute Verhältnis zu seinem Kind und nicht zuletzt seine seelische Gesundheit gekostet. Aber Letzteres wollte sein Vater nicht anerkennen. Oder konnte es nicht.

»Warst du die Woche über mal golfen?«, erkundigte sich Brodie stattdessen.

»Zweimal«, entgegnete Bruce knapp. »Du solltest auch häufiger spielen.«

»Ich habe einen ziemlich fordernden Job«, gab er seine Standardantwort. »Aber bald ist es abends ja länger hell, dann schaff ich unter der Woche vielleicht die ein oder andere Runde. Hier im Ort geht das Gerücht um, dass ein Golf-Investor einen Platz anlegen möchte. Das wäre besonders praktisch, dann müsste ich nicht so weit fahren.«

»Wir können Emma ja mal mit auf den Platz nehmen«, schlug Bruce vor.

»Wenn sie Lust dazu hat, gerne. Ich werde sie aber sicher nicht dazu zwingen.«

»Willst du damit andeuten, ich hätte dich gezwungen?«, plusterte sich Bruce auf.

»Natürlich nicht. Ich spiele wirklich gern Golf«, beschwichtigte ihn Brodie, merkte aber, wie es hinter seiner rechten Schläfe zu pochen begann. Diskussionen mit seinem Vater hatten oft diesen Effekt. Dabei war es die Wahrheit: Golf war die eine Leidenschaft, die er vorbehaltlos mit seinem Vater teilte. Leider war er nicht besonders gut darin – und bei seinem mangelnden Trainingseifer würde sich das auch nicht ändern.

»Warum sollte Emma denn keine Lust haben?«

»Ich weiß nicht, was sie gerne macht. Es kann ja sein, dass sie sich für völlig andere Dinge interessiert. Marie hat mal erwähnt, dass sie es mit Tennis probieren wollte.«

»Tennis?«, spie Bruce aus. »Das ist ja absurd!«

»Warum? Tennis ist auch ein schöner Sport, aber ich weiß gar nicht, ob sie überhaupt noch spielt oder schon wieder andere Interessen hat. Vielleicht möchte sie ja auch mit Reiten anfangen.«

»Ich mag Pferde«, warf Violet ein. »Und nun hört mit der Diskussion auf. Es ist doch wirklich vollkommen gleichgültig, für welchen Sport sich Emma interessiert oder ob sie überhaupt Sport treiben will. Vielleicht hat sie ja ganz andere Hobbys. Ich freu mich einfach darauf, sie endlich mal wieder in den Arm nehmen zu können.«

»Ich auch«, bestätigte Brodie. »Das Tischchen habe ich gestern übrigens auf dem Markt für sie gekauft. Ich hoffe, es gefällt ihr.« Er deutete auf seinen Neuerwerb, der momentan noch an der Wand neben der Wohnzimmertür stand – mit der kuscheligen Decke und den flauschigen Kissenbezügen im Kirkby-Tartan auf der Tischplatte.

»Ich hatte mal einen Schminktisch, der ganz ähnlich aussah«, erinnerte sich Violet. »Sie wird bestimmt begeistert sein.«

Das hoffte Brodie sehr. Und auch, dass das gemeinsame Mittagessen ohne weitere Schwierigkeiten über die Bühne gehen würde und dass er dann möglichst schnell wieder an seine Arbeit zurückkehren konnte.

• • •

Charly hatte so gut geschlafen wie lange nicht mehr. Und so lange. Sie war erst gegen acht Uhr aufgewacht, obwohl ihr innerer Wecker sie sonst zuverlässig gegen sechs aus den Federn riss. Dabei war sie gar nicht so spät ins Bett gegangen. Nach dem Marktbummel war sie mit Gregory im Pub eingekehrt, und sie hatten sich leckere Currys gegönnt. Anschließend hatte sie ihrem Bruder noch die Reitanlage und die Schmiede gezeigt, für die er sich ungefähr genauso sehr interessierte wie sie für seine Arbeit, doch er hatte gute Miene dazu gemacht und sogar einige Fragen gestellt. Trotzdem würde er wohl nie nachvollziehen können, was die Arbeit mit Feuer, Eisen, Hammer und Amboss für sie bedeutete. Genauso wenig, wie sie den Ruf des Ozeans verstand. Aber womöglich musste das auch nicht sein. Gemeinsamkeiten waren eine gute Basis, aber vielleicht brauchte man sie nicht immer zwangsläufig. Vielleicht war ihr geschwisterliches Band stark genug, dass sie sich nicht über Äußerlichkeiten wie den Job definieren mussten.

Am frühen Abend war Gregory dann wieder nach Oban zurückgekehrt, und Charly hatte eine durchaus vergnügliche Zeit damit verbracht, sich mit ihren brandneuen Küchenutensilien vertraut zu machen und ein paar Dinge umzuräumen. Ihr Bruder hatte recht. So viel war es dann auch wieder nicht. Die Schränke ihrer kleinen Küche waren nicht einmal zur Hälfte gefüllt, aber sie war jetzt so gut ausgestattet, dass sie richtig kochen konnte – mit ihren eigenen Pfannen, Töpfen und Kochlöffeln. Verrückt.

Sie hatte plötzlich große Lust verspürt, einen Kuchen zu backen, doch dafür hatte sie eindeutig nicht die passenden Zutaten im Haus. Die standen jetzt ganz oben auf ihrer Einkaufsliste.

Ihr Bett dagegen war himmlisch und das absolute Verwöhnprogramm. Ihre Mutter hatte das beim Telefonat natürlich als Kleinigkeit abgetan, aber für Charly war es der pure Luxus. Sie konnte jetzt nur hoffen, dass sie nicht jede Nacht zehn Stunden am Stück schlafen würde, sonst müsste sie zukünftig noch früher ins Bett gehen – oder sich einen Wecker stellen.

Da heute jedoch Sonntag war und sie keinerlei Verpflichtungen hatte, spielte es keine Rolle. Sie hatte nach dem Aufwachen Lust auf eine Joggingrunde gehabt – etwas, das auch nicht allzu häufig vorkam – und war kurz entschlossen zum Stall gelaufen, um nach Penny zu sehen. Die Eselin hatte sich über ihren Besuch sichtlich gefreut, wirkte im Kreise ihrer neuen Kumpels aber sehr zufrieden.

Nach einer Dusche, bei der sie sich unbändig über die flauschigen Handtücher gefreut hatte, und einem ausgedehnten Frühstück saß Charly nun auf dem gemütlichen Sofa, das Susan bei ihrem Auszug im Cottage gelassen hatte. Lange betrachtete sie den

Umzugskarton, der die Erinnerungen ihrer Kindheit und Jugend enthielt. Sie war ein bisschen unentschlossen, ob sie überhaupt wissen wollte, was darin verborgen lag. Zwanzig Jahre hatte sie nicht mehr an die Sachen zurückgedacht. Vielleicht sollte sie auch jetzt nicht daran rühren? Andererseits war ihr Neuanfang hier in Kirkby vielleicht der geeignete Anlass, auch in ihrer Vergangenheit aufzuräumen.

Mit klopfendem Herzen öffnete sie die Schachtel und fragte sich kurz, ob ihre Mutter oder sonst jemand aus der Familie jemals hineingeschaut hatte. Gregory angeblich nicht, und Charly hatte keinen Grund, an seiner Aufrichtigkeit zu zweifeln. Warum war ihre Mutter plötzlich der Meinung, dass Charly die alten Sachen haben sollte? Warum konnten sie nicht einfach weiter ihr staubiges Dasein auf dem Dachboden fristen, wo so viele andere Dinge dem ewigen Vergessen geweiht waren? Womöglich brauchte Marjorie einfach den Platz und hatte die Sachen ihrer Tochter nicht ungefragt wegwerfen wollen?

Auf den ersten Blick wirkte der Inhalt reichlich unspektakulär. Charly fand ein paar Bücher, an die sie sich nur noch dunkel erinnerte. Klassenfotos aus jedem Schuljahr, die ihr ein Lächeln auf die Lippen zauberten – auch wenn sie sich an die Namen einiger Mitschülerinnen und Mitschüler nicht mehr erinnern konnte. Alte Schülerzeitungen, für die sie Artikel geschrieben hatte, und das Jahrbuch ihrer Abschlussklasse. Das nahm sie heraus und blätterte darin herum. Als sie sich selbst entdeckte, erschrak sie fast, weil ihr jüngeres Selbst sie vom Papier herausfordernd anstarrte. Dabei war ihr Look damals noch recht brav gewesen: die langen, ungefärbten Haare zu einem strengen Pferdeschwanz zurückgenommen und kaum geschminkt. Aber ihr Blick war derart intensiv, dass sie zwanzig Jahre später noch Sorge um den Fotografen hatte, der damals die undankbare Aufgabe gehabt hatte, den Abschlussjahrgang abzulichten.

Unter jedem Foto gab es einen kurzen Steckbrief mit der ein oder anderen Schulanekdote sowie einen Ausblick auf zukünftige Pläne. »Weg vom Wasser, hinein ins Feuer« stand unter ihrem Beitrag. Das klang wie ein höchst kämpferischer Slogan und war angesichts ihrer Berufswahl geradezu prophetisch gewesen. Allerdings hatte sie zu diesem Zeitpunkt noch nicht geahnt, dass sie nur wenige Monate später als Praktikantin eines Hufschmieds auf einem Gestüt in Kentucky arbeiten würde. Das war nichts als reiner Zufall gewesen. Sie hatte gerne ins Ausland gewollt, aber keine Lust auf einen Au-pair-Job gehabt. Da sie damals noch nicht volljährig gewesen war, hatte es nicht allzu viel Auswahl gegeben, und so war sie dann auf diesem Gestüt gelandet, obwohl sie bis dahin praktisch noch keinen Kontakt zu Pferden gehabt hatte. Verrückt.

Sie grub tiefer in der Kiste und fand ein kleines buntes Plüsch-Chamäleon, das sie völlig vergessen hatte. Doch bei seinem Anblick kamen die Erinnerungen sofort wieder hoch. Eine Freundin hatte es ihr zum Geburtstag geschenkt, mit den Worten: »Es erinnert mich an dich!« War sie ein Chamäleon, das passend zur Situation sein Aussehen änderte? Darüber hatte sie nie nachgedacht, doch irgendwie fühlte sie sich diesem Tierchen plötzlich ganz nah.

Danach holte sie zwei Sweatshirts heraus, die sie damals heiß und innig geliebt hatte. Warum hatte sie sie dann nicht mitgenommen, sondern zu Hause gelassen? Sie wusste es nicht, und im Gegensatz zu dem Chamäleon bedeuteten ihr die leicht abgetragenen Pullis nichts mehr. Die kamen auf den Stapel der Dinge, die wegkonnten. Sie fand etliche Postkarten, die ihr Freundinnen und Freunde von Urlaubsreisen geschickt hatten. Die wanderten ebenfalls auf den Müllstapel, doch dann zog sie eine Kladde hervor, und ihr wurde schlagartig heiß. Für eine kurze Zeit in ihrem Leben hatte sie Tagebuch geführt und den linierten Seiten all die Dinge anvertraut, die sie weder mit ihrer Familie noch mit ihren besten Freundinnen besprechen wollte.

Die meisten Einträge erschienen ihr nach so vielen Jahren fürchterlich belanglos und albern, aber einer traf sie mitten ins Herz. Sie musste zu diesem Zeitpunkt ungefähr fünfzehn gewesen sein – mit der Datierung hatte sie es nicht so genau genommen – und hatte zunächst ausführlich ihren Liebeskummer wegen eines Jamie beklagt, an den sie sich heute beim besten Willen nicht mehr erinnern konnte. Doch dann hatte sie ihre Verzweiflung in tränenverschmierter Tinte geradezu hinausgeschrien:

Warum? Warum sagt mir keiner, was los ist? Warum habe ich solche Angst vor dem Meer? Warum wird mir sofort schlecht, wenn ich ein Schiff betreten soll? Warum fürchte ich mich, wenn Mum, Dad, Matthew, Liam, Gregory und Mia rausfahren? Ich weiß, dass etwas passiert ist. Aber ich weiß nicht, was. Niemand sagt mir was. Alle behaupten, ich bilde mir das ein. Aber es ist real. Die Angst ist real. Sie zerfrisst mich. Und ich will wissen, warum.

Charly schluckte. Dunkel stiegen Erinnerungsfetzen hoch, an einen stürmischen grauen Morgen, als sie mit ihren Eltern und Geschwistern zu einem Familientreffen auf die Isle of Mull hatte fahren sollen. Sie hatte sich mit Händen und Füßen dagegen gewehrt, das Schiff zu besteigen. Hatte ihre Lieben angefleht, ebenfalls nicht überzusetzen, und war schließlich allein zu Hause geblieben, weil ihre Familie von ihrer irrationalen Angst genervt war, die sie nicht mehr überwinden konnte.

Ihr kamen Bilder von ihr selbst in den Sinn, wie sie ihre Eltern, Großeltern, Tanten und Onkel bedrängte, ihr etwas zu erzählen. Gründe zu nennen für ihre Angst. Doch niemand hatte ihr Auskunft geben wollen. Und sie war sich sicher gewesen, dass jeder den Grund kannte, ihr jedoch nichts verraten wollte. Das war eigentlich das Schlimmste an der Sache. Das – und dass man ihr eingeredet hatte, an ihr müsse irgendetwas falsch sein, denn eine MacRae fürchtete sich nicht vor dem Wasser.

Sie konnte das Echo der Angst ihres fünfzehnjährigen Ichs noch immer spüren. Und sie hatte auch mit siebenunddreißig keine Antwort auf die Frage nach dem Warum. Sie vermied es nach wie vor, übers Wasser zu reisen, aber wenn es sich nicht vermeiden ließ, schaffte sie es inzwischen. Allerdings immer mit einem unguten Gefühl in der Magengegend. Sollte sie endlich versuchen, der Sache auf den Grund zu gehen?

Vielleicht waren ihre Eltern inzwischen auskunftsfreudiger, jetzt, wo sie erwachsen war? Sie nahm sich vor, es bei einem der nächsten Telefonate oder Besuche anzusprechen, doch für den Moment schob sie das Unbehagen wieder beiseite. Stattdessen holte sie ein Fotoalbum hervor, das sie mit ungefähr vierzehn als Ferienprojekt für die Schule angelegt hatte. Da hatte jeder in ihrer Klasse ein Album zusammenstellen sollen, das das bisherige Leben dokumentierte.

Charly blätterte die Seiten durch. Das erste Bild zeigte sie als verschrumpeltes Neugeborenes, das nächste mit ihren stolzen älteren Brüdern Matthew und Liam. Ihre Großeltern waren zu sehen, ihre Eltern natürlich und unzählige andere Verwandte. Himmel, sie hatte wirklich eine große Familie, stellte sie mit einem Lächeln fest. Auf den meisten Bildern aus ihrer Kleinkinderzeit trug sie Ölzeug und eine Schwimmweste, denn sie waren fast ohne Ausnahme auf einem der Boote und Schiffe der Familie aufgenommen worden. Auf all diesen Schnappschüssen strahlte sie übers ganze Gesicht. Dann plötzlich, ab ihrem sechsten Geburtstag, gab es von ihr nur noch

Fotos an Land. Damals war ihr das nicht aufgefallen, zumindest erinnerte sie sich nicht mehr daran, aber jetzt war es mehr als offensichtlich. Und noch etwas fiel ihr auf. Ein dunkelhaariges kleines Mädchen, das ansonsten fast immer an ihrer Seite gewesen war, fehlte plötzlich. Wer war dieses Kind? Eine Freundin? Eine Cousine? Und wie hieß sie, um alles in der Welt? Ihr kam der Name Chloe in den Sinn, doch der sagte ihr nichts. Überhaupt nichts. Dafür wuchs das Unbehagen erneut in ihr.

Ohne groß darüber nachzudenken, nahm sie ihr Handy und wählte die Festnetznummer ihrer Familie. Vermutlich war niemand zu Hause, denn am Sonntagnachmittag lief eigentlich immer eine Tour, aber …

»Hallo?«, meldete sich die raue Stimme ihres Vaters Hugh.

»Hi, Dad«, brachte sie mit Mühe hervor, doch dann fehlten ihr schlagartig die Worte.

»Hallo, Schatz.« Sie hörte das liebevolle Lächeln in seiner Stimme. »Hast du schon wieder Sehnsucht nach uns? Du hast doch erst gestern mit deiner Mum telefoniert.«

Sie schluckte und atmete schwer.

»Charly, ist alles in Ordnung?«, fragte er und klang nun fast schon alarmiert. »Bist du krank? Brauchst du Hilfe?«

»Ich brauche endlich Antworten«, brachte sie hervor.

»Oh.« Diese Silbe hörte sich erschreckend resigniert an.

»Ja. Und ich weiß, dass du weißt, worum es mir geht.«

»Warum an die alten Geschichten rühren?«, kam es verzagt zurück. »Das hilft doch niemandem.«

»Doch, Dad, mir hilft es. Hoffe ich zumindest. Ich weiß, dass es einen Grund geben muss, warum ich solche Angst vor dem Meer habe. Ich habe als Jugendliche so oft danach gefragt. Habe zwischendurch an meinem Verstand gezweifelt, weil ich dachte, dass mit mir etwas nicht in Ordnung sei. Doch ich wusste schon damals und weiß auch heute noch, dass ihr mich immer angelogen habt.«

»Wir haben nie gelogen«, versuchte er es mit einem Ausweichmanöver.

»Vielleicht nicht mit Worten, aber indirekt dadurch, dass ihr einfach nichts gesagt habt. Und dass ihr mir das Gefühl gegeben habt, an mir sei etwas falsch«, beklagte sich Charly.

»An dir ist nichts falsch, mein Schatz!«, widersprach Hugh rasch.

»Doch. Weil es nicht sein kann, dass eine MacRae Angst vor dem Meer hat! Ich weiß nicht, wie oft ich diesen Satz gehört habe. Von so vielen Leuten. Dabei habe ich es mir wirklich nicht ausgesucht, Angst zu haben.«

»Manche Dinge sind eben unerklärlich«, brummte er. »Das ist alles so lang her. Warum fängst du jetzt wieder damit an? Ich dachte, du hast endlich deinen Platz gefunden?«

»Das eine hat doch nichts mit dem anderen zu tun«, entgegnete Charly aufgebracht. »Ja, ich habe meinen

Platz gefunden. Ich bin siebenunddreißig Jahre alt und stehe mitten im Leben. Ich bin erwachsen. Aber ich will endlich wissen, was in meiner Kindheit passiert ist. Irgendwann zwischen meinem fünften und sechsten Geburtstag, und ich will wissen, wer Chloe ist.« Sie zögerte kurz und fügte dann hinzu: »Oder war.«

Schweigen am anderen Ende der Leitung, doch Charly hörte ihren Vater atmen. Schwer und angestrengt, so wie sie vorhin.

»Mum hat mir meine alte Erinnerungskiste geschickt. Ich glaube, sie will, dass ich es endlich herausfinde«, erklärte sie, als von ihrem Vater immer noch nichts kam.

»Dann sollte sie es dir besser selbst sagen.«

»Nein, ich will es jetzt wissen. Von dir. Was ist passiert?«

»Es ist … es ist schrecklich«, brachte er mit Mühe hervor, und sie hörte ihm an, dass er mit jedem Wort kämpfte.

»Ich muss es wissen. Jetzt!«, beharrte sie.

Und dann klingelte es an der Tür. Sie erschrak so sehr, dass ihr das Telefon aus der Hand fiel. Hektisch angelte sie danach. »Dad? Dad, bist du noch dran?«

»Bin ich, aber vielleicht solltest du dich erst um deinen Besuch kümmern? Wir reden dann später wieder. Mach's gut, Liebes.« Und damit legte er auf.

Charly starrte fassungslos auf ihr Telefon und stand dann auf. Sie war so angespannt, dass sie steifbeinig und schwerfällig zur Tür ging. Wer um alles in der Welt kam mitten am Sonntag auf die Idee, bei ihr vorbeizuschauen? Ausgerechnet jetzt, wo sie so kurz davor war, das große Geheimnis ihres Lebens zu ergründen?

»Hi«, rief Susan fröhlich, als Charly die Tür öffnete.

»Ähm … hi.« Charly konnte nicht fassen, was für ein Anblick sich ihr bot. Susan und Davie standen in ihrem Vorgarten, doch sie waren nicht allein. Susan hatte ihren großen, rotbraunen Wuschelhund an der Leine, und Davie … »Ist das ein Schwein?«, entfuhr ihr die denkbar blödeste Frage, denn es war eindeutig, dass das schwarz-weiße, grunzende Wesen an seiner Seite ein Schwein war. Doch wie …?

»Ja, das ist Bertha«, stellte er das Tier vor, das ein rotes Brustgeschirr trug und sich deutlich manierlicher benahm als Susans Hund. Der versuchte gerade stürmisch, ins Haus zu gelangen.

»Und Ernie kennst du ja schon.« Susan hielt das Energiebündel mit einem wahren Todesgriff fest. »Wir waren spazieren und haben …«, fuhr sie fort und sah dann etwas hilfesuchend zu Davie.

»Ich hab Susan erzählt, was gestern auf dem Markt passiert ist«, sagte Davie. »Also dass du dich für den alten Schminktisch interessiert hast und Brodie dann …«

»Vergiss es«, winkte Charly ab. »Ich freu mich für dich, dass du damit so ein gutes Geschäft gemacht hast. Ja, mir hat das Tischchen echt gut gefallen, aber es ist nicht so, dass ich es dringend gebraucht hätte.«

»Darum geht es doch aber nicht«, mischte sich Susan ein. »Was braucht man schon wirklich dringend im Leben? Aber manchmal *will* man sich einfach etwas Schönes gönnen. Das ist gut für die Seele.«

»Hm.«

»Jedenfalls wollten wir dich fragen, ob du Lust hast, in die Werkstatt zu kommen. Ich habe noch mehr alte Möbel, die ich aufarbeiten möchte. Wenn dir da ein Stück besonders gut gefällt, dann …« Davie ließ den Satz austrudeln und wirkte plötzlich fast ein bisschen verlegen. »Aber vielleicht passt es auch gerade nicht?«

Das war die Untertreibung des Tages. Doch Charly schüttelte den Kopf. »Nein, schon gut. Das kann warten. Ich würde sehr gerne mitkommen.«

Plötzlich war sie froh, einen Grund zu haben, ihr Haus zu verlassen und mit anderen Menschen zu reden. Über harmlose Dinge, die nichts mit gruseligen Ozeanen und großen Familiengeheimnissen zu tun hatten.

»Schön!«, freute sich Susan.

Charly schlüpfte rasch in Schuhe und eine Jacke, schnappte sich ihr Telefon und ihren Geldbeutel und war eine Minute später wieder draußen. »Und jetzt möchte ich wissen, wie ihr auf ein Schwein als Haustier gekommen seid.«

PERLEN UND UNENDLICHKEIT

AM NÄCHSTEN TAG WUSSTE Charly zwar immer noch nichts über ihre Vergangenheit, aber sie freute sich darüber, dass sie einen wirklich schönen Sonntag gehabt hatte. Susan und Davie waren ein tolles Paar und ihre Tiere einfach zauberhaft. Vor allem die junge Schweinedame Bertha hatte es ihr angetan. Das Tier war so freundlich und gut erzogen, wie sie es bei einem Schwein nie für möglich gehalten hätte. Und es schien sich – ähnlich wie ihre Eselin Penny – für einen Hund zu halten.

Die alte Mühle, in der das Paar lebte, war auch eine Attraktion. Im großen Garten gab es einen eingezäunten Auslauf mit einem kleinen Stall für Ernie und Bertha sowie einem Hühnerhaus. Tatsächlich hielt sich dort aber vor allem das Federvieh auf, denn das Ferkel-Hunde-Duo lebte natürlich mit im Haus und begleitete Susan fast jeden Tag zu ihrer Arbeit im Kindergarten. Wie toll musste das für die Kinder sein? Charly beneidete den Kirkby-Nachwuchs fast ein wenig um die tierischen Spielgefährten und die engagierte Erzieherin.

Das Mühlhaus war liebevoll renoviert worden und wirklich cool eingerichtet. Davie verfügte augenscheinlich nicht nur über viel Geschick, sondern auch über reichlich Geschmack.

Besonders beeindruckt war Charly aber von seiner Werkstatt und der angrenzenden Lagerhalle, die ihr wie ein märchenhaftes Wunderland erschien. Dort hatte er etliche »gerettete« Möbelstücke, zum Teil in verheerendem Zustand, zum Teil noch sehr gut erhalten, die er und sein Team nach und nach aufarbeiteten. Wann Davie die Zeit dafür fand, war Charly jedoch schleierhaft, denn wenn sie es richtig verstanden hatte, war er vor allem mit größeren Innenausbauprojekten hier im Ort und im Umland beschäftigt. Vor ein paar Wochen hatte der Bau einer Sportanlage begonnen, mit einer Mehrzweckhalle, die er sogar selbst entworfen hatte. Allein das Modell war schon sehr beeindruckend, und Charly freute sich darauf, bald ein buntes Sportprogramm nutzen zu können. Sie hatte früher mit Begeisterung Volleyball gespielt und wollte damit gerne wieder anfangen.

In Davies Lagerhalle hatte sie tatsächlich zwei Möbelstücke gefunden, bei denen ihr Herz schneller schlug. Ein kleiner, antiker Sekretär, der auf ihren Wunsch hin demnächst knallblau lackiert werden würde und ihr zukünftig als Schreibtisch dienen könnte. Und eine halbhohe Kommode mit unzähligen Schubladen. Vermutlich stammte dieses Stück aus einem Kaufladen oder einer Apotheke. Charly hatte nicht die leiseste Ahnung, womit sie die Kommode befüllen sollte, doch das war egal. Der eine oder andere Schatz würde darin seine Heimat finden.

Davie hatte ihr auch ein paar massive Truhen gezeigt, die vermutlich schon Hunderte von Jahren auf dem Buckel hatten. Bei einigen waren die Eisenbeschläge rostig, beschädigt oder waren komplett entfernt worden. Ob sie neue herstellen oder die kaputten restaurieren könnte, hatte er von ihr wissen wollen. Und so war sie nicht nur zu neuen Möbeln und neuen Freunden, sondern auch zu neuen Aufträgen gekommen, denn die simplen Beschläge waren nun wirklich gar kein Problem. Auch nicht die etwas aufwendiger gestalteten. Sie griff unwillkürlich nach ihrem Anhänger, den sie eigentlich immer um den Hals trug, und dachte an Haileys Worte, dass solche Schmuckstücke auf dem Samstagsmarkt reißenden Absatz finden könnten. Vielleicht würde das sogar Spaß machen?

Sie hatte dann sogar noch die Einladung zum Abendessen angenommen, und als sie gegen zehn zu Hause gewesen war, hatte sie nicht mehr bei ihren Eltern anrufen wollen. Das Geheimnis, das sie so viele Jahrzehnte lang in sich getragen hatten, würde noch ein paar Tage länger gewahrt bleiben. Doch bald würde sie Klarheit brauchen.

Allerdings wartete jetzt erst einmal ein neuer Arbeitstag auf sie, und ihr erster Kunde, den sie in den nächsten Minuten erwartete, hieß Prince Charming und war ein Gästepferd, über das noch nicht viel in der digitalen Akte stand. Zumindest nichts über sein Benehmen beim Hufschmied. Ansonsten hatte sie in Erfahrung gebracht, dass der Wallach ein ehemaliges

Vielseitigkeitspferd und seit fünf Wochen zur »Therapie« hier im Stall untergebracht war. Ob das das Tier mit der schweren Kolik war, von dem Shona neulich auf dem Markt berichtet hatte? Charly hatte völlig vergessen, nachzufragen. Doch jetzt hörte sie Hufgetrappel auf dem Hof und fröhliches Gebell.

Sie ging nach draußen und sah Hailey mit dem schicken Braunen am Führstrick und Palmer, der ausgelassen um die beiden herumhüpfte. Dem Pferd schien das nicht zu gefallen. Es tänzelte nervös und mit angelegten Ohren, und Charly wunderte sich, dass Hailey ihren Hund nicht zur Ordnung rief. Immerhin konnte Charly sich auf diese Weise einen guten Eindruck vom Bewegungsverhalten des Wallachs machen.

»Palmer«, lockte sie den Hund schließlich zu sich, als das Unbehagen des Pferdes sichtlich wuchs, und tatsächlich kam der ungestüme junge Rüde freudig zu ihr gerannt. »Dreh bitte noch eine Runde im ruhigen Schritt mit ihm«, rief sie Hailey zu und hielt den Hund am Halsband fest.

»Palmer ist Teil der Therapie«, erklärte Hailey, als sie den Braunen schließlich festband. »Desensibilisierung, wenn du so willst. Es ist auch schon viel besser geworden. Vor fünf Wochen hätte er sich losgerissen und wäre panisch davongerannt. Jetzt findet er es nur noch doof, toleriert es aber, dass andere Tiere sich seltsam benehmen und komische Geräusche machen.«

»›Komische Geräusche‹ ist gut.« Charly lachte. »Der bellt nicht, der brüllt. Da bekommt man ja fast einen Tinnitus.«

»Sagt die Frau, deren Haustier sich wie eine rostige Tür anhört«, konterte Hailey gut gelaunt.

»Auch wieder wahr. Aber lass mich mal den jungen Herrn in Augenschein nehmen. Man weiß nicht, wie er sich beim Schmieden benimmt, oder?«

»Laut der Besitzerin war für Prince Charming einfach alles schwierig. Auch die Hufpflege, aber ich denke eigentlich nicht, dass er Probleme machen wird. Er hat sich so toll entwickelt und zeigt sich von Tag zu Tag kooperativer.«

»Dann schauen wir mal.« Charly begann mit ihrem üblichen Prozedere: Kontaktaufnahme, Abtasten, Kontrolle der einzelnen Hufe, Gesamteindruck. »War das eigentlich er, der vor kurzem die schwere Kolik hatte?«, erkundigte sie sich dann bei Hailey.

»Ja, das war wirklich schlimm. Seitdem gab es glücklicherweise keine Anzeichen mehr. Woher weißt du davon?«

»Shona hat es mir erzählt. Koliken sind einfach Mist. Wenn die Tiere einmal damit anfangen …« Sie sprach den Satz nicht zu Ende, weil sie viel zu viele traurige Geschichten kannte – und Hailey zweifellos auch.

»Ich weiß. Aber es muss nicht immer so laufen. Vielleicht war es bei ihm ein Einzelphänomen, und er wird ein langes, gesundes und angstfreies Leben führen können.« Hailey streichelte dem Pferd über die Nüstern. »Er hätte es wahrlich verdient, er ist ein Guter.«

Das war er auch in Charlys Augen. Er hatte unkomplizierte Hufe und ließ die Behandlung brav über sich ergehen, auch wenn Palmer die ganze Zeit dabei war und Unsinn machte. »So, das war's, wir sind schon fertig«, verkündete sie dann auch in Rekordzeit.

»Du bist wirklich unglaublich schnell«, lobte Hailey.

»Mir hat mal ein sehr erfahrener Schmied eingebläut, dass Ineffizienz nicht zwangsläufig Qualität bedeutet. Sprich: dass langsames Arbeiten nicht gründlicher oder besser ist. Den Pferden ist es ohnehin lieber, wenn es flott geht. Und die Hauptarbeit passiert ja vorher, während ich mir ein Bild davon mache, was ich erreichen will.«

Hailey kicherte. »Darf ich diesen Satz beim nächsten Familientreffen bitte meinem Onkel um die Ohren schleudern?«

»Du kannst deinem Onkel sagen, was du willst. Aber nach allem, was ich von seiner Arbeit gesehen habe, ist er ein sehr guter, wenn auch recht konservativer Schmied. Das soll ich nicht abwertend sein«, entgegnete Charly diplomatisch, meinte es aber auch so. Marlin Fraser hielt sich nach wie vor von ihr fern, und sie war sich nicht immer sicher, ob sich darüber freuen oder es bedauern sollte. Man wurde schließlich nur besser, wenn man sich austauschte, und sie war überzeugt, dass Marlin einige Tricks auf Lager hatte, von denen sie nichts ahnte.

»Er ist jedenfalls deutlich langsamer als du.«

Charly zuckte mit den Schultern. »Entgegen meiner vorherigen Aussage muss das aber nichts Schlechtes sein. Ich habe nur lange in so großen Betrieben gearbeitet, dass ich gelernt habe, flott zu sein. Prince Charming jedenfalls sollte jetzt wieder gut zu Fuß und bereit für neue Herausforderungen sein.« Sie klopfte dem Pferd noch einmal den Hals und gab ihm ein Stück Möhre.

»Sehr gut. Wenn alles so weiterläuft, darf er nach Ostern heim zu seiner Besitzerin«, kündigte Hailey an.

»Das sind doch gute Nachrichten.« Charly nickte Hailey noch einmal zu, als die mit Pferd und Hund die Schmiedescheune verließ, und fegte dann die Hornspäne zusammen. Bis zum nächsten Termin hatte sie noch fast eine Stunde Zeit. Sie überlegte, ob sie Penny besuchen sollte, doch es juckte sie in den Fingern, etwas auszuprobieren. Wieder griff sie nach ihrem Anhänger, den sie vor Jahren aus einem Hufnagel geschmiedet hatte. Das war bislang ihr erster und einziger Versuch gewesen, ein Schmuckstück herzustellen, und das spiralförmige Amulett hatte eine ganz besondere Bedeutung für sie. Aber seit Davie sie gestern auf die Idee mit den Schmuckbeschlägen gebracht hatte, ließ sie der Gedanke nicht mehr in Ruhe, dass sie aus Eisen und Feuer noch andere Dinge hervorbringen könnte als Hufeisen.

Sie öffnete die Schubladen mit den Nägeln und suchte sich einen mittellangen, mitteldicken heraus. Ohne wirklich genau zu wissen, was sie damit anstellen wollte, packte sie ihn in die Glut der Esse und wartete, bis er seine Farbe und damit auch seine Struktur veränderte. Es faszinierte sie jeden Tag aufs Neue, wie dieser spröde, harte Werkstoff allein durch Feuer elastisch und formbar wurde. Sie zog sich ihre Schutzhandschuhe an, holte den orange glühenden Nagel heraus, legte ihn auf den Amboss und ließ sich rein von ihrem Instinkt leiten. Als sie zufrieden war, tauchte sie ihr Werkstück in den Wassereimer und legte es dann zum vollständigen Auskühlen auf den Amboss.

Von draußen hörte sie wieder Hufgetrappel. War es schon Zeit für den nächsten Kunden? Eilig lief sie hinaus, und tatsächlich kam gerade Haileys Freund Sean mit seiner großen Falbstute Edna an.

»Hallo, du Hübsche«, begrüßte sie das Pferd, das sich aufmerksam, aber freundlich umsah. Edna klang in der Beschreibung wie das perfekte Musterross – in jeder denkbaren Hinsicht. »Gibt's irgendwelche Schwierigkeiten?«, erkundigte sie sich bei Sean.

»Nein, alles gut. Ich schätze nur, dass wir diesmal komplett neue Eisen brauchen.«

»Unbedingt«, gab ihm Charly recht, als sie alle vier Hufe überprüft hatte. »Und sie trägt eine üppige Schuhgröße.«

Sean lachte. »Ja, Madame lebt auf großem Fuß, dafür bewegt sie sich aber sehr elegant.«

»Daran habe ich keinen Zweifel.« Charly entfernte die alten Eisen mit routinierten und schnellen Bewegungen.

»Was macht ihr eigentlich mit den alten Hufeisen?«, wollte Sean wissen.

»Säubern, sammeln, einschmelzen und neue Rohlinge herstellen lassen«, erklärte Charly. »Aber manche verschenken wir auch als Glücksbringer oder …« Ihr kam plötzlich eine Idee.

»Oder?«

»Keine Ahnung, ich hatte plötzlich einen Geistesblitz. Man könnte daraus vielleicht auch noch andere Dinge machen.«

»Zum Beispiel was?«

»Alles Mögliche. Beschläge für Holztruhen beispielsweise. Deko-Objekte, Schmuck …«

»Das wäre ja perfektes Upcycling«, befand Sean. »Gefällt mir.«

»Hailey hat mich ursprünglich auf die Idee gebracht, und gestern indirekt Davie, weil er wissen wollte, ob ich ihm neue Beschläge für alte Truhen machen kann. Schau mal.« Sie winkte ihn in die Schmiede und zeigte ihm ihr erstes Werkstück, das mittlerweile vollkommen ausgekühlt auf dem Amboss lag. Noch recht roh, aber wenn sie es erst poliert hätte, würde das Eisen schön schimmern.

»Das ist ja ein Unendlichkeitssymbol«, sagte Sean und nahm die liegende Acht, die eine sanfte Wölbung aufwies, in die Hand. »Und du willst ein Armband daraus machen, was?« Er legte das Stück über sein Handgelenk. »Wäre zu klein für mich«, stellte er fest.

»Ist eher meine Größe«, entgegnete Charly lächelnd. Sie zog aus einer Schublade einen schmalen Lederriemen hervor und verknotete das Schmuckstück dann rasch an ihrem eigenen Handgelenk. »So ungefähr habe ich mir das vorgestellt«, sagte sie. »Natürlich muss es erst noch ein bisschen bearbeitet und poliert werden. Man könnte es auch behandeln und gegen Rost schützen oder lackieren.«

»Ich garantiere dir, dass jeder Pferdebesitzer hier im Stall so ein Armband wird haben wollen. Idealerweise aus einem Eisen seines eigenen Pferdes. Vielleicht sogar mit dem eingravierten Namen des Tieres drauf. Das wäre das perfekte Andenken.« Sean wirkte regelrecht enthusiastisch, so wie Charly den sonst eher zurückhaltenden Keramikkünstler noch nie erlebt hatte.

»Daran habe ich noch gar nicht gedacht, aber du hast vollkommen recht.« Sie lächelte ihn verblüfft an. »Schade, dass Penny barfüßig unterwegs ist, sonst würde ich mir eins aus einem Eisen von ihr machen. Es muss auch gar nicht unbedingt das Unendlichkeitssymbol sein, auch andere Dinge wären denkbar.«

»Ja, aber das Unendlichkeitssymbol zeugt doch von der ewigen, unverbrüchlichen Liebe zu unseren Tieren«, meinte Sean. »Kaum eine Beziehung ist so tief wie diese.«

»Ich bin mir nicht sicher, ob Hailey das gerne hören würde«, versuchte Charly die Intensität des Moments ein wenig mit Humor aufzulockern.

»Hailey sieht das garantiert genauso. Darf ich dir dieses erste Stück abkaufen? Für Hailey. Als Symbol meiner unendlichen Liebe zu ihr?« Er schenkte ihr einen intensiven Blick, und kurz fühlte Charly einen kleinen, eifersüchtigen Stich. Es musste schön sein, so geliebt zu werden.

»Das ist der Prototyp, der ist unverkäuflich«, sagte sie. »Außerdem würde er ihr nicht passen, ich habe ihn aus einem Nagel gemacht, und der ist schon sehr klein. Aber ich mach dir sehr gerne ein Armband für Hailey«, versprach sie.

»Das wäre toll. Und vielleicht können wir es zeitlich so timen, dass sie von unserer anderen Idee noch nichts mitbekommt? Sonst würde sie garantiert sofort selbst eine Bestellung bei dir aufgeben.«

»Das kriege ich ganz bestimmt hin. Wenn Edna so brav ist, wie ich annehme, kann ich es gleich danach machen. Soll ich etwas eingravieren?«

»Vielleicht nur ein H und ein S?«

»Sehr gerne.« Sie lächelte ihn an. »Verlobungsgeschenk zu Ostern?«

Nun lachte er. »Verlobt sind wir schon lange. Mit einem traditionellen Ring. Aber der motiviert sie offensichtlich nicht dazu, einen Termin festzulegen. Vielleicht schafft es ja eine eiserne Unendlichkeit?«

»Vielleicht. Soll ich es aus Ednas Eisen herstellen? Und bei der Gelegenheit auch eines für dich? Das wären dann ja fast schon Eheringe.«

Seans Augen leuchteten auf. »Das ist die beste Idee überhaupt!«

• • •

»Ich werde pünktlich da sein und sie abholen«, versicherte Brodie seiner Ex-Frau am Telefon. Marie hatte die Details von Emmas Zugfahrt durchgegeben. Wenn alles planmäßig lief, würde sie am Donnerstag um kurz vor sieben in Inverness ankommen. »Ich kann sie aber gerne auch in Edinburgh abholen, wenn dir das lieber ist«, versicherte er erneut.

»Nein, sie ist alt genug, dass sie die Strecke alleine schafft«, erwiderte Marie, doch er hörte ein Zögern in ihren Worten.

»Denkst du, sie steigt unterwegs aus und verschwindet einfach?«

»Was? Um Himmels willen, sag doch so etwas nicht!«, rief sie aufgebracht.

»Was denn dann?« Er bemühte sich, ruhig zu bleiben. Der erste Besuch seiner Tochter in seinem neuen Zuhause stand an. Er war aufgeregt deswegen, aber vor allem voller Vorfreude. Was er wirklich nicht brauchen konnte, waren Bedenken von Marie.

»Sie ist in einer echt schwierigen Phase im Moment«, erklärte seine Ex, und ihm fiel auf, wie erschöpft sie klang.

»Dann ist es doch gut, wenn ihr mal etwas Abstand zueinander habt«, sagte er eindringlich. »Marie, ich weiß, dass du viele Jahre lang die größte Last allein tragen musstest, aber ich bin wirklich bereit, meinen Teil zu übernehmen. Du hast dir deinen Urlaub so was von verdient und solltest jeden Augenblick davon genießen – ohne dir Sorgen machen zu müssen. Ich schaffe das. Emma und ich schaffen das! Ganz bestimmt.«

Marie stieß forciert Luft aus. »Du hast ja recht, und glaub mir, ich wünsche mir nichts mehr, als dass es klappt.«

»Du musst es dir nicht wünschen, ich kann es dir garantieren«, beschwor er sie mit einer Vehemenz, die ihn selbst verwunderte. Vor allem, weil er angesichts der Herausforderung tatsächlich ein wenig Panik verspürte und längst nicht so zuversichtlich war, wie er sich anhörte. »Meine Eltern sind auch noch da, an den Ostertagen findet hier ein Festival statt, das sicher ziemlich cool wird, und es gibt genug Jugendliche in ihrem Alter, dass sie nicht mal die ganze Zeit mit ihrem alten Herrn verbringen muss, wenn sie nicht will.«

»Du bist also bestens vorbereitet.«

»Kein Grund für Sarkasmus«, entgegnete er. »Ich weiß, dass es so etwas wie die perfekte Vorbereitung nicht gibt. Aber ich bin motiviert und zuversichtlich, dass es gut wird.«

»Wie gesagt, ich hoffe es sehr. Dann ist also alles besprochen.«

»Von meiner Seite ja. Es sei denn, du hast noch ein paar Last-Minute-Anweisungen. Lieblingsessen, Lieblingsfarbe, Lieblingshobby? Danach habe ich sie und dich ja Dutzende Male gefragt, aber nie eine sinnvolle Antwort bekommen.«

Marie seufzte. »Die einzige Antwort, die ich dir geben kann, ist, dass sie fünfzehn ist und mich derzeit in mindestens der Hälfte ihrer wachen Zeit hasst. Wenn du Glück hast, wird es dir anders gehen. Immerhin bist du ja ihr Vater, der in ihrem Leben sonst so gar keine Rolle spielt, und genießt deshalb einen besonderen Status. Vielleicht ist aber auch das

Gegenteil der Fall, und sie ist bei dir genauso launisch wie bei mir.«

Brodies Magen zog sich bei ihren Worten zusammen. Besonders erfreulich klangen diese Aussichten nicht. Doch er wollte sich nicht unterkriegen lassen. »Wir werden uns schon arrangieren«, meinte er. »Ich muss jetzt aufhören, die Nachmittagssprechstunde fängt gleich an.«

Er schob die negativen Gedanken beiseite. Ja, Marie klang angespannt. Wundern durfte ihn das nicht. Sie war ebenfalls Zahnärztin und arbeitete in der Großstadtpraxis in Edinburgh vermutlich mehr als er in seiner vergleichsweise gemütlichen Dorfpraxis. Außerdem war sie mehr oder weniger allein verantwortlich für Emmas Erziehung, und wie gut oder schlecht es mit ihrem neuen Partner Pierce lief, wusste er nicht. Es war also ganz sicher normal, dass sie gestresst war. Vermutlich machte sie sich auch Sorgen darüber, ob Brodie der Aufgabe wirklich gewachsen war. Himmel, er war Emmas Vater! Das konnte doch alles nicht so schwierig werden?

»Alles klar?«, erkundigte sich Christine bei ihm.

»Ich denke schon.« Er seufzte. »Außer dass mir meine Ex-Frau nicht zutraut, mich für zehn Tage um unsere fünfzehnjährige Tochter zu kümmern.« Das hatte Marie zwar mit keiner Silbe so gesagt, aber er wollte es im Moment genau so interpretieren.

»Niemand kommt mit Fünfzehnjährigen klar, das ist völlig normal.« Christine ließ ein leidgeprüftes Lachen hören. Sie hatte drei Kinder zwischen fünfzehn und einundzwanzig und wusste offensichtlich, wovon sie sprach.

»Yeah«, entgegnete er matt.

»Ach was, das wird schon. Du wirst sehen, du wirst jede Sekunde mit deiner Tochter genießen. Und du wirst das seltene Phänomen der Zeitdehnung erleben. Jede Sekunde wird dir wie Minuten, wenn nicht wie Stunden vorkommen. Vor allem, wenn sie dir erklärt, was genau alles scheiße an dir ist.«

»Warum noch mal hast du mit Timmy den Dienst getauscht?«, brummte er.

»Weil du mein heiteres, ausgeglichenes Wesen so sehr schätzt und dich freust, dass ich weder Tätowierungen noch Piercings oder bunte Haare trage«, rieb sie ihm gut gelaunt unter die Nase. »Aber apropos Teenagerinnen, unten wartet Lucy auf dich. Sie hat zwar keinen Termin, aber eine Lieferung für dich. Und was auch immer das ist, sie will es dir persönlich überreichen.«

Brodie unterdrückte mit einiger Mühe ein Augenrollen. Das konnten nur die Schmuckhalsbänder für Kate und Moss sein. Er schaute auf die Uhr. »Sie soll trotzdem kurz hochkommen, damit ich mir ihre Spange mal ansehen kann. Ich hatte am Samstag den Eindruck, dass sie etwas lispelt.«

Christine nickte und holte dann das Mädchen ab, während Brodie sich die Hände wusch und schon in den Behandlungsraum ging.

»Wir haben die Halsbänder noch am Samstag fertig gemacht«, verkündete Lucy und drückte ihm eine

Papiertüte in die Hand. »Wir haben uns extra viel Mühe gegeben.«

Brodie nahm Christines fragend gehobene Braue wahr, doch dankenswerterweise kommentierte sie das nicht.

Er öffnete die Tüte und zog die beiden schmalen Perlenhalsbänder hervor, an deren Enden sich jeweils schmale Lederschließen befanden. Die sahen wirklich nicht so schlecht aus, musste er zugeben. Interessante Farbverläufe, dezente Schmuckperlen zwischen den Buchstaben. Also alles in allem beinahe geschmackvoll. »Wow, die sind wirklich sehr schön geworden«, lobte er enthusiastisch.

»Sie müssen gar nicht so erstaunt klingen, Dr. Henderson«, gab Lucy tadelnd zurück. »Wir drehen Ihnen doch keinen Schrott an.«

»Natürlich nicht. Sorry.« Er räusperte sich. »Kate und Moss werden sich garantiert sehr freuen.«

»Wir können sie ihnen ja gleich zeigen«, schlug Lucy vor.

»Erst will ich mir deine Spange anschauen. Ich hatte am Samstag das Gefühl, dass du einen kleinen Sprachfehler hattest. Heute geht's eigentlich schon wieder. Hast du Probleme? Schmerzen?«

Lucy schüttelte den Kopf. »Erst tat's ein bisschen weh, als Sie letzte Woche den Draht neu justiert haben, aber jetzt habe ich mich dran gewöhnt.«

»Wenn du Schmerzen hast, brauchst du nicht zu warten und musst dich auch nicht daran gewöhnen. Wir hätten gleich etwas ändern können.«

»Meine Mum hat gesagt, dass es wehtun muss, damit es wirkt«, antwortete Lucy, als sei dies das Normalste der Welt. Dann setzte sie sich auf den Behandlungsstuhl und öffnete gehorsam den Mund.

»Wir sind nicht mehr im Mittelalter. Ja nicht mal im letzten Jahrhundert, als deine Mum und ich Spangen tragen mussten. Heutzutage versuchen wir, die Behandlung weniger brutal zu machen.« Er überprüfte alle Brackets auf den Zähnen und die Spannung des Drahtes. »So sieht das eigentlich ganz gut aus. Aber komm beim nächsten Mal bitte gleich vorbei, wenn es wehtut.«

»Alles klar, Doc.«

»Gut, dann belassen wir es für heute dabei.«

Sie hüpfte vom Stuhl. »Gehen wir jetzt zu den Hunden?«

»Für wann ist der nächste Patient terminiert?«, wandte er sich an Christine.

»Erst in zehn Minuten«, entgegnete sie. »Zeit genug für eine Modenschau.«

»Na, dann wollen wir mal.« Brodie lief voraus die Treppe hinunter und ging dann mit Lucy im Schlepptau in die Teeküche, wo die beiden Whippets zusammengekringelt in ihrem Körbchen dösten.

»Hallo, ihr zwei«, rief Lucy vergnügt und so laut, dass die Hunde aufgeschreckt hochsprangen und sich dann irritiert schüttelten. Lucy schien das nicht zu beeindrucken. »Eure hübschen Schmuckhalsbänder sind fertig.«

Ohne zu zögern, entfernte sie die breiten Lederhalsbänder und streckte Brodie ihre Hand hin, um sich die Perlenschmuckstücke aushändigen zu lassen. Sie ließ die Hunde kurz daran schnüffeln und legte ihnen dann mit geübten Handgriffen die Ketten an.

»Das gefällt mir ausgesprochen gut«, stellte sie fest, und auch Brodie musste zugeben, dass es nicht schlecht aussah.

»Ja, mir auch«, bestätigte er.

»Darf ich ein Foto machen und es auf Insta einstellen?«, bat sie.

»Ähm … klar.« Er war ein bisschen überrumpelt.

»Das wird mehr Kundschaft anlocken und uns neue Aufträge bringen.«

»Ja, das habe ich schon verstanden, aber solltet ihr euch nicht lieber auf die Schule konzentrieren?«

»Das ist so ein Dad-Argument«, sagte Lucy mit einem Augenrollen.

»Ich bin ja einer.«

»Meine und Taras Eltern haben nicht so viel Geld. Unser Taschengeld ist also eher überschaubar. Deshalb müssen wir selbst Geld verdienen, damit wir uns coole Sachen leisten können«, sprach sie weiter, und Brodie nahm an, dass Tara die Geschäftspartnerin war, die ihm auf dem Markt klargemacht hatte, wie ätzend sie Scheidungen fand. »Außerdem funktioniert auch beides zusammen ganz gut. Wir würden ja auch einen Online-Shop eröffnen, aber dafür muss man volljährig sein oder die Eltern bitten, dass sie ihn offiziell betreiben. Das ist doch nichts als reine Schikane. Und voll die Jugenddiskriminierung. Als ob wir keine Ahnung hätten, nur weil wir erst fünfzehn sind.

Dabei wird Tara in zwei Monaten sechzehn. Das ist ein Alter, in dem man schon heiraten darf, ohne die Eltern zu fragen. Aber kein Geschäft gründen! Das ist doch vollkommen absurd.« Sie redete sich wirklich in Rage, während sie mit ihrem Handy vor den Hunden herumturnte, um gutes Bild zu knipsen.

Brodie hatte keine Ahnung vom legalen Heiratsalter, wusste aber, dass er Emma ebenfalls nicht erlauben würde, mit fünfzehn einen Online-Shop zu betreiben. Doch das behielt er sicherheitshalber für sich. Zumal Emma auch nicht arbeiten musste. An materiellen Dingen herrschte wahrlich kein Mangel bei ihr.

»Können wir kurz rausgehen? Das Licht hier ist unterirdisch, und der Hintergrund ist auch nicht gut.«

»Na schön«, gab Brodie klein bei, obwohl er überhaupt keine Lust dazu hatte. Er hörte, wie Maggie draußen an der Rezeption kicherte.

Vor der Praxis platzierte Lucy die beiden Whippets vor einem der großen Blumenkübel, in denen knallgelbe Narzissen blühten. »So gefällt mir das viel besser«, befand sie und knipste eine ganze Reihe von Fotos. »Wie ist Ihr Insta-Handle?«, erkundigte sie sich.

»Mein was?«

»Ihr Instagram-Name, damit ich Sie markieren kann«, erklärte ihm Lucy in einem fast mitleidigen Erklär-Tonfall.

Brodie war tatsächlich auf Instagram – unter einem Alias, unter dem er nichts postete. Was auch?

Vorwiegend nutzte er den Kanal, um zu sehen, was Emma so von sich zeigte. »Ähm, ich bin nicht besonders aktiv auf Instagram«, redete er sich heraus.

»Oh Mann, dann haben Sie also auch nur ein Stalkingprofil, um Ihre Tochter auszuspionieren?«, traf es Lucy erschütternd präzise auf den Punkt.

»So würde ich das auch wieder nicht sagen. Ich habe einfach keine Zeit für diesen Kram.«

»Schon klar. Und Sie sind bestimmt auch der Meinung, dass Ihre Tochter nur ganz wenig postet, nicht wahr?« Lucy schenkte ihm ein süßes Lächeln, das eine gewisse maliziöse Note nicht verbergen konnte.

Tatsächlich war es so. Emma schien sich nicht viel aus Instagram zu machen, sondern postete nur ab und zu mal Fotos von süßen Tieren oder dem Weihnachtsbaum. »Vielleicht interessiert sie sich auch nicht so dafür und ist eher auf TikTok unterwegs«, gab er zurück, obwohl er das unangenehme Gefühl hatte, in eine Falle zu tappen.

»Klar, das wird's sein.« Lucy mied nun seinen Blick und tätschelte den beiden vorbildlichen Hundemodels die Köpfe. »Das habt ihr ganz toll gemacht, ihr zwei.«

»Gut, ich muss jetzt wieder rein, mich um meinen nächsten Patienten kümmern. Danke für die Lieferung«, sagte Brodie, um wieder die Gesprächshoheit zu erlangen. Wollte das kleine Biest etwa andeuten, dass Emma noch einen geheimen Zweitaccount hatte, von dem er nichts ahnte? Womöglich nicht einmal Marie? Und dass sic dort Dinge postete, die er nicht sehen sollte? Die Vorstellung gefiel ihm ganz und gar nicht.

»Gerne, Doc.« Lucy wandte sich schon zum Gehen, drehte sich dann aber noch einmal um. »Am Samstag findet in der alten Schule eine Osterparty für Jugendliche statt. Vielleicht hat Emma ja Lust, zu kommen? Falls ja, können Sie mir gerne eine Nachricht schicken. Sie haben ja meine Nummer.« Damit winkte sie noch einmal und lief dann in Richtung Dorfplatz.

»Sie haben ja meine Nummer«, äffte Maggie die junge Patientin nach, als sie wieder eintraten. Durch die offene Tür hatte sie natürlich alles mitbekommen. »Das könnte man auch anders verstehen.« Sie kicherte frech. »Ich wusste gar nicht, dass du so gut ankommst beim jungen Gemüse«, zog sie ihn auf.

Brodie sagte nichts dazu, sondern schickte Kate und Moss auf ihren Platz zurück und ging selbst wieder nach oben. »Denkst du, Emma hat heimliche Social-Media-Profile, von denen ich nichts weiß?«, fragte er Christine nachdenklich.

»Ist der Papst katholisch?«, gab sie zurück und fügte angesichts seines schockierten Gesichtsausdrucks hinzu: »Mach dich locker. Du willst gar nicht so genau wissen, was die alles posten.«

»Aber wäre es nicht meine Pflicht, das zu wissen? Als Vater?«

»Glaub mir, manche Dinge willst du wirklich nicht wissen. Schon gar nicht als Vater«, versuchte Christine ihn zu beruhigen, erreichte damit aber praktisch das Gegenteil.

»Weißt du was von der Jugend-Dorfparty am Samstag?«, fragte er weiter.

»Ja, die findet in der alten Schule statt. Meine gehen alle hin, warum?«

»Weil Lucy Emma praktisch dazu eingeladen hat. Ich bin mir aber nicht sicher, ob das eine gute Idee ist.«

»Warum nicht? Das klingt nach einem freien Abend, und um Mitternacht holst du sie einfach wieder ab und bringst sie heim. So mach ich das auch.« Christine tat so, als sei dies das Normalste der Welt. Vielleicht war es das auch.

»Freie Abende habe ich eigentlich genug, ich würde gerne Zeit mit ihr verbringen.«

»Nun ja …« Christine warf ihm einen mitleidigen Blick zu, den er anmaßend fand und der ihn gehörig nervte.

»Schon gut, schon gut. Ich werde sie fragen. Wenn sie zu der Party will, dann darf sie natürlich gehen. Aber jetzt sollten wir uns um unseren nächsten Patienten kümmern.«

SCHLÜSSEL ZUM HERZEN

DREI TAGE SPÄTER WAR Charly so abgelenkt von ihrem neuen »Hobby«, dass sie über das Gespräch mit ihrem Vater nicht mehr nachdachte. Jedenfalls nicht mehr ununterbrochen. Womöglich sollte sie es einfach auf sich beruhen lassen? Sollte, was auch immer geschehen sein mochte, in der Vergangenheit belassen?

Es war ihr sogar gelungen, ihren kleinen Nebenerwerb für sich zu behalten – vor allem jedoch vor Hailey zu verbergen. Nicht, dass sie Sorge hatte, ihre Chefin könnte sie dafür rügen, dass sie ihr Arbeitsgerät für andere Dinge verwendete, ganz im Gegenteil. Doch Sean war derart aufgeregt gewesen, als er die beiden aus Ednas Hufeisen geschmiedeten Unendlichkeitssymbole abgeholt hatte, dass sie das dringende Gefühl hatte, sie sollte noch ein paar Tage Diskretion wahren.

Inzwischen hatte sie ihre Arbeitsschritte schon deutlich optimiert und auch noch mit anderen Motiven experimentiert. Spiralen wie die, die sie als Anhänger um den Hals trug, gingen ihr inzwischen auch sehr gut von der Hand. Abends nahm sie die Rohlinge mit nach Hause und bearbeitete sie dort ein wenig nach. Im Internet hatte sie tolle Sachen entdeckt, mit denen man das Eisen weiter veredeln konnte. Sie hatte in eine kleine Graviermaschine und Lacke investiert und außerdem Lederbänder mit Verschlüssen gekauft. Vielleicht war die Idee einer kleinen Schmuckkollektion auf dem Markt gar nicht so doof?

Besonders angetan war sie von der Seite einer Kunstschmiedin, die ihre vergleichsweisen rohen Eisenobjekte mit Einsprengseln von Edelmetallen aufpeppte. Silber, Gelbgold, Roségold und auch ein paar Halbedelsteine gaben diesen Schmuckstücken einen extravaganten und ziemlich edlen Touch. Aber das erforderte nicht nur besonderes handwerkliches Geschick, sondern auch deutlich mehr Geld, als sie für den Moment investieren konnte. Vielleicht war das eine Idee für die Zukunft?

Ihr letztes Pferd für den heutigen Tag war versorgt, doch sie nutzte die verbliebene Glut in der Esse noch für die neueste Idee: Gürtelschnallen und Broschen könnten auch funktionieren, wobei für Letztere das Eisen sehr dünn geklopft werden sollte.

Hatte sie ein Geräusch gehört? Sie fuhr herum, in der Hoffnung, dass nicht ausgerechnet Hailey aufgekreuzt war. Doch stattdessen fand sie sich Marlin gegenüber, der sie mit grimmig gefurchter Stirn anstarrte. Rasch tauchte sie die halb fertige runde Plakette, bei der sie sich noch nicht hatte entscheiden können, was sie mal werden sollte, in den Wassertrog und legte sie ab.

Charly war klar, dass es früher oder später zu einem Zusammenstoß mit Marlin kommen würde, aber seine betonte Abwesenheit hatte sie in Sicherheit gewiegt. In einer falschen Sicherheit.

»Kann ich etwas für Sie tun, Mr Fraser?«, erkundigte sie sich höflich, aber förmlich.

»Was wird das?« Er deutete auf das runde Ding, das auf dem Amboss abkühlte.

»Ich weiß es ehrlich gesagt noch nicht«, gab sie zu. »Eine Brosche vielleicht? Eine Gürtelschnalle? Vielleicht auch ein kleines Salzschälchen?«

»Warum?«

Was war das denn für eine Frage? »Warum nicht?«, entgegnete sie cooler, als sie sich fühlte. »Man kann aus Eisen doch eine Menge mehr herstellen als nur Hufeisen.«

»Aber warum sind Sie immer noch hier?«, knurrte er.

»Weil das mein Arbeitsplatz ist? Zumindest hat mir niemand etwas Gegenteiliges gesagt.«

»Es ist nach Feierabend.«

»Wäre es Ihnen lieber, ich würde meine eigenen Projekte während der Arbeitszeit machen?« Sie hob provozierend eine Braue. Tatsächlich nutzte sie gerade jede freie Minute für ihre Experimente, und das sehr oft zwischen zwei Terminen.

»Ich frage mich nur, wann ich …« Er brachte den Satz nicht zu Ende, denn sein Blick war auf die Arbeitsfläche gefallen, wo neben der Schleifmaschine die fünf Schmuckstücke des heutigen Tages lagen. Warum hatte sie die noch nicht weggeräumt?

»Wann Sie was?«

»Wann ich hier auch mal arbeiten kann«, brachte er hervor und mied ihren Blick.

»Sie können jederzeit hier arbeiten. Platz ist ja genug.« Charly lächelte ihn freundlich an. Zumindest hoffte sie, dass es freundlich aussah.

Sie konnte ihn einfach nicht einschätzen, hatte aber in den letzten Wochen zahllose Geschichten über Marlin Fraser gehört. Über seinen Familiensinn, seine Liebe zur Heimat und zu Kirkby, seine diversen Fertigkeiten, sein unfassbares Doppelleben und das große Geheimnis, das er jahrzehntelang vor fast allen verborgen hatte. Inzwischen war sie vollkommen fasziniert von dieser schillernden Figur und würde sich wirklich freuen, wenn sie einen etwas normaleren Umgang miteinander hätten. Vielleicht sollte sie den ersten Schritt machen?

»Für das, was ich vorhabe, brauche ich keine Zeugen.«

»Oha, das klingt … ominös.« Sie sah, wie er sich ihren Werkstücken zuwandte, und fuhr fort: »Ich kann gerne für heute das Feld räumen. Dann können Sie ganz ohne Zeugen machen, was Sie wollen.«

»Ich habe nie etwas anderes geschmiedet als Hufeisen«, gab er zu ihrem großen Erstaunen zu, den Blick fast sehnsüchtig auf eine besonders kunstvolle Spirale von ihr geheftet.

»Verständlich. Es gibt im Alltag eines Hufschmieds ja kaum einen Grund für andere Herausforderungen. Ich habe es bis vor wenigen Tagen auch nie gemacht, aber es macht Spaß, die eigenen Grenzen auszudehnen.« Sie war sich nicht sicher, warum sie ihm das alles erzählte, aber sie hatte das Gefühl, dass Marlin Fraser sich heute ein bisschen zugänglicher zeigte.

»Ich höre, Sie liefern sehr gute Arbeit ab«, wechselte er jedoch abrupt das Thema und schaute ihr nun wieder direkt in die Augen. Das stürmische Blaugrau erinnerte sie an bewegte See. Nicht unbedingt das, woran sie gerade denken wollte.

»Deswegen haben Sie mich ja engagiert«, erwiderte sie schlicht. »Aber ich bin froh, wenn man mit meiner Arbeit zufrieden ist.«

»Zufrieden?« Er schnaubte. »Mein Bruder kriegt sich kaum noch ein vor lauter Begeisterung. Seiner Meinung nach sind Sie fast eine Art Revolutionärin.«

»Das bin ich ganz sicher nicht«, beeilte sie sich zu sagen, ahnte jedoch, dass Marlin sich ziemlich zurückgesetzt fühlen musste. »Ich habe einfach sehr viel Erfahrung in unterschiedlichen Ländern und sehr unterschiedlichen Betrieben sammeln können. Da habe ich mir ein paar Techniken angeeignet, die hier vielleicht noch nicht so bekannt sind. Bei mir steht immer das Pferd im Fokus. Es ist ja wie bei uns Menschen auch: Mit dem falschen Schuhwerk kann man eine Menge ruinieren, mit dem richtigen dagegen …«

»Wollen Sie damit andeuten, dass ich falsches Schuhwerk produziert habe?«, donnerte er, nun offensichtlich wieder voll auf Krawall gebürstet.

»Nein. Gar nicht. Ich sehe ja jeden Tag, was für tolle Arbeit Sie geleistet haben. Die meisten Tiere waren schon sehr gut beschuht.«

»Die meisten? Und nur sehr gut? Mein Ziel war immer Perfektion, denn auch bei mir stehen die Pferde an erster Stelle.«

»Perfektion schafft wohl niemand«, gab sie äußerlich unbeeindruckt zurück. »Ich jedenfalls nicht. Was ich sagen will, ist, dass ich ein Fan Ihrer Arbeit bin. Wirklich. Aber ich sehe auch, dass Sie immer noch nach den gleichen Prinzipien vorgehen, wie Sie es vermutlich vor fünfzig Jahren gelernt haben.«

»Pferde werden schon seit Jahrhunderten mit derselben Technik beschlagen«, plusterte sich Marlin auf. »Was soll daran falsch sein?«

»Grundsätzlich nichts, aber der Hufschmiedeberuf ist längst nicht so anachronistisch, wie ihn manche Leute einschätzen. Die Pferde haben heute ganz andere Aufgaben als früher. Menschliche Schuhe sahen vor dreihundert Jahren ja auch noch ganz anders aus als heute. Sogar noch vor fünfzig oder zwanzig Jahren. Wir haben inzwischen einfach ein anderes Verständnis von Anatomie und außerdem bessere Materialien, feinere Technik. Ein Pferd wie Azzedine wäre vor fünfzig Jahren ziemlich sicher noch dem Tod geweiht gewesen nach seinem Unfall. Heute läuft er völlig problemlos und schmerzfrei.«

Charly war mehr als nur ein wenig erstaunt, dass Marlin sie so lange sprechen ließ und ihr sogar aufmerksam zuhörte. Daher wagte sie einen weiteren Vorstoß. »Ich kenne mich mit Musik nicht besonders gut aus, aber ich schätze, Sie machen heute etwas andere Musik als vor einigen Jahrzehnten. Vielleicht nicht grundsätzlich, aber in subtilen Details.«

»Hm.«

»Ich empfinde unseren Beruf jedenfalls als modern und vielseitig und freue mich über immer neue Impulse. Jeden Tag genau das Gleiche zu machen wäre doch auch sehr langweilig, oder?«

Er schwieg, doch Charly hatte das Gefühl, dass ihre Worte durchaus etwas in ihm zum Klingen brachten.

»Betty wünscht sich einen großen Eisenschlüssel«, erklärte er nach einer Weile und kramte ein Stück Papier aus seiner Hosentasche. »So ein altmodisches Teil, das aus einer mittelalterlichen Burg stammen könnte. Ein solcher Schlüssel spielt eine wichtige Rolle in ihrem neuen Roman, und sie fände es schön, ein Requisit für ihre Lesungen zu haben.«

Charly betrachtete die Skizze. Ihrer Meinung nach war es nicht sonderlich kompliziert. Herausfordernd war lediglich der Schlüsselbart, für den man mehrere kleine Einzelteile brauchte, die dann am Halm befestigt werden mussten. Der Griff dagegen sah fast genauso aus wie ihre Spiralen, nur dass in der Mitte noch ein kleines Herz geformt werden sollte.

»Interessantes Design«, befand sie. »Und ich bin jetzt ehrlich gesagt sehr neugierig auf die Geschichte und darauf, was hinter dem Schlüssel steckt.«

»Es dauert noch ein bisschen, bis das Buch erscheint. Ich musste es aber schon vorab lesen.«

»Hartes Los, das neueste Werk einer Bestsellerautorin vorab zu lesen«, zog sie ihn lächelnd auf. »Ich werde mir auf jeden Fall ein Exemplar besorgen und es mir von Ihrer Frau signieren lassen.«

»Sie ist nicht meine Frau!«, fauchte er.

»Ähm … sorry.«

»Sie will mich nicht heiraten«, rief er empört.

Sie wird schon ihre Gründe haben, dachte Charly, wechselte aber das Thema. »Zurück zum Schlüssel. Ich glaube, der ist recht einfach umzusetzen.« Sollte sie ihm ihre Hilfe anbieten? Nein, sie hatte auch ihren Stolz. Er musste den ersten Schritt machen.

»Ich … ähm …« Er räusperte sich. »Ich habe so etwas noch nie gemacht«, gab er dann zu.

Sie musste sich auf die Zunge beißen, wartete aber schweigend ab.

Er nahm die Spirale von der Arbeitsfläche und fuhr die schwungvolle Linie mit einem Finger nach. »Würden Sie mir dabei helfen?«

»Es wäre mir eine Ehre.«

Er entspannte sich sichtlich. Offenbar hatte er mit einer anderen Reaktion gerechnet. »Danke«, murmelte er und reichte ihr dann die Hand. »Ich bin Marlin.«

»Ich weiß.« Sie musste krampfhaft gegen ein Grinsen ankämpfen.

»Vielleicht können wir die Formalitäten jetzt sein lassen? ›Mr Fraser‹ nennt mich nur mein Steuerberater, sonst niemand.«

»Mit dem größten Vergnügen«, entgegnete sie und schüttelte endlich seine dargebotene Hand. »Dann fangen wir am besten mit einer simplen Vorübung an«, verkündete sie, angelte ein altes Hufeisen aus der Sammelbox und reichte es ihm.

»Ähm? Ich?«

Sie nickte. »Es soll ja schließlich der Schlüssel zu Bettys Herz werden, nicht wahr? Da würde es kein Glück bringen, wenn ich ihn herstelle.«

Er sah aus, als hätte er in eine saure Zitrone gebissen, doch schließlich nickte er. »Rupert hat recht, du hast wirklich mehr Eier in der Hose als die meisten Kerle. Also, was muss ich tun?«

• • •

Der verdammte Zug aus Edinburgh hatte zwanzig Minuten Verspätung. Zwanzig Minuten mehr, in denen sich Brodie verrückt machen konnte. Er wusste, dass Emma unterwegs war. Marie hatte ihm geschrieben, als der Zug abgefahren war. Emma selbst hatte sich zwischendurch ebenfalls mit einer kurzen Textnachricht gemeldet. Die Wahrscheinlichkeit, dass er in ein paar Minuten sein Kind in die Arme würde nehmen können, dürfte also langsam bei fast hundert Prozent liegen. War er tatsächlich bereit dafür?

Großartiges Timing für Selbstzweifel. Wirklich grandios. Die Hunde bemerkten seine Unsicherheit und drängten sich eng an ihn. Vielleicht war ihnen aber auch nur kalt, denn er hatte ihre Mäntel nicht mitgenommen, weil er nicht davon ausgegangen war, dass sie übermäßig lange am Bahnsteig würden warten müssen. Eine weitere idiotische Fehleinschätzung von ihm. Fast so dämlich wie die, dass er ernsthaft dafür bereit war, zehn Tage mit seiner Teenager-Tochter zu verbringen.

Moss wuffte leise, als wollte er Brodies destruktive Gedanken verscheuchen. Kate stupste ihn an der Hand an und warf ihm einen besorgten Blick zu. Eine Welle der Zuneigung durchflutete ihn. Diese beiden Geschöpfe hatten ihn gerettet. Hatten verhindert, dass er ganz in den Abgrund abglitt, und hatten Freude in sein Leben gebracht, als alles andere nur noch düster, schwarz und schwer gewesen war. Sie mochten von zarter Statur sein, aber sie waren machtvolle Beschützer. Er schluckte gegen den Rührungskloß in seinem Hals an. »Ihr seid die Besten«, lobte er die beiden und streichelte sie. »Und zu dritt werden wir auch mit Emma fertig, egal wie sie sich benimmt.«

Er hielt Maries Berichte für dramatisch übertrieben, aber wenn er an gleichaltrige Mädchen wie Lucy und ihre Freundin Tara dachte, erkannte er da schon ein gewisses Potenzial für Herausforderungen. Brodie dachte wehmütig an die Zeit zurück, als Emma noch klein und die Welt für sie – und für ihn – in Ordnung gewesen war. Sie hatten ein wirklich gutes und enges Verhältnis gehabt. Nach Emmas Geburt hatte erst Marie ein Semester ausgesetzt, dann er, und die Zeit allein mit seiner wenige Monate alten Babytochter war mit die beste seines ganzen Lebens gewesen. Und auch später war das starke Vater-Tochter-Band eine sichere Basis geblieben, und sie hatten unglaublich viele schöne Dinge gemeinsam erlebt. Bis er sich für diesen Afghanistan-Einsatz gemeldet hatte und als anderer Mensch zurückgekommen war.

Er schüttelte energisch den Kopf. Diese Phase war überstanden. Es hatte ihn Jahre gekostet, und unendlich viel harte Arbeit, aber nun war er seit fast zwei Jahren wieder vollständig gesund. An Körper und Seele. Es wurde Zeit, dass er auch endlich wieder Vater sein konnte. Und durfte.

Endlich fuhr der Zug ein und entließ gleich darauf zahllose Menschen durch die sich öffnenden Türen. Touristen, die sich auf Urlaubstage in den Highlands freuten, junge Leute, die Ostern mit ihren Familien verbringen wollten, und schließlich auch Emma. Fast hätte er sie nicht erkannt, denn ihr langes Haar, das beim letzten Mal noch honigblond geschimmert hatte, sah nun aus, als …

»Hi, Dad.« Sie lächelte ihn halb scheu, halb herausfordernd an und streichelte erst einmal die Hunde, die sich wie verrückt freuten, sie zu sehen. Dann ließ sich Emma von Brodie in die Arme nehmen.

»Hallo, Emma.« Er war sich nicht sicher, wie innig er sein Kind wohl herzen durfte, und dann fragte er das Dümmste, was ihm in den Sinn kam: »Ist das eine Perücke?«

»Was?« Sie wand sich aus seiner Umarmung und funkelte ihn mit einem so mörderischen Blick an, dass er dankbar war, nicht sofort zu Staub zu zerfallen. »Das ist ein Mermaid-Ombré! Mum hat mir Geld für einen Friseurbesuch gegeben, damit ich für den Besuch bei dir hübsch bin.«

Langsam konnte Brodie Maries Kommentare verstehen. Was ein Mermaid-Ombré war, blieb ihm dagegen weiterhin schleierhaft. Er nahm allerdings an, dass es etwas mit dem kühnen Farbverlauf in Emmas ehemals blonden Haaren zu tun hatte. Am Oberkopf waren sie nun barbiepink und gingen weiter unten in Violett über, um dann auf den unteren fünfzehn Zentimetern blau zu leuchten. Genauso schlumpfblau wie die von Charly.

»Das wäre echt nicht nötig gewesen. Ich fand dich auch vorher hübsch«, sagte er, weil sie sichtlich einen Kommentar erwartete.

»Du findest es also genauso scheiße wie Mum?«, fauchte sie ihn an.

»›Scheiße‹ ist ein hartes Wort. Ich bin nur ein bisschen überrascht, das ist alles.« Er lächelte sie an und betete in Gedanken sein Mantra herunter: *Haarfarben kann man ändern, Haare wachsen nach. Sei froh, dass es kein Tattoo ist.*

»Bei dir in der Prärie kennt man das wohl nicht, was?«

Schön wär's … »Selbst bei uns im Hochland gibt's Farbe. Wirst du in den nächsten Tagen sicher feststellen. Aber jetzt lass uns zum Auto gehen und nach Hause fahren. Kate und Moss frieren.«

»Warum hast du ihnen nichts angezogen?«, kam es tadelnd von seiner Tochter. Sie hatte die Leinen übernommen, während er sich mit ihrem Riesenkoffer abmühte, der Garderobe für mindestens drei Wochen Platz bot – bei zwei Outfitwechseln pro Tag und ohne dass sich eins wiederholte.

»Ich habe nicht damit gerechnet, dass der Zug Verspätung hat«, gab er zu. »Ich bin mir aber sicher, dass die beiden überleben werden.«

»Wenn du mit mir genauso nachlässig umgehst wie mit deinen Hunden, kann ich mich ja auf einiges gefasst machen.« Es klang provokativ, aber auch witzig, doch Emmas Worte gaben Brodie einen gewaltigen Stich ins Herz.

»Da dürfte keine Gefahr bestehen. Anscheinend hast du genug Kleidung dabei, und im Gegensatz zu Kate und Moss kannst du ja auch selbst bestimmen, was du wann anziehst«, entgegnete er etwas pikiert und deutete auf das Kofferungetüm.

»Mann, Dad, das war doch nur ein Spaß.« Sie verdrehte die Augen. »Legt er bei euch auch jedes Wort auf die Goldwaage?«, erkundigte sie sich dann bei den Whippets.

»Wuff«, machte Moss, der ohnehin sehr gesprächig war und gern Kommentare abgab.

»Haha, ich wusste es!«, rief Emma und lachte sich halb tot.

»Toller Hund, fällt mir in den Rücken«, brummte Brodie, merkte aber, wie er sich langsam entspannte. Seine Tochter hatte Humor. Einen ziemlich gewöhnungsbedürftigen und frechen, aber damit konnte er leben. Er redete sich ein, dass es ein gutes Zeichen war, wenn sie so locker mit ihm umging. Das war schließlich keine Selbstverständlichkeit, denn in den letzten zwei, drei Jahren hatte sie sich oft genug geweigert, überhaupt mit ihm zu sprechen.

»Die beiden sind einfach cool«, lobte Emma, als sie Brodies glänzenden BMW-SUV im Parkhaus erreicht hatten. Sie streichelte die Hunde, als die in ihre Boxen hinten im Wagen gesprungen waren. Dann nahm sie auf der Beifahrerseite Platz, während Brodie den Koffer auf die Rückbank wuchtete.

In Inverness herrschte noch reichlich Verkehr, und es dauerte ein bisschen, bis sie sich durch das Feierabend- und Vorfeiertagsgetümmel gearbeitet hatten. Doch dann gondelten sie gemächlich ein Weilchen am Ufer des Loch Ness entlang.

»Weißt du noch, wie wir mal eine Nessie-Kreuzfahrt gemacht haben? Du warst so enttäuscht, dass das Monster nicht aufgetaucht ist«, erinnerte er sich lächelnd an einen Ausflug vor vielen Jahren.

»Da war ich höchstens vier oder fünf und hab jeden Scheiß geglaubt, den ihr mir eingeredet habt.« Wieder verdrehte sie melodramatisch die Augen.

Gab es ein Bullshit-Bingo für Teenager, fragte sich Brodie. Augenrollen war jedenfalls eine ganz heiße Kategorie. »Wir haben dir gar nichts eingeredet, sondern nur Möglichkeiten aufgezeigt. Es leben viele Menschen in der Gegend, die steif und fest daran glauben, dass in den Gewässern Wasserpferde hausen und im Loch Ness eben ein prähistorisches Monster.«

»Du etwa auch?« Sie musterte ihn und schien nicht einschätzen zu können, ob er es ernst meinte oder nicht.

»Hm. Sagen wir's so: Ich glaube eher nicht daran, einfach weil ich noch nie wissentlich einem

Wasserpferd begegnet bin. Aber ist das ein Grund, ihre Existenz komplett anzuzweifeln?«

»Ja!?«

»Vielleicht. Vielleicht auch nicht. Was Nessie betrifft, die gibt es wirklich.« Er schenkte ihr einen kurzen Seitenblick und ein kleines Grinsen.

»Wieso denkst du, dass Nessie weiblich ist?«

»Ich denke es nicht nur, ich weiß es sogar sicher.« Sein Grinsen wurde breiter.

»Das ist doch wieder dieser misogyne Patriarchats-Müll«, regte sie sich gleich wieder auf. »Männer gehen automatisch davon aus, dass Monster, die es gar nicht gibt, weiblich sein müssen.«

Wieder dachte er an Maries Klagen und musste sich im Geiste erneut bei seiner Ex-Frau entschuldigen. Solche Sprüche in Dauerbefeuerung mussten wirklich wahnsinnig anstrengend sein. »Ich kann natürlich nicht für alle Männer sprechen, aber ich selbst würde mich jetzt nicht als ausgesprochen frauenfeindlich bezeichnen«, sagte er sachte.

»Natürlich nicht. Du bist ja ein Systemlemming!«

»Keine Ahnung, was das ist. Aber du kannst deine feministische Erregungskurve wieder etwas abflachen lassen, denn die Nessie, von der ich die ganze Zeit rede, ist kein Monster, sondern eine flauschige und sehr freundliche Alpaka-Stute, die vor zwei Jahren hier aus dem Loch Ness gerettet wurde.«

Emma starrte ihn an, als hätte er nicht mehr alle Tassen im Schrank. »Du verarschst mich doch!«

»Nichts läge mir ferner«, beteuerte er. »Das ist eine wahre Geschichte. Nessie gehört Shona Fraser McIntosh, die hier am Ort die Destillerie betreibt und außerdem eine Alpakaherde hat. Bei der Eröffnung der Brennerei hat Nessie wohl ein paar Gin-Gläser ausgeschleckt und ist betrunken vor den Lieferwagen des Tierarztes getorkelt. Das war ebenfalls vor meiner Zeit hier, aber man wird nicht müde, diese Geschichte immer wieder zu erzählen.«

»Das ist doch total bescheuert.« Emma schüttelte mit einer ungeduldigen Kopfbewegung ihre bunte Mähne von links nach rechts. Spektakulärer Effekt.

»Wenn du mir nicht glaubst, kannst du jeden anderen im Ort fragen. Wir können auch mal eine kleine Alpaka-Wanderung machen, wenn du willst. Ich schätze, dass sie auch beim Osterfestival dabei sein werden.«

»Ich kann's kaum erwarten.« Der Sarkasmus triefte nur so.

»Am Samstag gibt es eine Party für die Dorfjugend. Wenn du Lust hast, kannst du da hin«, wechselte er das Thema und hoffte, sie damit aus der Reserve zu locken.

»›Dorfjugend‹ klingt jetzt nicht ganz so nach meiner Kragenweite.« Nun flogen die Haare von rechts nach links.

»Die Arroganz der Großstädterin …« Nun verspürte Brodie selbst den dringenden Impuls, die Augen zu verdrehen, doch er hielt sich zurück. Wenn sie nicht wollte, musste sie nicht. »So hinterwäldlerisch ist man in Kirkby nicht, kann ich dir versichern. Ich habe das auch nicht geglaubt, aber lass dich einfach überraschen.«

Sie hatten nun Drumnadrochit erreicht, und er bog nach rechts ab – weg von der Seestraße, hinein ins sanft hügelige Hinterland. »Deine Großeltern freuen sich auch schon sehr auf dich«, sagte er und deutete grob in die Richtung, in der das Haus seiner Eltern stand. Allerdings fragte er sich, wie speziell sein Vater auf Emmas Frisur reagieren würde.

»Ich freu mich auch auf die beiden«, entgegnete Emma zu seiner Überraschung in beinahe sanftem Tonfall. »Ist es noch weit?«

»Nein, nur noch ein paar Minuten. Wir sind gleich da.« Er lenkte den Wagen über die kurvige Straße einen Hügel hoch. »Wenn wir diesen Berg hinter uns haben, kannst du Kirkby schon sehen«, kündigte er an.

»Jedenfalls könnte ich das, wenn es hell wäre«, kam es trocken zurück. Es war inzwischen ziemlich dämmrig, aber das Abendrot am Horizont tauchte die Landschaft in eine beinahe magische Stimmung.

»Du wirst reichlich Gelegenheit haben, alles auch bei Tageslicht zu erforschen.« Sie hatten die Bergkuppe überwunden, und zwischen den Bäumen konnte man die ersten Gebäude erkennen: das mächtige Herrenhaus Monroe Manor, die Dorfkirche, die sogar beleuchtet war.

Bald darauf kamen sie an den ersten Koppeln der Reitanlage vorbei, auf denen einige der imposanten

Pferde grasten. »Das hier ist der große Reitstall, der einem international anerkannten Pferdetherapeuten gehört«, erklärte er ihr. »Da ist der Loch Leary, ein kleiner Badesee, und da geht's zu …«

»Seit wann kennst du dich mit Pferdeflüsterern aus?«, unterbrach sie ihn.

»Gar nicht, aber das habe selbst ich mitbekommen. Interessierst du dich für Pferde?«

Sie zuckte wortlos mit den Schultern, und er fuhr mit seinen Sightseeing-Erklärungen fort: »Wir sind gerade am lokalen Spitzenrestaurant vorbeigefahren, das mit zwei Michelin-Sternen ausgezeichnet wurde. Außerdem gibt es ein ziemlich schickes Bed & Breakfast mit einem Spa, das auch Dorfbewohner nutzen dürfen.«

»Okay« war die wenig enthusiastische Antwort.

»Das dahinten ist Monroe Manor.« Er deutete auf das trutzige Gebäude. »Und hier ist der Dorfplatz, aber wir müssen hier entlang.« Er bog direkt in eine ruhige Seitenstraße ein und parkte dann vor seinem Cottage. Und nun kehrte auch die Nervosität zurück. Würde es Emma bei ihm gefallen?

»Das ist dein Haus?«, fragte sie verblüfft, als sie ausstieg.

»Ja. Warum?«

»Es ist hübsch.«

Brodie machte sich die mentale Notiz, dieses überraschende Lob in seinen Kalender einzutragen. »Danke. Ich mag es auch, aber warum überrascht dich das so sehr?«

»Keine Ahnung. Ich hab mir nur gedacht …« Sie sprach den Satz nicht zu Ende, sondern zuckte nur wieder mit den Schultern.

Brodie fragte nicht nach, was genau sie sich gedacht hatte, sondern ließ die Hunde aus dem Auto und holte den Koffer von der Rückbank. »Lass uns reingehen. Ich wette, du bist am Verhungern.«

»Ja, schon irgendwie. Was gibt's denn?«

»Shepherd's Pie von Granny«, antwortete er lächelnd. Als Kind hatte Emma den würzigen Auflauf aus Hackfleisch und Kartoffelpüree heiß und innig geliebt.

»Oh.« Sie blieb abrupt auf der Schwelle stehen und starrte ihn entsetzt an.

»Was ist?«

»Hat dir Mum nicht gesagt, dass ich mich nur noch vegan ernähre?«

• • •

Wenn irgendjemand Charly heute Morgen oder noch heute Mittag prophezeit hätte, dass sie am Abend ausgerechnet in trauter Zweisamkeit mit Marlin Fraser den Pub betreten würde, hätte sie diese Person in Therapie geschickt. Buchmacher wären mit den entsprechenden Wettquoten ruiniert worden. Aber tatsächlich war sie seiner Einladung gefolgt und nahm nun mit ihm am letzten freien Tisch im gut besuchten Gastraum Platz.

Nach einigen Fehlversuchen hatte Marlin recht schnell den Dreh rausgehabt und es geschafft, einen sehr beachtlichen Schlüssel für Betty zu schmieden.

Die Thrillerautorin war an diesem Abend irgendwo im Land unterwegs und hielt eine Lesung – und Marlin hatte offensichtlich Gefallen an Charlys Gesellschaft gefunden.

»Was darf ich euch zu trinken bringen?«, wollte Kellner Kevin wissen, dem die ungewöhnliche Paarung nicht weiter aufzufallen schien. Im Gegensatz zu vielen Leuten an den anderen Tischen. Charly nahm eindeutiges Getuschel und den ein oder anderen wenig subtil deutenden Finger wahr.

»Ein Bier«, orderte Marlin und sah Charly dann erwartungsvoll an.

»Einen alkoholfreien Gin Tonic.«

Marlin musterte sie fragend, doch sie tat so, als würde sie es nicht wahrnehmen. Innerlich zählte sie die Handvoll möglicher Umstände ab, die er ihr als Grund für den Verzicht auf Alkohol womöglich unterstellen würde. Er schien mit sich zu ringen und erklärte schließlich: »Ich habe gelernt, dass man nicht fragen soll, warum jemand keinen Alkohol trinkt.«

Sie grinste. »Und da sage noch mal einer, ein alter Hund lernt keine neuen Tricks mehr.«

»Ich hab das nie gesagt. Hunde sind bis ins hohe Alter hinein lernfähig.«

»Das höre ich gern. Ich hatte nie einen eigenen Hund, daher kann ich das nicht beurteilen.«

Wieder zögerte er. »Darf man auch nicht fragen, warum jemand keinen Hund hat?«

Nun lachte sie laut auf. »Das mit dem Hund hat sich einfach nie ergeben bei mir. Es war also keine bewusste oder unbewusste Entscheidung. Vielleicht werde ich irgendwann mal einen haben.«

»Hunde sind jedenfalls einfacher zu halten als ein Esel«, gab Marlin zu bedenken.

»Nicht, wenn man ausschließlich in Gestüten oder Trainingsställen beschäftigt ist. Außerdem war die Entscheidung für Penny auch keine bewusste. Ich habe damals in Dubai gearbeitet und war für einen Kurzurlaub in Jordanien. Da habe ich sie gefunden. Neugeboren, neben ihrer toten Mutter. Was hätte ich tun sollen? Ich hab sie also mitgenommen und mit der Flasche aufgezogen.« Sie zuckte mit den Schultern, als sei dies das Normalste der Welt.

»Die Geschichte erinnert mich an Sean und sein Schaf Basil. Nur dass da die Umstände nicht ganz so kompliziert waren. Zumindest vermute ich, dass es nicht allzu leicht gewesen sein kann, ein Eselfohlen von Jordanien nach Dubai zu bringen und es mit der Hand aufzuziehen.« Er klang wirklich beeindruckt.

»Ich habe nicht darüber nachgedacht, ob es leicht war oder nicht. Ich habe einfach getan, was getan werden musste. Genau wie Sean.« Sie lächelte, weil Sean ihr die Geschichte von seinem wolligen Freund natürlich schon erzählt hatte.

»Wie ist es, in einem Emirat zu arbeiten?«, wollte Marlin wissen, als Kevin die Getränke servierte und sie beide ihr Essen bestellten.

»Kulturell schwierig – vor allem als Frau –, von der Ausstattung und den Arbeitsbedingungen her top. Und die Pferde sind ebenfalls wundervoll.« Sie hob ihr Glas und prostete Marlin zu. »Auf den Schlüssel zum Herzen.«

»Auf den Schlüssel und vor allem auf dich.« Er trank einen Schluck. »Es tut mir leid, dass ich mich wie ein Idiot benommen habe.«

»Schön, dass du es schließlich erkannt hast.«

»Vergessen und verziehen?«, fragte er hoffnungsvoll.

»Verziehen ja, vergessen nein.«

»Das ist fair.« Er blickte in sein Bierglas wie eine Wahrsagerin in den Teesatz. »Ich werde das Gefühl nicht los, dass du sehr interessante Geschichten zu erzählen hast.«

»Ich habe ein paar spannende Dinge erlebt, aber ich habe nie ein Doppelleben geführt und keine heimliche Popstar-Karriere unter einem Fantasienamen gemacht«, gab sie zurück, denn so leicht wollte sie sich nicht aus der Reserve locken lassen. Schon gar nicht von dem Mann, der sie bis vor wenigen Stunden noch als Staatsfeind Nummer eins betrachtet hatte.

Er schmunzelte leicht. »Ich merke, du bist bereits bestens im Bilde.«

»Was soll ich sagen? Die Pferde halten die Klappe, aber ihre zweibeinige Begleitung ist meist in Plauderlaune.«

Ehe er etwas entgegnen konnte, öffnete sich die Tür, und Brodie kam herein, ausnahmsweise einmal nicht ganz so makellos gestylt wie sonst, sondern etwas gestresst. Begleitet wurde er auch nicht von seinen zwei dürren Fuchsjägern, sondern von einer sauertöpfisch dreinblickenden Jugendlichen mit prächtig bunten Haaren.

Brodie schaute sich suchend um, doch alle Tische waren besetzt. Sein Blick fiel auf ihren Ecktisch, und Marlin winkte die beiden heran. »Wir haben noch Platz für zwei«, rief er und wandte sich erst danach an Charly. »Das ist hoffentlich in Ordnung?«

»Klar. Damit dürfte unser Tisch dann endgültig zum Hauptgesprächsthema des Abends werden.« Sie lächelte und räumte ihren Rucksack beiseite, der auf einem der freien Stühle lag.

»Guten Abend«, grüßte Brodie höflich. »Danke, dass wir bei euch Asyl finden. Das ist meine Tochter Emma. Emma, das sind Marlin Fraser und Charly MacRae.«

»Hi«, murmelte Emma knapp in Richtung Marlin und betrachtete dann fasziniert Charlys Haare. »Coole Farbe.«

»Ebenso.« Charly zwinkerte dem Mädchen zu, das sie auf ungefähr vierzehn bis sechzehn schätzte.

»Es gab eine kleine Essenskrise zu Hause«, erklärte Brodie, während er sich hinsetzte. »Emma ernährt sich neuerdings nur noch vegan, und irgendwie hat diese Information nicht den Weg zu mir gefunden.«

KINDERSEGEN

BRODIE HATTE DAS GEFÜHL, in den letzten sechzehn Stunden um ungefähr zehn Jahre gealtert zu sein. Und das, obwohl Emma seit fast zehn Stunden in ihrem Zimmer war und mutmaßlich schlief. Hoffte er. Bislang hatte er jedenfalls keinen Mucks von ihr gehört.

Er war – wie eigentlich immer – um sieben Uhr aufgestanden und erst einmal mit den Hunden rausgegangen. Dann hatte er den Frühstückstisch gedeckt und dabei festgestellt, dass er praktisch nichts im Haus hatte, was als vegan gelten konnte. Von Obst, Gemüse, Marmelade und Honig mal abgesehen. Aber Emma würde ja wohl kaum Marmelade auf einem nackten Toast essen wollen, oder?

Warum hatte Marie ihn nicht vorgewarnt? Er hatte gestern Abend große Lust gehabt, seiner Ex-Frau angemessen die Meinung zu geigen, doch das wäre wohl genau die Reaktion gewesen, die sie sich gewünscht hatte. Also hatte er auf ihre Textnachricht, in der sie sich erkundigt hatte, ob alles in Ordnung sei, ganz lapidar geantwortet: *Bestens! Viel Spaß im Urlaub. B.*

Danach waren sie dann in den Pub gegangen, wo es ja neuerdings vegane Gerichte gab, und sie hatten einen überraschend kurzweiligen Abend mit

Charly und Marlin verbracht. Diese beiden friedlich zusammensitzen zu sehen hatte ihn fast noch mehr geschockt als Emmas Veganismus-Ankündigung. Erstaunlicherweise waren sowohl Charly als auch Marlin sehr gut darin gewesen, Emma in die Unterhaltung einzubeziehen. Gerade Charly, die selbst Veganerin war – warum wunderte ihn das nicht? – und das Hohelied auf die veganen Gerichte im Pub sang, war sehr gut bei Emma angekommen. Musste wohl an den Haaren liegen.

Brodie hatte vorhin ernsthaft darüber nachgedacht, die Schmiedin zu fragen, was man als veganer Mensch wohl frühstücken konnte. Aber da er ihre Telefonnummer nicht hatte und nicht einfach uneingeladen am frühen Morgen eines Feiertags vor ihrer Tür stehen wollte, hatte er diese Überlegung wieder verworfen. Stattdessen war er in den Pub gegangen. Wenn man dort mittags und abends vegane Gerichte anbot, war man doch wohl auch beim Frühstück darauf eingerichtet, oder?

Zu seinem großen Erstaunen waren Jon und Isla im Gastraum mit dem Frühstücksdienst beschäftigt gewesen. Damit, dass die beiden auch noch die Morgenschicht übernahmen, hatte er wirklich nicht gerechnet.

»Ich weiß einfach nicht mehr, wie ich liegen soll«, hatte Isla dramatisch gestöhnt. »Ich werde jetzt einfach so lange herumlaufen, bis Brutus freiwillig auszieht.«

»Bitte sag, dass ihr auch einen richtigen Namen für das Kind habt.«

»Haben wir, aber ob der sich durchsetzen wird?« Jon sah erschöpfter aus als seine Freundin – und dabei war das Baby noch nicht einmal auf der Welt.

Brodie erinnerte sich an die erste Zeit mit Emma. Es war anstrengend gewesen, aber in der Rückschau nicht ansatzweise so krass wie die wenigen Stunden, die er bisher mit ihr als Teenager verbracht hatte. Andererseits waren er und Marie mit Anfang zwanzig auch sehr junge Eltern gewesen, da war man vermutlich belastbarer. Ob er sich heute noch einmal einen Säugling antun würde? Die Chance, es beim zweiten Mal besser zu machen, mit allen guten und schlechten Erfahrungen im Kopf, war durchaus verführerisch. Doch es gab dabei zwei große Probleme: Erstens war die Angst, es wieder zu verkacken, riesig, und zweitens hatte er keine Partnerin. Außerdem wollte er sich jetzt auf Emma konzentrieren, und das war Aufgabe genug.

Isla hatte ihm jedenfalls einen Korb mit veganen Sachen gepackt, die so köstlich wirkten, dass er sie selbst probieren wollte. Mehrere frische Brotaufstriche – herzhaft und süß. Dazu zwei Liter Hafermilch, eine Tüte mit »Ei-Ersatz« und ein Tipp dafür, wie man angeblich wirklich leckere vegane Pancakes zubereiten konnte. Genau das tat er jetzt und hoffte, dass das Aroma seine Tochter aus dem Reich der Träume locken würde. Die kleinen Pfannkuchen wurden tatsächlich ausgesprochen fluffig, und er stapelte sie auf einen Teller und stellte den zum Warmhalten in den Ofen.

»So, jetzt reicht's mit Schlafen«, murmelte er, als der letzte Pancake ausgebacken im Ofen gelandet war. Er bedeutete Kate und Moss, ihm zu folgen, und zu dritt gingen sie durch den Flur bis zu Emmas Zimmertür. Brodie klopfte, doch als keine Reaktion kam, ließ er die Hunde durch einen Spalt hinein. Prompt stürzten sie sich voller Begeisterung auf ihre Zweibeiner-Schwester.

Emma kreischte lachend auf, und so wagte sich auch Brodie ins Zimmer.

»Guten Morgen, Schlafmütze«, sagte er und trat zum Fenster, wo er die Vorhänge aufzog und frische Luft hereinließ. Leider auch so viel Licht, dass er nun deutlich das Chaos erkennen konnte, das bereits im Zimmer herrschte. Auf dem Boden lagen kleinere und größere Haufen aus Klamotten und Schuhen, dazwischen stapelten sich Bücher – immerhin das war positiv – und mehrere bunte Täschchen, von denen er vermutete, dass sie Schminkzeug enthalten könnten.

»Morgen«, kam es brummig von Emma, doch sie quiekte gleich wieder, als Moss ihr hingebungsvoll das Ohr ableckte.

»Ich hab Frühstück gemacht«, erklärte Brodie. »Und für den Fall, dass es dir gestern Abend nicht aufgefallen ist, da steht ein Schrank, der genug Platz für deine Sachen bieten sollte.«

Sie schoss ihm einen mörderischen Blick zu. »Ich komm gleich.«

Brodie verstand den Hinweis und verzog sich wieder in die Küche. Wenn sie in fünf Minuten nicht hier war, würde er eben allein mit dem Frühstück anfangen. Er scrollte sich auf seinem Handy durch die Veranstaltungsseite von Kirkby, weil er genau wissen wollte, wann welcher Programmpunkt geplant war. Heute am Karfreitag lag noch nichts an, aber morgen sollte der übliche Vormittagsmarkt über den ganzen Tag hinweg stattfinden und etliche kulinarische Highlights bereithalten. Außerdem gab es Alpaka-Wanderungen. Am Abend stand dann die Party für Jugendliche zwischen vierzehn und zwanzig in der alten Schule an – mit DJ und einem Auftritt der Highland-Dancing-Jugendgruppe. Vermutlich würde Emma darüber wieder das Gesicht verziehen, weil es vermeintlich kaum etwas Uncooleres gab als Highland-Dancing. Vielleicht täuschte er sich aber auch.

Er schnaubte frustriert auf, weil es ihn so nervte, dass er nicht wusste, was Emma gefiel und was nicht. Das musste er schleunigst ändern. Das Programm für Sonntag war dann sehr bunt. Es ging um neun Uhr mit einer großen Ostereiersuche für Kinder auf dem Gelände des Reiterhofs los. Anschließend gab es einen Osterbrunch für alle, je nach Wetter in der Reithalle oder auf einem Reitplatz, und danach standen die Hunderennen auf dem Plan – in zehn unterschiedlichen Klassen. Dazwischen konnte man wieder mit Alpakas und Ponys spazieren gehen oder in der Schmiedescheune lernen, wie man Pferde beschlug. Für den Abend war die große Osterfete für alle Dorfbewohner angekündigt. Und vermutlich würden am Montag dann alle erschöpft sein.

»Hi, Dad.« Emma stand etwas unentschlossen im Türrahmen. Sie trug noch ihren Schlafanzug, aber dicke Wollsocken an den Füßen und hatte ihre bunten Haare zu einem Pferdeschwanz zusammengebunden.

»Hi, mein Schatz. Setz dich. Ich habe alles vorbereitet.« Er deutete auf einen Stuhl. »Was magst du trinken? Tee? Kaffee? Kakao? Und keine Sorge, ich habe Hafermilch besorgt. Und vegane Pancakes gebacken.«

Sie schlurfte zu ihrem Platz, gefolgt von den Whippets, die dem Besuch nicht von der Seite wichen.

»Kate, Moss – Bett!«, forderte Brodie das Duo auf, das die Regeln eigentlich kannte und sich dann auch brav ins Körbchen trollte.

»Was trinkst du?«

»Tee.« Er deutete auf die Kanne, die auf einem Stövchen warm gehalten wurde. »Aber wie gesagt, du kannst auch Kaffee oder Kakao haben.«

»Tee ist prima.«

Er goss ihr eine Tasse voll. »Das ist Kuhmilch, das ist Hafermilch, und du hast die Wahl zwischen weißem Zucker, braunem Zucker und Honig.« Dann stand er auf und holte den Teller mit den warm gehaltenen Pancakes aus dem Ofen. »Bedien dich.«

Er selbst nahm sich zwei der Küchlein, beträufelte sie mit reichlich Ahornsirup und häufte Blaubeeren und Bananenstücke darauf. Das Ganze toppte er noch mit frischem Joghurt. Er fühlte Emmas fast sehnsüchtigen Blick. »Das hier ist eine vegane Joghurt-Alternative«, sagte er und reichte ihr ein Keramikschälchen, in das er die Sojacreme gefüllt hatte.

Die sah tatsächlich wie Joghurt aus, auch wenn sie nicht wirklich danach schmeckte.

»Woher …? Ich meine, gestern warst du doch noch total überrascht und überfordert, weil ich vegan … ähm … bin«, stammelte sie.

»War ich auch. Aber ich weiß mir eben zu helfen. Und du brauchst keine Angst zu haben, dass ich dir Kuhmilchprodukte unterjubele, von dem Sojajoghurt und der Hafermilch habe ich die Originalverpackungen. Von den Brotaufstrichen nicht, aber Isla hat mir beim Leben von Brutus geschworen, dass sie ebenfalls vegan sind.«

»Wer sind Isla und Brutus?« Emma starrte ihn verwirrt an und häufte sich dann selbst Pancakes auf den Teller.

»Isla ist die Sterneköchin, an deren Restaurant wir gestern Abend vorbeigefahren sind. Sie ist mit Jon, unserem Pubwirt, zusammen und kümmert sich auch im Pub manchmal um Küche und Gäste. Und Brutus ist der Arbeitstitel für ihren Sohn, der in den nächsten Tagen zur Welt kommen soll«, fasste er zusammen.

»Hm.« Mehr wusste sie dazu offenbar nicht zu sagen, oder sie war zu gut erzogen, um mit vollem Mund zu sprechen, denn inzwischen mampfte sie fröhlich an den Pancakes herum. »Die sind lecker«, befand sie schließlich, als sie runtergeschluckt hatte. »Mum macht fast nie welche. Und sie deckt auch nie so hübsch den Tisch.«

»Deine Mutter hat einen harten Job und keine Zeit für solche Spielereien«, entgegnete er.

»Du hast denselben harten Job«, erinnerte sie ihn.

»Das kann man nicht vergleichen. Meine Praxis hier ist lange nicht so stark frequentiert wie die in Edinburgh. Außerdem sieht es bei mir unter der Woche auch anders aus. Da frühstücke ich meist gar nicht zu Hause, sondern hole mir etwas in der Bäckerei. Aber jetzt am Wochenende, und wo du zu Besuch bist …«

»Auch an den Wochenenden gibt's bei uns nie Pancakes. Eigentlich frühstückt niemand wirklich.« Sie seufzte. »Und du musst Mum gar nicht in Schutz nehmen.«

»Tu ich nicht, ich kann es nur verstehen, wenn der Alltag eben anders abläuft. Ich freu mich einfach so, dass du hier bist, und finde es schön, wenn wir den Tag mit einem Frühstück starten.«

Emmas Wangen wurden plötzlich sehr rosa, und sie versuchte, sich hinter ihrer Teetasse zu verstecken. »Dein Haus ist übrigens toll«, murmelte sie dann.

»Danke. Ich fühl mich hier auch sehr wohl. Gefällt dir auch dein Zimmer? Wenn nicht, können wir jederzeit alles ändern.«

»Doch, das ist total schön. Vor allem der Schreibtisch ist cool.« Nun lächelte sie ihn scheu an. »Freust du dich wirklich, dass ich hier bin?«

»Was? Und wie ich mich freue! Das ist das größte Geschenk.« Er blickte sie eindringlich an, damit sie gar nicht auf die Idee kommen konnte, an seinen Worten zu zweifeln. »Ich hatte bis zuletzt Angst, dass du es dir doch wieder anders überlegen könntest.«

»Sorry«, murmelte sie. »Ich weiß, ich war manchmal … und wegen Weihnachten …«

»Ist schon gut«, unterbrach er sie. »Ich verstehe das wirklich. Ich war nicht gerade der Vater, den du gebraucht hättest, aber ich hoffe, dass du mir eine Chance gibst.«

»Pierce ist echt in Ordnung«, bemerkte sie. »Ich meine, er war in den letzten Jahren einfach immer da. Eigentlich mehr als Mum, obwohl ich nicht besonders nett zu ihm bin.«

Natürlich versetzte es ihm einen Stich, dass sie ihren Stiefvater erwähnte, aber andererseits musste er wohl dankbar sein, dass seine Tochter auch in den letzten Jahren eine stabile und zuverlässige männliche Bezugsperson gehabt hatte. »Ich bin sehr froh, dass du dich mit Pierce gut verstehst. Und ich kann auch nachvollziehen, dass du ihm gegenüber loyal bist. Ich würde mich einfach freuen, wenn wir auch wieder mehr Kontakt hätten. Nicht als Konkurrenz zu Pierce, sondern als Bonus. Was meinst du?« Brodie hatte keine Lust, nur ein Extra zu sein, aber er begriff auch den inneren Konflikt seiner Tochter. Vielleicht hatte sie ihm nicht nur deswegen so oft die kalte Schulter gezeigt, weil er viele Jahre lang eine unzuverlässige Figur in ihrem Leben gewesen war, sondern vor allem, weil sie den Mann nicht enttäuschen wollte, der sich im Alltag offenbar gut um sie gekümmert hatte.

Emma schien keine eindeutige Antwort darauf zu haben. Sie kaute auf ihrer Unterlippe. »Jetzt bin ich ja erst mal hier«, verkündete sie dann und wechselte das Thema. »Ich hab im Internet so einen Blog entdeckt mit ganz schön fiesen Artikeln über Kirkby. Also eigentlich sind sie eher witzig.« Sie grinste verschmitzt.

»Du meinst *The King's Speech*? Ja, den finde ich auch cool. Niemand weiß, wer dahintersteckt, aber es gibt die wildesten Gerüchte. Meiner Meinung nach muss es jemand aus dem Ort sein, denn manche Dinge kann mal als Außenstehender gar nicht wissen.«

»Bist du das etwa?« Emmas Augen wurden so rund wie die rasch dahinschwindenden Pancakes.

»Ich? Quatsch. Ich hab ja einige Talente, aber Schreiben gehört nicht dazu. Mein heißester Tipp wäre Betty Murray. Das ist eine bekannte Thrillerautorin, die hier im Ort lebt. Aber sie schwört Stein und Bein, dass sie nichts damit zu tun hat. Die andere Option wäre für mich Jon Grant. Als Pubwirt bekommt er natürlich alles mit, und als ehemaliger Werbeprofi kann er garantiert auch gut schreiben. Aber angeblich gibt es den Blog schon länger, als Jon hier ist.«

»Vielleicht jemand im Rathaus?«, schlug Emma vor.

»Es ist mit Sicherheit nicht unser Bürgermeister Collum, denn der schlittert wegen dieser Blogbeiträge regelmäßig von einer Blutdruckkrise in die nächste. Und so ein guter Schauspieler ist er nicht. Aber vielleicht Leslie, die Gemeindesekretärin?«

»Ich glaub ja, dass ein Mann dahintersteckt«, befand Emma. »Vielleicht dieser Marlin?«

»Marlin?« Brodie lachte und schüttelte den Kopf. »Das würde ich ausschließen, denn der regt sich über die Texte fast noch mehr auf als der Bürgermeister.

Andererseits ist er ein deutlich durchtriebenerer Charakter.« Je länger er darüber nachdachte, desto besser gefiel ihm die Idee.

»Charly finde ich auch cool«, wechselte Emma nun erneut das Thema.

»Wegen ihrer Haarfarbe?«

»Ernsthaft, Dad?« Sie stöhnte empört.

»Was? Ist das nicht offensichtlich?«

»Glaubst du, dass sich Frauen nur wegen derselben Haarfarbe füreinander interessieren?«

Eine ehrliche Antwort sollte er sich jetzt wohl besser sparen, überlegte Brodie und schüttelte den Kopf. Am meisten verstörte ihn jedoch, dass seine kleine Tochter sich selbst als Frau bezeichnete.

»Charly hat eine tolle Persönlichkeit«, sprach Emma weiter.

»Und das konntest du in dem kurzen Gespräch erkennen?«

»So kurz war es auch wieder nicht, außerdem bin ich sehr gut im Menschenlesen.«

»Verstehe.« Tat er nicht, aber auch das behielt er lieber für sich.

»Sie versucht ebenfalls vegan zu leben, findet das aber gar nicht so leicht, und außerdem hat sie einen wahnsinnig spannenden Beruf.« Emma kam gerade regelrecht ins Schwärmen. »Ich will am Sonntag unbedingt zu ihrer Vorführung gehen.«

»Können wir machen.« Brodie hatte keine Ahnung, warum, aber plötzlich bekam er ausgesprochen gute Laune.

• • •

Charly hatte vier Pferde und Penny für die Schauvorführungen ausgewählt. Doch nun tummelte sie sich mit gefühlt ganz Kirkby in der großen Reithalle und bediente sich am reichhaltigen Buffet, das wirklich für jeden Geschmack und jede Ernährungsform Leckereien bereithielt.

Der vegane Porridge mit Ahornsirup und frischen Früchten war köstlich, aber wenn sie ehrlich war, sehnte sie sich nach Rühreiern mit Speck. Ruperts Frau Alice hantierte mit mehreren großen Pfannen auf einem Induktionskochfeld und briet Speck, Würstchen, Blutwurst und Pilze. Es roch lecker. Verboten lecker.

Manchmal war es gar nicht so einfach, konsequent zu bleiben. Energisch ging sie zur anderen Seite des Buffets, stapelte ein paar Pancakes auf ihren Teller und suchte sich einen Platz.

»Hier ist noch frei!«, rief ihr Emma zu und winkte. Sie saß mit ihrem Vater, Lennox Fraser, Shona, Kendrick, Susan, Davie und Isla, die allerdings Platz für drei brauchte, an einem improvisierten Tisch aus Heuballen.

Charly konnte kein freies Plätzchen in dieser Runde entdecken.

»Wir rücken zusammen«, bestimmte Emma jedoch und rutschte auf der Bierbank ein Stück von ihrem Vater weg, sodass Charly sich zwischen die beiden quetschen konnte.

Auch wenn ihre Vorbehalte gegen den geschniegelten Zahnarzt noch nicht ganz verschwunden waren, wollte sie nicht unhöflich sein. Am Donnerstagabend war er ja sehr nett gewesen, und seine Tochter war ebenfalls eine witzige Gesprächspartnerin – und verfügte zudem über einen sehr guten Frisurengeschmack. Allerdings sah sie heute etwas müde aus.

»Warst du gestern auf der Party?«, erkundigte sich Charly bei ihr, während sie in die schmale Lücke kletterte und hoffte, allzu viel Körperkontakt vermeiden zu können. Allerdings stieg ihr das sehr angenehme Aftershave von Dr. Henderson in die Nase, das beinahe noch verführerischer roch als der Speck vorhin. Aber mindestens ebenso verboten … Und was dachte sie da überhaupt?

»Ja, war ich.« Emma gähnte herzhaft. »Hätte nicht erwartet, dass es hier so viele coole Leute gibt.«

»Warum? Weil wir hier auf dem Dorf leben?«

Das Mädchen zuckte mit den Schultern. »Irgendwie schon.«

»Ist vielleicht ein dummes Vorurteil, oder? Ich selbst habe nie in einer Großstadt gelebt – außer in Dubai, was ein ziemlich spezielles Erlebnis war.« Sie schüttelte den Kopf. »Egal. Was ich damit sagen will: Ich habe überall coole und doofe Menschen getroffen. Es liegt also nicht an der Umgebung.«

»Ja, kann sein«, gab Emma zu. »Du hast in Dubai gelebt?«

»Unter anderem. Ich habe schon einige Orte auf der Welt besucht.«

»Und jetzt bist du ausgerechnet in Kirkby gelandet?« Emma schien das nicht glauben zu können.

»Ich kann mir noch kein abschließendes Urteil erlauben, aber ich kann dir versichern, dass mir Kirkby tausendmal besser gefällt als Dubai.« Charly grinste in die Runde. »Wo sind denn Anna und Jon?«, wollte sie von Lennox und Isla wissen.

»Jon kümmert sich ums Catering, und Anna entbindet gerade Ainslee, zusammen mit Martha«, sagte Isla, ehe Lennox antworten könnte. »Ich dagegen muss warten, bis Brutus irgendwann einfach aus mir rausexplodiert wie ein Alien.« Sie stieß einen etwas kurzatmigen Seufzer aus. »Nicht mal das klappt noch, dieses Kind drückt mir alle Organe ab.«

»Oh weh. Lange wird es aber sicher nicht mehr dauern«, sagte Charly tröstend.

»Es ist trotzdem unfair. Ainslee war bis zum Schluss …« Sie winkte ab. »Ist ja auch egal. Ich gönne es ihr, dass sie es als Erste hinter sich hat.«

»Sie quält sich immerhin schon seit gestern Nachmittag herum«, warf Lennox ein. »So richtig spaßig dürfte das auch nicht sein.«

»Ich will jedenfalls nie Kinder haben«, mischte sich Emma ein. »Damit hat man doch nur Stress.«

Charly biss sich auf die Lippen, um sich ein Lachen zu verbeißen.

Susan dagegen hatte keine solchen Hemmungen. Sie kicherte laut los. »Beobachtung oder Selbsterkenntnis?«, wollte sie wissen.

Emma schickte der Erzieherin einen düsteren Blick, und Brodie versuchte sein Lachen durch ein Hüsteln zu tarnen.

»Kinder sind toll«, redete Susan weiter. »Vor allem, wenn man sie am Nachmittag wieder ihren Eltern übergeben kann.«

Charly sah, wie Davie seiner Freundin bei diesen Worten einen merkwürdigen Blick zuwarf. *Da ist das letzte Wort noch nicht gesprochen*, sollte der vielleicht heißen. Sie mochte die Kindergärtnerin und den Schreiner wirklich sehr, aber ein wenig beneidete sie sie auch um die große Verliebtheit, die die beiden teilten.

Auch Susan entging der Blick nicht. »Was? Sag bloß, dir sind Ernie und Bertha gerade nicht aufregend genug?«

»Darf ich dich daran erinnern, dass Bertha sich tadellos benimmt und Ernie deine Idee war?«, gab er zurück.

»Wer sind Ernie und Bertha?«, wollte Emma wissen.

»Unsere Fellkinder. Ein Newfypoo-Welpe und ein Ferkel«, erklärte Susan.

»Welpe und Ferkel ist gut«, bemerkte Charly. »Beide sind riesig. Wo sind sie eigentlich?« Sie schaute sich um. In der ganzen Reithalle war kein Hund zu sehen. »Und wo ist Kate Moss?«

»In der anderen Reithalle«, antwortete Brodie. »Mit allen anderen Hunden.«

»Ernie und Bertha sind zu Hause«, erwiderte dagegen Davie. »Was vermutlich besser ist.«

»Ihr habt ein Schwein als Haustier?« Emma konnte es offenbar nicht fassen und starrte die beiden mit großen Augen an.

»Davie hat das Ferkelchen vor einem grausamen Bauern gerettet, der es umbringen wollte, weil es angeblich zu mickrig war. Und Ernies Mutter Polly, das ist der Hund von Isla, hat das Schweinchen adoptiert. Jetzt denkt Bertha, dass sie ein Hund ist, und wahrscheinlich müssen wir in ein paar Jahren wahnsinnig viel Geld für Therapie ausgeben, weil sie ein Identitätsproblem entwickelt hat.« Susan lachte und wirkte nicht ernsthaft besorgt.

Emma sagte nichts mehr. Sie schien sich nicht sicher zu sein, ob man sie verarschte oder ob das die Wahrheit war. Stattdessen stopfte sie sich ihren letzten Pfannkuchen in den Mund und schielte auf Charlys unberührte Portion. »Es gibt am Büffet reichlich Nachschub«, bemerkte Charly und begann dann selbst zu essen.

»Das sind die beiden.« Davie hatte sein Handy hervorgezogen und hielt es Emma vor die Nase. Auf dem Display waren die ungleichen Tierschwestern zu sehen, wie sie Schnauze an Schnauze gemütlich schlafend auf dem Sofa lagen. »Das war der Anblick heute früh, als ich ins Wohnzimmer gekommen bin.«

»Ist Bertha in den letzten Tagen noch mehr gewachsen?«, entfuhr es Charly. Das Schwein war wirklich riesig.

»Kann sein, mir fällt das gar nicht mehr so auf.«

»Aber mir. Sie ist schon wieder aus ihrem Geschirr rausgewachsen«, sagte Susan und griff nach dem Telefon. »Warte mal.« Sie wischte auf dem Display herum und präsentierte anschließend ein Foto von den beiden Tieren, als sie nur wenige Wochen alt gewesen waren. Da war Ernie sogar noch größer gewesen als Bertha. »So sahen sie letzten Herbst aus.«

»Oh, wie süß«, entfuhr es Emma, und mit ihrer Teenager-Zurückhaltung war es nun endgültig vorbei. »Darf ich die beiden mal besuchen?«

»Klar, jederzeit. Kommt einfach in der Schreinerei vorbei. Im Kindergarten sind Ferien, also bin ich auf jeden Fall die meiste Zeit zu Hause.« Susan grinste in Richtung Brodie. »Wenn es deinem Dad bei uns nicht zu rustikal ist.« Sie zwinkerte Emma zu. »Aber du kannst auch allein kommen.«

»Können wir, Dad?«, flehte Emma ihren Vater an, und Charly war erstaunt, dass sich die blasierte Teenie-Attitüde in Luft aufgelöst hatte.

»Natürlich, mein Schatz. Da findet sich bestimmt eine Gelegenheit.«

Charly fühlte sich, zwischen Vater und Tochter eingequetscht, ein bisschen wie das fünfte Rad am Wagen. Sie schluckte ein Stück Banane herunter und wandte sich dann an Lennox. »Spielst du heute Abend beim Dorffest?«

»Klar, das ist doch Ehrensache.« Der dunkelhaarige Musiker zwinkerte ihr zu. »Deine erste Kirkby-Party, was?«

»Man hat mir verschiedentlich klargemacht, dass ich umstandslos aus dem Dorf gejagt werde, sollte ich nicht erscheinen«, sagte sie mit einem schiefen Grinsen. Nicht dass sie das ernsthaft vorgehabt hätte, denn sie hatte schon einige ziemlich legendäre

Geschichten über die feierwütige Dorfbevölkerung von Kirkby gehört.

»Du wirst es nicht bereuen«, behauptete Lennox. »Oder vielleicht schon – kurzfristig, wenn dich morgen der Kater quält –, aber das gehört auch irgendwie dazu.«

»Nicht für mich«, entgegnete Charly knapp. »Ich habe auch beim Feiern lieber einen klaren Kopf. Aber ich freu mich sehr.«

»Bist du auch Alkoholikerin?«, fragte Emma interessiert und brachte damit das Gespräch am Tisch schlagartig zum Verstummen.

Charly schaute sie für einen kurzen Moment irritiert an und fragte sich, was genau das »auch« bedeutete, doch dann konterte sie mit einer ihrer Standardgegenfragen: »Ist das in deinen Augen der einzige denkbare Grund dafür, dass jemand keinen Alkohol trinkt?«

Das Mädchen lief knallrot an. »Ähm … nein. Sorry.« Sie starrte auf ihren leeren Teller und biss sich auf die Unterlippe.

Das peinliche Schweigen am Tisch wich schlagartig wieder angeregtem Geplapper, nur die beiden Menschen rechts und links von Charly schienen wie versteinert zu sein. Ihr war ein wenig der Appetit vergangen, aber sie zwang sich dazu, ihr Frühstück aufzuessen, denn nachher würde sie jedes bisschen Energie brauchen können.

»Wann startet die Schmiedevorführung?«, wollte Susan wissen, und Charly warf ihr einen dankbaren Blick zu.

»Die erste in einer Stunde«, antwortete sie. »Ich bin gespannt, ob sich überhaupt viele Leute dafür interessieren.«

»Ich schätze, darüber brauchst du dir keine Sorgen zu machen. Ich komme auf jeden Fall. Und vielleicht können wir nach den Ferien ja mal einen Termin vereinbaren, zu dem ich die Vorschüler zum Zugucken vorbeibringe. Die lieben solche Ausflüge.«

»Klar, jederzeit gern.« Charly entspannte sich wieder ein wenig und wandte sich dann an Emma und Brodie. »Kommt ihr auch?«

Emma nickte nur stumm, das Gesicht halb hinter dem bunten Haarvorhang versteckt. Brodie dagegen sagte betont munter: »Auf jeden Fall. Das ist bestimmt wahnsinnig spannend. Ich habe es ja im Job nur mit Zahngold zu tun, und die Kronen werden von den Zahntechnikern vorbereitet, aber die Anpassungen mache ich natürlich selbst, im Labor. Und manchmal versuche ich mich ein wenig als Hobby-Goldschmied.«

»Echt? Das ist ja cool. Da gibt's bestimmt Parallelen.« Unwillkürlich blickte sie auf seine Hände, doch seine Finger und Handgelenke waren vollkommen nackt.

»Emma, zeig Charly mal das Armband«, forderte Brodie seine Tochter auf.

Das Mädchen schob den Ärmel ihres Sweatshirts hoch und hielt Charly ihr schmales Handgelenk hin.

»Ähm … das ist aber kein Zahngold, oder?« Auf den ersten Blick sah Charly ein buntes Armband aus Glas- oder Plastikperlen in der gleichen Farbschattierung wie Emmas Frisur. Dazwischen prangte ihr Name.

»Sorry«, nuschelte Emma und hielt ihr die andere Hand hin. Am linken Handgelenk war mit einem schmalen dunkelblauen Satinband ein zierliches goldenes Unendlichkeitssymbol befestigt.

»Das ist wunderschön«, befand Charly mit einem Lächeln. Dieses zarte Schmuckstück erinnerte sie an ihre eigenen, weit weniger filigranen Arbeiten. Wieder schossen ihr die Bilder der Künstlerin durch den Kopf, die sie im Internet entdeckt hatte und bei der rohes Eisen eine höchst reizvolle und zauberhafte Verbindung mit Edelmetallen einging.

Sie wollte es schon erwähnen, da kam Marlin Fraser in die Reithalle gestürmt und stieß einen markerschütternd lauten Pfiff aus, der sämtliche Gespräche schlagartig verstummen ließ. »Mein drittes Enkelkind ist da!«, rief er, sobald er sich der ungeteilten Aufmerksamkeit der Anwesenden sicher war. »Carolyn Rose Starling hat vor einer Stunde das Licht der Welt erblickt. Sie ist zweiundfünfzig Zentimeter groß und wiegt dreitausendfünfhundertdreiundvierzig Gramm. Es geht ihr blendend. Genau wie ihrer Mutter.« Marlin strahlte so glücklich und stolz, als hätte er dieses Wunder persönlich zu verantworten.

Die Frühstücksgäste jubelten, nur Isla verdrehte die Augen. »Ich wünschte, ich hätte es auch hinter mir«, stöhnte sie. »Brutus wird mindestens siebzig Zentimeter messen und acht Kilo wiegen.«

Charly hatte nicht allzu viel Ahnung davon, was bei Kindern ein normales Geburtsgewicht war, doch das kam ihr arg unwahrscheinlich vor.

»Es wäre nett, wenn du noch ein paar Tage durchhalten könntest, damit ich auch mal wieder Zeit mit meiner Freundin verbringen kann«, sagte Lennox ohne übermäßiges Mitleid zu seiner Schwester. »Ich weiß echt nicht, was das in dieser Familie soll, dass Babys immer an den Feiertagen geboren werden. Roya an Weihnachten, Carolyn an Ostern …«

»Dass Brutus bis Pfingsten wartet, kann man wohl ausschließen«, unterbrach ihn Isla und warf ihm einen giftigen Blick zu. »Hoffe ich jedenfalls. Aber irgendwie süß, dass sie ihre Tochter nach Pauls Mutter benannt haben.« Sie bekam ganz glasige Augen.

Charly war inzwischen bestens darüber im Bilde, dass Paul Starling der uneheliche Sohn von Marlin Fraser und seiner damaligen Bandkollegin Caro Starling war. Und auch darüber, dass Marlin von der Existenz dieses weiteren Sohnes bis zum vorletzten Weihnachten nichts gewusst hatte. Die Sängerin war vor vielen Jahren bei einem Flugzeugunglück ums Leben gekommen, und Marlin hatte diese Tragödie dazu genutzt, sein musikalisches Alter Ego, von dem außer seinen Geschwistern, seiner Frau und Pfarrer McTavish niemand in Kirkby etwas geahnt hatte, ebenfalls sterben zu lassen. Bis dann vorletzten Herbst das ganze Doppelleben aufgeflogen war. Mannomann.

Dagegen war ihre Familie ein offenes Buch. Wobei … Das altbekannte und gern verdrängte Unbehagen stieg wieder in Charly auf. Sie hatte »die Sache« immer noch nicht geklärt, und seit dem unterbrochenen Telefonat mit ihrem Vater hatte niemand aus ihrer Familie den Versuch unternommen, selbst aktiv zu werden. Das musste ein Ende haben! Charly nahm sich vor, morgen eine Klärung herbeizuführen.

»Als süß würde ich die Namenswahl nicht bezeichnen«, entgegnete Lennox mit einem verschmitzten Glitzern in den Augen. »Eher als kleine Abrechnung mit unserem Vater.«

»Ich denke nicht, dass er das so empfindet«, widersprach Isla. »Und ich finde es wirklich schön. Vielleicht kommt ja auch mal jemand auf die Idee, unserer toten Mutter ein Denkmal zu setzen. Alex hat da bei seiner Tochter ja völlig versagt.«

»Heißt das, dass dein Sohn Bonnie Brutus heißen wird?« Lennox schüttete sich aus vor Lachen.

»Idiot«, zischte Isla, musste dann aber auch wieder grinsen. »Ich schätze, als Spitzname ist das gar nicht so schlecht.« Sie strich über ihren ausladenden Bauch. »Aber eigentlich habe ich dabei eher an dich und an Shona gedacht.« Sie warf nun auch ihrer jüngeren Schwester vielsagende Blicke zu. »Das ist eindeutig euer Job.«

»Wenn das neue Alpakafohlen eine Stute wird, wird sie Bonnie heißen«, versprach Shona vollkommen ungerührt, und ihr Mann Kendrick zuckte nur mit den Schultern.

»Was stimmt mit dieser Familie nicht?« Isla schüttelte mit gespielter Enttäuschung den Kopf und stand dann mühsam auf. »Ich muss mich mal bewegen. Vielleicht kann ich das Monster einfach so rausschütteln. Bis später.«

FRISCH BESCHLAGEN UND ABGESCHLAGEN

»ICH SCHAU MAL NACH den Hunden«, kündigte Brodie an, als sich die Gesellschaft langsam auflöste. Gleich nach Islas Abgang war auch Charly verschwunden, und die anderen schienen ihr Frühstück allmählich ebenfalls beendet zu haben. »Kommst du mit?«, fragte er seine Tochter.

»Ich würde noch bleiben«, sagte sie und vermied es, ihm in die Augen zu sehen. »Da drüben sind Lucy und Tara, und vielleicht hole ich mir noch eine Portion Pancakes.«

»Okay.« Er zögerte, weil er nicht wusste, ob er sie hier auf ihren Fauxpas ansprechen oder lieber damit warten sollte. Es war sonnenklar, dass es ihr unfassbar peinlich war – schon in dem Moment, in dem sie diese Frage so unbedacht gestellt hatte. War das Strafe genug? War er überhaupt in der Position, solche verbalen Ausrutscher zu ahnden? Schließlich war ja sein Alkoholismus der Grund dafür gewesen, dass seine Familie auseinandergebrochen war. Da spielte es auch keine Rolle, dass er seit drei Jahren absolut trocken war und keinen Tropfen Alkohol mehr angerührt hatte. Das Vertrauen seiner Tochter war noch nicht wiederhergestellt, was er ihr kaum verübeln konnte. Trotzdem war es ein sehr unangenehmer Moment gewesen – für alle am Tisch.

Er hatte von Anfang an mit offenen Karten gespielt. Anna wusste Bescheid, genau wie Bürgermeister Collum. Doch niemand hatte es an die große Glocke gehängt, dass der neue Zahnarzt an einem Alkoholproblem litt. Tat er ja auch nicht mehr, doch Alkoholiker war man eben sein Leben lang. Er fragte sich, zu welchen Schlüssen die Tischgesellschaft bei Emmas Frage gekommen war und wann wohl die ersten Gerüchte auftauchen würden.

Andererseits wussten vermutlich schon viel mehr Leute im Ort Bescheid, denn er verkehrte ja oft genug im Pub und bestellte dort immer alkoholfreie Getränke. Nach dem Grund dafür hatte ihn bislang niemand gefragt, was eigentlich nur daran liegen konnte, dass ihn insgeheim alle schon kannten. Das wiederum wäre die beste Nachricht überhaupt – wenn auch schwer zu glauben –, denn bisher war ihm niemand in der Praxis mit Misstrauen begegnet. Nun ja, er konnte es ohnehin nicht ändern.

»Sehen wir uns dann in der Schmiede?«, wollte er noch von Emma wissen.

Sie tippte manisch auf ihrem Handy herum und nickte nur.

Mit einem leichten Seufzer drehte er sich um, verließ die große Reithalle und machte sich auf den Weg zur anderen, wo – wie er seit heute Morgen wusste – in der Regel nur die Gästepferde trainiert wurden. Heute tobte sich darin eine Hundemeute aus. Normalerweise hätte er Kate und Moss niemals in so einer Massenunterkunft abgegeben, doch die Ansage hatte gelautet, dass beim Frühstück in der großen Reithalle keine Hunde erlaubt waren. Das hatte für einigen Unmut bei den Gästen gesorgt, weil Hunde sonst eigentlich immer und überall gern gesehen waren, aber man hatte – sicher zu Recht – Chaos befürchtet. Die Alternative wäre gewesen, die beiden erst wieder nach Hause zu bringen, und darauf hatte er auch keine Lust gehabt.

»Haben sie sich gut benommen?«, fragte er Aidan Fraser, den ältesten Enkel von Marlin und Sohn von Alex Fraser, der zusammen mit zwei Kumpels die Hundebetreuung übernommen hatte.

»Keinerlei Schwierigkeiten, Dr. Henderson«, berichtete der sommersprossige, rothaarige Jugendliche mit breitem Zahnspangenlächeln. »Die beiden sind ja extrem freundlich und verträglich.«

»Sehr gut. Das freut mich sehr.« Brodie zückte seinen Geldbeutel und drückte dem Jungen einen Zehn-Pfund-Schein in die Hand.

»Das ist nicht nötig, das ist hier ein kostenloser Service«, versuchte Aidan die milde Gabe abzuwimmeln.

»Mag sein, aber Trinkgeld darf ich doch trotzdem geben.«

»Na gut. Vielen Dank.« Aidan steckte den Schein in seine Hosentasche, während Brodie nach seinen Hunden pfiff.

Die Whippets kamen auch gleich brav angerannt und schienen sich zu freuen, ihn zu sehen. Er nahm von Aidan die Leinen entgegen, die neben Dutzenden anderen an einem Sattelbock aufgereiht waren.

»Was machen wir jetzt?«, fragte er die Hunde, aber vor allem sich selbst, als sie wieder draußen waren. Das Wetter zeigte sich im Moment nicht von der einladendsten Seite, sondern recht windig und ziemlich feucht. Auf den Reitplätzen sah er zwei Reiterinnen auf ihren Pferden trainieren. Das war sicher die Vorbereitung für eine der Vorführungen nachher und zweifellos spannend, doch er hatte keine große Lust, im Regen zu stehen.

Also huschte er mit den Hunden von einem überdachten Vorplatz zum nächsten und fand sich plötzlich direkt vor der Schmiedescheune wieder, wo Charlys Eselin sie mit einem durchdringenden »Iah« begrüßte. Wahnsinn, für diesen Sound müsste es Schmerzensgeld geben. Kate und Moss schienen aber keinerlei Vorbehalte zu haben. Sie zerrten an ihren Leinen, um das graue Langohr zu begrüßen.

»Es dauert noch mindestens eine halbe Stunde, bis das hier losgeht«, sagte Charly, die aus dem hinteren Teil der Schmiede nach vorn gekommen war. Vermutlich um nachzuschauen, warum ihr Esel so ein Getöse machte.

»Ich weiß, aber draußen ist es gerade nicht so gemütlich«, entgegnete er und konnte den Blick nicht von ihr abwenden. Beim Frühstück hatte sie eine Jeans und einen langärmeligen Pullover angehabt, der fast dieselbe Farbe hatte wie ihre Haare. Die hatte sie offen getragen, in einem fast schon klassischen, kinnlangen Bob. Das Blau schien heller zu sein als neulich, aber vielleicht hatte er sich inzwischen auch einfach daran gewöhnt. Jetzt hatte sie eine seltsame Mischung aus Schürze und Latzhose über der Jeans an. Das Lederungetüm war an den Oberschenkeln gepolstert und hatte an den Beinen Taschen, in denen Werkzeuge steckten. Ihre Haare hatte sie zu einem Minipferdeschwanz zusammengebunden, sodass man den ausrasierten Teil sehen konnte. Und obenrum trug sie nur ein Top, das ihre verdammt muskulösen Oberarme und die zahlreichen Tätowierungen betonte. Neulich im Wald hatte er den Anblick als verstörend empfunden, beinahe abstoßend, doch heute war er seltsam fasziniert. Auf die rechte Schulter bis hinunter zum Ellenbogen waren Vogelfedern tätowiert, die wie ein Flügel aussahen. Rabe? Adler? Oder gar ein Engelsflügel? Den linken Oberarm dagegen zierte lediglich ein Unendlichkeitssymbol, das jedoch an fein ziseliertes Metall erinnerte. Brodie hatte keine Ahnung, wie man so etwas auf die Haut bringen konnte, so zart und gleichzeitig so mächtig. Auch die Federn wirkten unglaublich echt.

»Man könnte sagen, dass es ziemlich unhöflich ist, sein Gegenüber so schamlos anzustarren«, riss sie ihn aus seinen Gedanken.

»Man könnte auch sagen, dass ich einen echten Lauf habe, was unangemessenes Verhalten betrifft. Verzeihung bitte. Ich bin nur wirklich fasziniert von dem Tattoo.« Er fuhr sich durch die Haare. Beschämt, weil er sich wie ein Idiot benahm, und gleichzeitig derart gefesselt, dass er den Blick nicht abwenden konnte.

»Danke. Also, für den Fall, dass das ein Kompliment war.« Sie schien ebenfalls ein wenig verunsichert zu sein.

»War es. Eindeutig. Und glaub mir, das verblüfft mich wahrscheinlich mehr als dich. Ich finde Tätowierungen nämlich normalerweise … nun ja … fragwürdig.«

»Warum überrascht mich das nicht?« Charly lachte auf. Ein kehliger, dunkler Laut, der gar nicht zu dem zierlichen Persönchen passte. Aber diese Widersprüchlichkeit machte sie noch anziehender.

»Es tut mir übrigens auch leid, dass Emma vorhin …« Er brachte es nicht über sich, den Satz zu beenden.

»Muss es nicht«, erwiderte sie rasch. »Emma hat es nicht böse gemeint, und ich glaube, ihr war die Frage unglaublich peinlich.«

»Ja, mag sein. Aber sie ist fünfzehn und keine fünf mehr und sollte sich schon etwas besser im Griff haben.«

Charlys Mundwinkel zuckten. »Und wie soll das gehen? Schließlich ist sie deine Tochter, und du bist ebenfalls weder fünf noch fünfzehn. Womöglich nicht mal mehr fünfunddreißig. Und nicht einmal dein fortgeschrittenes Alter hält dich davon ab, öffentlich Unsinn zu erzählen.«

Natürlich hatte er das verdient. Trotzdem traf ihn diese Spitze bis ins Mark. »Ich bin achtunddreißig, und ich kann nur wieder um Verzeihung bitten.«

»Das ist nicht nötig, denn ich habe dir ja längst verziehen«, sagte sie großmütig. »Ich finde es nur ein bisschen kühn, wenn du von deinem Kind Dinge verlangst, die du selbst nicht liefern kannst.«

»Da hast du nicht unrecht, aber dennoch ist es mir peinlich, wenn dich meine Tochter öffentlich fragt, ob du Alkoholikerin bist.«

»Das ist auch nicht schlimmer, als wenn du öffentlich behauptest, ich sei eine obdachlose Landstreicherin. Mit Drogenproblemen.«

Wo war der Abgrund, wenn man ihn brauchte? Brodie bedauerte es immer mehr, heute zu dem Osterspektakel gekommen zu sein. Stattdessen hätten sie doch einen netten Besuch bei seinen Eltern machen können. Wobei es dabei zwangsläufig zu unangenehmen Diskussionen über Emmas Ernährungsweise gekommen wäre. Speziell mit seinem Vater. Auch keine schöne Alternative.

»Gibt's hier zufällig einen Höllenschlund, in den ich mich stürzen könnte? Denn vermutlich wäre das die einzige Möglichkeit, mich zum Schweigen zu bringen.« Er lächelte aufrichtig zerknirscht.

»Ich kann nur die Schmiede-Esse anbieten«, entgegnete sie ungerührt. »Die ist so heiß, dass sie Eisen zum Glühen bringt. Womöglich wird sie auch mit deinem Sprachzentrum fertig.« Sie deutete in den Raum, aus dem sie eben gekommen war.

Das war ein Scherz, oder? Er traute sich nicht, nachzufragen, folgte ihr aber in die großzügige Werkstatt, die von der mittig eingebauten Feuerstelle dominiert wurde.

Charly ging zu einem Regal und zog eine Decke hervor, die sie in einer Ecke auf den Boden legte. »Für deine Hunde, damit sie nicht frieren.« Sie schnalzte leise mit der Zunge, und tatsächlich strebten Kate und Moss sofort in ihre Richtung. »Du kannst sie ruhig loslassen. Ich werde sie nicht grillen, aber sie haben offensichtlich gefroren. Hier drin ist es warm.«

Es war sogar sehr warm. So warm, dass er unter seiner Wachsjacke ins Schwitzen kam.

»Du kannst deine Jacke gerne aufhängen.« Sie deutete auf ein paar Garderobenhaken an der Wand, wo auch ihre Jacke und ihr Pulli sowie zwei weitere Lederschürzen hingen.

Auf dem Weg dorthin fiel sein Blick auf die Arbeitsfläche über einer Kommode mit unzähligen Schubladen. Neben einer Schleifmaschine lagen etliche … Schmuckstücke. »Das sind keine Hufeisen«, sagte er blöde und deutete auf eine flache Spiralform und zwei Unendlichkeitssymbole.

»Das sind Brenneisen für besonders impertinente Klugscheißer«, entgegnete sie lapidar und mit einem herausfordernden Blick.

»Ernsthaft?« Er wusste langsam wirklich nicht mehr, was er denken sollte. Und er traute ihr jederzeit zu, dass sie neben ihren Tätowierungen und Piercings, den bunten Haaren und der spitzen Zunge irgendwo auch noch kunstvolle Brandmarken am Leib hatte.

»Willst du es drauf ankommen lassen?« Sie hob eine Braue.

»Ich halte jetzt besser einfach die Klappe«, kündigte er an und hängte seine Jacke auf. Ihm war immer noch heiß – was nicht nur an der Feuerstelle lag, sondern auch an ihrer warmen, fürsorglichen Art mit seinen Hunden, die sich zufrieden auf der Decke zusammengerollt hatten, und ihrer … *Nein! Stopp!*, rief er sich in Gedanken zur Ordnung.

»Ich experimentiere seit ein paar Tagen mit Schmuckstücken«, erklärte sie zu seiner Überraschung und holte einen Anhänger aus ihrem Top, der an einem langen Lederriemen befestigt war. Sie zog ihn sich über den Kopf und reichte Brodie den ungewöhnlichen Halsschmuck.

Es war eine flache Spirale, ähnlich der auf der Arbeitsfläche, doch irgendwie rauer und leidenschaftlicher. Und ganz warm – von ihrem Körper. Er schluckte, als er daran dachte, dass die Spirale zwischen ihren Brüsten gelegen haben musste, und schielte erneut zur Esse. Die Option Höllenschlund fühlte sich immer erstrebenswerter an.

»Ich kann mit meinen Werkzeugen und meinem Rohstoff natürlich keine so filigranen Stücke herstellen wie du aus Gold und mit zweifellos feinerer Gerätschaft, aber es macht mir Spaß, zu experimentieren. Dieser Anhänger war mein allererster und für viele Jahre auch einziger Versuch.« Charly deutete auf das körperwarme Eisenstück in seiner Hand. »Er ist aus einem Hufnagel geschmiedet und hat …« Sie schüttelte den Kopf. »Egal, das spielt jetzt keine Rolle.«

Brodie hatte das Gefühl, dass es sehr wohl eine Rolle spielte, eine große, wichtige sogar, doch er sagte nichts. Stattdessen fuhr er mit einem Finger die unregelmäßige Struktur der Spirale nach, die ihn bei näherem Hinsehen sogar eher an einen Strudel erinnerte. Einen Sog in die Tiefe – unwiderstehlich, düster, traurig und gefährlich. Wie der Höllenschlund, nach dem er sich sehnte. Unvermittelt gab er ihr den Anhänger zurück, und als sich ihre Fingerspitzen berührten, bekam er einen elektrischen Schlag ab. Verstörend. Absolut verstörend.

Charly jedoch schien von seinem inneren Aufruhr nichts zu bemerken – oder sie überspielte es cool. Sie legte die Kette wieder an und ließ den Anhänger zurück an seinen angestammten Platz gleiten. Und dann sprach sie weiter: »Vor ein paar Tagen habe ich aus einer Laune heraus damit angefangen, weitere Anhänger und andere Dinge zu schmieden.« Sie nahm eines der Unendlichkeitssymbole, und er sah, dass sie leicht gewölbt waren. »Die kann man als Armband verwenden«, erklärte sie ihm. »Ich überlege, ob ich an den Enden kleine Löcher reinmachen soll, damit man die Lederriemen besser befestigen kann, aber irgendwie …«

»Darüber habe ich auch nachgedacht«, fiel er ihr ins Wort, ehe er sich zügeln konnte. »Ich habe es sogar ausprobiert, aber das ruiniert das makellose Design des Symbols. Und womöglich auch die Unendlichkeit. Ich meine, wenn man daran glaubt und …« Nun klappte er endlich den Mund wieder zu, ehe er noch mehr Unsinn von sich gab.

»Ich weiß genau, was du meinst«, sagte sie jedoch zu seiner Überraschung mit sanfter Stimme und bedachte ihn plötzlich mit einem ganz anderen Blick. Ihre grünblauen Augen, die meist kühl, klar und abschätzig wirkten – jedenfalls wenn er im Zentrum ihrer Aufmerksamkeit stand –, waren nun ganz warm. »Ich habe erst geglaubt, dass darumgewickelte Leder- oder Stoffbänder den Look ruinieren, aber das stimmt nicht. Witzig, dass du das genauso siehst.« Ihr Lächeln erwärmte sein Herz.

Er schluckte und nickte. Von draußen hörten sie plötzlich Stimmgewirr und Hufgetrappel.

»Dann lass uns mal mit der Show beginnen.«

• • •

Penny begrüßte lautstark die Meute der Zuschauer, die in erstaunlich großer Zahl zu Charlys Arbeitsplatz stromten. Die Leute lachten, als sich die Eselin beinahe in Ekstase iahte, doch Dorian, der angeblich lammfromme und nervenstarke Rapphengst von Alex Fraser, schien das Getöse nicht zu schätzen. Er schnaubte aufgeregt und legte die Ohren an, als er sich mit seinem Besitzer näherte.

»Ist gut, Penny«, sagte Charly zu ihrem Tier. »Wir alle haben mitbekommen, wie sehr du dich freust.« Sie hielt ihr eine Möhre vor die Nase, und Penny überlegte. Fressen oder schreien? Schwierige Entscheidung. Glücklicherweise entschied sie sich fürs Fressen und hielt dabei zwangsläufig die Klappe. Es waren viel zu viele Leute da, als dass sie eine sinnvolle Erklärstunde abhalten konnte, stellte Charly fest und beschloss, dass sie improvisieren musste. Sie hatte mit einer Handvoll Menschen gerechnet. Zehn, maximal zwölf Interessenten hätte sie jeden Arbeitsschritt detailliert erklären können – am Pferd, an der Esse und beim Formen des Eisens am Amboss. Aber hier standen mindestens dreißig Menschen, darunter auch ziemlich kleine Kinder, und etliche waren in vierbeiniger Begleitung.

»Herzlich willkommen in der Schmiede«, begrüßte sie die Truppe. »Weil so viele hier sind, lose ich meine persönlichen Assistenten für diese Runde gleich mal aus«, kündigte sie an und zählte dann durch. Es waren zweiunddreißig Leute. Sie verschwand in der Werkstatt, kramte einen Baumwollbeutel aus einer Schublade und befüllte ihn mit fünf brandneuen und siebenundzwanzig sichtbar gebrauchten Hufnägeln. Dann trat sie wieder vor die Gruppe.

»In diesem Säckchen befinden sich Hufnägel. Wer einen neuen zieht, darf mir helfen, alle anderen dürfen ihren Nagel als Souvenir behalten und vom Rand aus zusehen.« Sie hatte mit einigem Murren gerechnet, doch alle schienen mit diesem Arrangement zufrieden zu sein.

Sie lief die Reihen der Leute entlang und ließ jeden einen Nagel aus dem Beutel ziehen.

»Wer von euch hat einen unbenutzten Nagel erwischt?«, wollte sie dann wissen und hielt ein Vergleichsexemplar in die Luft.

Es gab ein bisschen Hin und Her, sogar Tränen der Enttäuschung bei einem Mädchen, Tauschgeschäfte und kleinere Diskussionen, aber am Ende hatte sie ihre fünf »Assistenten« gefunden. Emma war dabei, eine amerikanische Touristin, ein kleiner Junge namens Finley, ein pickeliger Teenager und ein älterer Mann mit energischem Kinn und unangenehmem Blick.

Sie erklärte den Ablauf. Dass sie sich erst einen Eindruck vom Gangwerk des Pferdes machte, dann das ganze Tier daraufhin abtastete, ob sie irgendwelche Verspannungen feststellen konnte, schließlich die alten Eisen entfernte, die Hufe zurechtschnitt und -feilte und schließlich die frischen oder aufgearbeiteten Eisen aufnagelte. Charly ließ die Zuschauermenge beiseitetreten und bat Alex, sein Pferd eine Runde über den Vorplatz zu führen. Der Rappe war jetzt glücklicherweise deutlich lockerer, aber noch nicht völlig entspannt.

»Was kannst du dabei erkennen?«, wollte Emma wissen.

»Ich sehe, ob er sich flüssig bewegt, ob alle Gliedmaßen gleichmäßig belastet sind oder ob es Abweichungen gibt, und kann durchaus auch Fehlstellungen erkennen, die manchmal von einer unpräzisen Hufpflege kommen. Bei Dorian müssen wir uns aber keine Sorgen machen, da sieht alles gut aus.«

Sie bat Alex zurückzukommen und ließ ihn seinen Hengst anbinden. »Jetzt stelle ich mich ihm vor«, sagte sie dann zu ihrem Team. »Und ihr solltet das auch machen, denn ihr seid ja meine Assistenten.« Sie drückte jedem ein Stück Möhre in die Hand und näherte sich Dorian von der Seite. »Hallo, mein Schöner«, begrüßte sie ihn mit leiser Stimme und erinnerte sich an die Begegnung mit ihm an ihrem ersten Tag. Da war sie so schockiert gewesen, als die kleine Tochter von Alex mit dem Riesen allein in der Box gewesen war. Nun konnte er seine Gutmütigkeit vor größerem Publikum beweisen. Sie streichelte ihn am Hals und schob ihm dann ihr Stück Möhre zwischen die Zähne. »Das ist mein Team«, fuhr sie fort und bedeutete ihrer bunten Gruppe, dass sie nacheinander ebenfalls zu Dorian treten sollten.

Der kleine Finley war mutig und strahlte übers ganze Gesicht, als der Hengst neugierig erst an seinen Haaren schnupperte und dann vorsichtig das Karottenstückchen von der ausgestreckten Kinderhand entgegennahm.

»Hi, Pferd«, grüßte der pickelige Junge und klopfte Dorian ungelenk den Hals.

»Du bist so hübsch«, rief die Amerikanerin dagegen recht schrill und versuchte ein Selfie zu machen, aber Dorian war nur an der Möhre interessiert.

»So ein Quatsch«, murrte der Alte und verschränkte mürrisch die Hände vor der Brust.

Emma hatte ganz weiche Augen bekommen, schien aber etwas nervös zu sein. »Tu mir bitte nichts«, bat sie, als sie an der Reihe war, und streckte die Hand aus. Doch Dorian ignorierte die Gabe zunächst und drückte stattdessen seine weichen Nüstern gegen ihre Wange.

»Er mag dich«, sagte Alex leise und mit einem Lächeln.

»Er ist so riesig«, hauchte Emma.

»Aber im Herzen ein kleiner Teddybär.«

Der Alte grunzte genervt, und auch Charly fand Alex' Behauptung etwas übertrieben, doch Emma schien ganz beseelt zu sein. Aus einem Impuls heraus drückte sie dem Pferd einen Kuss auf den weißen Stirnfleck und bot ihm dann noch einmal das Karottenstück an.

Wenn es in dem Tempo weiterging, würden sie allein für dieses Tier zwei Stunden brauchen. Charly beschloss, dass ihre Mannschaft sich ab sofort auch mit einer eher passiven Zuschauerrolle begnügen musste. Sie begann nun damit, Dorian methodisch abzutasten.

»Was soll diese Kuschelei?«, motzte der Alte. »Ich dachte, es geht ums Beschlagen. Wenn ich mir neue Schuhe kaufe, krault mir die Schuhverkäuferin doch auch nicht erst die Beine.«

Dieser Kommentar sorgte für verhaltenes Gelächter, doch Charly ging nicht darauf ein. Stattdessen erklärte sie, dass man bei Pferden sehr eindeutige Zusammenhänge zwischen Verspannungen und Hufstatik feststellen konnte. Das galt natürlich auch für Menschen, doch diesen Kommentar behielt sie für sich.

»Wie kann man eine Verspannung erkennen?«, erkundigte sich Emma, die sichtlich fasziniert jede Bewegung von Charly verfolgte und ihr regelrecht an den Lippen hing.

»Manchmal sieht man es, meist kann man es aber erfühlen. Wie genau das funktioniert, kann ich dir auch nicht erklären. Das habe ich mir im Laufe von vielen Jahren erarbeitet. Bei Dorian ist aber alles im Lot. Wir entfernen jetzt die Eisen, bearbeiten das Horn und beschlagen ihn neu.«

Ohne unnötige Hast und garniert mit einigen Erklärungen entfernte sie ein Eisen nach dem anderen. Sie waren in einem relativ guten Zustand, und man hätte sie noch einmal verwenden können, doch sie entschied sich anders. Sie reichte Finley das erste Hufeisen. »Das darfst du als Erinnerung behalten«, sagte sie zu ihm, und der Knirps strahlte übers ganze Gesicht.

Die drei anderen Eisen verteilte sie an Emma, die Amerikanerin und den Pickeljungen.

»Und ich?«, motzte der Alte erwartungsgemäß.

»Die Anatomie ist gegen Sie«, gab sie mit einem süßen Lächeln zurück. »Dorian hat glücklicherweise nur vier Beine. Aber Sie sehen aus wie ein begeisterter Gärtner, nicht wahr?«

»Ähm … nun ja … wir haben ein paar schöne Rosen …«, stammelte er einigermaßen überrumpelt.

»Dachte ich's mir doch. Dann haben wir für Sie gleich den Hauptgewinn.« Sie begann mit geübten Handgriffen, das Horn der Hufe zu kürzen, und in Windeseile war der Boden von Hornspänen übersät.

»Das ist der perfekte Rosendünger«, sagte Charly mit einem Grinsen und fegte die Späne rasch zu einem kleinen Haufen zusammen. »Und jetzt wird's richtig spannend«, kündigte sie an. »Jetzt bekommt Dorian neue Schuhe.« Sie ging mit ihrer Truppe in den Werkstattraum und zeigte ihnen die Eisenrohlinge. »Unser Kunde hat ja sehr große Füße, da könnten diese hier am besten passen.« Sie zog die betreffenden Eisen aus dem Regal.

Normalerweise hätte sie direkt mit dem Erhitzen und Schmieden begonnen, weil sie ein absolut präzises Gefühl dafür hatte, wie groß die Eisen am Ende sein mussten, doch sie wollte ihren Zuschauern das Gefühl geben, bei jedem Schritt dabei sein zu können. Also ging sie wieder nach draußen, hielt Dorian an jeden Huf eines der neuen Eisen und zeigte ihrem Publikum, an welchen Stellen genau sie Anpassungen vornehmen musste. Dann kehrte sie in die Schmiede zurück und legte die Eisen in die Glut. Um die Wartezeit zu überbrücken, füllte sie eine Papiertüte mit den Hufspänen und reichte sie dem alten Mann. »Für Ihre Rosen.«

Schließlich war es so weit. Sie holte das erste rot glühende Eisen aus der Esse und hämmerte es auf dem Amboss in die richtige Form. Dann presste sie das noch immer heiße Eisen auf den Huf, und der übliche verbrannte Geruch breitete sich aus. Ihr war das Aroma so vertraut, dass sie es gar nicht mehr wahrnahm, aber für die meisten Zuschauer schien es fast ein Schock zu sein.

»Das stinkt!«, rief Finley und verzog angewidert sein Gesichtchen.

»Tut ihm das nicht weh?«, fragte die Amerikanerin, die etwas blass um die Nase war.

»Nein, das spürt er gar nicht. Die äußere Hornschicht ist wie Fingernägel oder Haare. Da gibt es keine Schmerzimpulse«, erklärte Charly.

Sie war zufrieden mit der Form, tauchte das Eisen in den Wasserbottich und nagelte es dann rasch an den Huf. Bei den anderen drei Beinen ging sie sie genauso vor, und dann war Dorian auch schon fertig.

»Das war's!«, sagte sie mit einem Lächeln in die Gruppe und gab dem Rappen noch ein letztes Stückchen Möhre als Belohnung. »Dorian hat für die nächsten Wochen seine Ruhe von mir. Wer hat noch Fragen?«

In den nächsten Minuten beantwortete sie zahllose davon, dann dünnte sich die Meute langsam aus. Vermutlich starteten gleich die ersten Hunderennen oder so. Zurück blieben Emma und der von Akne geplagte Junge, den Charly auf ungefähr dreizehn oder vierzehn schätzte. Es war klar, dass die beiden Jugendlichen noch Fragen hatten, aber keine Lust, sie vor dem jeweils anderen zu stellen.

»Magst du mal nachsehen, wie es Kate und Moss geht?«, bat Charly das Mädchen. »Die haben sich vorhin in der Werkstatt zusammengerollt, und ich glaube, da schlafen sie immer noch. Oder hat dein Vater sie schon mitgenommen?« Sie war sich sicher, dass die Hunde noch da waren, aber sie hätte nicht sagen können, ob Brodie bei ihrer Präsentation die ganze Zeit in der Nähe gewesen war.

Falls Emma diese Aufforderung seltsam fand, ließ sie sich nichts anmerken, und so war Charly gleich darauf allein mit dem Jungen. »Was hast du auf dem Herzen?«, fragte sie ihn.

»Ich würde das auch gerne lernen«, antwortete er mit leiser Stimme.

»Hufschmied ist ein toller Beruf«, bestätigte Charly lächelnd.

»Mein Dad ist Metzger und will, dass ich das auch werde«, murmelte er und sah knapp an Charly vorbei, so als könnte er ihr nicht in die Augen schauen. »Ich will das aber nicht.« Er schluckte, und sein Adamsapfel zuckte. »Ich mag keine Tiere töten, zerlegen und verkaufen. Ich mag sie auch nicht essen.«

»Dann ist Metzger vielleicht tatsächlich nicht der richtige Beruf für dich«, stimmte sie ihm zu.

»Mein Dad meint, ich soll mich nicht so anstellen«, entfuhr es ihm heiser, und Charly musste mit aller Macht einen tiefen Seufzer unterdrücken.

»Ich will dir mal eine Geschichte erzählen«, begann sie. »Ich stamme aus Oban, und ein Teil meiner Familie lebt auf der Isle of Mull – und alle, wirklich alle haben Jobs, die mit dem Meer zu tun haben. Fischer, Meeresbiologen, Fährkapitäne – solche Sachen. Natürlich haben alle erwartet, dass ich mir auch einen Beruf in dieser Richtung suche, aber für mich war das der totale Horror. Ich habe Angst vor dem Meer und hasse es, auf einem Schiff zu sein. Aber ich habe eine

Aufgabe gefunden, die ich liebe. Und wenn du Tieren lieber helfen möchtest, als sie zu töten oder zu essen, dann solltest du das auch tun.«

Er starrte sie mit großen Augen an.

»Wie heißt du?«

»Brian«, brachte er hervor.

»Ich weiß, dass es nicht immer einfach ist, sich gegen die Wünsche der Eltern durchzusetzen, Brian. Aber es ist dein Leben. Wo wohnst du denn?«

»In Drumnadrochit«, erwiderte er.

»Das ist ja nicht weit weg. Wenn du magst und Zeit hast, kannst du hier in den Sommerferien ein paar Wochen Praktikum machen. Dann merkst du schnell, ob der Job was für dich ist.«

»Wow, das wäre echt cool. Aber ich bin nicht besonders gut in der Schule«, gestand er.

»Das ist den Pferden egal.« Sie lächelte ihn an. »Du kannst jederzeit vorbeikommen und mir über die Schulter schauen.«

Er starrte auf das Hufeisen, das sie ihm vorhin geschenkt hatte. »Danke«, sagte er.

»Gerne. Und nicht vergessen: Hufeisen bringen Glück.«

Kaum war Brian verschwunden, kam Emma wieder an. Charly war sich sicher, dass sie das ganze Gespräch mitgehört hatte.

»Möchtest du auch Hufschmiedin werden?«, fragte sie das Mädchen lächelnd.

Emma zuckte mit den Schultern. »Ehrlich gesagt habe ich mir noch keine Gedanken darüber gemacht, was ich mal werden möchte. Ganz sicher aber keine Zahnärztin.« Sie verzog das Gesicht. »Das ist mir viel zu unkreativ.«

»Das kann ich echt nicht beurteilen«, gab Charly zu. »Aber ein schlechter Beruf ist es ganz bestimmt nicht.«

»Wenn man auf viel Kohle steht, dann nicht.«

»Tun das nicht die meisten Menschen?«

»Weiß nicht.« Emma biss sich auf die Lippen. »Ich würde jedenfalls auch lieber Schmiedin werden als Metzgerin.«

»Hast du wirklich jedes Wort gehört, das Brian gesagt hat?«

»Nun ja …«

»Es gibt ja noch eine Menge anderer Berufe neben Zahnmedizin und Schmieden. Was kann ich denn nun für dich tun?«

»Ich wollte mich entschuldigen«, erklärte Emma und knuddelte Penny, die nach einem kleinen Ausflug gerade wieder angeschlendert kam. »Für meine blöde Frage von vorhin. Das war … total unangemessen.«

»Schon vergessen«, behauptete Charly großzügig.

»Da bin ich froh. Es tut mir ehrlich leid«, betonte sie noch einmal, klang aber deutlich erleichtert.

»Schon gut. Ernsthaft.« Dann wechselte sie das Thema. »Wann müssen denn Kate und Moss zum Rennen antreten?«

»Ich glaube, in einer Stunde, aber ich schätze, das wird das totale Fiasko, denn die beiden pennen tief und fest.« Emma kicherte. »Wahrscheinlich haben sie vorhin so viel mit den anderen Hunden gespielt, dass sie jetzt völlig platt sind.«

»Kleiner Wettbewerbsvorteil für die anderen.« Charly grinste. »Weißt du, wo dein Vater ist?«

»Nee, keine Ahnung. Kann ich hier auf ihn warten? Er wird ja irgendwann kommen, um Kate und Moss abzuholen. Wann startet denn bei dir die nächste Runde?«

Charly zog ihr Telefon aus der Gesäßtasche ihrer Jeans und schaute auf die Uhr. »In fünf Minuten. Aber irgendwie habe ich das Gefühl, dass der große Run schon vorbei ist. Du kannst allerdings sehr gerne hierbleiben.«

»Reiten hier eigentlich alle?«

»Keine Ahnung. Ich glaube nicht.« Charly war einigermaßen überrascht von dem erneuten Themenwechsel. »Reitest du?«

»Als Kind ein paarmal auf Ponys, aber ich hab's nie wirklich intensiv gemacht. Jetzt hätte ich wieder Lust. Gestern auf der Party haben ein paar Mädels sehr geschwärmt, und auch viele der Jungs reiten.«

»Ich bin mir sicher, dass du es jederzeit ausprobieren kannst«, gab Charly zurück.

»Hast du ein Pferd?«

Charly schüttelte den Kopf. »Nein, ich reite auch nicht. Ich habe nur Penny.«

»Du reitest nicht?« Emma starrte sie verblüfft an.

»Nein. Ich mag Pferde. Sehr sogar. Aber auf ihnen zu reiten hat mich nie interessiert.«

»Verrückt.«

»Wenn du meinst.« Charly zwinkerte dem Mädchen zu und ging dann wieder nach draußen, wo sie Hufgetrappel hörte. Joe kam mit dem nächsten Pferd an, doch weit und breit war kein Publikum zu sehen.

»Hast du sie alle vergrault?«, fragte der Stallbursche frech, während er den Fuchsschecken auf und ab führte.

»Scheint so.« Charly zuckte mit den Schultern. Das Wetter war deutlich besser geworden. Es war zwar immer noch windig, aber der fiese Nieselregen war wackerem Sonnenschein gewichen, und sie nahm an, dass die meisten Leute mehr Lust auf Alpaka-Wanderungen und Hunderennen hatten als darauf, in der Schmiedescheune stinkende Horndämpfe zu inhalieren.

»Soll ich ihn wieder zurückbringen?«

»Nö, ich ziehe das jetzt durch. Dann habe ich nächste Woche weniger zu tun«, beschloss Charly. Ihr war es ohnehin lieber, wenn sie bei der Arbeit ihre Ruhe hatte, und jetzt hatte sie gleichzeitig eine gute Ausrede dafür, sich nicht unters Volk mischen zu müssen. Das würde heute Abend bei der Fete noch anstrengend genug werden.

• • •

Was für ein Desaster! Brodie stand fassungslos am Zieleinlauf der Rennstrecke und konnte es nicht fassen, dass Kate und Moss ihn so blamiert hatten.

Emma stand neben ihm und schüttelte sich vor Lachen. Genau wie die restlichen Zuschauer.

»Das ist nicht witzig«, grummelte er.

»Doch, Daddy. Sehr sogar.«

»Es war ein Fehler, sie heute früh mit den anderen Hunden in der Reithalle spielen zu lassen.«

»Ach Quatsch, die hatten garantiert Spaß. Außerdem haben sie das Konzept Hunderennen einfach nicht verstanden«, versuchte ihn Emma zu trösten.

»Das gilt wohl für ganz Kirkby.« Brodie seufzte. Er hatte offen gestanden auch nicht wirklich viel Ahnung von Hunderennen, wusste aber, dass die Tiere da normalerweise einer Beute nachjagten, die an einem Seil vor den Hunden hergezogen wurde. So etwas gab es hier auf der Pferdebahn natürlich nicht, daher waren die Regeln etwas anders gewesen.

Der Startblock bestand aus großen Kunststoff-Hundeboxen, wie man sie auch für Flüge verwendete. Ein paar findige Bastler hatten die vorderen Türen durch Klappen ersetzt, die man gleichzeitig öffnen konnte. Die Besitzer sollten am Endbereich der Bahn auf ihre Hunde warten und durften sie mit allen denkbaren Mitteln motivieren, so schnell wie möglich ins Ziel zu rennen. Einige hatten mit Würstchen herumgewedelt, andere mit Lieblingsspielsachen, und wieder andere hatten einfach gepfiffen oder ihr Rückrufsignal skandiert.

Kate und Moss waren für zwei Rennen eingeteilt gewesen: einmal in der Windhundeklasse, in der sie gegen die Irischen Wolfshunde Orla und Higgins von Tierarzt Kendrick hatten antreten müssen, und einmal im »Verlierer-Rennen« gegen die übrigen Versager aus allen anderen Rennen.

Brodie war sich sicher gewesen, dass Orla und Higgins keine Konkurrenz sein würden. Die beiden waren zwar viel größer, aber auch sehr gechillt. Er hatte die zwei Wolfshunde noch nie schneller laufen sehen als in einem schwungvollen Trab. Auch heute nicht. Beide waren eher gemütlich die Bahn entlangspaziert, hatten mal hier geschnüffelt und mal dort Zuschauer angebettelt, aber letztlich waren sie im Ziel angekommen. Moss dagegen hatte sich in der Box zusammengerollt und trotz ohrenbetäubender Motivationsrufe das komplette Rennen verpennt. Kate war flott gestartet, hatte im Handumdrehen die lahmen Wolfshunde hinter sich gelassen – und war dann zehn Meter vor dem Ziel abrupt abgebogen und in Richtung Pferdekoppeln gerannt.

»Ich finde, Rudi ist ein würdiger Gewinner!«, befand Emma, immer noch giggelnd, und sah zu dem Dackel, der zu Füßen seiner Besitzerin Fanny eine derart blasierte Arroganz ausstrahlte, dass Brodie ihn unwillkürlich beneidete.

Moss war auch für das Verlierer-Rennen nicht zu motivieren gewesen, sondern hatte es sich erneut in der Startbox gemütlich gemacht. Kate war es diesmal schon nach fünf Metern zu blöd geworden. Wieder war sie scharf abgebogen, diesmal in die andere Richtung, hatte sich durch die Zuschauermenge geschlängelt und war irgendwo bei den Stallungen verschwunden.

»Sogar Polly war besser«, lachte Isla kurzatmig und streichelte die gemütliche schwarze Neufundländer-Hündin, die den vorletzten Platz gemacht hatte.

Vor einem asthmatischen, zwölfjährigen Beagle. Die Whippets waren natürlich disqualifiziert worden.

»Ich schätze, meine Hunde sind heimlich umprogrammiert worden«, bemerkte Brodie, immer noch leicht säuerlich – und hatte keine Ahnung, warum ihn das so störte.

»Deine Hunde sind einfach besonders clever und haben sofort kapiert, was für ein Blödsinn das ist«, schaltete sich Marlin ein, der plötzlich neben seiner Tochter aufgetaucht war.

»Sagt der Mann, der von sich behauptet, aus allen Hunden Schafhüter machen zu können«, zog Isla ihren Vater auf.

»Das ist etwas ganz anderes. Hunderennen sind einfach nur stumpfsinniger Mist, sogar noch dämlicher als Pferderennen. Klar rennen Hunde gerne, aber das Konzept, dass sie eine bestimmte Strecke schneller hinter sich bringen sollen als ihre Kumpels, ist menschengemachter Blödsinn. Insofern kannst du sehr stolz auf dein Duo sein.«

So betrachtet waren die Schmach und der gutmütige Spott gar nicht mehr so schlimm. Und erstaunlicherweise fühlte sich Brodie dank Marlins Worten deutlich besser. »So gesehen …« Er lächelte Marlin und Isla zu und wandte sich dann an Emma: »Lass uns mal Kate suchen.«

DAS GRÖSSTE WUNDER

DAS MIT DEN DORFFESTEN war ja immer so eine Sache. Brodie hatte in seinem Jahr in Kirkby schon einige erlebt, einfach weil der Ort feierwütig war wie wenige andere. Und weil es auch immer einen Grund für eine Party gab. Heute halt Ostern. Er war sich nicht sicher, ob das der klassische Fetentermin schlechthin war, aber er wollte auch nicht den Spielverderber geben. Schon gar nicht für Emma, die gestern schon so viel Spaß bei der Jugendvariante gehabt hatte und heute natürlich ebenfalls mitgekommen war. Auch das war in Kirkby normal. Im Zweifel feierten Jung und Alt zusammen.

Heute war das Fest jedoch besonders spektakulär, denn neben dem Aufhänger »Ostern« hatte es eine spontane Hochzeit gegeben – und die hatte wirklich jeden im Raum überrascht. Auch die Braut. Direkt nach einem Set von Lennox hatte Töpfermeister Sean die Bühne geentert und sich das Mikrofon geschnappt.

»Ehe ihr euch alle neue Drinks holt, muss ich eine wichtige Ankündigung machen«, rief er, und alle blieben überrascht stehen.

Sean hatte jahrelang ein Leben als Einsiedler geführt und sich von den meisten Veranstaltungen ferngehalten, doch seit er mit Hailey Fraser zusammen war, sah man ihn häufiger mal im Ort und auch im Pub. Gelegentlich sogar auf Partys. Doch dass er sich freiwillig ins Rampenlicht begab, schien eine mittlere Sensation zu sein, wenn Brodie die Reaktionen der Leute richtig interpretierte.

Sean räusperte sich und schien um Mut zu ringen. »Es gibt eine Frau, die dafür gesorgt hat, dass ich nicht mehr so einsam bin und mich gelegentlich unter die Leute traue. Dafür bin ich ihr unendlich dankbar. Meistens jedenfalls.«

Gelächter im Saal.

»Nein, im Ernst. Ich bin ihr extrem dankbar. Seit Hailey die Nummer eins in meinem Leben ist, ist mein Alltag so viel bunter geworden und unsere Familie größer. Neben unseren Pferden und meinen Schafen gibt es seit ein paar Monaten auch noch den teuflischen Palmer, der vermutlich meine Karriere beenden wird, wenn er nicht damit aufhört, meine Werkstücke zu sabotieren.«

Erneutes Lachen im Raum.

»Kurz gesagt, Hailey ist das größte Geschenk. Mein größtes Geschenk. Und wenn man ihren Worten Glauben schenken darf, schlage ich mich umgekehrt auch nicht so schlecht.«

Brodie hatte keine Ahnung, was er von dieser kleinen Rede halten sollte. Es war einerseits total berührend und sehr mutig, wie dieser zurückhaltende Mann vor so vielen Zeugen seiner Freundin seine Liebe gestand. Aber andererseits war es ein bisschen befremdlich und für die Singles im Raum auch nur schwer zu ertragen.

»Es gibt jedoch ein Problem«, fuhr Sean fort. »Ich habe Hailey letzten Sommer einen Heiratsantrag gemacht. Mit Ring und allem, was dazugehört. Sie hat auch Ja gesagt, doch seitdem passiert nichts mehr.«

»Es ist halt immer so viel los«, rief Hailey aus dem Saal.

Brodie schaute in ihre Richtung, konnte ihren Gesichtsausdruck aber nicht recht deuten. Fand sie Seans Auftritt gut oder nicht? Sie sah hübsch aus in dem grünen Wickelkleid, das ihre üppigen Kurven sehr attraktiv in Szene setzte. Ihre Wangen waren mehr als nur ein bisschen rosig, und ihre Augen glänzten.

»Ja, es ist immer viel los, aber das ist auch nur ein Vorwand. Wir wünschen uns beide eine coole Fete zur Hochzeit, scheuen aber die Arbeit, alles zu organisieren. Daher habe ich mir überlegt, dass wir doch heute heiraten könnten. Wenigstens symbolisch, den Papierkram können wir später immer noch nachholen.«

Ein lautes Raunen ging durch den Saal, und Hailey japste fassungslos nach Luft.

»So gut wie all unsere Freunde sind gerade hier, praktisch deine ganze Familie. Die Party fühlt sich auch schon gut an, also warum nicht?«

»Aber …?« Haileys Blick war nun vollkommen verwirrt, doch sie wurde von ihrer Schwester Kristie und ihrer Cousine Shona in Richtung Bühne geschubst.

Sean kam zur Treppe und hielt ihr die Hand hin.

»Du bist total verrückt geworden«, sagte Hailey, doch ihr strahlendes Lächeln erzählte eine andere Geschichte.

»Total verrückt nach dir«, entgegnete er. »Also, noch einmal ganz offiziell und vor Zeugen: Hailey Fraser, willst du hier und heute meine Frau werden?«

»Ja«, antwortete sie mit fester Stimme, nur um direkt ein »aber« folgen zu lassen.

»Ich weiß, was du sagen willst«, unterbrach er sie. »Wir brauchen aber keine Ringe, ich habe etwas Besseres.« Er deutete auf den Sporran an seinem Kilt, was zu noch mehr Gelächter im Saal führte. Sean grinste in die Runde. »Das auch, aber das gibt's erst später und ohne Zuschauer. Was ich in meinem Sporran habe, ist etwas ganz Besonderes, das Charly MacRae kreiert hat und das mich erst auf diese Idee gebracht hat.«

Wieder wurde im Raum aufgeregt getuschelt, und die Leute blickte sich nach Charly um. Brodie ebenfalls. Er entdeckte sie am Rand des Buffets und hatte beinahe Mitleid mit ihr, weil sie so geschockt wirkte.

»Und wir haben Pfarrer Jack, der eingewilligt hat, eine Spontantrauung zu zelebrieren.« Sean nickte dem älteren Herrn zu, der aussah wie ein menschliches Whiskyfass und sich plötzlich hinter dem Schlagzeug auf der Bühne materialisierte.

»Ich weiß nicht, was ich sagen soll«, entfuhr es Hailey.

»Du musst Ja sagen«, rief Shona aus dem Publikum. »Aber erst, wenn Jack dich fragt. Ist total easy.«

Nun übernahm der Pfarrer das Mikrofon und das Wort. »Keine Sorge, liebe Gemeinde, es wird keine Predigt geben. Sean und ich waren uns einig, dass wir es kurz und schmerzlos machen, damit dann alle wieder feiern können.« Er räusperte sich. »Liebes Brautpaar, ihr habt euch hier und heute aus freiem Willen und vor den Augen Kirkbys und des Allmächtigen zusammengefunden, um den heiligen Bund der Ehe einzugehen.« Beide nickten. Sean etwas enthusiastischer als Hailey, die immer noch unter Schock zu stehen schien.

»Sean Gordon, willst du Hailey Fraser lieben und immer zu ihr halten, in guten und in schlechten Tagen, in Gesundheit und Krankheit, in Reichtum und Armut, bis der Tod euch scheidet?«

»Ich will.« Seans Stimme war fest, sein Blick voller Liebe auf Hailey gerichtet.

»Hailey Fraser, willst du Sean Gordon lieben und immer zu ihm halten, in guten und in schlechten Tagen, in Gesundheit und Krankheit, in Reichtum und Armut, bis der Tod euch scheidet?«

Hailey nickte und brachte dann ebenfalls ein »Ich will« hervor.

Nun nestelte Sean an dem Beutel vorn an seinem Kilt herum und zog zwei geschmiedete Unendlichkeitssymbole hervor. Er nahm Haileys linke Hand und band ihr das Armband mit einem schwarzen Lederriemen ums Handgelenk. Dann reichte er ihr sein Exemplar und streckte ihr den Arm entgegen. Brodie bemerkte, dass Haileys Hände etwas zitterten, aber trotzdem brachte sie es fertig, Seans Armband zu fixieren. Es waren die gleichen Motive, die Brodie heute Vormittag in Charlys Werkstatt gesehen hatte.

Das Brautpaar hielt sich nun an beiden Händen, und Pfarrer McTavish hielt seine Hände über ihre: »Mit dem Austausch der Rin… ähm … der Unendlichkeit erkläre ich euch zu Mann und Frau. Herzlichen Glückwunsch. Du darfst die Braut küssen.«

Es folgten ein Hollywood-reifer Kuss, unendlicher Jubel im Saal und reichlich fließender Alkohol.

Und genau das machte den Abend für Brodie von Stunde zu Stunde schwerer erträglich.

Irgendwann waren achtzig bis neunzig Prozent der Gäste zumindest leicht angesäuselt, die meisten aber ordentlich betrunken. Für ihn als gefühlt einzigen Nüchternen im Raum – von den anwesenden Kindern mal abgesehen – war es nicht ganz so spaßig. Das war ihm früher nie so aufgefallen, auch nicht vor seiner Suchtphase. Aber damals war er eigentlich immer auf demselben Pegel gewesen wie seine Umgebung.

Es war auch nicht so, dass er ein dringendes Bedürfnis nach einem Drink hatte. Überhaupt nicht, dieser Impuls war vollkommen weg, aber er sehnte sich nach Gesprächspartnern, die ähnlich klar im Kopf waren wie er selbst. Emma hatte sich mit Lucy, Tara und ein paar anderen Jugendlichen in ihrem Alter in eine Ecke verzogen, und natürlich hätte er auch nie von ihr verlangt, den Abend mit ihm zu verbringen. Nach Lage der Dinge gab es an diesem Abend – mit Ausnahme vielleicht von Isla, die das mit dem »Rausschütteln« ihres Kindes offensichtlich ernst meinte und wild auf der Tanzfläche abrockte – nur noch eine andere Person über sechzehn, die einen Blutalkoholwert von null Promille vorweisen konnte: Charly.

Die war nach der Impromptu-Hochzeit von Menschentrauben umringt worden, die sich alle nach den ungewöhnlichen Schmuckstücken erkundigten. Brodie hatte ein paar Gesprächsfetzen mitbekommen. Offenbar hatte sie die beiden Symbole aus einem Hufeisen von Seans Pferd gefertigt – und das schien bei den Pferdebesitzern hier im Raum auf noch mehr Interesse zu stoßen. Warum auch immer.

»Ich würde sagen, dein erster Auftritt bei einem Kirkby-Dorffest ist ein voller Erfolg«, befand er, als er sich kurz vor Mitternacht plötzlich an ihrer Seite wiederfand.

Sie lächelte halb verlegen, halb gestresst. »Offen gestanden fühle ich mich etwas überrumpelt«, gab sie zu. »Ich hatte keine Ahnung, dass Sean so einen Stunt geplant hatte, aber ich schätze, dass ich mir in nächster Zeit keine Sorgen um meine Auftragslage machen muss. Gefühlt will jetzt jeder Pferdebesitzer so ein Armband haben.«

»Versteh mich nicht falsch, ich finde die wunderschön, und ich kann auch irgendwie verstehen, dass es für Sean und Hailey passt. Aber warum fahren die Pferdeleute so darauf ab?«

Sie schaute ihn verwundert an, als hätte er eine ganz besonders dumme Frage gestellt. »Als Andenken und dauerhafte Erinnerung an ihre Tiere«, erklärte sie ihm. »Auch Pferde leben nicht ewig, und du als Hundebesitzer wirst doch nachvollziehen können, wie grauenvoll allein der Gedanke ist, irgendwann mal Abschied nehmen zu müssen.«

»Aber daran ändert doch auch ein noch so hübsch geschmiedetes Stück Eisen nichts«, entgegnete er pragmatisch. Natürlich kannte er diese dumpfe Angst, aber er konnte sich nicht vorstellen, dass ein Schmuckstück daran etwas verbessern könnte.

»Ich weiß nicht, es hat vielleicht schon etwas Tröstliches, dass ein Stück, das mit dem geliebten Tier verbunden war, für immer bleibt«, meinte sie und griff unwillkürlich nach ihrem Anhänger. Sie hatte an diesem Abend ein ärmelloses, aber hochgeschlossenes blaues Seidentop an und trug die Kette darüber.

»Ist das auch ein Andenken an ein Tier?«, fragte er und stellte zu seinem Entsetzen fest, wie sich ihr eben noch offenes Gesicht verhärtete.

»Nein«, gab sie knapp zurück und schluckte. »Oder nur am Rande.«

Er überlegte, ob er es wagen konnte, weiterzubohren. Sie wirkte plötzlich so abweisend und gleichzeitig unglaublich verletzlich, und er ahnte, dass sich hinter dem Schmuckstück eine große Geschichte verbarg. Er war nur nicht sicher, ob er sie hören wollte. Oder ob sie mit ihm darüber sprechen würde. Doch ehe er zu einer Entscheidung kam, durchbrach ein markerschütternder Schrei die Partystimmung.

»Scheiße, meine Fruchtblase ist gerade geplatzt!«

Offenbar hatte Islas Rausschüttel-Taktik Erfolg gehabt.

• • •

Blöd nur, dass alle Anwesenden viel zu betrunken waren, um angemessen zu reagieren, Dorfärztin Anna eingeschlossen. Charly hatte das Gefühl, dass sich das Chaos vor ihr in Zeitlupe abspielte. Menschen, die hektisch und unkoordiniert durcheinanderliefen. Überlegungen, was man nun tun sollte und wie man Isla am besten und schnellsten zur Klinik in Inverness schaffen könnte.

Denn während Ainslee ihre Tochter heute Morgen zu Hause zur Welt gebracht hatte, war das für Isla aus irgendwelchen Gründen keine Option. Charly bekam die Gründe dafür nicht mit, aber sie hatte vollstes Verständnis. Sie würde auch nicht so gerne mit einer angeschickerten Dorfärztin und einer mutmaßlich völlig übermüdeten Hebamme entbinden.

Islas Freund Jon war völlig aus dem Häuschen und leider auch nicht mehr im Vollbesitz seiner geistigen Kräfte – was Charly angesichts des nicht so schrecklich überraschenden Geburtstermins seines Sohnes etwas kühn fand. Doch wer war sie, darüber zu richten? Jemand hatte einen Rettungswagen gerufen, aber offensichtlich hatte es irgendwo einen größeren Unfall gegeben, und der nächste Wagen konnte frühestens in einer halben Stunde hier sein. Eher später.

»Deswegen ist es auf dem Land scheiße«, sagte Emma in anklagendem Tonfall zu ihrem Vater. »So etwas würde in der Stadt nicht passieren.«

»Da passieren dafür andere Dinge«, entgegnete Brodie ruhig und wirkte mit einem Mal ganz und gar fokussiert. »Ich fahre euch«, entschied er. »Um diese Zeit sollten wir locker in zwanzig Minuten hinkommen. Mein Auto steht vor der Schule.«

Vermutlich war Brodie der einzige Bürger Kirkbys, der mit dem Auto zu einer Dorfparty fuhr, schoss es Charly irrationalerweise durch den Kopf. Andererseits hatte es vorhin geschüttet, und da er ohnehin nichts trank …

»Ich brauch noch meine Kliniktasche«, warf Isla ein und verzog dann ihr Gesicht vor Schmerzen. »Scheiße, tut das weh!«

»Wir kommen ohnehin am Pub vorbei, da können wir sie rasch holen.«

»Aber was, wenn ich in deinem Auto eine Sauerei mache?«

»Das ist doch total egal, entscheidend ist, dass wir euch gut in die Klinik bringen. Also, worauf warten wir noch?«

»Oh Mann, das wäre echt …« Jon wirkte noch erheblich aufgelöster als Isla, und Charly war sich sicher, dass er wohl nicht die beste Begleitung für eine gebärende Frau war. Und jedenfalls völlig ungeeignet, das Krankenhaus zu informieren und sich um irgendwelche praktischen Dinge zu kümmern. »Ich begleite euch«, sagte sie, ohne groß nachzudenken.

Mit vereinten Kräften schafften sie es, Isla und Jon auf die Rückbank von Brodies elegantem und zweifellos absurd teurem, glänzendem BMW-SUV zu verfrachten. Auf cremefarbene Ledersitze … Ob der gute Zahnarzt das am Ende nicht doch bereuen würde? Andererseits konnte er sich zweifellos eine Intensivreinigung leisten. Oder eine neue Rückbank. Oder ein neues Auto. Und überhaupt war das nicht ihr Problem.

Vor dem Pub ließ sich Charly von Jon den Wohnungsschlüssel aushändigen und rannte die Treppen hinauf, um die von Neufundländerin Polly bewachte Reisetasche abzuholen. »Schön brav sein, du Gute«, ermahnte sie die Hündin und streichelte ihr kurz über den Kopf. »Morgen hast du einen kleinen Bruder.«

Im Auto stieß Isla einen weiteren durchdringenden Schrei aus. Die Wehen schienen wirklich heftig zu sein und viel häufiger zu kommen, als es eigentlich der Fall sein sollte. Nicht dass Charly viel Ahnung vom Kinderkriegen hatte.

Brodie saß mit angespanntem Gesichtsausdruck hinterm Steuer und drückte aufs Gas, kaum dass sie den Gurt angelegt hatte. »Das gefällt mir gar nicht«, zischte er durch zusammengebissene Zähne, sodass die Passagiere auf der Rückbank nichts davon hörten. »Die Wehen kommen viel zu schnell hintereinander«, sprach er Charlys Bedenken aus. »Wir sollten unbedingt der Klinik Bescheid geben und vielleicht noch einmal versuchen, einen Krankenwagen zu rufen, der uns entgegenfährt.«

»Ich kümmere mich drum.« Charly drehte sich um und bekam Jons Knie zu fassen. »Jon. Jon!«, rief sie energisch, doch es dauerte, bis er sie überhaupt wahrnahm.

»Was?«

»In welchem Krankenhaus seid ihr angemeldet?«, fragte sie eindringlich.

»Bestimmt im Raigmore Hospital«, sagte Brodie. »So viele andere Kliniken gibt es in der Stadt nicht.«

»Ja, genau da!«, presste Isla hervor, während Jon offensichtlich nicht in der Lage war, einen klaren Gedanken zu fassen.

Charly nahm ihr Handy, suchte die Telefonnummer des Krankenhauses heraus und rief an. Es dauerte etwas, bis überhaupt jemand das Gespräch annahm, und dann, bis man sie zur gynäkologischen Abteilung weiterverband.

»Wie kann ich Ihnen helfen?«, meldete sich eine etwas abgehetzt klingende Frauenstimme.

»Mein Name ist Charly MacRae. Ich bin gerade mit Isla Fraser und Jon Grant unterwegs zu Ihnen …«

»Moment«, unterbrach sie die Stimme, ehe sie weitersprechen konnte. »Wir haben niemanden mit dem Namen MacRae im System.«

»Ich bin ja nicht die Patientin, sondern Isla Fraser«, erklärte Charly betont langsam. »Ms Fraser hatte vor ungefähr zwanzig Minuten einen Blasensprung und hat nun heftige Wehen. Wir sind mit dem Auto unterwegs zu Ihnen.«

Ein weiterer lang gezogener Schrei von der Rückbank.

»Wie weit sind die Wehen auseinander?«, wollte die Frau wissen.

»Ich weiß nicht, vielleicht zwei Minuten?« Charly sah zu Brodie, der den Kopf schüttelte.

»Eher weniger«, meinte er.

»Vielleicht auch weniger«, sagte sie zu der Schwester, Hebamme oder Ärztin am Telefon.

»Warum kommen Sie dann erst jetzt, wenn die Geburt schon so weit fortgeschritten ist?«, tönte es anklagend aus der Leitung.

»Bis vor zwanzig Minuten war niemandem klar, dass es gleich eine Geburt geben wird«, erwiderte Charly, nicht mehr ganz so verbindlich. Musste sie sich jetzt wirklich von dieser Tante anpflaumen lassen? »Deshalb rufe ich auch an. Wir sind unterwegs und sollten in fünfzehn bis zwanzig Minuten bei Ihnen sein.«

Der nächste Schrei.

»Klingt nicht danach, als würden Sie es schaffen«, stellte die Stimme fest.

Charly starrte für einen Moment das Telefon an. Fassungs- und sprachlos.

Doch dann fuhr die Frau fort: »Aus welcher Richtung kommen Sie?«

»Vom Westufer des Loch Ness. Haben gerade Drumnadrochit passiert.«

»Okay. Ich informiere den Rettungsdienst, Feuerwehr und Polizei – vielleicht kann Ihnen jemand entgegenkommen. Hoffen wir, dass Ms Fraser so lange durchhält. Viel Glück.« Mit diesen Worten legte die Frau auf.

»Und?«, wollte Brodie wissen.

Charly konnte nicht glauben, was sie da eben gehört hatte. »Sie wissen Bescheid und wollen den Rettungsdienst, die Feuerwehr und die Polizei alarmieren, damit uns jemand entgegenkommt. Aber ich würde vorschlagen, dass du jetzt auf die Tube drückst.«

»Neeeeeeeiiiiiin«, erklang ein entsetzter Schrei von hinten.

Charly fuhr herum. »Was ist?«

»Er kommt! Brutus kommt.«

»Halt durch«, beschwor Charly die werdende Mutter. »Wir sind gleich da.«

»Nein. Er kommt jetzt.«

»Scheiße«, entfuhr es Charly, und Brodie bog auf einen Parkplatz direkt am Ufer des mystischen Sees ab, der vom Vollmond in ein besonders gruseliges Licht getaucht wurde.

Charly war schon bei einigen Pferdegeburten dabei gewesen. Einmal hatte sie sogar unter Anleitung eines Tierarztes dabei assistieren müssen, weil ihre schlanken Arme und schmalen Finger viel besser für die Geburtshilfe bei der zarten Araberstute geeignet gewesen waren als seine stämmig-muskulösen Pranken. Doch das hatte sie in keiner Weise auf die Geburt eines Menschenkindes vorbereitet.

Sie war unglaublich froh, dass Brodie einen kühlen Kopf behielt, auch wenn er als Zahnarzt vermutlich ebenfalls keine Geburtshilfe-Kompetenz vorweisen konnte. Aber immerhin war er selbst Vater und hatte wenigstens eine rudimentäre Ahnung von den Abläufen. Und eine grundlegende medizinische Ausbildung.

Als sie den Parkplatz erreicht hatten und die Fondtür öffneten, war klar, dass es absolut ausgeschlossen war, rechtzeitig ins Krankenhaus zu kommen. »Im

Handschuhfach ist Desinfektionsgel für die Hände, und schau in die Tasche, ob du Handtücher oder eine Decke findest«, bat Brodie sie mit knappen Worten.

»Ich habe nur schmutzige Hundehandtücher im Kofferraum. Und den Erste-Hilfe-Kasten. Da könnte auch noch irgendwas Brauchbares drin sein.«

Sie reichte ihm erst das Handgel und holte dann die Erste-Hilfe-Box. Darin befanden sich Einmalhandschuhe, Mullbinden, Kompressen und auch eine Rettungsdecke. In Islas Tasche war tatsächlich ein Handtuch zu finden.

»Ruf noch mal in der Klinik an, und lass sie idealerweise jemanden mit Ahnung ans Telefon holen. Es kann sein, dass ich etwas Unterstützung brauche.«

Charly nickte und griff sich sofort wieder ihr Telefon. Während sie auf die Verbindung wartete, hörte sie, wie Brodie Jon bat, Isla von hinten zu stützen und zu halten, während er selbst wieder zwischen ihren Beinen verschwand.

Diesmal hatten sie Glück. Sie bekam eine Hebamme ans Telefon, die mit ihren ruhigen, bestimmten Aussagen so viel Ruhe ausstrahlte, dass sich ihr eigener Puls wieder beruhigte. Sie stellte das Handy auf Lautsprecher, damit auch Brodie mit der Hebamme sprechen konnte.

Er erklärte ihr mit knappen Worten seine Einschätzung der Lage, immer wieder unterbrochen von Islas Schmerzenslauten.

»Isla? Hören Sie mich?«, rief die Hebamme, und Charly stellte den Lautsprecher auf Maximum. »Ihr

Sohn wird gleich da sein, aber Sie müssen ihm ein bisschen helfen und pressen, so gut Sie können. Ja?«

Isla antwortete mit einem erstickten Laut und presste, was das Zeug hielt.

Charly konnte nicht hinschauen, aber sie konnte auch nicht *nicht* hinschauen. Was, wenn Baby Brutus tatsächlich so groß war, wie Isla immer geunkt hatte? Was, wenn er nicht durch den Geburtskanal passte? Was, wenn …?

»Sehr gut, Isla«, rief Brodie. »Das Köpfchen ist da. Noch eine Wehe, und dann hast du es geschafft.«

Es waren noch zwei nötig, doch dann glitt das Baby heraus, und Charly wickelte es gleich in das Handtuch.

Eine Sekunde verging, eine zweite, eine dritte – Panik erfasste Charly –, doch dann plärrte der neue Erdenbürger seinen Ärger über die Umstände seiner Geburt heraus. Charly lachte erleichtert auf und legte den kleinen Jungen in die Arme seiner Mutter.

»Wie ist die Lage?«, tönte nun wieder die Hebamme aus dem Handy.

»Das Kind ist rosig und laut«, lachte Brodie.

»Wie geht es der Mutter? Blutet sie stark? Die Nachgeburt wird sicher auch gleich kommen.«

»Soweit ich es erkennen kann, macht sie einen guten Eindruck. Die Blutung scheint nicht zu stark zu sein. Es könnte ein kleiner Dammriss sein.«

Keine allzu starke Blutung? Dammriss? Charly wollte nun wirklich nicht mehr hinschauen, denn es war kein schöner Anblick. Die Rückbank war eindeutig ruiniert. Genau wie Brodies schicke Hose und das zweifellos maßgeschneiderte Hemd. Doch er blieb ganz cool und weiterhin konzentriert.

»Haben Sie eine Schere, um die Nabelschnur zu durchtrennen?«, fragte die Hebamme weiter.

»Hab ich, und das ist der Teil einer Geburt, mit dem ich tatsächlich auch schon mal zu tun hatte«, entgegnete er trocken.

Charly sah, dass er die Nabelschnur an zwei Stellen mit Mullbinden abband und dann Jon die Schere hinhielt. »Möchtest du?«, wollte er wissen.

Doch Jon schüttelte den Kopf. Er war tränenüberströmt, und seine Hände zitterten. Außerdem hatte er nur noch Augen für seinen neugeborenen Sohn und seine Partnerin, die ihr Baby so voller Ehrfurcht und Liebe betrachtete, dass sich Charly wie ein Eindringling fühlte und einen Schritt zur Seite trat.

»Dann mach ich das«, hörte sie Brodie sagen. »Gibt es Neuigkeiten zum Krankenwagen?«, wollte er dann von der Hebamme wissen.

»Es gibt einen Großbrand in Nairn. Die meisten Einsatzkräfte sind dort«, erwiderte die Frau. »Sobald die Nachgeburt da ist, sollten Sie sich besser selbst auf den Weg zu uns machen.«

»Verstanden.« Brodie atmete tief durch und blickte wieder zwischen Islas Beine. »Isla, du wirst gleich noch mal ein, zwei leichtere Wehen bekommen, die die Plazenta austreiben. Dann hast du es geschafft, und wir bringen dich ins Krankenhaus, ja?«

Zwanzig Minuten später fuhren sie wieder, diesmal langsam und vorsichtig, um dic wcrtvollc Fracht nicht zu gefährden. Die Stimmung im Wagen war nun eine ganz andere. Statt panischer und schmerzerfüllter Schreie war verliebtes Tuscheln zu hören und kleine Geräusche von dem neugeborenen Jungen.

Charly wollte das Familienidyll nicht stören, doch eine Frage trieb sie um: »Wie heißt er denn nun wirklich?«

Jon, der jetzt völlig nüchtern wirkte – von seinem Glückstaumel vielleicht mal abgesehen – antwortete: »Eigentlich müssten wir ihn wohl Brodie oder Charly nennen, aber …«

»Er heißt Daniel Charles Brodie Fraser!«, sagte Isla mit fester Stimme.

»Einverstanden mit den Vornamen, aber er heißt eindeutig Grant!«

»Fraser!«

»Grant!«

»Kann er nicht auch beide Nachnamen bekommen?«, schlug Brodie vor. »Oder Fraser als letzten Vornamen und …«

»Fraser!«, beharrte Isla.

»Grant!«, betonte Jon.

»Ähm, das müsst ihr vielleicht nicht hier und heute entscheiden«, bemerkte Charly. War es normal, dass sich frischgebackene Eltern auf der ruinierten Rückbank des BMWs ihres Zahnarztes um den Namen ihres Kindes kabbelten? Womöglich gab's dafür keine Präzedenzfälle. »Aber Daniel ist ein sehr schöner Name. Ich hoffe, ihr nennt ihn dann Dan oder Danny und nicht am Ende doch die ganze Zeit Brutus.«

»Wir werden sehen.« Jon lächelte, und Charly verfolgte, wie er erst den dunklen Haarschopf seines Sohnes küsste, dann seine Frau. »Und wenn du drauf bestehst, kann er natürlich Fraser heißen. Ich bin einfach nur froh, dass er jetzt hier ist.«

»Ich auch. Aber er darf auch gerne Grant heißen. Unwahrscheinlich, dass der Name Fraser so schnell ausstirbt«, entgegnete Isla.

»Fraser!«, bestimmte Jon. »Ich mein's ernst.«

»Grant!«, hielt Isla dagegen. »Ich meine es ernster. Und ich habe hier das letzte Wort, denn ich habe soeben dieses Elefantenbaby rausgepresst.«

Charly schielte zu Brodie, der mit einem leichten Lächeln den Wagen steuerte und ihr zuzwinkerte.

»So elefantös sieht er gar nicht aus«, fand Charly.

»Er ist schon groß, aber längst nicht so riesig wie wohl befürchtet«, raunte Brodie und atmete dann erleichtert auf, als das Zufahrtsschild zum Krankenhaus ins Blickfeld kam.

• • •

Eine Stunde später verließen Brodie und Charly das Krankenhaus. Eltern und Kind waren versorgt. Der kleine Daniel mit dem ungeklärten Familiennamen brachte es auf ordentliche siebenundfünfzig Zentimeter und viertausendsechshundertneunzig Gramm, was schon sehr stattlich war. Es ging ihm bestens, genau wie seiner Mutter, und Brodie war sich sicher, dass man sie bereits in wenigen Stunden nach Hause lassen würde.

Jon hatte ihn und Charly gebeten, der Familie Bescheid zu geben und auch dafür zu sorgen, dass sich jemand um Polly kümmerte. Das war nun erledigt, und sie konnten zurückfahren.

»Der OP-Kittel steht dir«, sagte Charly und grinste ihn an.

Ein Pfleger hatte Mitleid gehabt und Brodie ein türkises Shirt überlassen. Sein ruiniertes Hemd hatte er direkt im Müll entsorgt. Ob die Hose noch zu retten war, blieb abzuwarten. Und sein Auto? Er hatte nicht mal Lust, den Schaden jetzt noch zu begutachten, sondern hielt Charly stattdessen galant die Beifahrertür auf.

»Das kriegst du nie wieder sauber«, befand sie mit einem Blick nach hinten.

Er zuckte mit den Schultern. Es war ihm wirklich herzlich egal.

»Denkst du, es gibt hier irgendwo noch etwas zu essen?«, überraschte sie ihn. »Es klingt vielleicht blöd, aber ich bin am Verhungern.«

»Geht mir genauso. Ich schätze, dass irgendwo in Inverness noch eine Studentenkneipe oder ein Club offen hat, aber keine Ahnung, wie es da mit Essen aussieht. Noch dazu mit veganem.«

»Ich habe gestern eine Riesenportion Kichererbsen-Curry gemacht. Wenn du Lust hast?«

»Dann los!« Er war erschöpft bis in die Knochen, aber derart aufgewühlt, dass er sich nicht vorstellen konnte, in dieser Nacht überhaupt noch ein Auge zuzumachen. Charly schien es genauso zu gehen.

»Ich fand es sehr beeindruckend, wie cool du geblieben bist«, bemerkte sie nach einigen Minuten des Schweigens. »Ich hatte Todesangst.«

»Todesangst fühlt sich anders an«, entgegnete er bestimmt. »Aber ich weiß, was du meinst. Glaub mir, ich war innerlich alles andere als cool. Das war weit außerhalb meiner Expertise und noch weiter außerhalb meiner Komfortzone.«

»Dafür hast du es wirklich sehr, sehr gut gemacht«, lobte sie ihn. »Ich hätte das nicht gekonnt.«

»Doch. Hättest du«, behauptete er. »Wenn man muss, wächst man über sich hinaus.« Er schickte ihr ein kleines Lächeln, doch sie schien ihm nicht zu glauben. »Danke übrigens, dass du mitgekommen bist. Allein wäre es deutlich schwieriger geworden.«

»Das war doch das Mindeste, und vom Partyvolk war ansonsten niemand klar genug. Aber ich bin echt sehr froh, dass alles gut gegangen ist.«

»Ja, das bin ich auch. So eine Geburt ist wirklich das größte Wunder.« Er lächelte versonnen.

»Das Wunder des Lebens …« Charly sah nachdenklich aus dem Fenster. »Schade nur, dass der Reiz so schnell nachlässt. Es ist so ein besonderer Moment, und gefühlt zwei Minuten später kehrt der Alltag zurück. Die Eltern sind genervt von ihren Kindern, die Kinder genervt von ihren Eltern. Jedermann und jedefrau ist genervt und herausgefordert vom Leben. Das ist dann alles so schrecklich banal und so wenig wundersam, dass man sich schon fragen kann, was genau uns an einer Geburt so berührt.«

»Die Hoffnung«, sagte Brodie, ohne groß darüber nachzudenken. Aber er wusste, dass es stimmte. »Neues Leben birgt immer Hoffnung. Also jedenfalls dann, wenn die Umstände gut oder wenigstens normal sind. Ich kenne natürlich auch jene Fälle, in denen eine Geburt die absolute Katastrophe darstellt. Doch für die überwältigende Mehrheit ist es die Hoffnung, die uns berührt.«

»Ja, vielleicht.« Charly schwieg ein paar Minuten lang. Sie waren bereits wieder in Drumnadrochit und bogen nun in Richtung Kirkby ab. »Was ist eigentlich mit Emma?«, wollte sie dann wissen.

»Sie darf bei Lucy schlafen«, erwiderte er. »Das hat mir Lucys Mutter versprochen, und Emma hat mir vorhin noch ein Selfie geschickt. Ich schätze, die machen eine Pyjamaparty bis zum Morgengrauen.«

»Gut für sie. Ich freu mich, dass sie hier so schnell Anschluss gefunden hat.«

»Ja, ich auch. Vielleicht kommt sie jetzt öfter zu Besuch.« Er hatte Mühe, die Bitterkeit aus seiner Stimme rauszuhalten, und er sah, wie Charly darauf reagierte. Doch er hatte keine Lust, darüber zu sprechen. Daher fragte er: »Warum fürchtest du dich eigentlich so sehr vor dem Meer?«

• • •

Woher war diese Frage jetzt gekommen? Charly hatte in einer merkwürdigen Gefühlsmischung aus Aufgekratztheit und Erschöpfung neben Brodie im Auto gesessen und mit ihm über das Wunder des

Lebens philosophiert. Und dann hatte er diese Frage gestellt.

»Woher …?«, brachte sie hervor, als Kirkby in Sicht kam. Gleich würden sie bei ihr zu Hause sein.

»Von Emma. Sie hat gehört, wie du es diesem pickeligen Jungen erzählt hast.«

»Sie hat mich belauscht und es dann weitergetratscht.« Charly wusste nicht, warum sie das so traf. Natürlich war ihr klar gewesen, dass Emma alles mitgehört hatte, was sie zu Brian gesagt hatte. Aber dass ihr das so bemerkenswert erschienen war, dass sie ihrem Vater davon berichtet hatte?

»Emma meinte vor allem, wie beeindruckend sie es fand, dass du diesen Jungen so ernst genommen und ihm Mut gemacht hast. Außerdem war sie fasziniert von deiner Geschichte.«

»Warum? Weil sie sich freakig anhört? Könnte ja übrigens auch sein, dass ich mir das alles nur ausgedacht habe, damit Brian sich besser fühlt.« Sie verschränkte die Arme vor der Brust.

Sie hatten ihr Cottage erreicht, und Brodie schaltete den Motor aus. »Es tut mir leid«, sagte er. »Ich wollte die Stimmung nicht zerstören, aber offensichtlich habe ich ein großartiges Talent dafür, die falschen Dinge von mir zu geben. Zumindest, was dich betrifft.«

»Lass uns etwas essen«, gab sie nach einer Weile zurück und öffnete die Tür.

»Bist du sicher? Ich kann auch …«

»Ich bin mir sicher«, betonte sie und stieg aus.

Er folgte ihr in das puppenhauskleine, aber sehr hübsche und heimelige Cottage, in dem bis letzten Herbst noch Susan gewohnt hatte. Allerdings war er bislang nie drinnen gewesen. Brodie hatte sich keine Gedanken darüber gemacht, welchen Einrichtungsstil Charly wohl hatte, war aber überrascht von dem gemütlichen Ambiente. Blöderweise fiel ihm jetzt wieder ein, dass er ihr den coolen Schminktisch vor der Nase weggekauft hatte. Das war wirklich nicht nett gewesen – auch wenn Emma das Stück sehr liebte.

»Schön hast du es hier«, sagte er lahm, nachdem er sich in der Wohnküche umgesehen hatte.

»Danke. Die meisten Möbel stammen noch von Susan, sonst wäre es hier komplett leer.«

»Tut mir leid wegen des Tischchens.« Er hoffte, dass er so zerknirscht klang, wie er sich fühlte.

Doch Charly zuckte nur mit den Schultern. »Schon vergessen. Ich hab mir bei Davie bessere Stücke ausgesucht. Einen Sekretär und eine Kommode. Die arbeitet er auf – und ich muss dafür zusammen nicht so viel Geld zahlen wie du für den Schminktisch.« Sie holte einen Topf aus dem Kühlschrank und stellte ihn auf die Herdplatte.

»Darüber bin ich froh. Es war trotzdem nicht nett von mir.«

»Stimmt, aber das bin ich ja gewohnt. Du bist einfach kein netter Mensch.« Sie lächelte, wie um ihre Behauptung ein wenig abzudämpfen, doch es lag ganz klar keine Ironie in ihrer Stimme. Sie meinte es genau so, wie sie es gesagt hatte.

»Du hast wirklich eine schreckliche Meinung von mir.« Er fuhr sich mit einer Hand durch die Haare, dabei fiel ihm auf, dass am Unterarm immer noch etwas Blut klebte. »Dürfte ich mal dein Bad benutzen?«

»Natürlich. Im Flur die erste Tür rechts.«

War er tatsächlich kein netter Mensch, fragte er sich, während er gründlich nicht nur seine Hände, sondern auch die Unterarme abschrubbte. Dieses harte Urteil traf ihn tiefer, als er es für möglich gehalten hätte. Er hatte nie groß darüber nachgedacht, ob er ein netter Mann war oder nicht. Solche Kategorien hatten in seinem Leben schon lange keine große Rolle mehr gespielt. Er wusste, dass ihn seine Patienten schätzten, er hatte Freunde hier in Kirkby oder zumindest gute Bekannte, die ihn ebenfalls nicht vollkommen daneben fanden. Ihm war es wichtig, integer zu sein. Verlässlich. Zuverlässig. Freundlich. Er rang gerade darum, ein guter Vater zu sein. Aber nett? Und warum traf es ihn ausgerechnet so sehr, dass Charly eine schlechte Meinung von ihm hatte?

»Ich bin kein schlechter Mensch«, erklärte er, als er in die Küche zurückkehrte, wo es bereits verführerisch duftete.

»Nein, das bist du nicht«, gab sie zu. »Du bist ein guter Mensch. Ein anständiger, auch ein ehrenhafter. Das hat man heute eindeutig gesehen. Aber halt nicht nett. Jedenfalls nicht, was mich betrifft.«

Diese Aussage tat in der Wiederholung nicht weniger weh, und er wusste nicht so recht, wie er darauf reagieren sollte. »Es tut mir ehrlich leid, dass wir so einen schlechten Start hatten und …« Er seufzte. »Und dass es bei jeder weiteren Begegnung zu neuerlichen Ausfällen meinerseits kommt. Das ist wirklich sehr untypisch für mich. Ich hoffe, ich kann dir irgendwann beweisen, dass ich doch nett bin.«

Sie goss ihm lächelnd ein Glas Wasser ein und stellte einen Brotkorb auf den Tisch. »Ich hab nicht extra Reis gekocht«, sagte sie entschuldigend.

»Das Brot ist prima. Ich würde gerade alles essen und bin mir sicher, dass das Curry ganz hervorragend schmeckt. Jedenfalls riecht es schon himmlisch. Aber du weichst aus.«

Sie schöpfte üppige Portionen von dem Kichererbsen-Curry in zwei große Müslischalen und servierte sie. »Warum ist es dir so wichtig, dass ich dich nett finde?«, fragte sie dann.

Er überlegte und probierte einen ersten Löffel von dem cremig-würzigen Lebenselixier. »Ich weiß es ehrlich gesagt nicht«, gab er dann zu. »Ich weiß nur, dass es mir wichtig ist.«

»Aber du magst mich doch nicht mal. Du findest mich abstoßend.«

»Ich finde dich nicht abstoßend!« Er ließ den Löffel sinken, überrascht darüber, dass es die Wahrheit war. Er fand sie seltsamerweise sogar ausgesprochen anziehend. Blaue Haare, Piercings und Tätowierungen inbegriffen.

»Ich habe deine Blicke gesehen. Du findest meinen Look grässlich und hast dir sofort eine Meinung über mich gebildet, ohne dir die Mühe zu machen, mir zuzuhören oder mich kennenzulernen.«

»Ja, das stimmt. Am Anfang war es so.« Es hatte keinen Sinn, es zu leugnen. »Aber das hat sich geändert. Ich will dich sehr gerne kennenlernen, nur scheine ich dabei immer die falschen Fragen zu stellen.«

»Vielleicht sind sie nicht falsch. Vielleicht bin ich nur nicht bereit, sie zu beantworten.«

ANTWORTEN – ENDLICH ANTWORTEN

ALS CHARLY GEGEN ELF UHR vormittags wach wurde, fühlte sie sich vollkommen groggy. Die letzte Nacht hatte es wirklich in sich gehabt. Die Party mit der überraschenden Hochzeit von Hailey und Sean, die sie unfreiwillig ins Zentrum der Aufmerksamkeit gezogen hatte, dann die abenteuerliche Geburt von Islas Sohn auf dem Parkplatz am Loch Ness und schließlich das intensive Nachtmahl mit Brodie. Er war sichtlich schockiert gewesen von ihrem harten Urteil, und in der Rückschau tat es ihr leid.

Er mochte ein arroganter, oberflächlicher Schnösel sein, aber im Kern war er ein guter Mann. Kein anderer hätte, ohne zu zögern, eine panische werdende Mutter und einen beinahe handlungsunfähigen werdenden Vater in seine Edelkarosse verfrachtet und dann auch noch höchstpersönlich bei der Geburt geholfen.

Doch es blieb sein beeindruckendes Talent, immer genau das Falsche zu tun oder zu sagen. Und die abschätzigen Blicke, mit denen er sie anfangs bedacht hatte, konnte sie auch noch nicht ganz vergessen. Dafür waren sie viel zu schmerzhaft gewesen. Nun waren sie in einer seltsamen Pattsituation gefangen: Er wollte, dass sie ihn mochte, und sie wollte, dass er sie sah. Wirklich sah – und nicht nur ihr Äußeres.

Blöderweise hatte er recht damit, dass sie sofort dichtmachte, wenn er Fragen stellte, die ihr an die Substanz gingen. Fragen nach der Bedeutung ihrer Schmuckstücke und nach ihrer Angst vor dem Meer. Erstere könnte sie beantworten, wenn sie ihm genug vertraute. Wenn sie es selbst schaffte, hinter seine Fassade zu schauen.

Ein schrecklicher Gedanke durchfuhr sie. Vielleicht war auch sie kein netter Mensch?

Aber eines war klar: Sie brauchte heute Antworten von ihrer Familie und keine weiteren Ausflüchte. Doch erst musste sie sich etwas stärken. Auf nüchternen Magen und ohne einen starken Kaffee im System würde sie das nicht schaffen.

Sie gähnte, als sie sich an der Kaffeemaschine zu schaffen machte. Ihr Rhythmus war völlig durcheinandergeraten. Normalerweise war sie spätestens gegen elf im Bett und stand dann morgens um sechs auf. Heute Nacht war es fast fünf Uhr gewesen, als sie endlich ins Bett gegangen war, und dann hatte es noch mal eine ganze Weile gedauert, bis sie schlafen konnte. Gut, dass heute nichts mehr anstand – außer der Wahrheitsfindung.

Während sie ihren Porridge frühstückte und ihren Kaffee schlürfte, streichelte sie immer wieder das bunte Chamäleon. Das kleine Stofftier leistete ihr bei jeder Mahlzeit Gesellschaft, und es wunderte sie ein bisschen, dass Brodie es letzte Nacht nicht kommentiert hatte. Dann blätterte sie wieder im Fotoalbum ihrer Kindheit, und all die Fragen, die sie eigentlich schon ihr ganzes Leben lang quälten, kamen wieder hoch. Was war geschehen?

Nach dem abrupten Ende des Telefonats mit ihrem Vater vor einer guten Woche hatte sie nichts mehr von ihrer Familie gehört. Kein Anruf, keine Textnachricht, gar nichts. Das war nicht weiter ungewöhnlich, weil sie oft über Wochen keinen Kontakt hatten, aber seit sie zurück in Schottland war … Diese Gedanken waren natürlich Quatsch, denn der Grund für die Funkstille war eindeutig. Ihre Eltern würden freiwillig nicht mit der Sprache rausrücken, sondern warten, bis sie selbst wieder die Initiative ergriff. Vermutlich hofften sie, dass sie der Mut verließ. Doch das würde sie nicht noch einmal zulassen.

Energisch griff sie nach ihrem Handy und wählte die Nummer ihrer Eltern. Irgendjemanden würde sie an diesem Ostermontag schon antreffen – und dieser Jemand würde ihr Antworten geben.

»Frohe Ostern, mein Schatz«, meldete sich ihre Mutter – aufgeräumt und regelrecht vergnügt. Hatte ihr Vater am Ende nichts gesagt?

»Hi, Mum, frohe Ostern auch für euch. Habt ihr's nett?« Erst mal mit harmlosem Small Talk anfangen.

»Ja, sehr. Die große Ostereiersuche gestern war zwar eine ziemlich nasse Angelegenheit, aber das hat den Enthusiasmus der Kinder nicht gebremst. Und wie ist es bei dir? Was macht euer Osterfestival?«

»Das war ein voller Erfolg, obwohl es bei der Eiersuche gestern früh auch ganz schön geregnet hat. Trotzdem war reichlich Betrieb, und ich hatte viele Zuschauer bei meinen Schmiedevorführungen«, erzählte sie. »Gestern Abend gab's dann ein großes Dorffest – mit einer Überraschungshochzeit und einer Geburt.«

Schweigen am anderen Ende der Leitung. »Was ist denn eine Überraschungshochzeit?«, kam es misstrauisch zurück. »Wird das ein Aprilscherz?«

Stimmt, heute war ja der erste April, daran hatte Charly gar nicht gedacht. Sie musste lachen. So gesehen war Klein Daniel ein echter Aprilscherz. »Kein Scherz, nur ein Stück des hier angeblich besonders weit verbreiteten Wahnsinns.« Sie erzählte ihrer Mutter von Seans Heiratsantrag und der improvisierten Trauung samt den von ihr geschmiedeten Armbändern. »Das war erstaunlich berührend und schön. Außerdem kann ich mich jetzt vor Aufträgen gar nicht mehr retten, weil gefühlt alle Dorfbewohner, oder zumindest die, die ein Pferd haben, so ein Schmuckstück aus einem alten Hufeisen wollen.«

»Wie schön für dich«, sagte Marjorie, doch Charly hörte aus dem Tonfall ihrer Mutter das gleiche Unverständnis heraus, das sie selbst empfand, wenn ihre Familie über Geisternetze und verletzte Heuler philosophierte. Es gab da einfach keine gemeinsame Basis – so traurig und schmerzhaft das auch war.

»Ist es wirklich. Mia hat doch auch mal eine Zeitlang Armbänder aus alten Fischernetzen geknüpft. So in der Richtung musst du es dir vorstellen«, versuchte Charly es mit einer Erklärung.

»Aha.« Mehr fiel Marjorie dazu offensichtlich nicht ein.

»Ist ja auch egal. Jedenfalls war es ein sehr schöner Abend, bis um kurz vor Mitternacht die Fruchtblase von Isla geplatzt ist. Das ist die Sterneköchin hier im Ort. Die Rettungskräfte waren alle bei einem Großbrand und konnten nicht schnell genug herkommen, um sie ins Krankenhaus zu bringen. Von den Gästen waren fast alle so betrunken, dass sie nicht mehr fahren konnten, also haben Brodie und ich Isla und ihren Freund ins Auto gepackt, um sie nach Inverness zu fahren. Wir haben es aber nicht so weit geschafft, denn das Baby hatte es verdammt eilig, und so musste Brodie den Geburtshelfer geben – mitten in der Nacht auf einem Parkplatz direkt am Loch Ness.«

»Bist du sicher, dass das kein Scherz ist?« Ihre Mutter schien es nicht glauben zu können.

»Glaub mir, darüber würde ich nicht scherzen. Ich kann dir gerne ein Foto weiterleiten, das ich von der frischgebackenen Familie auf der Rückbank von Brodies SUV geschossen habe.«

»Und wer ist dieser Brodie?«

»Der ist Zahnarzt, also zwar wenigstens Mediziner, aber auch nicht direkt der ideale Geburtshelfer. Es ist aber alles gut gegangen. Mutter und Kind sind wohlauf, und die Eltern werden den Kleinen nun Daniel Charles Brodie nennen.« Seltsamerweise fühlte sich Charly noch immer lächerlich stolz, obwohl ihr

Anteil am glücklichen Ausgang der Geburt ja wahrlich minimal war.

»Da ist ja einiges los in deiner neuen Heimat«, befand ihre Mutter schließlich, und Charly war sich nicht ganz sicher, ob es aufrichtig erfreut klang oder sie eine Spur Eifersucht heraushörte.

»Das ist es allerdings. Und langsam fühle ich mich richtig heimisch, was vor allem auch an den Sachen liegt, du mir geschickt hast. Die sind wirklich toll.«

»Das freut mich. Es ist gut, dass du langsam etwas zur Ruhe kommst und vielleicht sogar Wurzeln schlägst. Das ist so wichtig.« Diesmal klang Marjorie absolut aufrichtig und sehr warmherzig. »Ich habe mir zwar immer gewünscht, dass du nach Oban zurückkehrst, aber das hier ist fast genauso gut. Im Vergleich zu deinen vorherigen Wohnorten ist es ja nur ein Katzensprung.«

»Das stimmt. Und ich hoffe, ihr besucht mich bald mal, damit ihr seht, wie es mir hier geht«, sagte Charly und meinte es auch so. Doch nun war es Zeit für einen Themenwechsel. Sie trank noch einen Schluck Kaffee und atmete tief durch.

»Du hast mir auch die Kiste mit den Erinnerungsstücken aus meiner Kindheit und Jugend mitgegeben – ich nehme an, mit einer gewissen Absicht dahinter?«

»Nun, die Sachen gehören dir, und du hast jetzt endlich Platz dafür. Die Absicht dahinter war, dass sie nicht mehr bei uns auf dem Dachboden stehen müssen«, kam die ausweichende Antwort.

»Wir beide wissen, dass das höchstens die halbe Wahrheit ist. Es ist ja kaum so, als ob diese Schachtel euren Speicher unnötig zugemüllt hätte, und ich meinerseits habe zwanzig Jahre lang keine Sekunde an die Sachen gedacht und hätte sie vermutlich niemals vermisst.«

»Schön, dann wirf sie doch weg oder bring sie bei deinem nächsten Besuch wieder mit.«

»Mum, jetzt sei nicht so. Du weißt ganz genau, dass es hier nicht um Lagerplatz geht, sondern um das große Geheimnis, das mein Leben seit Jahrzehnten überschattet. Und ich will jetzt endlich die ganze Geschichte erfahren.«

Marjorie sagte nichts, sondern atmete nur schwer. Das erinnerte Charly ganz stark an die Reaktion ihres Vaters vor einer guten Woche.

»Weißt du, ich habe gedacht, dass ich schon immer Angst vor dem Meer hatte. Das war und ist ein so großer Teil von mir und der Grund, warum ich mich bei euch oft so fremd gefühlt habe – und fühle. Ich habe mir irgendwann eingeredet, dass ich halt anders bin, dass jede Familie ihr schwarzes Schaf braucht, und in den letzten Jahren war es auch kein großes Thema mehr für mich. Es ist mir erst wieder bewusst geworden, als ich vor meinem Job in Kirkby die zwei Wochen bei euch gewohnt habe. Und dann gibst du Gregory diese Erinnerungskiste mit, und darin entdecke ich zwei wesentliche Dinge. Zum einen mein Tagebuch, in dem meine Verzweiflung aus jeder Seite fließt, weil ich mir sicher war, dass ihr mir irgendwas verheimlicht. Etwas Großes, womöglich sogar Monströses. Etwas, das mein Leben in einem anderen Licht erscheinen lassen könnte. Die zweite Sache ist dieses Fotoalbum, das wir mal als Schulprojekt anlegen mussten. Ich weiß nicht, ob ich das als Teenager nicht gesehen oder nur nicht hinterfragt habe, dabei ist es total offensichtlich: In meinen ersten Lebensjahren hatte ich sichtlich keine Angst vor Meer und Schiffen. Es gibt kaum ein Foto aus dieser Zeit, das mich an Land zeigt. Stattdessen trage ich auf allen Bildern eine Schwimmweste und das breiteste Kindergrinsen, das man sich nur vorstellen kann. Und neben mir ist immer ein dunkelhaariges Mädchen in meinem Alter, das genauso viel Spaß hat wie ich.«

Wenn Charly ihre Mutter nicht hätte atmen hören, hätte sie nicht sicher sein können, dass die Verbindung noch hielt. Sie wartete ein paar Sekunden, um Marjorie die Chance zu geben, selbst das Wort zu ergreifen, doch sie schwieg weiterhin.

»Irgendwann gibt's dann nur noch Fotos von mir an Land. In unserem Haus, im Garten, auf Klassenfahrten. Nie mehr bin ich da auf einem Schiff zu sehen. Und das Mädchen ist ebenfalls verschwunden. Ich weiß nicht einmal, wer sie ist und wie sie heißt. Chloe? Zoe? Oder ganz anders?«

»Es ist so lange her«, antwortete ihre Mutter nun doch, und Charly hatte den Eindruck, dass sie weinte.

»Ich weiß. Und fast genau dasselbe hat Dad vor einer guten Woche ebenfalls zu mir gesagt. Aber ihr müsst verstehen, dass ich endlich Antworten brauche.

Ich bin in der Gewissheit aufgewachsen, dass ich ein unnatürlicher Freak bin, weil ich alles, was seit Generationen der Lebensinhalt unserer Familie ist, so schrecklich finde.«

»Du bist kein Freak!«, schluchzte ihre Mutter schockiert. »Du bist einfach anders, aber das ist doch total in Ordnung. Wir lieben dich deswegen kein bisschen weniger.«

»Das mag sein. Ich glaube das sogar. Aber ich weiß, dass irgendetwas geschehen ist, das mein Leben so krass verändert hat. Ihr hättet es mir erzählen müssen. Schon damals. Spätestens in meiner Teeniezeit, als ich gezielt danach gefragt habe.«

»Aber es ist so schrecklich …« Auch das war wieder fast der gleiche Wortlaut wie bei ihrem Vater neulich.

»Mum, glaub mir, es kann gar nicht so schrecklich sein wie das, was ich mir seit vielen Jahren ausmale. Es ist offensichtlich etwas so Großes, dass es die ganze Familie betrifft. Wie könnt ihr darüber die ganze Zeit schweigen? Angst und Schrecken gehen doch nicht weg, indem man sie unter den Teppich kehrt.«

»Doch, das funktioniert«, kam es nun erstaunlich störrisch zurück. »Man muss es nur wollen.«

»Ich will es nicht. Ich wollte es nie. Verstehst du denn nicht, Mum, dass ich das Gefühl habe, unvollständig zu sein? Dass es schwarze Flecken in meiner Erinnerung gibt, die ich nicht verstehe? Ich will auch endlich die Chance haben, meine Ängste loszuwerden, aber dafür müsste ich überhaupt erst einmal rausfinden, warum ich sie habe.«

»Charly, dein Leben ist doch gut. Du bist glücklich. Warum willst du das alles aufs Spiel setzen?«, versuchte Marjorie es mit einem Strategiewechsel.

Charly schnaubte, frustriert und verzweifelt. »Ja, mein Leben ist gut. Aber es ist auch ein sehr kleines Leben, Mum. Ich bin allein. Ich habe lediglich einen Esel als Haustier, sonst niemanden. Mein komplettes Hab und Gut passte in meinen uralten Range Rover. Die Sachen, die du mir geschickt hast, haben meinen Hausstand mal locker mindestens verdoppelt. Eher verdreifacht. Ich habe keine engen Freundschaften, und die einzige ernsthafte Beziehung …« Sie ließ den Satz austrudeln, denn über Zane wollte sie jetzt wirklich nicht nachdenken. »Du hast gesagt, du wünschst dir für mich, dass ich endlich ankomme. Aber wie kann ich ankommen, wenn ein Teil von mir fehlt? Wie kann ich Beziehungen führen, wenn ich mir selbst nicht traue? Wie soll das gehen?«

»Ach Charly … Es würde dich nur noch mehr verletzen, wenn du es wüsstest. Vertrau mir. Wir …«

»Hör auf damit«, fiel ihr Charly aufgebracht ins Wort. »Ich bin erwachsen. Ich bin siebenunddreißig Jahre alt, und ich will endlich Antworten!«

Am anderen Ende der Leitung hörte Charly plötzlich seltsame Geräusche. Es klang so, als würde ihre Mutter den Hörer zuhalten und mit jemandem tuscheln. Dann meldete sich ihr Vater.

»Hallo, Schatz, und frohe Ostern!«

Ernsthaft? »Was soll das, Dad?«

»Es ist nun mal Ostern, und ich wollte … höflich sein.« Hugh räusperte sich.

»Die Zeit für Höflichkeiten ist vorbei. Ich will jetzt endlich die Wahrheit erfahren!« Charly hatte das Gefühl, dass sie gleich endgültig die Nerven verlieren würde. »Es ist mir auch egal, wer es mir erzählt, aber ich muss es wissen, sonst drehe ich durch.«

»Ich kann das nicht …«, krächzte er erstickt. Doch das wohl eher nicht an Charly gerichtet, sondern an seine Frau, denn gleich darauf war Marjorie zurück am Telefon.

»Sag nachher nicht, ich hätte dich nicht gewarnt«, bemerkte sie kühl, doch Charly wusste, dass das nur Fassade war. Dieselbe Fassade, hinter sie selbst sich auch oft genug verschanzte.

»Werde ich nicht«, entgegnete sie genauso gespielt gefasst. »Wer also war das Mädchen, und was ist heute mit ihm?«

»Das kleine Mädchen hieß tatsächlich Chloe«, begann ihre Mutter, doch ihre Stimme verlor mit jeder Silbe an Festigkeit. »Wir haben sie als Pflegekind in unsere Familie aufgenommen, da war sie ungefähr zwei Jahre alt. Genauso alt wie du.«

»Okay.« Ein Pflegekind namens Chloe also. Ein Teil von Charly freute sich, dass sie sich noch an den Namen erinnert hatte, ein anderer nahm die Vergangenheitsform wahr, die nichts Gutes bedeuten konnte. Doch das hatte sie auch nicht erwartet. »Was ist mit ihr geschehen?«

»Ihre Eltern sind bei einem Unfall ums Leben gekommen und …«

»Nicht das«, unterbrach Charly sie. »Nicht die Umstände, die sie zu uns gebracht haben, sondern was dann später passiert ist.«

»Ihr wart ein Herz und eine Seele, unzertrennlich wie Zwillinge«, sprach ihre Mutter weiter. »Und ihr habt es geliebt, mit aufs Meer rauszufahren. Je stürmischer und wilder die See war, desto mehr Spaß hattet ihr.« Schmerz und Wehmut in Marjories Stimme waren unüberhörbar.

»Und dann?«

»Eines Tages, kurz nach deinem fünften Geburtstag, habt ihr Dad auf einem Trip zur Isle of Mull begleitet. Auf dem Rückweg seid ihr in einen Sturm gekommen. Einen wirklich heftigen. Riesige Wellen sind über das Deck geschlagen, und weil ihr nicht, wie Dad und Douglas es euch gesagt hattet, in die Kabine gegangen seid, wurdet ihr beide ins Meer gespült.«

Charly hatte plötzlich das Gefühl, von eiskaltem Wasser umgeben zu sein. Nicht mehr zu wissen, wo oben und unten war. Sie spürte einen Sog, der sie in die Tiefe zerren wollte. Es war der Albtraum, der sie jahrelang, jahrzehntelang gequält hatte und der in letzter Zeit nur noch ganz selten ihre Nächte störte. Doch nun wurde ihr klar, dass es kein Albtraum war, sondern eine Erinnerung. »Wer ist Douglas?«, brachte sie mühsam hervor.

»Ein junger Fischer von Mull. Er hatte eine Freundin in Oban, dic cr überraschen wollte, und war deswegen mit auf dem Schiff. Er ist ins Wasser gesprungen, ohne zu zögern, um euch zu retten.« Charly hörte, wie sich ihre Mutter die Nase putzte. »Dich hat er gerade noch rechtzeitig erwischt und irgendwie zurück aufs Boot bugsiert, aber …« Nun kippte ihre Stimme endgültig weg, und es dauerte eine gefühlte Ewigkeit, bis sie weitersprechen konnte. »Seine Leiche wurde eine Woche später am Strand der Isle of Kerrera angespült. Chloe blieb für immer verschollen.«

Charly war wie erstarrt. Sie wusste nicht, was sie denken oder fühlen sollte, aber plötzlich ergab alles irgendwie Sinn. Der schreckliche Albtraum allein war schon Grund genug, sich vor dem Meer zu fürchten. Die Tatsache, dass es kein Traum, sondern eine echte Erinnerung war, umso mehr. Es war keine irrationale Angst, keine Einbildung. Ihre Furcht hatte einen sehr realen Grund.

»Bist du jetzt zufrieden?«, brachte Marjorie schließlich hervor.

»War es meine Schuld?«, hauchte Charly. War es ihre Idee gewesen, bei dem Sturm an Deck zu gehen? War sie für den Tod von Douglas und Chloe verantwortlich?

»Was? Natürlich nicht!«, rief Marjorie entsetzt. »Das darfst du wirklich nicht glauben. Dein Vater und Douglas hätten euch vermutlich in der Kabine einschließen müssen, um das zu verhindern …« Charly hörte im Hintergrund wieder ein nicht zu identifizierendes Geräusch, das wohl von Hugh stammte.

»Tatsache war, dass sie alle Hände voll damit zu tun hatten, das Boot auf Kurs zu halten. Sie konnten gar nicht die ganze Zeit auf euch achten und hatten vermutlich nicht mal ernsthaft in Betracht gezogen, wie unternehmungslustig ihr wart – und wie krass die Wellen. Ihr wart kleine Mädchen in Ölzeug und mit Schwimmwesten, das Wasser hat euch über Bord gespült wie Korken.«

Langsam konnte Charly nachvollziehen, warum ihr Vater nicht darüber reden konnte. Für ihn war es nicht nur ein nächtlicher Albtraum, er musste diese Bilder ständig vor seinem inneren Auge haben. Wie entsetzlich musste es für ihn gewesen sein, zu sehen, wie seine Kinder einfach so über Bord gingen und von den Wassermassen verschlungen wurden? Wie hilflos musste er sich gefühlt haben? Und wie entsetzlich schuldig? Zwei Menschen waren an diesem Tag gestorben – wie schaffte er es, weiterhin zur See zu fahren?

»Und Chloe ist nie wieder aufgetaucht?«, fragte Charly mit brüchiger Stimme und einer kleinen irrationalen Hoffnung. Vielleicht hatte sie doch überlebt? Vielleicht war sie irgendwo angespült worden, wo man sie nicht kannte?

»Nein, nie wieder. Die ganze Region wusste Bescheid und hätte sofort Alarm geschlagen, wenn man ein totes kleines Mädchen gefunden hätte. Es ist vollkommen ausgeschlossen, dass sie überlebt haben könnte. Wenn sie nicht ertrunken ist, dann wenige Minuten später erfroren. Das Wasser ist ja eisig, und sie war so ein kleines, zartes Ding. Noch zarter als du, und auch du hast es nur knapp überlebt.«

»Was?«

»Du warst völlig unterkühlt und schon im Koma, als Dad es endlich an Land geschafft hatte. Du wurdest mit dem Rettungshubschrauber nach Glasgow gebracht, und es hat Tage gedauert, bis du wieder zu dir gekommen bist.« Marjorie atmete ein paarmal tief durch, bis sie die Fassung wiedererlangte. »Du konntest dich an nichts mehr erinnern, und deine behandelnde Ärztin ist davon ausgegangen, dass es eine bleibende Amnesie ist. Du wusstest anfangs auch nicht mehr, wer Dad und ich waren, wer deine Brüder waren. Das hast du alles erst mit der Zeit wieder gelernt. Wir haben dann – übrigens zusammen mit der Ärztin – beschlossen, dass es besser wäre, wenn wir dir nichts von dem Unglück erzählen.«

»Scheiße«, entfuhr es Charly entsetzt. Damit hatte sie nun gar nicht gerechnet. Doch auch diese Information lieferte ein paar wichtige Puzzleteile für sie. Die Distanz zu ihrer Familie, die sie gefühlt immer empfunden hatte, war ebenfalls keine Einbildung, sondern lag in dem Gedächtnisverlust begründet.

»Es tut mir leid, dass das jetzt so ein Schock für dich ist«, sagte Marjorie traurig.

»Ja, das ist es. Aber mir tut es noch viel mehr leid, dass ihr die ganze Zeit damit leben musstet.« Charly empfand mit einem Mal unendlich viel Mitgefühl mit ihren Eltern. Vor allem mit ihrem Dad, der das alles hatte mit ansehen müssen. »Wie schafft ihr es, trotz allem weiterhin zur See zu fahren, während ich so eine Phobie entwickelt habe?«

»So furchtbar es sich für dich vielleicht anhört, wir sind ja alle mit dem Wissen aufgewachsen, dass das Meer ein gefährlicher und grausamer Gegner sein kann. Es gibt hier im Ort und auf den Inseln keine einzige Familie, die nie einen Verlust erlitten hätte. Das ist Teil unserer Realität. Es ändert nichts an der Trauer und dem Schmerz, aber zu akzeptieren, dass wir es mit einer machtvollen Naturgewalt zu tun haben, hilft. Du hast dieses frühe Selbstverständnis komplett verloren.«

»Was ist mit Matt und Liam? Die müssen das doch mitbekommen haben, oder? Und Gregory war doch auch schon geboren, als es passiert ist.« Charly konnte inzwischen verstehen, warum ihre Eltern nie etwas gesagt hatten. Dass aber ihre älteren Brüder bei diesem Schweigegelübde mitgemacht hatten, wunderte sie schon ein wenig.

»Sie waren nicht mit an Bord, daher haben sie auch nur durch Erzählungen davon erfahren. Und zunächst waren wir alle nur in Sorge um dich.« Ihre Mutter seufzte. »Gerade Matthew hat dann einen Riesenehrgeiz entwickelt, dir alles wieder beizubringen. Wir haben den Jungs nicht verboten, über Chloe und den Unfall zu sprechen, aber es war irgendwie nie mehr ein Thema.«

Charly merkte, wie Tränen in ihr aufstiegen, sie weinte um den tapferen Douglas, der ihr Leben gerettet hatte und selbst dabei gestorben war. Und vor allem breitete sich eine unendliche Trauer um Chloe in ihr aus – das kleine Mädchen, das wie ein Geschenk in ihre Familie gekommen war, nur um drei Jahre später wieder zu verschwinden. Aus dem Leben und, noch viel schlimmer, aus den Erinnerungen.

»Ich hab schon befürchtet, dass es dir mit der Wahrheit nicht besser gehen wird«, sagte Marjorie mit resignierter Bitterkeit in der Stimme.

»Das stimmt nicht«, widersprach Charly nach einer Weile. »Ich bin geschockt und unfassbar traurig, aber auch wirklich froh, dass ich es jetzt weiß. Ich muss nicht mehr an meinem Verstand zweifeln, sondern ich habe einen echten, einen schrecklichen, aber einen guten Grund für meine Ängste.« Sie schluckte. »Und ich kann auch verstehen, warum ihr es mir nicht erzählt habt – gerade als ich in der Pubertät war. Ich habe keine Ahnung, wie ich damals darauf reagiert hätte.«

»Vielleicht wärst du nicht abgehauen«, mutmaßte Marjorie traurig.

»Ich bin nicht abgehauen«, entgegnete Charly. »Ich habe nur meinen Platz im Leben gesucht. Und ich wollte weg vom Meer.«

»Es wäre vielleicht anders gekommen, wenn wir es dir früher gesagt hätten. Vielleicht hättest du mit therapeutischer Hilfe …«

Charly musste fast lachen, weil ihre Mutter das Thema Therapie überhaupt ansprach. Laut ihren Eltern konnte man die meisten Probleme doch einfach innerhalb der Familie klären – oder halt einfach totschweigen. »Nun, wir werden es nie erfahren, denn ihr habt euch ja dagegen entschieden«, meinte sie dann. »Und wie gesagt, ich verstehe es jetzt. Keine Vorwürfe mehr.«

»Und was wirst du jetzt tun?«

»Was soll ich schon tun? Ich mache mit meinem Leben weiter und schaue, was passiert, jetzt, wo ich die Gründe für meine Ängste kenne.« Charly konnte selbst kaum glauben, wie pragmatisch sie klang. Sie hatte von der schrecklichsten Zeit ihres Lebens erfahren, und doch fühlte sie eine überraschende Ruhe in sich. Vielleicht weil sie nach dem anderen schrecklichsten Moment gelernt hatte, weiterzuleben? Oder weil sie jetzt die Gewissheit hatte, nicht falsch zu sein? Womöglich beides.

»Bist du wirklich okay?«

»Ja, bin ich. Ich werde bestimmt Fragen haben, aber ich bin okay. Ich muss das jetzt erst mal sacken lassen. Danke, dass du es mir erzählt hast.«

»Ich hab dich lieb, mein Schatz. Daran darfst du wirklich nie zweifeln. Wir alle lieben dich.«

»Ich weiß, Mum. Ich euch auch. Jetzt sogar noch ein bisschen mehr. Bis bald.«

EISERNE HERZEN

CHARLYS BEHAUPTUNG, dass er kein netter Mensch sei, ging Brodie auch Tage später noch durch den Kopf. Genau genommen dachte er an kaum etwas anderes, und das war wirklich blöd, denn vor allem sollte er sich gerade um seine Tochter kümmern.

Doch Emma schien sich in Kirkby auch ohne ihn bestens zu amüsieren und hing die meiste Zeit über mit Lucy und Tara herum. Brodie war sich nicht sicher, ob das die beste Gesellschaft war oder ob die Mädchen am Ende eine Weltverschwörung anzetteln, andererseits war er froh darüber, dass es seinem Kind hier gut gefiel und sie rasch Anschluss gefunden hatte.

Gestern waren sie bei seinen Eltern gewesen – selbstredend inklusive des zu erwartenden kulinarischen Dramas. Doch er war vorbereitet gewesen und hatte einfach im Pub eine Portion von dem veganen Shepherd's Pie besorgt und mitgenommen. Trotzdem hatte sein Vater endlose Vorträge über angemessene und idiotische Ernährungsformen abgesondert, die Emma jedoch cooler weggesteckt hatte als Brodie. Diese Teenager-Ignoranz hätte er auch gerne wieder. Falls sie ihm jemals zu eigen gewesen war.

»Dad?«

»Ja, mein Schatz?« Brodie sah überrascht zur Tür. Es war gerade mal neun Uhr morgens, da hatte er mit Emma noch nicht gerechnet.

»Hast du heute was geplant?«

»Nicht direkt. Grandpa wollte ja mit uns golfen gehen oder einen Ausflug zum Schlachtfeld von Culloden machen.« Er ahnte die Reaktion bereits.

»Golfen ist so lame, genau wie Culloden. Da war ich übrigens schon auf zwei Klassenfahrten.« Sie verdrehte die Augen auf ihre unnachahmliche Art.

»Wer nicht? Pflichtprogramm für alle schottischen Kinder. Und Touristen. Und Militärs.«

»Genau, und ich bin nichts davon«, fasste sie gnadenlos zusammen. »Lucy und Tara haben gefragt, ob ich mit ihnen erst zum Frühstücken ins Café gehe und anschließend in den Stall. Sie sind mit ein paar Leuten zum Reiten verabredet …«

»Aber du reitest doch gar nicht, oder?«

»Ich könnte ja wieder anfangen. Ich hätte irgendwie total Lust drauf. Aber natürlich nur, wenn es für dich auch okay ist.«

Sie hatte rosige Wangen, in genau demselben Farbton wie das Pink auf ihrem Oberkopf. Brodie hätte sie am liebsten in die Arme geschlossen und geküsst, wie er es gemacht hatte, als sie ein kleines Mädchen gewesen war.

»Warum soll es nicht okay sein?« Er lächelte sie an. »Brauchst du Geld fürs Frühstück und für die Reitstunde?«

»Du musst aufhören, mir für jeden Furz Geld zu geben«, sagte sie mit leichtem Tadel in der Stimme, und er schaute sie überrascht an.

»Seit wann ist das ein Problem?«

»Du hast mir in den letzten Tagen einfach jedes Mal zu viel Geld zugesteckt. Granny hat mir gestern auch ein paar Scheine geschenkt, und Mum hat mir ordentlich Taschengeld mitgegeben.« Das zarte Wangenpink wurde dunkler.

»Und das ist problematisch, weil?«, erkundigte er sich erneut.

»Weil ich total verwöhnt bin und den Wert des Geldes nicht würdigen kann.«

»Bist du jetzt auf einem Sozialismustrip?«

»Was? Nein! So ein Quatsch, aber ich habe festgestellt, dass …« Sie wickelte sich eine bunte Haarsträhne um den Finger und biss sich auf die Unterlippe. »Die anderen Mädels haben nicht so viel Geld und …«

»Du musst ja nicht damit angeben. Du kannst das Geld auch einfach in ein Sparschwein packen oder in einen ETF-Sparfonds. Wir können nachher gerne einen neuen für dich anlegen. Es wäre ohnehin gut, wenn du lernst, wie das funktioniert.«

»Dad!«, rief sie. »Das ist nicht der Punkt. Der Punkt ist, dass ich noch nie für Geld arbeiten musste.«

»Wenn alles gut läuft, wirst du sehr viele Jahre vor dir haben, in denen du genau das tun musst«, entgegnete Brodie. Irgendwie fand er es zauberhaft, dass sich Emma plötzlich Gedanken über solche Dinge machte. Das war unglaublich erwachsen. Und genau das schockte ihn gleichzeitig. Er wollte nicht, dass sie erwachsen wurde. Er wollte sein kleines Mädchen nach Strich und Faden verwöhnen.

Emma verdrehte die Augen. »Wenn Lucy oder Tara etwas Neues haben wollen, was nicht normaler Alltagskram ist, also irgendeine coole Tasche, teure Kosmetik oder Schuhe, dann müssen sie das Geld dafür selbst verdienen. Deshalb machen sie den Perlenschmuck.« Sie deutete auf ihr Handgelenk. »Wann dürfen eigentlich Kate und Moss mal mit ihren Perlenhalsbändern rumlaufen?«

»Ähm …«

»Egal. Worauf ich hinauswill, ist, dass sie für die tollen Dinge arbeiten, die sie sich leisten wollen, und darauf superstolz sind. Ich dagegen? Ich frage dich oder Mum, und ihr kauft es mir dann.«

»Okay, ich hab's begriffen: Kein Geld für Frühstück und Reiten.« Brodie hob die Hände.

»Genau. Ich hab nämlich noch genug. Und nach den Ferien werde ich mir überlegen, ob ich auch irgendwas arbeiten kann, um Geld zu verdienen.«

»Ich finde den Geschäftssinn von Lucy und Tara wirklich bewundernswert, aber vielleicht solltest du dich lieber auf die Schule konzentrieren?«, schlug Brodie vor. »Eine gute Ausbildung ist nämlich auch wichtig für spätere Erfolge.«

»Aber das ist doch total ungerecht«, echauffierte sie sich. »Weil meine Eltern Geld haben, kann ich mich aufs Lernen konzentrieren, und Lucy und Tara müssen arbeiten. Was bedeutet, dass sie vielleicht nicht ganz so gute Noten haben werden, am Ende nicht studieren können und einen schlecht bezahlten Job annehmen müssen. Und bei ihren Kindern geht's dann so weiter.«

Im Stillen bedauerte Brodie, dass Emma ihre egalitären Anwandlungen nicht schon gestern beim Besuch der Großeltern gezeigt hatte – *das* hätte für interessante Gesprächsthemen gesorgt. »Es ist ja nicht so, dass Lucy und Tara am Hungertuch nagen. Und sie müssen auch nicht arbeiten. Du sagst ja selbst, dass sie sich damit lediglich ein paar Luxusprodukte finanzieren. Notfalls könnte man auf die fünfte Handtasche wohl verzichten, oder?«

»Und das von dem Mann, der sich seine Klamotten maßschneidern lässt!« Emma funkelte ihn an. »Das ist der Gipfel der Dekadenz.«

»Erstens lasse ich mir längst nicht alles schneidern, und zweitens halten diese Sachen dafür ewig. Unterm Strich ist das dann wieder günstiger.« Das war zumindest das Argument, mit dem er sein Konsumverhalten vor sich selbst rechtfertigte. Vermutlich sollte er einfach mal die Klappe halten. »Weißt du, was? Du gehst jetzt frühstücken und in den Stall, und ich … ich mache irgendwas. Und wenn du willst, können wir uns später um einen ETF-Sparplan kümmern. Was du nach den Ferien machst, kannst du dann mit deiner Mutter diskutieren.«

Dafür erntete er weiteres Augenrollen, doch das nahm er in Kauf. »Ich geh dann mal«, kündigte sie an und war gleich darauf verschwunden.

»Und was machen wir jetzt?«, fragte er die Hunde, die ein bisschen enttäuscht wirkten, dass ihre Menschenschwester den Tag lieber ohne sie verbringen wollte.

Erwartungsgemäß kam keine wirkliche Antwort, und Brodie fühlte sich seltsam nutzlos. Die Praxis hatte diese Woche geschlossen, und Emma hatte keine Lust auf ihn. Ja, er könnte mit seinem Vater golfen, doch das reizte ihn gerade gar nicht, obwohl das Wetter sehr einladend war. Die Aprilsonne schien heute erstaunlich stabil, und es sah kein bisschen nach Regen aus. Vielleicht sollte er einfach einen ausgedehnten Spaziergang machen und schauen, was der Tag für ihn in petto hatte?

Er verließ das Haus und lief wie automatisch in Richtung seiner Praxis. Er könnte im Labor auch ein bisschen mit Gold spielen, schoss es ihm durch den Kopf, und prompt fielen ihm wieder die Armbänder von Charly ein, mit denen sich am Sonntag Hailey und Sean die Ehe versprochen hatten. Das war tatsächlich origineller als klassische Eheringe. Gold war ja relativ leicht zu bearbeiten. Eisen dagegen – rau, roh, archaisch oder auch bodenständig und solide. Während Gold für Eleganz, Luxus und Schönheit stand – oder in seinem Fall auch für Zahnersatz. Brodie musste bei dem Gedanken grinsen. Schon verrückt, was einem so durch den Kopf schoss. War er also der polierte Goldschnösel, während Charly …

»Was machst du denn hier?«, erkundigte sich Maggie, als er die Praxis betrat. »Ich dachte, du hast Urlaub und willst Zeit mit deiner Tochter verbringen?«

»Hab ich auch, aber sie hat andere Pläne, und ich … ähm … könnte den Papierkram auf Vordermann bringen.«

»Willst du allen Ernstes bei diesem herrlichen Wetter in deinem Büro sitzen?« Sie starrte ihn an, als würde er an einer besonders schweren Form von Schwachsinnigkeit leiden.

Sie hatte nicht unrecht. Und er wollte auch gar nicht seinen Verwaltungskram angehen, zumal er da ohnehin auf einem guten Stand war. Auch aufs Labor hatte er keine besondere Lust, also, nicht wirklich. Er war einfach automatisch und ohne groß darüber nachzudenken …

»Da ist ja mein Held!«, riss ihn ein enthusiastischer Ausruf aus seinen wenig produktiven Gedanken. Isla kam gerade aus Annas Sprechzimmer, Baby Daniel vor den Bauch geschnallt.

»Hallo, Isla, schön, dich zu sehen. Geht's euch gut?« Seltsamerweise fühlte er sich ein bisschen befangen ihr gegenüber. Andererseits war das nach dem höchst intimen Erlebnis von Sonntagnacht wohl auch kein Wunder.

»Danny und ich waren nur zum Check-up bei Martha und Anna. Uns geht's blendend. Es wird zwar noch ein Weilchen dauern, bis ich wieder vollkommen schmerzfrei laufen, sitzen und … nun ja … kann, aber das ist laut Anna normal.« Isla grinste. »Es fühlt sich an, als wäre da unten eine Splittergranate explodiert.«

»Glaub mir, das würde sich dann doch noch mal ganz anders anfühlen«, sagte er und merkte, wie sich sein Brustkorb verengte. Kate presste ihren schmalen Körper gegen sein Bein und leckte ihm die Hand ab. Sie merkte es immer sofort, wenn bei Brodie die Angst angekrochen kam.

»Sagt der Mann, der selbst schon mal viereinhalb Kilo Lebendgewicht aus seiner Vagina gepresst hat?«, entgegnete Isla ironisch und ohne etwas von seinem Panikanflug bemerkt zu haben.

»Sagt der Mann, der in Afghanistan versucht hat, seine Kameraden nach einer Explosion zu retten und …« Kate stupste ihn erneut an, und er verstand. Das war hier weder die richtige Zeit noch die passende Situation. Seine Panik flaute wieder ab. »Aber ja, das war eine sehr reife Leistung von dir, und ich bin mir sicher, dass bald wieder alles gut ist.«

Isla warf ihm einen Blick zu, den er nicht ganz lesen konnte, dann leuchteten ihre Augen wieder auf. »Hast du schon gefrühstückt?«

»Ähm … nur eine Kleinigkeit, ich wollte …«

»Komm mit in den Pub, dann können wir in Ruhe reden, und ich kann wieder die Beine hochlegen.«

Nun sah er, dass sie unter ihrem glücklichen Mami-Strahlen ziemlich blass war und vermutlich wirklich dringend Ruhe brauchte.

»›Füße hoch‹ ist das Mindeste!«, tönte Anna, die gerade zum Rezeptionstresen trat. »Die Zeit nach der Geburt heißt nicht umsonst Wochenbett. Du musst dich erholen und wieder vollständig zu Kräften kommen.«

»Ja, ja, schon gut«, beruhigte Isla sie. »Ich verschwinde ja schon.«

»Ich habe dir noch gar nicht zu deinem großartigen Einsatz gratuliert«, wandte sich Anna mit ihrem warmherzigsten Lächeln an Brodie. »Das war großartig. Und es tut mir immer noch unglaublich leid, dass ich nicht einsatzfähig war …« Der zweite Satz ging auch an Isla.

»Hör auf mit der Selbstzerfleischung, Anna. Du hast gelegentlich auch einen Feierabend verdient, und Doc Henderson hatte alles im Griff. Ich wette, dass zukünftig alle Frauen von Kirkby nur noch in seinem BMW entbinden wollen. Nachts am Ufer des Loch Ness.« Isla lachte.

»Dafür stehe ich nur am ersten April zur Verfügung«, entgegnete er mit einem Augenzwinkern. »Aber jetzt bring ich dich nach Hause, damit du ein bisschen Entspannung kriegst.« Er nickte Anna und Maggie zu und öffnete dann die Tür für Mutter und Kind.

Von der Praxis waren es nur ein paar Schritte über den Dorfplatz zum Pub, doch sie brauchten für die kurze Distanz fast zwanzig Minuten, weil sie mit so vielen Menschen sprechen mussten – unter anderem mit Emma und ihren neuen besten Freundinnen, die ihnen auf dem Weg zum Café begegneten.

»Oh, ist das der kleine Aprilscherz?«, rief Lucy begeistert und stürmte mit Tara und Emma im Schlepptau auf sie zu.

»Das ist er«, erwiderte Isla lächelnd.

»Und Sie sind der Held der Stunde, Doc«, wandte sich das Mädchen an Brodie, doch der schüttelte den Kopf.

»Ich hab nur ein bisschen geholfen. Die wahre Heldin ist Isla.« Dann fiel sein Blick auf Emma. Hatte die vorhin nicht eine Jeans angehabt? Jetzt trug sie eine schwarze Reithose, genau wie die anderen beiden Mädchen. »Schon das passende Outfit für den Stall gefunden?«

»Lucy hat mir ihre alte Reithose geliehen«, sagte Emma mit wieder sehr pinken Wangen.

»Das ist sehr nett. Ich hoffe, sie leiht dir auch einen Helm?«

»Helme und Protektoren gibt's zum Leihen im Stall«, erklärte Tara. »Keine Sorge also.«

»Gut zu wissen. Dann also viel Spaß.« Er sah dem Trio hinterher, das kurze Zeit später hinter den Türen der Bäckerei verschwand.

»Mach dir keine Sorgen, da passiert schon nichts. Hailey hat einen Blick drauf und alle anderen im Stall auch«, beruhigte ihn Isla, die neuerdings offenbar Gedanken lesen konnte.

»Glaub mir, das Sorgenmachen wird dir ab sofort zur zweiten Natur werden.« Er schenkte ihr ein schiefes Lächeln. »Aber jetzt sollten wir wirklich zusehen, dass du dich endlich wieder setzen kannst.« Er legte ihr federleicht eine Hand auf die Schulter und steuerte auf den Pub zu.

Dort schien Jon bereits auf der Lauer gelegen zu haben, denn er öffnete schwungvoll die Tür. »Himmel, ich dachte schon, du kämst gar nicht mehr über den Platz.«

»Die Leute sind halt neugierig und wollten uns gratulieren.«

»Die Leute können hier vorbeischauen, dich aber nicht auf der Straße und mitten im Wind anquatschen. Was, wenn der Kleine sich erkältet? Oder du?« Jon war voll im Papa-Bär-Modus, und Brodie konnte das so gut nachvollziehen.

»Ganz meiner Meinung. Hätten Martha und Anna keinen Hausbesuch machen können?«, stimmte er Jon zu.

»Wenn du jetzt auch noch damit anfängst, verlierst du schlagartig den Patenonkel-Status.« Isla warf ihm einen warnenden Blick zu.

»Ich finde, er verhält sich wie ein vorbildlicher Patenonkel«, hielt Jon dagegen und schob seine Frau vorsichtig in Richtung der durch Bücherregale abgetrennten Kamin-Nische im Pub. Dann half er Isla erst aus ihrer Jacke und holte dann Baby Daniel aus dem Tragegeschirr. »Deine Mummy muss noch sehr viel lernen«, sagte er zu dem kleinen Jungen, der jedoch fest schlief.

Brodie sah sich um. Neben einem der gemütlichen Ohrensessel, die es hier gab, stand eine Wiege. Die sonst so freundliche Neufundländer-Hündin Polly, die vor dem Kamin gedöst hatte, behielt Kate, Moss und ihn ganz genau im Auge. Es war klar, dass sie unbefugten Zutritt um jeden Preis verhindern würde.

Isla nahm mit einem erleichterten Seufzer auf dem Sessel Platz, stopfte sich ein Kissen in den Rücken und legte ihre Beine auf den Fußhocker. Dann winkte sie Jon zu sich und nahm das Baby wieder entgegen. Jon breitete ihr fürsorglich eine Wolldecke über die

Beine. »Das war vielleicht doch ein bisschen viel«, gab sie schließlich zu.

»Du bewegst dich jetzt ohne Not keinen Millimeter mehr«, bestimmte Jon mit einem Stirnrunzeln. »Ich bring dir deinen Tee und etwas zu essen.«

»Setz dich zu mir«, forderte Isla Brodie auf, doch der schüttelte den Kopf.

»Nein, du brauchst jetzt wirklich deine Ruhe«, sagte er lächelnd, aber bestimmt. »Arztanweisung.«

»Du bist Zahnarzt«, erinnerte sie ihn.

»Das hat dich vor drei Tagen auch nicht gestört. Komm erst mal wieder zu Kräften, wir sehen uns bald.« Er winkte ihr zu und ging dann in den Gastraum. Ihm war jetzt nach einem ganz und gar unveganen Full Scottish Breakfast.

• • •

Die Woche war ruhig, im Schnitt nur drei Pferde pro Tag, sodass Charly viel Zeit hatte, sich anderen Dingen zu widmen, beispielsweise darüber nachzudenken, was die neuesten Erkenntnisse über ihre Kindheit für sie bedeuteten. Sie hatte wirklich damit gerechnet, in einen heftigen emotionalen Strudel hineingezogen zu werden, doch neben der eher abstrakten Trauer um Chloe und den armen Douglas fühlte sie vor allem Erleichterung. Die Gewissheit, dass mit ihr irgendwas nicht stimmte, war weg. Sie war kein Freak, sie war traumatisiert. Und sie hatte einen guten Grund, sich vor dem Meer zu fürchten. Doch ihr erwachsenes, rationales Ich konnte die Umstände des schrecklichen

Unglücks viel besser verarbeiten, als ihre Kinderseele das vermocht hätte.

Vielleicht war es ein Fehler gewesen, dass ihre Eltern ihr nie die Wahrheit gesagt hatten, aber sie konnte ihre Motivation gut nachvollziehen. Wann wäre der richtige Zeitpunkt gewesen? Sicher nicht dann, als sie nach dem Krankenhausaufenthalt erst einmal wieder hatte lernen müssen, wer sie selbst und wer ihre Familie war. Und später? Nein, sie hatte wirklich Verständnis für ihre Eltern und hoffte, dass das österliche Gespräch für sie nicht noch schrecklicher gewesen war. Aber vielleicht war es auch gut, dass jetzt alle offen über das reden konnten, was passiert war. Und dass sie sich an Chloe erinnern konnten.

Charly hatte sich noch einmal all die Fotos in ihrem Album angesehen und dann eines herausgenommen, das sie und Chloe mit wohl knapp fünf Jahren zeigte. Sie würde es einrahmen und dem Bild einen Ehrenplatz in ihrem Cottage gönnen. Sie hatte auch ihre andere Erinnerungskiste aus dem Schrank geholt. Die, die noch nicht so lange weggesperrt war wie die andere. Doch ihr war klar geworden, dass man Schmerz und Trauer genauso wenig einsperren konnte wie Liebe und Erinnerungen. Und wenn man es versuchte, tat das nicht gut. Es würde also auch ein zweites Foto einen Platz in ihrem Regal bekommen. Ein weiteres Bild mit einer deutlich jüngeren, fröhlicheren Version von ihr selbst darauf. Von einer Charly, die zu diesem Zeitpunkt die Hoffnung gehabt hatte, dass ihr ein großes, buntes, glückliches Leben bevorstand – statt des kleinen, überschaubaren, das sie nun führte.

Es war gut, sich auf diese schönen Erinnerungen zu konzentrieren. Auf das Gefühl der Möglichkeiten. Ihr Leben war doch noch nicht vorbei. Hoffentlich noch lange nicht. Warum sollte es so klein bleiben, wie es derzeit war?

Sie betrachtete das kleine Eisenherz, das sie geschmiedet hatte. Darin wollte sie den Namen von Daniel und sein Geburtsdatum eingravieren und es seinen Eltern schenken, als Erinnerung an die aufregende Geburt. Ja, das sah hübsch aus. Und es war unglaublich einfach herzustellen. Weil sie gerade so in Schwung war, schmiedete sich noch ein paar weitere. Eins für Chloe, eins für Zane, und die anderen würden garantiert Abnehmer finden.

Penny stieß ein derart markerschütterndes »Iah« aus, dass Charly erschrocken zusammenzuckte und ein noch heißes, nicht ganz fertig geschmiedetes Eisenherz vom Amboss auf den Boden fiel. Rasch griff sie mit der Zange danach und tauchte es ins Wasser. Sie konnte es später immer noch einmal erhitzen und neu bearbeiten. Dann ging sie nach draußen, um nachzuschauen, warum Penny so außer Rand und Band war.

»Bei diesem Wachesel bekommt man ja einen Tinnitus«, sagte Brodie, der mit seinen beiden Hunden etwas unschlüssig vor Penny stand und offenbar nicht sicher war, ob er sich an ihr vorbeiwagen durfte.

»So klingt sie, wenn sie sich sehr freut«, rief Charly über den Lärm hinweg und streichelte ihr Grautier.

»Aber jetzt haben wir es alle kapiert, Penny. Sei bitte still.«

»Wie hört es sich dann an, wenn sie wütend ist?«

»Keine Ahnung. Das ist eine Emotion, die Penny nicht kennt. Sie ist eigentlich immer gut drauf und freut sich über alles. Lass doch die Hunde los, dann können sie ein bisschen mit ihr spielen«, forderte sie Brodie auf, denn es war selbst aus ihrer Perspektive eindeutig, dass die Whippets liebend gern mit Penny herumtoben würden.

»Ich weiß nicht – was, wenn sie abhauen?«

»Mach die Halsbänder ab, dann passiert nichts, falls sie wieder auf die Idee kommen, einem Fuchs nachzustellen.« Sie sah ihm an, wie sehr er mit sich rang. Offensichtlich wollte er diese Version der Geschichte immer noch nicht ganz glauben. Doch dann gab er sich zu ihrer Überraschung einen Ruck und nahm den beiden Hunden die schicken Halsbänder ab.

Es war wirklich lustig, zu beobachten, wie ausgelassen die drei umeinander herumsprangen.

»Bist du sicher, dass Penny ein Esel ist?«, fragte Brodie, nachdem er das Spektakel gefilmt hatte.

»*Ich* bin mir sicher, aber *sie* nicht. Das ist das Problem.« Charly lachte. »Doch seit wir hier sind, hat sie sich schon mit den anderen beiden Eseln angefreundet, und inzwischen ist sie auch im Offenstall untergebracht. Nachts immer noch mit einem Mantel, weil sie ja kein gutes Winterfell hat, aber bald wird es sicher ohne gehen.«

»Schon merkwürdig, wenn die Schutzbefohlenen selbstständig werden, was?« Er lächelte schief.

Charly lag schon eine launige Bemerkung dazu auf den Lippen, dass es zwischen Eseln und Kindern wohl schon noch Unterschiede gab, doch andererseits hatte er die Situation voll erfasst. Zehn Jahre lang war sie für Penny die wichtigste Bezugsfigur gewesen – und offen gestanden auch umgekehrt. Jetzt wurde die Eselin deutlich unabhängiger und hätte sicher kein Problem damit, wenn Charly sie nicht jeden Tag zu sich in die Schmiede holen und mit ihr spazieren gehen würde. Ganz im Gegenteil, manchmal hatte Charly schon das Gefühl, dass Penny lieber bei ihrer neuen Herde bleiben würde.

»Das stimmt wohl«, gab sie zu. »Aber ich freue mich für Penny. So ist es sicher viel artgerechter. Und wo ist Emma?«

»Mit Lucy und Tara unterwegs. Ist wahrscheinlich auch deutlich artgerechter.« Er lachte, aber sie spürte ganz deutlich die Melancholie hinter dem Humor.

»Ich kenne mich mit Teenagern nicht aus, aber ich würde sagen, es ist ein gutes Zeichen, dass sie so schnell Anschluss gefunden hat. Sie ist ein tolles Mädchen.«

»Vermutlich hast du recht. Und ja, das ist sie. Jedenfalls dann, wenn sie nicht anderen Leuten Alkoholismus unterstellt.«

»Das habe ich wirklich längst vergessen«, sagte sie. »Und solltest es auch tun.«

»Das wird mir wohl nie gelingen, dafür ist es viel zu nah.« Er seufzte.

»Was auch immer der Grund ist – und glaub mir, ich will es gar nicht wissen –, mindestens zwei Menschen in Kirkby sind sehr froh, dass wir in der Osternacht nüchtern waren.« Spontan nahm sie seine Hand und drückte sie. »Komm mit, ich würde dir gerne etwas zeigen.«

Brodie starrte überrascht auf ihre Hand, die seine festhielt, doch er zog seine Hand nicht weg, sondern folgte Charly in die Werkstatt. Sie wollte ihn auch nicht loslassen. Seine Hand fühlte sich – im Vergleich zu ihren eher schwieligen und rauen Arbeitspfoten – so weich an. Weich, gepflegt und trotzdem stark, solide und warm. Eine merkwürdige Mischung. Und dabei sehr angenehm. Allerdings musste sie den Körperkontakt dann doch unterbrechen, um ihm ihre neuen Stücke zu zeigen.

»Ich hab mich an Herzen versucht. Eigentlich wollte ich nur eins für Isla und Jon machen, als Erinnerung an die aufregende Geburt ihres Sohnes.« Sie hielt ihm den Prototyp hin. »Ich will noch seinen Namen und das Geburtsdatum eingravieren.«

»Die sind sehr schön«, befand er. »Und vollkommen kitschfrei.«

Sie lächelte ihn an. »Kitsch ist nicht so mein Ding, daher bin ich bisher nie auf die Idee gekommen, Herzen zu schmieden. Dabei ist das total easy, und ich finde sie wirklich schön. Ich könnte mir vorstellen, dass es viele Leute gibt, die …« Warum plapperte sie so einen Unsinn zusammen? Das interessierte Brodie sicher kein bisschen.

»Du hörst dich fast an wie Lucy und Tara, die ihr Schmuck-Imperium auch immer weiter ausbauen. Und leider Emma auf wilde Ideen bringen. Sie will jetzt auch für ihr Geld arbeiten.«

»Das ist ja empörend«, gab Charly sarkastisch zurück und musste lachen.

»Nein, natürlich nicht. Ich finde es wirklich gut, dass sie sich Gedanken macht und erkennt, wie privilegiert sie aufwächst. Zumindest finanziell privilegiert. Ansonsten kann man da durchaus auch anderer Ansicht sein. Aber ich bin der Meinung, dass sie sich auf die Schule konzentrieren sollte, und danach auf ihr Studium oder ihre Ausbildung. Arbeiten muss sie dann noch lange genug.«

Charly zuckte mit den Schultern. »Ich fürchte, da bin ich die falsche Ansprechpartnerin. Ich habe in meiner Jugend auch gejobbt, um mein Taschengeld etwas aufzubessern, und bin dann direkt nach der Schule nach Amerika gegangen. Ich hab nicht studiert, sondern sehr schnell meine Leidenschaft fürs Schmieden entdeckt und bin dabei geblieben. Viel älter als Emma war ich da auch nicht.«

»Wie alt genau?«, wollte er wissen.

»Siebzehn. Ich hatte eben gerade den Schulabschluss in der Hand und hatte zu diesem Zeitpunkt keinen Schimmer, was ich mit meinem Leben anfangen sollte. Ich wusste nur, dass es nichts mit Meer oder Schifffahrt zu tun haben sollte. Und da ich keine Lust auf einen Au-pair-Job hatte, bin ich in diesem Stall in Kentucky gelandet. Die haben eine

Art Work-and-Travel-Stelle für eine Stallhilfe ausgeschrieben. Ich wusste absolut nichts über Pferde, dachte mir aber, dass es wohl nicht so schwierig sein kann, eine Box auszumisten.«

»Ich hab's nie ausprobiert«, gab er zu.

»Natürlich nicht.« Sie zwinkerte ihm zu. »Dabei macht man sich ja auch dreckig. Jedenfalls habe ich durch diesen Zufall schließlich meinen Traumjob gefunden. Vielleicht wird es Emma ja irgendwann genauso gehen.«

»Ja, vielleicht. Ich würde es ihr wünschen.« Brodie seufzte.

»Du würdest es bestimmt gerne sehen, wenn sie auch Zahnmedizin studiert, was?«

Er blickte sie ehrlich überrascht an und schüttelte den Kopf. »Denkst du das wirklich? Nein, ich wünsche mir, dass sie etwas findet, das sie erfüllt. Für mich ist es Zahnmedizin, obwohl das für die meisten Menschen nur schwer nachvollziehbar ist, für dich ist es offensichtlich das Schmieden. Ich habe keine Ahnung, wofür Emma brennt, aber ich werde sie ganz sicher in keine Richtung drängen.«

»Hey, ich wollte dir nichts unterstellen, ich …« Sie klappte den Mund wieder zu, denn wenn sie ehrlich war, machte sie genau das, was sie ihm vorwarf: Annahmen treffen, allein auf der Basis von Optik und Benehmen. Das war zweifellos in beide Richtungen unfair.

»Was?«, fragte er nach.

»Wenn ich ehrlich bin, habe ich dich genauso in eine doofe Schublade gepackt wie du mich. Ich bin die drogensüchtige Landstreicherin, du der arrogant-schnöselige Zahnarzt.«

»Der nicht nett ist«, fügte er hinzu. »Das sollten wir nicht vergessen. Und nur fürs Protokoll: Ich betrachte dich schon lange nicht mehr als drogensüchtige Landstreicherin, und es tut mir aufrichtig leid, dass ich es jemals getan habe.«

»Wie siehst du mich denn inzwischen?«, entfuhr es ihr, ehe sie sich zurückhalten konnte.

Er betrachtete sie nachdenklich. Offensichtlich musste er erst darüber nachdenken, und Charly wusste nicht, ob das ein gutes oder schlechtes Zeichen war.

»Vergiss es«, wiegelte sie daher rasch ab. »Das ist doch total albern.«

»Nein, ist es nicht. Ich sehe dich als versierte und leidenschaftliche Handwerkerin mit einer Künstlerseele. Du bist warmherzig, empathisch und mutig, liebst Tiere offensichtlich mehr als Menschen und hast einen verletzlichen Kern, von dem du mit aller Macht, vielen bunten Farben, flächendeckenden Tätowierungen und einer eisernen Schutzmauer ablenken willst.«

Sie schluckte. Niemand hatte sie jemals so charakterisiert. Jedenfalls nicht direkt ihr selbst gegenüber. Es war schmeichelhaft. Viel schmeichelhafter, als sie es verdiente, aber gleichzeitig hatte er auch einen sehr wunden Punkt getroffen.

»Liege ich falsch?«, fragte er, als sie nichts sagte.

»Nein«, erwiderte sie leise. Er sah sie also wirklich, oder zumindest das, was sie ihm freiwillig zeigte. Das war … überraschend. Und dann kam ihr ein kühner Gedanke. Was, wenn er diese Einschätzung nur hatte treffen können, weil er aus eigener Erfahrung sprach? »Sind deine eleganten Klamotten, dein akkurater Haarschnitt und dein schnöseliges Auftreten auch nur eine Fassade, die einen verletzlichen Kern verbergen soll?«

Er zuckte mit den Schultern, und sie hatte schon Angst, dass er das Gespräch jetzt einfach so abtun würde, doch er hielt ihrem Blick stand. »Ich mag schöne Kleidung«, antwortete er dann. »Das ist kein Verbrechen, aber ganz eindeutig zeige ich damit nach außen nur eine Seite von mir.«

»Ich mag meine Tätowierungen ebenfalls …«

»Haben sie eine besondere Bedeutung?«, wagte er einen Vorstoß. »Und bitte reiß mir nicht wieder den Kopf ab. Es interessiert mich tatsächlich, aber natürlich musst du es mir nicht erzählen, wenn dir das zu privat ist.«

»Es ist privat«, gab sie zu. »Aber der Flügel symbolisiert wohl den Wunsch in mir, einfach wegfliegen zu können, wenn es wehtut. Und irgendwie sind Federn, Fliegen und Vögel ja auch so ziemlich das Gegenteil von Wasser und Meerestieren.«

»Nicht, wenn du an Pinguine denkst.«

»Die können nicht fliegen.«

»Möwen schon.«

»Okay, okay, das Bild ist nicht ganz akkurat, aber …«

»Du musst es mir nicht erklären. Wirklich nicht. Und ich bin zwar kein Fan von Tattoos, aber selbst ich muss zugeben, dass deines sehr schön und kunstvoll ist. Und es passt zu dir.«

»Danke«, entgegnete sie leise und wusste nicht so recht, wie es jetzt weitergehen könnte. Seltsamerweise wollte sie ihm gerne von Chloe und Zane erzählen, aber war sie wirklich bereit dafür? Und er?

»Darf ich einen Vorschlag zu dem eisernen Herzen für Daniel machen?«, wechselte er vollkommen überraschend das Thema.

»Ähm … ja?«

»Du hast gesagt, dass du seinen Namen und das Geburtsdatum eingravieren möchtest, und das halte ich für eine wunderbare Idee. Ich würde Isla und Jon auch gerne etwas schenken und fände ein Gemeinschaftsgeschenk schön. Schließlich waren wir auch beide dabei.« In seinen warmen braunen Augen glomm etwas, das Charly als Hoffnung interpretierte.

»Gerne, aber was könnte das sein?«, fragte sie. »Außerdem hast ja du alles gemacht, ich war nur dabei.«

»Wir beide wissen, dass das nicht stimmt. Und mein Vorschlag wäre, dass ich das rohe Herz nehme, den Namen und das Datum hineinfräse und die Vertiefung dann mit Gold ausfülle. Ich könnte mir vorstellen, dass das einen sehr schönen Effekt ergibt. Was meinst du?«

Charly starrte ihn verblüfft an. Edelmetall-Elemente bei ihren Schmuckstücken schwebten ihr ja schon die ganze Zeit vor, und jetzt bot Brodie das von selbst an.

»Nicht gut?« Er klang enttäuscht.

»Doch. Sehr gut. Mehr als gut.« Sie strahlte ihn an. »Das wäre dann wirklich ein ganz besonderes Geschenk.«

»Schön.« Nun zeigte er ein sehr erleichtertes Lächeln.

»Aber keine kitschige Schnörkelschrift!«, schränkte sie noch rasch ein.

»Wo denkst du hin? Das würde den Look ruinieren! Hast du Papier und einen Stift?«

Sie zog einen Block aus einer Schublade hervor und reichte ihm einen Kuli. Rasch skizzierte er ein paar Schriftproben und zeigte sie ihr. »Ist da was dabei, was deinen Geschmack trifft?«

»Die erste Variante gefällt mir am besten. Das ist eine coole Mischung aus kantig und schwungvoll«, befand sie. »Auch wenn sich das total widersprüchlich anhört.«

»Danke, das ist meine normale Handschrift.«

»Als Arzt? Und so leserlich?« Sie hob eine Braue.

»Es ist ein unbestätigtes Gerücht, dass man als Arzt eine Sauklaue haben muss. Außerdem sind es ja nur ein paar Buchstaben und Zahlen, da kann man nicht viel falsch machen«, versuchte er sich in Bescheidenheit, doch sie merkte deutlich, dass er sich geschmeichelt fühlte.

»Wenn du das sagst, will ich es mal glauben. Deine Schrift ist jedenfalls viel besser als meine. Wenn Sean und Hailey irgendwann das Herz sehen, werden sie garantiert eifersüchtig werden. Meine Namensgravuren in ihren Armbändern sind längst nicht so toll. Und schon gar nicht vergoldet.«

»Ich glaube, die beiden brauchen kein Gold, um glücklich zu sein, aber falls doch, kann ich gerne helfen.«

»Welches Herz gefällt dir denn am besten?«, wollte sie dann wissen und zeigte ihm die kleine Kollektion, die sie vorhin angefertigt hatte.

»Ich finde sie alle schön, aber dieses scheint mir irgendwie am besten zu passen.« Er deutete auf den noch etwas unregelmäßig geformten Prototyp.

Die anderen Herzen waren viel ebenmäßiger, aber auch Charly hätte sich für das erste entschieden. »Gute Wahl«, sagte sie daher und fühlte, wie sich eine schwer erklärbare Wärme in ihr ausbreitete, die nichts mit der Esse im Raum zu tun hatte. Dafür eine Menge mit dem blonden Mann und seinen dunklen, warmherzigen Augen.

EINE WAHRE HERZENSANGELEGENHEIT

»WAS MACHST DU DENN DA, DOC?«, erkundigte sich Timmy, als Brodie auch eine Stunde nach dem Ende der Sprechzeit noch im Labor saß.

»Die Frage ist eher, was du noch hier machst.« Brodie drehte sich zu seinem jungen Mitarbeiter um. »Du hast doch längst Feierabend.«

»Ich habe mich mit Poppy verquatscht«, sagte er fröhlich. »Aber jetzt gehe ich. Wir haben beschlossen, im Pub weiterzureden und etwas zu essen.«

»Mit Poppy?« Brodie war nachhaltig verblüfft. Poppy war die aktuelle Hebammen-Praktikantin von Martha, eine hübsche junge Frau mit klassischen, ebenmäßigen Gesichtszügen und langen dunklen Haaren. Dass sie Interesse an einem Paradiesvogel wie Timmy haben könnte, hielt er für ausgeschlossen, zumal sein Mitarbeiter seiner Vermutung nach ja eher nicht auf Frauen stand.

»Ja, was dagegen?« Timmy grinste.

»Nein, natürlich nicht. Ich finde es toll, wenn sich die Kolleginnen und Kollegen … ähm … so gut miteinander verstehen.«

»Ich hoffe, sie wird nach heute Abend mehr als nur eine Kollegin sein.« Täuschte er sich, oder bekam

Timmy gerade ganz glasig-verliebte Augen? »Oder gibt es eine Klausel, die Beziehungen in der Praxisgemeinschaft untersagt?«

Brodie hustete. »Ähm …«

»Ist das ein Ja oder ein Nein?«

»Nein, so eine Klausel gibt es nicht«, brachte Brodie hervor und fragte sich, warum eigentlich nicht. Das hier war eine Katastrophe mit Ansage.

»Gut. Ich wollte nur sichergehen, dass wir alles richtig machen.«

»Und bist du auch sicher, dass du bei Poppy an der richtigen Adresse bist?«, entfuhr es Brodie, ehe er sich bremsen konnte.

Timmy warf ihm einen Blick zu, wie er auch von Emma hätte kommen können. Oder von Charly. »Ich bin dir keine Rechenschaft schuldig und auch keine Information über mein Privatleben«, sagte er ruhig und erstaunlich kühl – wieder eine Parallele zu Charly. »Aber ich bin pansexuell und von daher nicht auf ein binäres Geschlechtermodell fixiert wie die meisten Menschen. Poppy ist nicht nur eine wunderschöne Frau, sondern hat auch eine bunt schillernde Seele.«

»Tut mir leid«, murmelte Brodie und ärgerte sich, dass er zum wiederholten Mal offenen Auges in ein Fettnäpfchen gesprungen war. Er sah regelrecht Emmas Augenrollen und Charlys verächtlichen Blick vor sich. Gut, dass die beiden nicht hier waren. Er räusperte sich. »Ich wünsch euch einen schönen Abend.«

»Danke, Doc«, erwiderte Timmy und lächelte ihm versöhnlich zu. »Es lebt sich freier, wenn man keine Schubladen hat.« Damit verschwand er.

Brodie sackte auf seinem Drehstuhl zusammen und fühlte sich mit einem Mal unglaublich alt. Viel älter, als er war, und innerlich hörte er seinen Vater schnauzen. Dem wäre bei Timmys Statement wohl mindestens eine Ader geplatzt. Aber andererseits hätte sein Vater einen Mann wie Timmy auch niemals eingestellt. Musste schön sein, in so einer schwarzweißen Welt zu leben, mit klaren Regeln und eindeutigen Konventionen.

Dann schüttelte er energisch den Kopf. Nein, er wollte nicht so ein selbstgerechter Sack werden. Er wollte nicht in einer Welt leben, in der Männer immer Helden sein und Geld verdienen mussten, während die Frauen sich um Haus, Herd und Kinder kümmerten. Verdammt, er kochte selbst gerne. Notfalls sogar vegan. Und er vermisste Emma! Dass ihm der Abschied gestern Nachmittag so schwerfallen würde, hätte er nicht gedacht. Sie war nur eine gute Woche hier gewesen und hatte ihn in dieser Zeit mehr Nerven gekostet, als er für möglich gehalten hätte, und doch hatte er jede Sekunde davon genossen. Vielleicht ging es ihr ähnlich, und sie wollte zukünftig auch an den Wochenenden regelmäßig zu ihm kommen? Oder war er ihr peinlich, weil er nicht cool genug war?

Cool war er sicher genauso wenig, wie er ein Held war. Beides hatte er mehrfach sehr eindrücklich bewiesen. Und der Geldesel der Familie war er ebenfalls schon lange nicht mehr. Marie verdiente inzwischen bestimmt doppelt so viel wie er. Aber waren diese Dinge wirklich wichtig? Er sah auf die Arbeitsplatte in seinem Labor, auf der das Herz lag. Er hatte es bereits graviert und angefangen, die Gravur mit Gold auszugießen.

Er wollte kein Held sein – auch wenn Isla ihn als solchen bezeichnet hatte –, er wollte einfach ein anständiger Mann sein, der das Richtige tat. Er wollte als netter Kerl wahrgenommen werden, doch das schien schwieriger zu sein als alles andere. Charly hatte da eine sehr eindeutige Meinung, und Timmy ganz sicher auch. Vermutlich auch der Rest von Kirkby. Und diese Erkenntnis tat verdammt weh.

Kate und Moss bellten unten, und Brodie sprang alarmiert auf. Es kam äußerst selten vor, dass sich sein Whippet-Duo zu derart aufgeregten Lautäußerungen herabließ. Anscheinend ging irgendwas vor. Er lief rasch die Treppe runter und hörte ein zaghaftes Klopfen an der Tür und dann Charlys Stimme.

»Brodie? Bist du da?«

Seltsamerweise setzte sein Herz prompt einen Schlag aus, und er fühlte sich etwas atemlos und schwindlig, als er die verschlossene Praxistür öffnete.

Da stand sie, mit ihren blauen Haaren und dem funkelnden Glitzerstein in ihrem Nasenflügel, und schenkte ihm ein verlegenes Lächeln. »Hi«, sagte sie. »Ich hoffe, ich störe nicht. Ich habe Licht gesehen, und Timmy hat mir erzählt, dass du noch da bist.«

»Hi«, entgegnete er, um weitere Worte verlegen. Dabei schossen ihm so viele Fragen durch den Kopf, allen voran die vermutlich dämlichste, nämlich woher sich Charly und Timmy wohl kannten. Kate und Moss steckten ihre schmalen Köpfe durch den Türspalt und wollten offensichtlich ganz dringend zu Charly. Da wurde ihm bewusst, wie abweisend er wirken musste. Rasch öffnete er die Tür weiter und beobachtete, wie die Whippets enthusiastisch um Charly herumsprangen, die sich über diese Begrüßung genauso zu freuen schien. »Möchtest du vielleicht reinkommen?«, fragte er schließlich und trat beiseite.

»Gerne.« Sie kraulte die beiden Hunde und wich seltsamerweise seinem Blick aus, als er die Tür wieder hinter ihr geschlossen hatte.

Brodie wartete. Irgendwann würde sie schon damit herausrücken, warum sie ihn abends in der Praxis überfiel, nicht wahr? Oder auch nicht. »Weißt du, was ›pansexuell‹ bedeutet?«, hörte er sich selbst sagen.

»Was?« Nun schaute sie ihm in die Augen. Ziemlich überrascht und mehr als nur ein bisschen aus dem Tritt gebracht.

»Sorry, das wollte ich eigentlich nicht fragen«, gab er zu. »Das wollte ich googeln.«

»Will ich wissen, warum?«

»Vermutlich nicht. Aber zweifellos können wir zur langen, wenig schmeichelhaften Liste meiner vielen Charakterdefizite auch den Punkt ›Ignoranz bezüglich sexueller Präferenzen‹ hinzufügen.« Das machte das Gespräch jetzt nicht gerade weniger peinlich. »Timmy hat mir vor wenigen Minuten erklärt, dass er pansexuell sei, und ich habe offen gestanden keine Ahnung, was genau das bedeutet«, fügte er noch hinzu.

Charly lachte unsicher. »Ich fürchte, da bin ich auch überfragt, aber ich glaube, es meint so etwas Ähnliches wie bisexuell.«

»Er sagte, dass er nicht auf ein binäres Geschlechtermodell fixiert ist. Scheiße, und dass ich das jetzt mit dir diskutiere, geht eindeutig zu weit.«

»Meine Lippen sind versiegelt«, versprach sie, während sie gleichzeitig auf ihrem Handy herumtippte. »Pansexuelle Menschen haben keinerlei Geschlechterpräferenzen, sondern können sich auch in nichtbinäre oder genderfluide Personen verlieben«, las sie vor, wirkte aber ähnlich ratlos wie er. »Aber vielleicht sollten wir das Liebesleben deines Mitarbeiters wirklich nicht besprechen.«

»Genau. Also vergiss bitte alles. Ich versuch's auch.« Er seufzte, weil er sich wie der größte Idiot unter der Sonne fühlte. »Was kann ich denn für dich tun?«, wollte er dann wissen.

»Ich wollte dich um einen Gefallen bitten.« Wieder senkte sie den Blick, so als würde es sie enorme Überwindung kosten.

»Natürlich, wenn ich kann.«

Sie zog zwei weitere Eisenherzen und einen Zettel aus ihrer Jeanstasche. »Könntest du diese Herzen bitte auch gravieren und vergolden? Ich bezahle natürlich deine Arbeitszeit und das Gold.« Sie schluckte sichtlich.

Er nahm ihr die Herzen ab, die schwer und warm in seiner Hand lagen, und faltete den Zettel auf. Zwei Namen standen darauf – Chloe und Zane – und zwei Daten. Das Datum bei Chloe war über dreißig Jahre her, das bei Zane gute zehn. Wieder ploppten Fragen in seinem Kopf auf, doch diesmal behielt er sie für sich. »Klar, kein Problem. Ich bin gerade dabei, das Herz für Daniel fertigzustellen. Willst du es sehen?«

»Sehr gerne.« Sie wirkte erleichtert und folgte ihm die Treppe hinauf in den ersten Stock. »Wow, das ist ja alles hochmodern«, befand sie, als sie an einem seiner beiden Behandlungsräume vorbeikamen.

»Was hast du denn erwartet? Dass hier noch tiefstes Mittelalter herrscht?«

»Nein, keine Ahnung.« Sie biss sich auf die Unterlippe.

»Schubladendenken und Vorurteile?«, zog er sie auf. »Weil es nicht sein kann, dass in einem Kaff wie Kirkby moderne Medizin praktiziert wird?«

Sie wurde tatsächlich etwas rot. »Ich schätze, daran muss ich echt arbeiten«, gab sie zu.

»Willkommen im Club.« Er grinste und fühlte sich plötzlich viel beschwingter. »Ich habe die Praxis erst letztes Frühjahr eröffnet und mit dem modernsten Equipment ausgestattet, das ich mir leisten konnte. Oder vielmehr: das mir die Bank zugestanden hat. Auch Annas und Marthas Praxen sind auf dem neuesten Stand. Solltest du also jemals krank oder schwanger werden, bist du in den allerbesten Händen.«

»Gut zu wissen – auch wenn ich nach Möglichkeit beides vermeiden werde. Genau wie Zahnschmerzen. Nichts für ungut.«

Er zuckte mit den Schultern. »Man weiß nie, was das Leben so bringt. Aber jetzt komm bitte mit.« Er deutete auf seine Labortür und hielt sie ihr galant auf. »Ich wäre schon fertig, wenn Timmy mich nicht aus dem Konzept gebracht hätte.«

»Nicht vergessen, darüber sprechen wir nicht mehr«, erinnerte sie ihn und trat dann zur Arbeitsfläche, auf der das Herz lag. Die Namensgravur war schon mit Gold ausgegossen, das Datum jedoch noch nicht. »Wow, das sieht noch schöner aus, als ich es mir vorgestellt habe«, sagte sie ehrfürchtig.

Brodie lächelte geschmeichelt. »Ich finde auch, dass es toll wird. Die perfekte Gemeinschaftsproduktion. Ich hoffe, dass sich Isla und Jon darüber freuen werden.«

»Mit Sicherheit«, erwiderte sie im Brustton der Überzeugung.

»Willst du für die beiden anderen Herzen eine andere Schrift?«, erkundigte er sich.

»Nein, die ist wunderbar.« Sie zögerte und ließ ihren Blick über die Gerätschaften in seinem Labor gleiten. »Ich hab mir auch schon überlegt, mich im Goldschmieden weiterzubilden. Ich glaube, das würde mir Spaß machen.«

»Es ist auch toll. Mir fehlt dafür leider die Kreativität, aber es ist ein schönes … ähm … Hobby.«

»Ich finde nicht, dass du unkreativ bist«, hielt sie dagegen. »Das Armband von Emma ist wunderbar, und ich bewundere die Präzision, mit der du das Herz bearbeitet hast. Ich weiß nicht, ob ich das könnte.«

»Ich bin mir absolut sicher, dass du das kannst!«, betonte er. »Wenn du mit deinen vergleichsweise grobschlächtigen Werkzeugen und dem schwierigen Material Eisen schon solche Kunstwerke fertigbringst, dann wirst du mit den passenden Gerätschaften ganz wunderbare Schöpfungen in Gold oder Silber hinbekommen. Und bitte nicht falsch verstehen, das war nicht despektierlich gemeint.«

»Danke«, sagte sie und klang fast scheu. »Vielleicht kannst du mir dann ja den ein oder anderen Trick verraten. Ich halte mal die Augen offen, ob ich vielleicht irgendwo gebrauchtes Goldschmiede-Equipment kaufen kann. Ich fürchte, ich bin nicht so kreditwürdig wie du.« Sie grinste schief.

»So teuer ist das nicht, aber ich kann mich gerne ebenfalls umhören und mal nachfragen … ähm …« Fast wäre ihm sein Aufenthalt in der Therapie-Einrichtung herausgerutscht. Andererseits – wäre das wirklich so schlimm?

»Das wäre nett«, sagte sie.

Nett. Da war wieder dieses schlimme Wort. Doch er wollte ihr jetzt unbedingt beweisen, dass er wirklich nett sein konnte. »Möchtest du zuschauen, wie ich noch das Datum vergolde?«, fragte er. »Und darf ich dich anschließend zum Essen einladen?«

Wieder starrte sie ihn einen Moment lang völlig überrascht an, und er rechnete schon mit einer Ausflucht. Doch dann antwortete sie mit fester Stimme: »Sehr gerne. Zu beidem.«

• • •

Charly beobachtete fasziniert, wie Brodie das geschmolzene Gold in die zarte Datumsgravur füllte, ohne dass auch nur ein Tropfen danebenging. Es sah unglaublich einfach aus, doch sie ahnte, wie schwierig es sein musste. Er war absolut konzentriert und arbeitete mit der souveränen Präzision eines Chirurgen.

»Unglaublich«, hauchte sie, als er sein Werk vollendet hatte. »Ich bin mir wirklich nicht sicher, ob ich das jemals könnte.«

»Alles Übungssache«, erwiderte er lächelnd. »Aber falls es dich tröstet: Ich könnte definitiv kein Hufeisen schmieden, geschweige denn so zarte Dinge wie die Unendlichkeitssymbole von Hailey und Sean, die Herzen oder deine Spirale.« Er deutete auf ihren Anhänger.

»Alles Übungssache«, gab sie zurück und wunderte sich, dass ihr Herz plötzlich so schnell klopfte. Brodie hatte nicht gefragt, was es mit den Herzen für Chloe und Zane auf sich hatte, auch wenn es ihn sichtlich sehr interessierte. Aber sie merkte, dass sie es ihm gerne erzählen wollte. Genau wie die Geschichte zu ihrem spiralförmigen Anhänger.

Dieses Bedürfnis, sich mitzuteilen, war neu. Brandneu. Und es war mehr als nur ein bisschen erstaunlich, dass sie ausgerechnet Brodie in ihre tiefsten Geheimnisse einweihen wollte. Andererseits war es auch nicht so, als hätte sie viele enge Freundschaften. Oder überhaupt welche.

Nachdem er ihr gemeinsames Werkstück noch einmal kontrolliert und dann poliert hatte, räumte er rasch die Arbeitsfläche im Labor auf und schien dann über die nächsten Schritte nachdenken zu müssen. Doch ehe sie ihn aus seiner womöglich voreiligen Essenseinladung entlassen konnte, sagte er: »Ich zieh mich rasch um, dann können wir los. Bist du sehr hungrig, oder können wir noch eine Runde mit den Hunden machen? Sie waren sehr geduldig heute Nachmittag.«

»Natürlich. Ein bisschen Bewegung schadet mir auch nicht, und ausnahmsweise regnet es nicht.«

»Gut. Ich bin gleich wieder da.«

Sie blieb im Labor zurück und hielt das Daniel-Herz in ihrer Hand. Es war wirklich noch viel schöner, als sie es sich hatte vorstellen können. Die beiden noch rohen Herzen für Chloe und Zane lagen auf dem wieder zusammengefalteten Zettel auf der Arbeitsfläche. Sie hatte am letzten Wochenende mehrere Dutzend davon produziert und dann die zwei herausgesucht, die irgendwie am besten zu den beiden Menschen passten, die so viel von ihr mitgenommen hatten.

Am Sonntag hatte Charly erneut mit ihren Eltern telefoniert – das erste Gespräch nach der großen

Offenbarung vom Ostermontag – und weitere Fragen gestellt. Vor allem nach dem genauen Datum, zu dem ihre unbeschwerte Kindheit zerstört worden war. Es war ein merkwürdiges Telefonat gewesen, aber längst nicht so schmerzhaft wie befürchtet. Auch ihre Eltern schienen insgeheim froh zu sein, dass sie das entsetzliche Familiengeheimnis nicht länger bewahren mussten, und hatten inzwischen auch Charlys Geschwister und weitere Familienmitglieder informiert. Irgendwann bald würde Charly nach Oban fahren und mit allen darüber reden. Vielleicht konnte sie das Grab von Douglas besuchen und sich bei ihm für ihr Leben bedanken? Und ganz sicher würde sie ihrer Familie auch so ein Herz mit Chloes Daten mitbringen, damit dieses kleine Mädchen nie vergessen sein würde.

»Da bin ich wieder«, riss Brodies Stimme sie aus ihren Gedanken. Hatte er sich schon immer so sanft und gleichzeitig sonor angehört? Ganz sicher nicht bei ihrer ersten Begegnung im Wald. Aber wenn er nicht gerade in panischer Sorge um seine Hunde war und ihr unlautere Machenschaften unterstellte, hatte er eine sehr angenehme Stimme, die genauso warm und freundlich war wie seine braunen Augen.

»Bist du eigentlich eine echte Blondine?«, entfuhr es ihr.

»Bitte?« Er hob eine Braue.

»Ich meine, deine dunklen Augen und die hellen Haare sind eine ungewöhnliche Kombination.«

»Und das von der Frau mit den blauen Haaren.«

»Was ich damit sagen will: Es ist eine sehr attraktive Mischung. Und ich habe auch kein Problem damit, wenn deine Haare gefärbt sind. Ich denke nur nicht, dass du der Typ dafür bist.«

»Wieso? Ich bin doch ein eitler, schnöseliger Zahnarzt, der deiner Meinung nach viel zu viel Wert auf teure Kleidung legt. Da wäre es doch nicht so abwegig, wenn ich meine Haare färben würde, oder?«

»Ich habe nie behauptet, dass du zu viel Wert auf teure Kleidung legst, und das ›schnöselig‹ habe ich längst zurückgenommen.« Warum fühlte sie sich schon wieder so in die Defensive gedrängt? Und hatte gleichzeitig den starken Impuls, mit beiden Händen seine gut geschnittenen dunkelblonden Haare zu zerwühlen?

»Stimmt, das hast du nicht gesagt. Nur impliziert. Doch um deine Frage zu beantworten: Die Haarfarbe ist ganz echt. Ein interessantes Spiel der Genetik. Wollen wir dann?«

»Sollen wir das Herz mitnehmen und es Isla und Jon mitbringen?«, wechselte sie rasch das Thema.

»Willst du es einfach so überreichen?«

»Ähm, ja? Wie hast du es dir denn vorgestellt?«

»Keine Ahnung. Ich hätte vielleicht ein paar Blumen und eine Karte …« Er sprach den Satz nicht zu Ende. »Zu viel?«

»Nein, gar nicht. Das ist eine schöne Idee. So wirkt es wie ein richtiges Geschenk und nicht so, als wäre es keine große Sache?«

»Ist das eine Frage?«

»Ich weiß nicht. Ich …«

»Es *ist* eine große Sache«, antwortete er ruhig. »Ich wette, dass für Isla und Jon die Geburt ihres Sohnes die bislang größte Sache überhaupt ist. Und für uns beide doch irgendwie auch, oder? Für mich jedenfalls war es eine sehr große Sache.«

»Für mich auch«, gab sie zu. »Kann deine Rückbank eigentlich gerettet werden?«

»Das ist mir ehrlich völlig egal, aber wechsel nicht wieder das Thema. Du hast so viel Liebe und Mühe in dieses Herz investiert – willst du es da einfach so auf den Tresen legen, als wäre es nichts Besonderes?«

»So viel Mühe war es nicht. So ein Herz ist wirklich supereinfach und schnell gemacht. Da war dein Anteil viel aufwendiger, aber das ist nicht der Punkt, oder?«

»Nein. Wir sollten dieses wunderbare Ereignis, unsere Beteiligung daran und unser Geschenk nicht kleiner machen, als sie sind. Ich denke, wir sollten eine schöne Verpackung dafür finden, Blumen, eine Karte und vielleicht noch irgendein Geschenk für den Kleinen und dann offiziell gratulieren gehen.«

Charly hatte keine Ahnung, ob er sich das jetzt spontan ausgedacht oder die ganze Zeit so geplant hatte, aber seine Argumente klangen schlüssig. Sie musste wirklich aufhören, ein kleines Leben zu führen. Das hatte sie sich selbst vor einer Woche versprochen. »Ich will mich nur nicht wichtigmachen«, gab sie zu.

Erstaunlich, wie schnell ein Blick seine Qualität ändern konnte. Er sah sie vielleicht ein, zwei Atemzüge lang an, doch die Ungeduld wich einer Art liebevollem Widerstand. »Aber du *bist* wichtig. Und das Ereignis ist wichtig. Wir sollten es nicht kleiner machen, nur weil du Angst davor hast, für drei Sekunden im Mittelpunkt zu stehen.«

Sie schnappte nach Luft, weil sie keine Ahnung hatte, woher diese steile These kam. Allerdings hatte er blöderweise recht damit. »Okay«, gab sie schließlich nach. »Dann machen wir's so.«

»Fein. Du darfst auch die Farbe der Karte und der Geschenkverpackung bestimmen – aber ich kaufe beides. Und die Blumen.«

Sie lachte kopfschüttelnd. »Einverstanden. Aber dann bitte auch das Babyspielzeug.«

»Deal.« Er hielt ihr die Hand hin.

»Deal.« Sie griff danach und fühlte, wie sich in ihrem ganzen Körper schlagartig Wärme ausbreitete.

»Und welche Farbe? Blau?«

»Wir wollen doch nicht dummen Gender-Stereotypen zum Opfer fallen«, entgegnete sie. »Was würden Timmy und Emma dazu sagen?«

»Die sollen bitte schön die Klappe halten. Und ich meinte auch nicht, weil Daniel ein Junge ist, sondern weil Blau ganz offensichtlich deine Lieblingsfarbe ist.« Er deutete auf ihre Haare und ihren azurblauen Lieblingspulli, den sie zur Jeans trug.

»Ach so.« Sie spürte, wie ihr wieder Röte ins Gesicht schoss. »Blau ist gar nicht meine Lieblingsfarbe.«

Nun hob er beide Brauen.

»Nein, meine Lieblingsfarbe ist Gelb. Aber die steht mir nicht.«

»Hartes Schicksal«, befand er.

»Das härteste. Aber wir können Gelb gerne als Farbe für den ganzen Verpackungskram nehmen.«

»Gut, dann hätten wir das geklärt.« Er lächelte, legte ihr eine Hand auf die Schulter und schob sie aus dem Labor. »Wollen wir dann?«

»Diese Ecke habe ich noch gar nicht so genau erforscht«, stellte sie eine halbe Stunde später fest. Die Hunde hatten sich ausgetobt und trippelten nun brav neben ihnen her. Sie waren hinter der Kirche in den Wald gelaufen, dann aber nicht nach rechts abgebogen, wo es in Richtung Herrenhaus ging, sondern nach links. Hatten die Hauptstraße überquert – was ein ziemlich übertriebener Begriff für das schmale Asphaltband war, das Kirkby mit seinen Nachbarorten verband – und waren in ein anderes kleines Waldstück gekommen, wo ihnen Susan in einer abartigen Geschwindigkeit bergauf entgegengerannt war. Dann hatten sie den einsamen Hof erreicht, auf dem sich Seans Töpferei und das Musikstudio von Lennox befanden, wie Brodie berichtete. Sie hatten die alte Mühle mit Davies Schreinerei passiert und standen nun neben der Destillerie am Zaun einer Weide, auf der Shonas Alpakas grasten.

»Echt nicht?« Brodie schien das nicht glauben zu können.

»Nein.« Charly zuckte mit den Schultern. »Wenn ich mit Penny herumlaufe, dann meist rund um den Stall. Ich kenne den Loch Leary, Islas Restaurant – zumindest von außen –, das Bed & Breakfast, und am

Herrenhaus war ich auch schon häufiger. Aber hier auf dieser Seite war ich bisher noch nicht groß unterwegs. Womöglich ein Fehler?«

»Dann kennst du auch noch nicht das neue Hotel *The Kirkby Barn* und die Baustelle der Sporthalle?« Er hob in gespieltem Entsetzen die Brauen. »Wenn das der Bürgermeister erfährt.«

»*The Kirkby Barn* kenne ich natürlich«, beeilte sie sich zu sagen. »Ist doch direkt neben der alten Schule. Aber von der Sporthalle habe ich nur wilde Geschichten gehört.« Sie schnalzte mit der Zunge, um die Alpakas anzulocken, doch die hielten einige Meter Sicherheitsabstand vom Zaun und schauten unschlüssig in ihre Richtung.

»Die mögen meine Hunde nicht«, erklärte Brodie mit einem Seufzer. »Und ich fürchte, das beruht auf Gegenseitigkeit.«

»Schade. Ich hätte gerne ein bisschen mit ihnen gekuschelt.« Charly seufzte und musterte die Whippets.

»Ich habe irgendwo mal gelesen, dass Alpakas Hunde grundsätzlich nicht mögen«, entgegnete Brodie mit einem Schulterzucken.

»Aber Shona und Kendrick haben doch die beiden Wolfshunde, und ich habe auch schon andere Hunde in ihrer Nähe gesehen.«

»Ich weiß es auch nicht. Kate und Moss sind vielleicht ein bisschen speziell. Jedenfalls werden die Alpakas nicht näher kommen, solange die Hunde hier sind. Ich kann aber schon vorausgehen, wenn du lieber …«

»Nein, Quatsch. Lass uns weitergehen.« Ohne nachzudenken, griff sie nach seiner Hand und zog ihn mit sich. Wieder breiteten sich diese angenehme Wärme und ein Kribbeln von ihrer Hand in ihrem Arm und schließlich im ganzen Körper aus. Brodie schien ähnlich überrascht zu sein wie sie – wenn sie seinen Seitenblick richtig interpretierte jedenfalls –, doch er zog seine Hand nicht weg, sondern lief lächelnd neben ihr her.

Der Parkplatz vor der Destillerie war voll besetzt, wie sie erstaunt feststellte. »Da findet heute bestimmt wieder eines von Shonas legendären Tastings statt«, erklärte Brodie, ohne dass sie gefragt hatte.

»Ist es eine gute Idee, mit dem Auto zu einem Whisky- oder Gin-Tasting zu fahren?« Sie runzelte die Stirn.

»Vielleicht bleiben die Fahrer nüchtern?«, meinte er. »Immerhin bietet Shona ja inzwischen auch einen alkoholfreien Gin an.«

»Wir sollten jedenfalls von der Straße weg sein, ehe sie fertig sind. Ich will lieber nichts riskieren.« Sie meinte es scherzhaft, konnte aber den angespannten Tonfall nicht ganz aus ihrer Stimme herausfiltern.

»Was ist dein Ding mit Alkohol?«, fragte er rundheraus, und sie verspannte sich schlagartig und wollte ihre Hand wegziehen, aber er hielt sie fest. »Ich war als Sanitäter in Afghanistan. Nur drei Wochen, dann wurde ich bei einem Einsatz schwer verletzt und wurde wieder ausgeflogen. Die körperlichen Verletzungen habe ich relativ schnell überwunden, aber ich habe die Bilder, die Geräusche und Gerüche nicht aus meinem Kopf bekommen – und habe angefangen, sie mit Alkohol zu betäuben. Du kannst dir sicher vorstellen, dass das nicht so richtig gut funktioniert hat.« Er lachte freudlos auf.

»Das glaube ich sofort«, gab sie zurück und hoffte, dass er ihr den Schock bei dieser sehr plötzlichen Offenbarung nicht anmerkte. Emmas Kommentaren wegen hatte sie schon geahnt, dass er Alkoholiker war, doch mit einer Kriegsgeschichte hatte sie nicht gerechnet. Sie wusste nicht genau, ob sie sich geschmeichelt fühlen sollte, weil er ihr das anvertraute. »Wann war das?«

»Der Einsatz? Vor ungefähr sieben Jahren. Es hat drei Monate gedauert, bis ich von den Verletzungen so weit genesen war, dass ich wieder arbeiten konnte. Damals hatte ich eine gemeinsame Praxis mit Emmas Mutter Marie und noch zwei anderen Zahnärzten in Edinburgh. Ich hatte gehofft, die Arbeit würde mir helfen. Die Routine und der Alltag in der Familie. Doch stattdessen wurde es von Tag zu Tag, von Woche zu Woche, von Monat zu Monat schlimmer. Ich habe immer mehr getrunken, habe Fehler gemacht und wurde immer unzuverlässiger. Marie hat mich angefleht, in Therapie zu gehen, mir Hilfe zu suchen, aber davon wollte ich nichts wissen. Wofür sollte ich schon Therapie brauchen? Ich war doch nur so kurz im Einsatz gewesen, nur als Helfer, nicht als Kämpfer. Das erschien mir lächerlich.«

»Das klingt nach einer ausgewachsenen posttraumatischen Belastungsstörung«, sagte Charly betroffen.

»Ja, war es auch. Aber das wollte ich lange nicht akzeptieren. Bis …« Er rang sichtlich um Worte.

»Bis etwas Schreckliches passiert ist?«, mutmaßte sie mit belegter Stimme.

»Nein, glücklicherweise nicht. Eher etwas schrecklich Banales. Ich habe vergessen, Emma von der Schule abzuholen. Das Sekretariat hat dann Marie in der Praxis angerufen, und sie musste einen Patienten mehr oder weniger auf dem Stuhl zurücklassen, um unser Kind zu retten. Niemand war in Gefahr, aber der Vertrauensbruch war damit komplett. Marie hat mich noch an diesem Abend vor die Tür gesetzt und mir auch verboten, die Praxis zu betreten, bis ich nicht nachweislich trocken und mental gesund sei.«

»Krass«, murmelte Charly, doch sie wusste, dass sie wohl ähnlich gehandelt hätte, wäre sie an der Stelle der unbekannten Marie gewesen. »War das der nötige Augenöffner für dich?«

»Noch nicht ganz.« Er schluckte ein paarmal, blickte aber entschlossen in die Ferne. Offenbar wollte er seine Geschichte jetzt ganz erzählen. »Es hat noch eine Handvoll Totalabstürze gebraucht und meine resolute neue Nachbarin, die mich eines Morgens sturzbetrunken im Treppenhaus gefunden hat, weil ich es nicht mehr geschafft habe, meine Wohnungstür aufzuschließen.«

»Puh.«

»Ja, allerdings. Aber in der Rückschau trotzdem ein großes Glück. Einer ihrer Söhne war ebenfalls beim Militär und hatte einige Einsätze in Afghanistan und im Irak hinter sich. Auch er hat Hilfe gebraucht – und bekommen. Sie hat sich für mich um einen Platz in einer stationären Therapie-Einrichtung gekümmert, und das hat dann wirklich geholfen.«

»Wie lange warst du da?«, wollte sie wissen.

»Stationär nur vier Wochen. Aber ambulant anderthalb Jahre. Mit dem Trinken aufzuhören war dabei das Einfachste. Ich war nie ein großer Genusstrinker oder Weinkenner. Es ist mir also nicht schwergefallen, auf ein Feierabendbier, ein Glas Wein zum Essen oder einen Whisky zu verzichten. Viel schwieriger war für mich, anzuerkennen, dass ich wirklich traumatisiert war und Hilfe brauchte. Das hat gedauert. Und manchmal will ich es auch heute noch nicht wahrhaben. Ich habe sehr viele Therapiestunden benötigt, bis ich das begriffen hatte. Und noch viel mehr, bis ich mir selbst wieder vertrauen konnte. Selbst als ich längst die offizielle Freigabe hatte – was ja ohnehin nur Augenwischerei ist, da machen wir uns nichts vor –, habe ich mich nicht mehr getraut, Patienten zu behandeln oder Zeit allein mit Emma zu verbringen. Von Marie war ich inzwischen geschieden.« Er atmete ein paarmal tief durch. »Es war eine wirklich harte Zeit. Nicht nur für mich.«

»Das glaube ich dir. Aber jetzt wirkst du so aufgeräumt und souverän und scheinst keinerlei Probleme mehr zu haben, jedenfalls soweit ich das beurteilen kann.«

»Das sehen längst nicht alle so.« Er seufzte. »Was mich tatsächlich gerettet hat, sind diese beiden hier.« Er deutete mit einem so liebevollen Lächeln auf Kate und Moss, dass Charly die Hunde fast schon beneidete.

»Wie kommt's?«

»Auch das war ein Vorschlag meiner Therapeutin, und ich bin mir bis heute nicht sicher, ob er völlig uneigennützig war. Ich kam einfach nicht aus meiner Unsicherheit heraus, da hat sie irgendwann gesagt, ich müsse wieder lernen, Verantwortung zu übernehmen. Und wenn ich das nicht für mich, meine Patienten und meine Tochter schaffen würde, dann vielleicht für einen Hund. Wie es der Zufall so wollte, ist ihr Mann ein leidenschaftlicher Züchter von Whippets, und sie hatten gerade einen frischen Wurf.«

»Interessanter Zufall.« Charly grinste.

»Wenn man daran glauben will, bestimmt«, gab Brodie trocken zurück. »Ich habe mir also die Welpen angesehen – und der Rest ist Geschichte.«

»Wie kam es dazu, dass du sie Kate und Moss genannt hast?« Diese Frage beschäftigte Charly schon seit ihrer ersten Begegnung.

»Das war nicht meine Idee. Es war der T-Wurf – der Topmodel-Wurf. Der S-Wurf hatte den Arbeitstitel ›Superstars‹, und die Welpen hießen ›Superstar Ryan‹, ›Superstar Beyoncé‹ und Ähnliches. Die Topmodels waren dann eben nach Topmodels benannt. Und weil der Züchter gefühlsmäßig eher noch in den Neunzigerjahren verhaftet war, hießen die Welpen

›Topmodel Claudia‹, ›Topmodel Linda‹, ›Topmodel Naomi‹ und so weiter.«

»Und eben Kate und Moss«, schloss Charly haarscharf.

»Genau. Moss war der einzige Rüde im Wurf. Ich fand's total gaga, aber andererseits auch wieder witzig, also sind die Namen geblieben. Starallüren haben sie glücklicherweise gar nicht, sondern sind ausgesprochen lieb und sehr sensibel. Kate habe ich sogar zum Therapiehund ausbilden können. Sie beruhigt Angstpatienten oder Kinder bei der Behandlung, sodass ich mit viel weniger Schmerzmittel arbeiten kann.«

»Wow, das ist echt toll.« Charly war beeindruckt. »Moss nicht?«

»Nein, der ist zwar auch sehr freundlich, aber lange nicht so geduldig und einfühlsam wie Kate. Die liegt notfalls auch zwei Stunden lang regungslos auf dem Schoß eines Patienten, das würde Moss gar nicht schaffen.«

»Cool.« Sie betrachtete die Hunde mit einem ganz anderen Blick. »Und wie ging's dann weiter?«

»Irgendwann habe ich wieder mit der Arbeit angefangen. Nicht in meiner alten Praxis, sondern in einer anderen, in einem ganz anderen Teil von Edinburgh. Erst nur wenige Stunden pro Woche, dann langsam immer mehr. Ich habe gemerkt, dass mir die Arbeit Halt gibt und wirklich Spaß macht.« Er lachte, als Charly ihr Gesicht verzog. »Auch wenn du es nicht glaubst, es kann unglaublich befriedigend sein.«

»Ich nehme dich beim Wort«, entgegnete sie mit reichlich Ironie.

»Was dagegen nicht funktioniert hat, war mein Privatleben. Ich hatte Emma so oft enttäuscht, dass sie mich irgendwann gar nicht mehr sehen wollte. Ich kann es ihr nicht verübeln. Und Marie? Bei allem Verständnis für meine Situation – und sie hatte wirklich viel – waren ihre Gefühle längst erkaltet. Ihr Fokus lag erst auf unserer Tochter und der Praxis und dann irgendwann auch auf dem neuen Mann in ihrem Leben, der sich übrigens auch mit Emma bestens versteht.«

»Bitter«, kommentierte Charly voller Mitgefühl.

»Ja. Aber eben auch verständlich. Und ehrlich, ich bin froh für Marie und Emma, weil sie jemanden in ihrem Leben haben, auf den sie sich absolut verlassen können.«

»Aber trotzdem muss es hart sein. Ich meine, es ist deine Familie. Und es war ja auch nicht deine Schuld.«

»Es ist hart. Sehr sogar. Aber was die Schuldfrage betrifft, bin ich mir nicht so sicher. Ich hätte früher erkennen müssen, was los war. Hätte mir schneller Hilfe suchen müssen. Als ich verwundet im Krankenhaus lag, kamen sogar ein-, zweimal Psychologen vorbei, doch denen habe ich gesagt, dass alles in Ordnung sei.«

»Vermutlich, weil du es selbst gedacht hast?«

»Eher weil ich keine andere Option akzeptieren konnte. Und das ist es, was ich mir nur ganz schwer verzeihen kann. Womöglich wäre alles anders gelaufen, wenn ich sofort Hilfe angenommen hätte.«

»Vielleicht, aber das ist ein Gedankenspiel, das nicht hilft. Denn solange Zeitreisen nicht möglich sind, müssen wir mit unseren Entscheidungen leben und versuchen, in der Gegenwart und der Zukunft das Beste daraus zu machen.« Sie drückte seine Hand.

Inzwischen waren sie beim Pub angekommen, und er sah sie erwartungsvoll an. »Wollen wir reingehen?«

Charly war hungrig, aber auf einen Abend in der fröhlich-lärmigen Kneipe hatte sie plötzlich so gar keine Lust mehr. »Was hältst du davon, wenn wir uns etwas zum Mitnehmen bestellen und dann bei dir oder mir …? Ist das eine doofe Idee?«

»Nein. Ganz im Gegenteil.« Er lächelte sie an.

»Danke, dass du deine Geschichte mit mir geteilt hast. Ich werde dir dann auch meine erzählen.«

»Das habe ich damit nicht bezweckt, ich wollte einfach …«

»Schon gut, ich verstehe es richtig. Lass uns etwas Leckeres holen, und dann reden wir weiter.«

• • •

»Du hast es wirklich sehr schön hier«, befand Charly, als sie eine knappe halbe Stunde später mit einem liebevoll gepackten Korb in seinem Haus angekommen waren.

Sie hatten es bisher nur vom Flur in die Küche geschafft, und dass Charlys Urteil schon jetzt so positiv ausfiel, schmeichelte ihm und irritierte ihn. »Und warum klingst du so überrascht?«

»Ich weiß nicht. Ich habe mir dein Zuhause irgendwie anders vorgestellt. Glatter, polierter, steriler.« Sie sah sich neugierig in der Küche um. »Dabei ist es echt gemütlich.«

Brodie wusste, dass sie es als Kompliment meinte, doch er fühlte sich seltsam gekränkt. Er stellte den Korb auf die Arbeitsfläche. »Willst du eine kleine Burgführung, ehe wir essen?« Sie nickte, und er führte sie zunächst ins Wohnzimmer, das mit Abstand sein liebster Raum in dem kleinen Cottage war.

Charly schaute sich regelrecht verzückt um. »Ich kenne mich mit solchen Dingen nicht aus, aber da muss ein wahnsinnig talentierter Interior Designer am Werk gewesen sein.«

Brodies Irritation wuchs immer mehr, aber er wollte sich nichts anmerken lassen. »Vielleicht habe ich meine wahre Berufung verfehlt«, antwortete er daher nonchalant.

»Du hast es selbst eingerichtet?« Sie starrte ihn an, als wäre er ein Alien.

»Natürlich, oder denkst du, ich würde so etwas fremden Menschen überlassen? Ich habe die Wände gestrichen, die Böden abgeschliffen, sämtliche Lampen montiert und die Vorhänge angebracht. Und ja, ich habe auch alle Möbel selbst ausgesucht. Manche sind neu, andere habe ich aus Edinburgh mitgebracht, das Sideboard aus den 1950er-Jahren stammt noch von meinen Großeltern, das habe ich bei meinen Eltern auf dem Dachboden entdeckt. Nur die Küche habe ich von Profis einbauen lassen.« Er ließ sie nicht aus den Augen und bemerkte, wie ihre Verblüffung langsam Scham wich.

»Ich hab's schon wieder getan, was?«, sagte sie und sah verlegen zur Seite. »Ich hatte ein so vorgefertigtes Bild von dir, dass ich mir sicher war, du würdest inmitten von teuren, eleganten Männermöbeln wohnen, die so gemütlich sind wie ein pathologisches Institut.«

»Was sind teure, elegante Männermöbel?« Die Frage nach der Pathologie sparte er sich lieber.

»Na ja, schwarzes Leder, Chrom, Glas, Stahl, harte Kanten, solche Sachen.« Sie ließ erneut ihren Blick durch den Raum schweifen, in dem es nichts von den aufgezählten Dingen gab.

»Hältst du mich wirklich für einen Leder-Chrom-Glas-Typen?«

»Ich weiß nicht, wahrscheinlich nicht. Aber deine Praxis ist ja auch so hypermodern ausgestattet, da dachte ich …«

»Meine Praxis ist mein Arbeitsplatz, und natürlich lege ich dort Wert auf eine moderne Ausstattung. Aber da möchte ich doch nicht wohnen. Dein Arbeitsplatz hat ja wohl auch nicht viel mit deiner Wohnung gemein, oder?«

»Vergiss bitte alles, was ich gesagt habe.« Ihr Gesicht hatte eine ziemlich aparte Pink-Nuance angenommen, die zu den blauen Haaren erstaunlich hübsch aussah. »Ich bin brandneu in der Schöner-Wohnen-Sparte. Bis vor ein paar Wochen habe ich nur in möblierten Dienstwohnungen gelebt, die praktisch null Persönlichkeit ausstrahlten. Mir war bis dahin auch nicht bewusst, welche Wirkung ein heimeliges Wohnumfeld auf einen haben kann – und was die Einrichtung über einen Menschen verrät.«

»Aber die mangelnde Expertise hat dich trotzdem nicht vor Vorurteilen bewahrt?« Er musterte sie mit hochgezogener Braue und deutete dann zur Tür. »Ich zeig dir rasch die anderen Zimmer, und dann sollten wir essen.«

Brodie öffnete nacheinander die Türen zu seinem Schlafzimmer, dem Bad und einem Raum, den er gerne als seine Bibliothek bezeichnete, in dem aber neben mehreren Bücherregalen und einem gemütlichen Sessel auch seine Golftasche, ein äußerst selten genutztes Rudergerät und ein Schreibtisch mit Computer standen. »Und das ist mein Gästezimmer.«

»Nein, das ist eindeutig Emmas Reich«, stellte sie mit einem Lächeln fest, und insgeheim musste er ihr recht geben.

Emma hatte in der Tat einige Spuren hinterlassen: Bücher im Regal, ein Kosmetiktäschchen auf dem Schmink- oder Schreibtisch, für den sich auch Charly interessiert hatte, ihren heiß geliebten Plüschfuchs auf dem Bett und im Schrank ein paar Klamotten.

»Es sieht so aus, als könnte sie jederzeit zur Tür hereinkommen«, sprach Charly weiter. »Und der Schminktisch macht sich hier wirklich viel besser als in meinem Häuschen«, fügte sie großzügig hinzu.

»Ich hoffe jedenfalls sehr, dass sie bald wiederkommt und nicht einfach nur ihren Kram vergessen hat und ich ihn ihr schicken muss«, meinte er und spürte dem Gefühl in seiner Brust nach. Es war eine seltsame Mischung aus Hoffnung und Angst.

»Ich wette, sie steht an einem der nächsten Wochenenden wieder auf der Matte«, sagte sie mit einem warmherzigen Lächeln. »Aber jetzt lass uns essen, sonst ist das Curry kalt.«

Sie gingen zurück in die Küche, und Brodie holte die beiden doppelwandigen Thermodosen aus dem Korb. In einer war Reis, in der anderen das vegane Pseudo-Chicken-Tikka-Masala, das ihn neulich so erbost hatte und das er inzwischen richtig gerne aß. So änderten sich die Zeiten. Das Essen war auch noch warm genug, sodass er sich das Aufwärmen sparen konnte.

Brodie deckte rasch den Tisch, füllte eine Glaskaraffe mit Wasser und servierte das Curry in zwei tiefen Tellern, die er bei Sean gekauft hatte – genau wie viele Teile seines übrigen Geschirrs.

Sie aßen schweigend, doch es war keine unangenehme Stille, eher wie eine unausgesprochene Übereinkunft, dass sich jeder auf das Essen konzentrieren konnte. Brodie ging es jedenfalls so. Er fühlte sich entspannt und wohl in ihrer Anwesenheit, wie er es nie für möglich gehalten hätte. Die Hunde benahmen sich vorbildlich und bettelten nicht etwa, sondern hatten sich in ihrem Küchenbett zusammengerollt und schliefen.

HARTER TOBAK UND ZARTE WURZELN

»ES WÄRE LEICHTER FÜR MICH, wenn du mir Fragen stellst«, sagte Charly schließlich und stocherte in ihrem erst gut zur Hälfte vertilgten Gericht herum. Die Entspannung und die Ruhe waren also doch ein eher einseitiges Phänomen.

»Was soll ich dich denn fragen?«, wollte er wissen und trank einen Schluck Wasser.

»Alles, was du wissen möchtest. Was du mich vorhin und neulich schon gefragt hast. Ich … ich …« Sie schien um die richtigen Worte zu ringen. »Du hast mir vorhin deine Geschichte erzählt«, sprach sie schließlich weiter. »Zumindest die ganz groben Eckdaten. Ich fürchte, ich kann das nicht einfach so, also bitte stell mir einfach Fragen.« Sie schob sich noch einen kleinen Bissen in den Mund, legte dann aber die Gabel neben den Teller und verschränkte ihre Arme vor der Brust.

»Du musst mir gar nichts erzählen«, sagte er sanft. »Du bist niemandem eine Erklärung schuldig. Mir schon gar nicht.« Es berührte ihn, sie so verletzlich zu sehen. Sie war eine kleine, zarte Frau, strahlte aber normalerweise eine unglaubliche Stärke aus – und niemals würde er den Anblick ihrer nackten, muskulösen Arme vergessen, wie sie gleichzeitig kraftvoll und präzise glühendes Eisen und Hufe bearbeiteten.

»Ich weiß, aber ich will es gerne. Ich bin es nur nicht gewohnt.«

»Dann warst du wohl noch nie in Therapie, was?« Er lächelte schief. »Da lernt man es. Aber falls es dich tröstet, ich gehe mit meiner Geschichte auch nicht hausieren. Natürlich habe ich Collum und Anna informiert – sie mussten schließlich wissen, dass sie es mit einem trockenen Alkoholiker zu tun haben. Ich nehme auch an, dass halb Kirkby davon weiß, aber ich erzähle es eigentlich nur, wenn mich jemand konkret fragt. Und dann auch nicht in allen Details.«

»Mir hast du es ohne Fragen erzählt.«

»Ja.«

»Warum?« Nun suchte sie seinen Blick, was sie während der letzten Minuten vermieden hatte.

»Ehrlich gesagt weiß ich es nicht. Ich hatte das dringende Bedürfnis dazu und das sichere Gefühl, dass meine Geschichte bei dir in guten Händen ist.«

»Das Gefühl beruht auf Gegenseitigkeit«, gab sie nach einer Weile zu. »Und offen gestanden macht mir das ein bisschen Angst. Also bitte frag mich, was du wissen möchtest.«

Brodie war unschlüssig. Einerseits konnte er Charlys Wunsch verstehen, andererseits gab sie damit die Verantwortung ab, was auch nicht gut war. Doch das wusste sie vielleicht nicht, weil sie nie in Therapie gewesen war? Und hatte er nicht auch vom beherzten

Eingreifen seiner damaligen Nachbarin profitiert, die Verantwortung übernommen hatte, als er selbst ganz eindeutig nicht dazu in der Lage gewesen war? Allerdings machte Charly keinen übermäßig angegriffenen Eindruck – zumindest äußerlich schien sie das, was immer sie erlebt hatte, gut im Griff zu haben.

»Warst du schon mal in psychologischer Behandlung?«, fragte er sie und riskierte mit dieser Frage vermutlich alles.

Sie sah ihn überrascht an, damit hatte sie wahrscheinlich nicht gerechnet. »Sicher nicht so intensiv wie du«, antwortete sie nach einer Weile. »Zumindest nicht, soweit ich mich erinnere.«

»Ich wüsste nicht, wie man das vergessen kann.« Nun war es an ihm, irritiert zu sein.

Sie schloss kurz die Augen, so als müsste sie buchstäblich in sich gehen. Schließlich blickte sie ihn an. »Du willst mich nicht fragen, weil das irgendeinem inneren Psycho-Kodex widerspricht, nicht wahr?«

»So würde ich es nicht nennen, aber es hat was mit Respekt und Verantwortung zu tun und …« Er stockte, als sie kopfschüttelnd die Hand hob und ihn unterbrach.

»Das scheint jedenfalls ein brandneues Konzept für dich zu sein, denn du hast mich ja bereits gefragt. Mehrfach. Also schön – was interessiert dich mehr? Meine Angst vor dem Meer oder meine Abneigung gegen Alkohol?«

»Mich interessiert beides – aber nur, wenn du es mir auch wirklich verraten willst.«

»Wir drehen uns im Kreis.« Sie seufzte. »Also schön, fangen wir mit meiner Angst vor dem Meer an. Den Grund habe ich selbst erst vor wenigen Tagen herausgefunden.« Dann erzählte sie ihm eine Geschichte, mit der er beim besten Willen nicht gerechnet hatte.

»Ihr wurdet von einer Welle ins offene Meer gespült?« Er starrte sie voller Entsetzen an, und sein Herz brach nicht nur für die kleinen Mädchen, von denen nur eines überlebt hatte, und den selbstlosen jungen Fischer, der sein Leben geopfert hatte, um Charly zu retten. Nein, es brach auch für ihren Vater, der das alles hatte mit ansehen müssen. Allein die Vorstellung, dass Emma etwas so Schreckliches zustoßen könnte, ließ Übelkeit in ihm aufsteigen.

»Das ist es, was man mir erzählt hat. Ich kann mich ja an nichts erinnern – was womöglich ein Segen ist. Vielleicht war ich zu jung, aber außer einem tief sitzenden Gefühl der Angst und verstörenden Albträumen verbinde ich nichts mit diesem Ereignis. Wobei, nicht ganz. Mir war Chloes Name wieder eingefallen, ohne dass ich wusste, wer sie war und was mit ihr geschehen ist.« Sie rieb sich mit den Händen über die Oberarme, als fröstelte es sie.

Brodie musste mit aller Macht den Impuls unterdrücken, sie in die Arme zu nehmen. »Für sie ist also das eine Herz, das ich dir gravieren soll«, stellte er fest.

»Ja, auch wenn ich mich nicht an sie erinnern kann, will ich sie doch niemals vergessen.« Sie lachte leise. »Klingt ganz schön widersprüchlich, was?«

»Nein, klingt nachvollziehbar – und berührend.«

»Meine Mutter hat gesagt, dass ich nach meinem Krankenhausaufenthalt auch bei einer Kinderpsychologin war, wegen meines Gedächtnisverlusts. Das meinte ich vorhin damit, dass ich vermute, dass meine Therapieerfahrung eher überschaubar sein dürfte. Es ist über dreißig Jahre her, in einer schottischen Kleinstadt – unwahrscheinlich, dass man sich da groß Gedanken über das Seelenleben eines kleinen Kindes gemacht hat, das ja irgendwann wieder halbwegs normal funktioniert hat – von der Wasserpanik mal abgesehen.«

»Wie geht es dir damit, dass du es erst jetzt erfahren hast?«, fragte er sachte nach.

Sie zuckte mit den Schultern. »Offen gestanden habe ich da noch keine Antwort für dich. Ich habe viele Jahre lang überhaupt nicht darüber nachgedacht – einfach, weil ich mich die meiste Zeit von der Küste ferngehalten habe, von ein paar Fährfahrten mal abgesehen, weil ich mit Penny ja schlecht fliegen kann. Aber die habe ich irgendwie hinbekommen. Als Teenager hat mich das viel mehr gequält. Ich habe ein altes Tagebuch von mir gefunden, mit höchst dramatischen Berichten von meinem fünfzehnjährigen Ich. Damals war ich vollkommen verzweifelt und wollte nur weg.«

»Verständlich. Dein Fluchtimpuls und das Schweigen deiner Eltern. Nicht dass ich das gutheiße, aber ich kann's verstehen.« Er fuhr sich durch die Haare – voller Mitgefühl für die ganze Familie.

»Ja, ich auch. Meine Mutter macht sich inzwischen große Vorwürfe. Sie redet sich ein, dass ich vielleicht nicht abgehauen wäre, wenn ich gewusst hätte, was geschehen war, aber ich bin mir nicht so sicher. Vielleicht hätte ich dann erst recht das Weite gesucht? Wie auch immer, ich hadere nicht damit. Im Moment bin ich froh, dass ich endlich weiß, was los ist. Es ist nicht schön, an einem Trauma zu leiden, aber Gewissheit ist besser, als mich wie ein Freak zu fühlen.«

»Du bist kein Freak!« Wie konnte sie das nur ernsthaft glauben?

»Sagt der Mann, der mich auf den ersten Blick für eine drogensüchtige Landstreicherin gehalten hat, die seinen Hunden an den Kragen will.«

»Autsch.«

»Wie auch immer. In meiner Familie war ich jedenfalls immer das schwarze Schaf. Sie lieben mich – und ich sie –, aber wir verstehen uns nicht wirklich.« Wieder zuckte sie mit den Schultern. Dieses Mal wirkte es geradezu resigniert. »Es ist, wie es ist, und ich kann nichts mehr daran ändern. Außerdem habe ich ein gutes Leben.«

»Warum klingst du dann so, als müsstest du dir das selbst einreden?«

Sie seufzte tief. »Das ist eine sehr gute Frage und keine, die ich beantworten kann.«

»Wer ist Zane?«, wollte er dann wissen und merkte seltsamerweise, dass sich sein Pulsschlag erhöhte.

Sie lächelte traurig und griff unwillkürlich nach ihrem Anhänger. »Auf diese Frage sind wiederum sehr viele Antworten möglich, aber ich beschränke mich auf die beiden offensichtlichsten: mein Mann und der Grund, warum ich keinen Alkohol mehr trinke.«

Ihr Mann? Das war überraschend. Sehr überraschend. »Dein Mann?«, bohrte er vorsichtig nach, mit dem unguten Gefühl, dass es keine schöne Geschichte sein würde.

»Mein verstorbener Mann«, präzisierte sie dann auch prompt, und Brodie wusste nicht, was er empfinden sollte.

Er erinnerte sich an das zweite Datum, das auf dem Zettel stand. Gut zehn Jahre her. »Ist das sein Todestag, der auf das Herz soll?« Seine Stimme war so leise, dass er sich nicht sicher war, ob sie ihn überhaupt hören konnte, doch sie nickte.

»Ja. Wir haben uns kennengelernt, da war ich zweiundzwanzig und hatte gerade meine neue Stelle in einem anderen Stall in Kentucky angetreten. Er war sieben Jahre älter und galt in der Hufschmiedeszene als Superstar.« Sie lächelte. »Auf die Stelle für seine Assistenz hatten sich über fünfzig Leute beworben.«

»Ich hatte keine Ahnung, dass das so ein … ähm … gefragter Beruf ist.« Brodie kratzte sich am Kinn.

»In manchen Regionen sehr wohl. Es ist wie bei Sprintern, da können die richtigen Schuhe auch den Unterschied machen. In Kentucky gibt es eine große Galopprennszene und sehr viele Zucht- und Ausbildungsställe. Da geht es um richtig viel Geld. Und womöglich kann der perfekte Beschlag eines Pferdes über Sieg oder Niederlage entscheiden. Ich weiß es nicht sicher, aber es gibt Trainer, die glauben daran. Daher war Zane so gefragt. Jedenfalls habe ich die Stelle bekommen – und nicht nur viel gelernt, sondern mich auch unsterblich in ihn verliebt.«

»Also auch so eine große junge Liebe wie bei Marie und mir«, stellte Brodie fest.

»Er war ja schon ein bisschen älter, aber glücklicherweise genauso verknallt wie ich. Wir haben nicht lange gefackelt und nach einem halben Jahr in Las Vegas geheiratet. Allen Ernstes in einer Elvis-Kapelle. Und natürlich ziemlich betrunken.« Sie verzog das Gesicht. »Die Hochzeit war das denkbar schlimmste Klischee, unsere Ehe und unsere Gefühle aber waren echt. Und die Leidenschaft für den Job. Wir waren richtig gut und haben unserem Arbeitgeber etliche Siege beschert – auch wenn das Zufall gewesen sein mag«, relativierte sie.

»Kinder hattet ihr nicht, oder?«, wagte Brodie die nächste Frage, und Charlys Gesicht verschloss sich augenblicklich. Er hatte Angst, dass sie nichts mehr sagen würde, doch dann fuhr sie fort.

»Nein. Wir wollten Kinder haben, aber es hat nicht geklappt. Ich hatte insgesamt drei Fehlgeburten.«

»Wie schrecklich.«

»Es ist immer superfrüh passiert. Gerade so nach dem positiven Schwangerschaftstest. Nur beim zweiten Mal hatten wir es überhaupt bis zum ersten Ultraschall geschafft.« Sie machte eine wegwerfende Handbewegung, so als sei das alles nicht so schlimm, doch das nahm Brodie ihr nicht ab.

»Marie ist ungeplant schwanger geworden«, warf er ein. »Wir waren beide so verdammt jung und noch mitten im Studium. Es war der totale Schock, aber trotzdem hätte es mich zerstört, wenn sie das Kind verloren hätte«, behauptete er.

»Das denkst du jetzt, weil du deine Tochter schon so lange kennst. Ich kann nicht für alle Frauen sprechen, aber ich hatte in den kurzen Tagen meiner Schwangerschaften nie das Gefühl, schon eine Verbindung zu diesem Wesen in mir aufgebaut zu haben. Es war eher das Gefühl, versagt zu haben, das mich gequält hat. Dass mit mir mal wieder etwas nicht in Ordnung war. Ich kann es nicht ertragen, am Meer zu sein, und ich schaffe es nicht, ein Kind auszutragen. Das waren so meine Gedanken in diesen Situationen. Ein echter Freak also.«

»Ich finde es furchtbar, wie du von dir selbst redest«, entfuhr es Brodie, und er erntete dafür einen verwunderten Blick.

»Vielleicht hast du recht, aber so sind nun mal meine Gefühle. Oder waren es. Ich weiß ja, dass es zahllose Gründe für frühe Fehlgeburten gibt, aber damals habe ich die Schuld nur bei mir gesucht.«

»Und Zane?«

»Ich glaube, sein Kinderwunsch war sogar größer als meiner. Er war ein Einzelkind und hatte den Traum, eine Dynastie zu gründen. Eine wahre Schmiede-Dynastie.« Sie lachte bitter auf. »Also irgendwie ganz ähnlich wie meine Herkunftsfamilie, die ja eine Seefahrersippe ist. Ich hätte mein Kind niemals dazu gedrängt, denselben Beruf zu ergreifen, aber Zane war geradezu besessen davon.«

»Und was ist dann passiert?«

»Wir haben zu diesem Zeitpunkt in Argentinien gelebt, auf einem Gestüt, das einem superreichen Industriellen gehört. Keine Rennpferde mehr, sondern Poloponys.« Sie schüttelte den Kopf. »War eine merkwürdige Zeit, aber wir haben sehr gut verdient und dachten, dass wir nun endgültig eine Familie gründen könnten. Ich wurde also wieder schwanger, doch drei Wochen nach dem Test und zwei Tage vor dem ersten Ultraschall kam es erneut zu einem Abgang. Dem dritten. Dieses Mal war Zane viel verzweifelter als ich und hat sich komplett volllaufen lassen. Er war auch am nächsten Morgen noch nicht wieder nüchtern und ganz sicher nicht Herr seiner Sinne und seiner Reflexe. Das erste Pferd, das er an diesem Tag beschlagen sollte, war ein sehr nervöser Zuchthengst, der Hufpflege hasste. Ich hatte angeboten, ihn zu übernehmen, doch Zane wollte nichts davon wissen.« Sie atmete schwer, und Brodie ahnte, dass ihm der nächste Teil der Geschichte nicht gefallen würde.

»Normalerweise war Zane auch bei den schwierigsten Pferden die Ruhe selbst, aber die üble Mischung aus Trauer, Frustration und reichlich Restalkohol im Blut hat zum Fiasko geführt. Als er am linken Hinterhuf war, ist das Tier komplett durchgedreht, hat ausgeschlagen und ihm mit voller Wucht mitten ins Gesicht getreten. Dann ist es erschrocken, als Zane umgekippt ist, hat sich losgerissen und ist bei seiner Flucht noch auf seinen Oberkörper getrampelt.«

Brodie gab einen erstickten Entsetzenslaut von sich. Das war ja absolut grauenvoll.

»Es ist unglaublich schnell gegangen, innerhalb von Sekunden, niemand konnte reagieren. Und Zane hatte keine Chance. Die Gesichtsverletzung war schon schlimm, aber einige gebrochene Rippen hatten sich in seine Lungen gebohrt. Er ist in meinen Armen gestorben, noch ehe der Rettungsdienst da war.«

Brodie merkte, wie ihm Tränen in die Augen stiegen, doch Charly wirkte seltsam ruhig und fast unbeteiligt. »Wie kannst du das so abgeklärt erzählen?«, brachte er hervor und starrte sie fassungslos an.

»Ich bin nicht abgeklärt, glaub mir, aber ich lebe seit über zehn Jahren mit diesen Bildern. Mit den Erinnerungen. Mit der Hoffnungslosigkeit, der Hilflosigkeit und der absoluten Agonie. Zeit heilt keine Wunden, aber man lernt, damit umzugehen. Ich kann darüber reden, ohne zu zerbrechen, und die Trauer habe ich sicher ebenfalls längst überwunden. Nun ja, vielleicht nicht überwunden, aber ich kann damit leben. Doch es vergeht kein Tag, an dem ich nicht an ihn oder diesen Unfall denke. Ein Unfall, der vermeidbar gewesen wäre.«

»Du denkst, wenn er klar bei Sinnen …«

»Ich denke es nicht, ich *weiß* es!«, unterbrach sie ihn. »Pferde sind keine Maschinen, sondern unberechenbare Lebewesen, aber man kann sie lesen, wenn man nur aufmerksam genug ist. Zane war ein Meister darin, ich habe es von ihm gelernt. Aber an diesem Tag konnte er es nicht und hat den teuersten Preis dafür gezahlt. Und das nehme ich ihm bis heute übel!«

Die Trauer mochte sie überwunden haben, die Wut auf ihren Mann war jedoch noch sehr präsent, stellte Brodie fest. »Und deshalb trinkst du keinen Alkohol«, mutmaßte er.

»Genau. Denn seine Sinne zu betäuben ist im Zweifel lebensgefährlich.« Nun sah sie ihm wieder direkt in die Augen. Erst herausfordernd, doch dann wurde ihr Blick immer weicher. »Du weißt, wovon ich rede.«

Er nickte. »Trotzdem ist deine Geschichte schlimmer als meine.«

»Ich mag kaum Therapieerfahrung haben, aber ich weiß, dass man Leid nicht vergleichen sollte. Zane hatte die Wahl. Er hätte sich an dem Tag ja sogar krankmelden oder eben mir den Job überlassen können. Hat er nicht getan. Ich weiß nicht, was für schreckliche Dinge du bei deinem Einsatz gesehen hast, aber du hattest keine Wahl. Du hast versucht, deine Kameraden zu retten.«

»Nein, das meinte ich nicht«, widersprach er leise. »Du hast einen ähnlichen Horror erlebt wie ich und bist viel besser damit klargekommen.«

»Besser?« Sie stieß ein ungläubiges Schnauben aus. »Das würde ich wirklich nicht behaupten. Du hast versucht, deinen Schmerz mit Alkohol zu betäuben. Für mich war das keine Option. Ich habe mein Leben stattdessen so klein gemacht, dass nicht mehr viel übrig war. Nach dem Unfall habe ich einen Job in Dubai angenommen – der denkbar krasseste Tapetenwechsel – und habe dann kurz darauf Penny gerettet.« Sie seufzte leise. »Für mich gab es in den letzten zehn Jahren nur noch meinen Job und meine kleine Eselin.« Nun spielte ein trauriges kleines Lächeln um ihre Lippen. »Wenn ich darüber nachdenke, spielt Penny eine ähnliche Rolle in meinem Leben wie deine Hunde in deinem. Sie hat mich gerettet. Sie hat mir eine Aufgabe gegeben, buchstäblich eine Lebensaufgabe.«

»Was meinst du damit, dass du dein Leben klein gemacht hast?«

»Als ich vor genau fünf Wochen nach Kirkby gekommen bin, hatte ich einen Esel, einen Anhänger mit einer rudimentären mobilen Schmiede darin, meinen verbeulten alten Range Rover, zwei Reisetaschen und einen Pappkarton. Das war mein gesamtes Leben. Meine komplette Garderobe hat vermutlich in deiner Sockenschublade Platz.«

Waren es erst fünf Wochen? Brodie hatte das Gefühl, Charly schon viel länger zu kennen – und ihr auf ganz merkwürdige Art unglaublich nah zu sein. Nicht auf Basis von Äußerlichkeiten, aber sonst. Er räusperte sich, weil ich nicht sicher war, was ihn mehr erschreckte: ihre Aussage oder seine Erkenntnis. »Ich glaube, du überschätzt meine Sockenschublade«, rettete er sich in Humor.

Sie lachte. Ein echtes Lachen. »Allein die Tatsache, dass du ein eigenes Schubfach für deine Strümpfe hast, spricht doch schon Bände.«

»Aber das sind doch nur Dinge. Gegenstände sagen doch nichts darüber aus, wie groß oder klein ein Leben ist«, behauptete er.

»Vielleicht nicht. Aber sie sagen einiges darüber aus, wie man … nun ja … lebt. Du scheinst hier dein Zuhause gefunden zu haben. Nicht nur in diesem sehr hübschen Cottage, das ja für sich genommen schon eine Menge über dich aussagt. Du bist ein wertgeschätzter Teil der Dorfgemeinschaft. Du kümmerst dich um deine Patienten, du hast Freunde, du willst deiner Tochter etwas bieten. Das ist aus meiner Perspektive schon sehr viel.«

»Da ist etwas Wahres dran«, gab er zu. »Aber ich habe das Gefühl, dass du gerade auch dabei bist, Wurzeln zu schlagen, oder irre ich mich?«

»Nein, tust du nicht. Es ist nur alles so neu für mich. Allein mein Hausstand hat sich in den letzten paar Wochen mindestens verdoppelt.« Wieder griff sie nach ihrem Anhänger.

»Ist das eine Erinnerung an Zane?«, wollte er wissen.

Sie nickte. »Vielleicht auch eher ein Mahnmal. Ich habe diese Spirale aus einem Hufnagel von dem Pferd geschmiedet, das Zane getötet hat.«

»Du trägst jeden Tag einen Teil der Mordwaffe um den Hals, die deinen Mann umgebracht hat?«, entfuhr es ihm schockiert.

»So habe ich das nie betrachtet. Es war ja kein Mord. Der Hengst hat es nicht mit Absicht gemacht. Ich weiß auch nicht, irgendwie fühlte es sich richtig an.« Sie zog sich die Eisenspirale, die an einem schwarzen Lederband befestigt war, über den Kopf und betrachtete sie nachdenklich. »Aber vielleicht ist es jetzt Zeit, sie abzulegen?«

• • •

Als Charly am nächsten Morgen aufwachte, fühlte sie sich ausgeschlafen und … glücklich? Wie konnte das sein? Sie konnte sich auch an keinen Traum erinnern, was für sich betrachtet schon sehr ungewöhnlich war. Plakative und nicht immer erfreuliche Träume waren, seit sie denken konnte, ihre ständigen nächtlichen Begleiter.

Der gestrige Abend mit Brodie war überraschend nett gewesen. Sie musste bei dem Wort lächeln, denn »nett« war ja ein mindestens mittelschwerer Trigger für ihn. Inzwischen tat ihr ihr harsches Urteil über ihn leid, denn neben all den anderen positiven Eigenschaften, die sie ihm ja schon länger zugestand, war er vielleicht manchmal etwas fehlgeleitet in seinen Aussagen, aber wirklich ein sehr netter Mann. Warmherzig, mitfühlend – und verwundet wie sie. Sie bewunderte seinen Mut, so offen über seinen Alkoholismus und die Ursachen dafür zu sprechen. Aber wahrscheinlich musste man das, wenn man die Chance auf Heilung haben wollte.

Es war so eine Erleichterung gewesen, ihm von Zane zu erzählen. Es gab nicht viele Menschen, die von dem Unglück wussten – ihre Familie natürlich, aber da war man ja bekanntlich nicht groß im Reden, und die Leute, die damals in Argentinien im Stall gearbeitet hatten. Zu denen hatte sie allerdings überhaupt keinen Kontakt mehr, weil sie direkt nach dem Unglück die Stelle gewechselt hatte. Sie hatte es dort einfach nicht mehr ausgehalten. Bei allen folgenden Anstellungen hatte niemand etwas von Zane gewusst, und sie hatte sich niemandem anvertraut. Warum auch? Weder hätte es ihre große Liebe wieder lebendig gemacht noch an ihrem Schmerz etwas geändert. Oder?

Vermutlich war sie doch mehr die Tochter ihrer Eltern, als sie es sich eingestehen wollte. Probleme und andere wichtige Dinge zu verschweigen hatte sie jedenfalls auch ganz prima drauf. Aber sie wollte das nicht mehr. Instinktiv hatte sie schon vor Monaten gespürt, dass sich in ihrem Leben etwas ändern musste, daher hatte sie die Augen nach Möglichkeiten offen gehalten. Und als sie die Stellenausschreibung in Kirkby entdeckt hatte, war sie sich seltsam sicher gewesen, dass dies der Start in ein neues Leben sein könnte.

Brodie hatte recht mit seiner Aussage, dass sie hier Wurzeln schlug. Noch ganz zarte zwar, aber doch schon tiefer als in den letzten zwanzig Jahren. Vielleicht weil Schottland ihre Heimat war? Vielleicht weil ihre Familie in der Nähe lebte? Weil sie hier echte Freundschaften finden konnte? Tiefe Beziehungen zu anderen Menschen? Sie musste fast lachen, weil ihr allein der Gedanke so abstrus vorkam, denn genau das hatte sie so lange vermieden. Seit Zanes Tod war

Penny das einzige Lebewesen, dem sie sich eng verbunden fühlte. Und allein das sprach ja schon Bände.

Wenn es nach ihr ginge, sollte jeder Mensch einen Esel wie Penny in seinem Leben haben, doch sie musste sich auch eingestehen, dass es irgendwann – für Mensch und Esel – gesünder war, sich eine Artgenossen-Herde zu suchen. Penny war gerade dabei, und Charly selbst? Womöglich war es endlich an der Zeit, wieder richtig zu leben.

Sie zog sich ihre Arbeitsklamotten und die Sicherheitsstiefel an und sprang gut gelaunt und seltsam erleichtert in ihr Auto, um zum Stall zu fahren. Es war noch sehr früh, aber sie liebte die Stimmung am Morgen, wenn der junge Tag noch mehr Versprechen als Enttäuschungen bereithielt. Als sie parkte, sah sie, wie Sean mit seiner Edna zu einem Ausritt aufbrach und Hailey eines der Gästepferde auf den Reitplatz führte. Charly winkte ihr auf dem Weg zur Schmiede zu. Hailey war sicher jemand, den sie gerne in ihrer Herde hätte. Sie hatten in vielen Dingen ähnliche Ansichten, und Charly mochte, wie klar Hailey sich immer präsentierte. Gegenüber Menschen und Tieren. Davon konnte sie sich selbst noch eine Scheibe abschneiden, vor allem in Bezug auf Menschen …

»Guten Morgen!«

Charly war so in Gedanken gewesen, dass sie Marlin gar nicht wahrgenommen hatte und nun erschrocken zusammenzuckte. »Guten Morgen«, brachte sie hervor und griff sich reflexartig an den Hals, doch die Eisenspirale war weg. Die hatte sie gestern Abend noch in die kleine Erinnerungskiste in ihrem Schrank gepackt.

»Ich wollte dich nicht erschrecken, ich hab nur …« Er zögerte und deutete dann auf die Esse. »Ich hab schon mal angefeuert.«

»Danke. Ich hab nur nicht damit gerechnet, dass du hier sein könntest, daher war ich etwas überrascht. Aber ich freue mich.« Sie merkte, dass sie es wirklich so meinte. Als sie ihm vor zwei Wochen mit dem eisernen Schlüssel für Betty geholfen hatte, war sie eigentlich sicher gewesen, dass zwischen ihnen nun alles geklärt war und dass er wenigstens gelegentlich zum Arbeiten kommen würde. Sie war wirklich interessiert daran, von ihm zu lernen. Doch bisher war er nicht wieder da gewesen. Sie hatten sich nur bei den Oster-Events kurz getroffen und einmal im Dorf.

»Ich habe mir gedacht, dass ich mich vielleicht ein bisschen nützlich machen kann«, erklärte er.

»Immer«, entgegnete sie. »Heute haben wir reichlich Termine, weil ich auch zwei Pferde von auswärts eingeplant habe, die mittags kommen.«

»Hab ich im Plan gesehen, aber erst haben wir zwei entspannte Kandidaten. Mella ist die alte Stute meiner Schwester Heather, und Kelloggs ist ein witziger Schecke und der Liebling von allen im Stall.«

Sie musterte ihn verstohlen. So viel Plaudertext hatte sie von Marlin nicht erwartet, und sie wusste nicht so recht, wie sie darauf reagieren sollte.

»Sag mir einfach, wofür du mich brauchst«, sprach er weiter, als sei das ihr üblicher Umgangston.

»Ähm …« Ihre Irritation wuchs. Warum war er wirklich hier? Konnte sie ihn das einfach so fragen? Arbeit gab es ja genug, aber sie bezweifelte stark, dass er einfach klaglos den Handlanger geben würde. Glücklicherweise ertönte nun Hufgetrappel im Hof und bot die perfekte Ablenkung. »Kundschaft!«, rief sie betont munter. »Wollen wir uns mal anschauen, was anliegt?«

Sie lief nach draußen, Marlin knapp hinter sich, und fand dort nicht etwa die erwartete Fuchsstute vor, sondern einen sehr unternehmungslustig wirkenden Schecken. Hatte jemand an ihrem Plan herumgemurkst?

»Eigentlich war doch Mella dran«, brummte Marlin neben ihr. Gut, dann steckte er offensichtlich schon mal nicht dahinter.

»Heather hat angerufen und gefragt, ob sie später kommen kann«, sagte Joe, der Kelloggs zur Schmiedescheune führte.

»Sie kommt doch sonst auch nicht mit, wenn ihr Pferd beschlagen wird«, wandte Marlin ein, und sein Stirnrunzeln wurde noch tiefer.

»Was weiß ich?« Joe zuckte nur mit den Schultern und wandte sich dann an Charly. »Hast du schon alles gesehen, was du wissen musst, oder soll ich eine Runde mit ihm drehen?«

»Ich hab alles gesehen«, erwiderte sie und beschloss, nicht über eigenmächtig verschobene Termine und Marlins überraschende Anwesenheit nachzudenken. »Bist du auch im Bilde?«, erkundigte sie sich bei dem alten Mann.

»Der Junge ist unkompliziert, stabil und gesund, da müssen wir einfach nur die Hufe kürzen und können vermutlich sogar die aktuellen Eisen wiederverwenden.«

Charly war der gleichen Meinung, nahm den Wallach aber trotzdem noch einmal gründlich in Augenschein und tastete ihn überall ab. Er war genauso locker und entspannt, wie er wirkte, und die Eisen waren ebenfalls noch in gutem Zustand, nur das am linken Vorderhuf war etwas locker. Gut, dass er heute seinen regulären Termin hatte.

»Möchtest du?«, wandte sie sich an Marlin, nachdem sie alle vier Eisen entfernt hatte.

»Kann ich machen«, bot er an.

»Du musst nicht, ich meine nur …« War das irgendeine Form von Test? Es war schließlich ihr Job, für den sie bezahlt wurde, und nicht mehr seiner. Konnte sie ihn da einfach so zum Arbeiten einteilen? »Oder gibt es einen anderen Grund, warum du hier bist?«

»Ich mach mich gerne ein bisschen nützlich«, entgegnete er und warf dann einen Seitenblick auf Joe.

»Verstehe«, murmelte Charly. Nun war ihr zumindest klar, dass Marlin seine wahren Beweggründe nicht vor dem Stallhelfer diskutieren wollte. »Ich seh mal nach dem Feuer«, kündigte sie an und ging zurück in die Werkstatt. Was war heute nur los? Sie stocherte in der Glut, die bereits Arbeitstemperatur hatte, und zog sich dann ihre Lederschürze an. Als sie wieder rauskam, war Marlin bereits am zweiten Huf zugange.

Er hatte eine etwas andere Technik, die nicht so sehr auf Effizienz getrimmt war wie ihre, sondern in erster Linie auf Präzision, aber sie mochte seine Ruhe und die souveräne Routine, die er ausstrahlte. »Sieht gut aus«, kommentierte sie, weil sie das Gefühl hatte, irgendwas sagen zu müssen.

»Alles andere wäre auch ein Armutszeugnis«, gab er mit einem Ächzen zurück, weil er das Pferdebein auf seinem Knie abgelegt hatte und nicht auf der dafür vorgesehenen Stütze, die sie eigentlich immer nutzte. Aber klar, er war ja auch ein echter Kerl und hatte mit seinen Bandscheiben und Kniegelenken womöglich längst abgeschlossen.

»Wie geht es denn den brandneuen Enkeln?«, erkundigte sie sich, um das Gespräch auf ein etwas neutraleres Gebiet zu lotsen.

Prompt ließ er das Pferdebein los und richtete sich mit einem stolzen Lächeln auf. »Es geht ihnen großartig. Sie sind absolut wunderbar.«

»Das freut mich. Und wie geht's den Müttern?« Sie hatte längst vorgehabt, bei Isla und Jon nachzufragen, aber irgendwie hatte es sich noch nicht ergeben. Wobei das eine selten blöde Ausrede war, selbst in ihrem Kopf. Ainslee und Paul dagegen kannte sie noch gar nicht.

»Auch gut, sie sind beide unglaublich glücklich – die Väter übrigens auch.«

»So soll es sein.« Charly registrierte, dass Joe die Augen verdrehte und auf sein Handy starrte. »Ich kann Kelloggs in den Stall zurückbringen, wenn wir hier fertig sind«, bot sie ihm an. »Oder lieber auf die Koppel?«

»Stall«, entgegnete Joe knapp und warf ihr einen prüfenden Blick zu. »Ist das wirklich okay?«

»Klar. Wir sind ja zu zweit, der junge Herr hier ist unkompliziert, und du hast bestimmt noch andere wichtige Aufgaben.« Sie übernahm seine Position am Pferdekopf und scheuchte den jungen Kerl weg. »Bis später.«

»Bis dann.« Joe ließ sich das nicht zweimal sagen und stiefelte rasch davon.

»Entweder haben wir ihn mit den Enkelgesprächen genervt, oder er hat andere Probleme«, bemerkte sie, während Marlin sich nun am ersten Hinterbein zu schaffen machte.

»Wahrscheinlich hat seine Freundin rausgefunden, dass er noch eine andere Frau hat«, stellte Marlin ungerührt fest, und Charly war sich nicht sicher, ob er scherzte oder es ernst meinte. Wundern würde sie sich über keine der beiden Versionen.

»Wie kam eigentlich der Schlüssel an?«, wechselte sie erneut das Thema.

»Sehr gut.« Wieder ächzte Marlin laut, weil Kelloggs sich den Spaß erlaubte, sein Gewicht auf das angehobene Bein zu verlagern.

»Warum nimmst du nicht den Stützbock? Dann kann er dich nicht so ärgern.« Ihr taten schon beim Hinschauen alle Knochen weh, und sie tippte dem Wallach gegen die Schulter.

»Ich habe gerne den direkten Kontakt zum Tier«, behauptete Marlin.

»Und ich hänge an meinen Gelenken, aber mach es ganz so, wie es dir am angenehmsten ist. Zurück zum Schlüssel – der war also ein Erfolg?«

»Auf ganzer Linie. Also, zumindest was Betty betrifft. Sie ist happy, dass sie ein cooles Stück Deko für ihre Lesungen hat, meine Intention dagegen …« Er raspelte vehement am Horn. »Sagen wir's so – Sean war an Ostern erfolgreicher als ich.«

»Also doch kein Schlüssel zu ihrem Herzen?« Charly war sich nicht sicher, ob sie lachen oder ihn bedauern sollte, daher versuchte sie es mit einer hoffentlich überzeugenden Form von Neutralität.

»Ich verstehe einfach nicht, warum sie mich nicht heiraten will«, beklagte er sich.

»Man muss doch nicht unbedingt heiraten, wenn man zusammen ist«, gab sie zu bedenken.

»Natürlich nicht, aber …« Er hob den Huf von seinem Knie und richtete sich wieder auf. »Die Ehe ist mir heilig.«

Charly musste sich massiv auf die Zunge beißen, damit sie seinen unehelichen Sohn Paul nicht erwähnte, der ihn gerade zum Großvater gemacht hatte und den er gezeugt hatte, als seine Frau noch am Leben gewesen war. Dorftratsch war doch etwas … nun ja … Informatives. Stattdessen sagte sie: »Ehe schützt aber auch nicht vor allen Unwägbarkeiten.«

Er hob den zweiten Hinterfuß von Kelloggs hoch und warf ihr einen kurzen Seitenblick zu. »Und das weißt du, weil du dich so gut auskennst, was?«

»Gut sicher nicht, aber die Ehe hat meinen Mann jedenfalls nicht gerettet.« Warum erzählte sie ihm das?

»Du bist verheiratet?«, fragte er verblüfft.

»War.«

»Geschieden?«

»Verwitwet.« Ein-Wort-Sätze waren manchmal ganz praktisch.

»Das tut mir leid.« Er richtete sich wieder auf und sah sie betroffen an.

»Mir auch. Aber du weißt ja, wie es sich anfühlt.«

»Will ich wissen, wie es passiert ist?«

»Keine Ahnung, aber ich sag's dir trotzdem. Zane war ebenfalls Schmied, und er hatte einen Unfall mit einem Pferd.« Brodie hatte sich gestern gewundert, dass sie so abgeklärt geklungen hatte, doch das war sie weder gestern noch heute. Aber seltsamerweise tat es gut, darüber zu sprechen.

Marlin verzog entsetzt das Gesicht. Er hatte sicher eine ziemlich präzise Vorstellung davon, was bei der Hufpflege alles passieren konnte, wenn ein Pferd die Nerven verlor. »Das ist schrecklich. Bonnie hatte Krebs, das war auch entsetzlich, aber letztlich kein Schock. Wir hatten zwar nicht viel Zeit nach der Diagnose, aber so ein Unfall ist vermutlich viel schlimmer zu verkraften.«

»Ich habe dazu keine abschließende Meinung«, gab Charly zu. »Aber eines ist klar: Wenn das Schicksal zuschlägt, ist es egal, ob man verheiratet ist oder nicht. Ich maße mir nicht an, etwas zu Betty und eurer Beziehung zu sagen, aber sie wird ihre Gründe haben.

Und wenn es zwischen euch gut läuft – warum dann etwas ändern?«

»Hast du nicht den Wunsch, noch einmal zu heiraten? Du bist doch noch jung.«

»Was hat das mit dem Alter zu tun? Du warst doch ebenfalls noch nicht so schrecklich alt, als deine Frau starb, oder?«

»Nein, aber ich musste vier Kinder großziehen. Da war sehr lang eher keine Zeit oder Gelegenheit für Romantik.«

»Ausschließen würde ich ebenfalls nichts, aber ich war lange nicht bereit für etwas Neues«, gab sie nachdenklich zu und fragte sich, warum sie ausgerechnet mit Marlin über ihr nicht vorhandenes Liebesleben sprach.

»Wann ist er denn gestorben, wenn ich das fragen darf?« Er sah sie mit seinen blaugrauen Augen aufmerksam und fast liebevoll an.

»Vor zehn Jahren.«

»Das ist eine lange Zeit.«

Sie zuckte mit den Schultern. »Manchmal eine Ewigkeit, manchmal nur ein Wimpernschlag.«

»Du meintest, du *warst* lange nicht bereit. Heißt das im Umkehrschluss, dass du jetzt bereit wärst?«

»Gut, dass in Kirkby niemand neugierig ist«, flüchtete sie sich in Ironie. Sie fühlte sich seltsam ertappt und war sich sicher, dass sie rot angelaufen war.

»Wir sind nicht neugierig, wir sind an unseren Mitmenschen interessiert«, kam es indigniert, aber mit einem vergnügten Lächeln zurück. »Brodie?«

Noch mehr Hitze – und kein glühendes Eisen weit und breit, das sie dafür verantwortlich machen konnte. »Was soll mit Brodie sein?« Ihre Stimme hörte sich selbst in ihren Ohren unnatürlich hoch an.

»Nur so ein Gefühl. Und die Tatsache, dass ihr meinen Enkel sicher zur Welt gebracht habt.«

»Damit hatte ich nichts zu schaffen.«

»Da haben Isla und Jon was ganz anderes erzählt.« Es war mehr als eindeutig, dass Marlin unbedingt das letzte Wort haben wollte.

»Bei allem Respekt, die beiden waren in der Nacht nicht im Vollbesitz ihrer geistigen Kräfte. Auf ihre Aussage würde ich also nichts geben.« Kelloggs drückte ihr sein weiches Maul an den Hals, und Charly war dankbar für diese freundliche, tröstliche Geste.

»Wie auch immer. Ich darf mich ja nicht einmischen, aber nur so viel – ihr wärt ein tolles Paar.«

»Dann mag ich mir gar nicht ausmalen, wie es klingt, wenn du dich einmischst.«

Marlin grinste nur.

»Vielleicht sollten wir jetzt mal mit dem armen Kelloggs weitermachen, sonst wird es zeitlich doch eng«, schlug sie vor und vergrub dann ihr Gesicht in der üppigen Mähne, um nicht noch mehr von sich preiszugeben.

ENDLICH. ODER?

MITTAGS KLINGELTE CHARLYS TELEFON. Sie hatten gerade eine kurze Pause, und Marlin war – dem Himmel sei Dank – vor einer Stunde zum Mittagessen verschwunden, wollte aber später wiederkommen. Sie kannte die Nummer nicht, nahm aber an, dass es sich um Kundschaft handeln musste. »Hallo?«, meldete sie sich.

Kurze Stille am anderen Ende der Leitung, und Charly wusste instinktiv, dass es kein Kunde war, der anrief, sondern jemand, der ihr Herz sofort höherschlagen ließ. »Hi«, kam es dann nach einer kurzen Pause. »Hier ist Brodie.«

Nun war sie es, die schwieg.

»Bist du noch dran? Sorry, wenn ich dich so überfalle, aber …«

»Ja?«

»Es ist vermutlich eine ziemlich idiotische Idee, aber …«

»Aber?«, fragte sie, als er zögerte.

»Aber mir sind meine beiden Nachmittagstermine ausgefallen, und ich habe mir gedacht, dass ich die Zeit nutzen könnte, um in Inverness nach einer Verpackung für das Herz und einem Geschenk für Daniel zu forschen.«

»Das klingt toll.« Aber warum zur Hölle rief er da sie an? Charly fühlte sich seltsam atemlos. »Und warum genau erzählst du mir das? Woher hast du überhaupt meine Nummer?«

»Die steht auf der Webseite des Stalls«, sagte er rasch. Fast ein wenig zu rasch. »Und ich wollte fragen, ob die rudimentäre Möglichkeit besteht, dass du eventuell mitfahren könntest.«

»Oh.«

»Ja.«

»Ich habe für heute Nachmittag noch vier Pferde im Kalender stehen«, erwiderte sie voller Bedauern, denn tatsächlich würde sie liebend gern nach Inverness fahren. Oder, wenn sie ganz ehrlich war: Inverness und Shopping waren ihr vollkommen egal, aber Zeit mit Brodie zu verbringen klang toll.

»Oh.«

»Ja.«

»Schade.«

»Sehr.« Sie seufzte. Da tauchte Marlin wieder auf. »Ich muss jetzt aufhören«, sagte sie zu Brodie. »Marlin ist wieder da. Aber viel Spaß in Inverness. Ich bin mir sicher, dass du …«

»Kann Marlin nicht übernehmen?«, unterbrach Brodie sie, und irgendwie hatte Charly das Gefühl, dass das eine einstudierte Reaktion war.

»Bitte?«

»Ich meine, er ist doch ein kompetenter Schmied und würde sicher gerne einspringen.«

»Aber darum geht's …«

»Nun erlöse den armen Kerl schon!«, rief Marlin barsch von der Seite. »Er hat extra Lucys und Aidans Spangenkontrolle verschoben, und ich kümmere mich gern um die restlichen Pferde.«

»Das ist ein ganz schön abgekartetes Spiel«, murmelte sie. Eigentlich sollte sie sich über die Dreistigkeit der beiden Männer aufregen – oder zumindest herausfinden, auf wessen Mist die Sache gewachsen war –, doch ehrlich gesagt freute sie sich gerade viel zu sehr und viel zu irrational.

»Im Krieg und in der Liebe …«, begann Marlin, so laut, dass auch Brodie es hörte.

»So hätte ich es nicht formuliert, glaub mir das bitte«, warf er rasch ein. »Aber wie sieht's aus? Begleitest du mich nach Inverness?«

»Na schön, offenbar habt ihr mich ja erfolgreich reingelegt. Ich fahre jetzt heim und mache mich präsentabel, damit du dich nicht für mich schämen musst.« Sie sagte das leichthin, doch der kleine Giftstachel ihrer ersten Begegnung zeigte immer noch Wirkung. Zumindest bei ihr. Auf seiner Seite herrschte zwei Atemzüge lang Schweigen.

»Ich weiß, ich habe einen katastrophalen ersten Eindruck bei dir hinterlassen«, antwortete er dann langsam und eindringlich, so als wollte er absolut sichergehen, dass sie ihn auch verstand. »Aber bitte denk niemals wieder, ich würde mich für dich schämen!«

Sie spürte, dass sie wieder rot wurde. Das passierte ihr neuerdings häufiger als zu ihrer Teenagerzeit.

Und es kostete sie enorme Mühe, nicht wieder alles scherzhaft zu relativieren, doch sie erklärte: »Danke, aber trotzdem möchte ich mich gerne … ähm … frisch machen. So möchte ich nämlich selbst nicht in die Stadt fahren.«

»Okay, dann hole ich dich in einer Stunde ab, wenn dir das recht ist.«

• • •

Brodie war aufgeregt wie lange nicht mehr. Er fühlte sich wie vor einem ersten Date – wie vor seinem allerersten Date überhaupt. Dabei war es doch nur eine harmlose gemeinsame Unternehmung, ein kleiner Ausflug nach Inverness. Oder?

Tief in sich drin wusste er, dass es mehr war oder zumindest mehr sein könnte. Der gestrige Abend hatte ihn in mehr als nur einer Hinsicht aus dem Gleichgewicht geworfen. Allerdings nicht auf die selbstzerstörerische Art wie nach seinem Afghanistan-Einsatz. Ganz im Gegenteil. Er merkte, wie sehr er bereit war, sich aus seinem geregelten, gleichförmigen, sicheren, aber langweiligen Alltag reißen zu lassen. Sich einem Abenteuer zu stellen. Sich zu öffnen. Möglichkeiten zuzulassen.

Charlys Geschichten hatten ihn unglaublich berührt. Aber auf eine seltsame Weise auch sehr erleichtert. Sie war eine Frau, der er nichts erklären musste. Ein Mensch, der verstand. Und er verstand sie. Er verstand ihre Trauer, ihre Verwirrung, ihren Schmerz und ihre Wut. Diese Dinge sah man nicht auf den ersten

Blick, aber sie brodelten nicht weit unter der Oberfläche. In ihrem Fall unter einer bunten, extrovertierten Oberfläche. Unter Tätowierungen und Piercings, unter blauen Haaren und einer sehr burschikosen Art. Doch wenn man genauer hinschaute, erkannte man eine Zartheit und eine Verletzlichkeit, die in ihm einen machtvollen Beschützerinstinkt aufwallen ließen. Allerdings war ihm auch klar, dass er das wohl besser nicht aussprach. Jedenfalls nicht ihr gegenüber.

Gegenüber Marlin war er blöderweise nicht so diskret gewesen. Der war vorhin unter dem Vorwand angeblicher Zahnschmerzen unangekündigt bei ihm in der Praxis erschienen und hatte ihn mehr oder weniger rundheraus aufgefordert, sich »um Charly zu kümmern«. Was auch immer das genau bedeuten mochte. Darüber hatte sich Marlin natürlich nicht ausgelassen. Allerdings kannte Brodie Marlin Fraser inzwischen gut genug, um zu erkennen, dass auch er ein Mann war, der sich mit Schmerzen und Geheimnissen auskannte. Der wusste, wie man gegen Vorurteile kämpfte – die, die man gegen ihn hegte, und seine eigenen. Und Brodie war klar, dass Marlin sowohl Charly als auch ihn selbst richtig einschätzte. Jedenfalls hatten ein paar wenige gezielte Sätze von Marlin dazu geführt, dass Brodie ihm seine eigenen verwirrenden Gefühle dargelegt hatte, und gemeinsam hatten sie sich den Schlachtplan für die Fahrt nach Inverness überlegt.

Natürlich hatte Charly den Braten gerochen, er war einfach der mieseste Schauspieler unter der Sonne.

Doch sie hatte sich darauf eingelassen. Das sagte wohl auch etwas über sie und hoffentlich über ihre Gefühle ihm gegenüber aus, oder?

Er hatte dann lächerlich viel Zeit damit verbracht, sich über sein eigenes Outfit Gedanken zu machen. Während nämlich Charly mit ihren Tätowierungen und dem gefärbten Schopf von ihrem Inneren ablenkte, tat er dasselbe mit seiner eleganten Garderobe. Er mochte seine Klamotten und hatte schon immer Wert auf Qualität gelegt, aber wenn er ehrlich war, waren die Maßanzüge und -hemden auch nur ein Panzer, der seinen verletzlichen Kern schützen sollte. Wenn ihn die Leute als geschniegelten Zahnarzt sahen, erkannten sie den traumatisierten Veteranen dahinter nicht.

Dieses Konzept hatte für ihn lange gut funktioniert, aber nun merkte er, dass er sich danach sehnte, als kompletter Mensch wahrgenommen zu werden. Mit allen Facetten. Mit allen Stärken und Schwächen. Mit seinen Unsicherheiten. Eben mit all den Dingen, die das Menschsein ausmachten. Die andere Sehnsucht war jedoch fast noch größer: Er wollte nicht mehr allein sein. Er wollte nicht mehr nur Teil seines Whippet-Rudels sein, Teilzeit-Vater und Sohn. Er wollte mit einem anderen Menschen all die aufregenden, erschreckenden, schönen und schauderhaften Erlebnisse teilen, die das Leben bereithielt. Und er wusste genau, dass dieser Mensch, so undenkbar ihm das bei ihrer ersten Begegnung vor fünf Wochen auch erschienen wäre, Charly sein würde.

Sein Herz klopfte bis zum Hals, als er vor ihrem Cottage parkte und dann den Mut dafür zusammenkramte, auch auszusteigen. Moss bellte ihn schließlich herausfordernd an – vielleicht auch ein bisschen genervt –, und er stieg aus. Kaum hatte er die Tür erreicht, öffnete sie sich schon. Hatte Charly auf der Lauer gelegen?

»Hi«, sagte sie mit einem leicht verlegenen Lächeln. »Ich war mir nicht sicher, ob ich rauskommen soll oder …«

»Ich habe noch nach meinem Mut gesucht«, entgegnete er wahrheitsgemäß und musterte sie verstohlen. Sie trug eine schwarze Stoffhose, eine hellblaue Bluse mit weißen Tupfen – die sogar gebügelt war, wie er feststellte –, und um ihre Schultern lag der weiche blaue Pulli, den er schon häufiger an ihr gesehen hatte. Ihre Haare waren zu einem Bob geföhnt, sodass man die ausrasierten Stellen nicht sah, und schimmerten in einem meerblauen Ton, der ihr unglaublich gut stand und kein bisschen schlumpfig wirkte, wie er noch vor ein paar Wochen gedacht hatte.

»Wofür brauchtest du Mut?«, wollte sie wissen und scannte ihn ebenfalls einmal von oben bis unten.

Er hoffte, dass ihr gefiel, was sie sah. Er trug eine Jeans, ein lässiges blaues Leinenhemd und eine mittelbraune Lederjacke. Für seine Verhältnisse war das sehr leger, aber er wollte ihr beweisen, dass er nicht immer schnöselig unterwegs war. »Um bei dir zu klopfen«, antwortete er.

Sie hob eine Braue. »Dann ist es ja gut, dass ich die Tür vorher aufgemacht habe.« Flucht in Humor – bekannte Taktik.

»Ja, das ist sehr gut. Und vielleicht solltest du sie auch rasch hinter dir zumachen, damit wir losfahren können, sonst …«

»Sonst?«

Sonst wird das nichts mit unserer Mission, weil ich dich auf der Stelle küssen werde und am Ende noch ganz andere Dinge mit dir vorhabe. Doch das sagte er nur in Gedanken. »Sonst bekommen wir am Ende kein schönes Geschenk mehr«, erwiderte er stattdessen lahm.

Glücklicherweise kommentierte sie diese Ausrede nicht weiter, sondern sagte nur: »Ich bin bereit«, und schnappte sich einen kleinen schwarzen Lederrucksack und eine Jacke. »Hast du die Rückbank reinigen lassen?«, fragte sie kurz darauf, als sie ihre Sachen dort deponierte.

»Nein, ich bin einmal mit Sattelseife drübergegangen – das war ein Tipp von Maggie. Offensichtlich sind cremefarbene Lederbezüge doch nicht so empfindlich wie gedacht.« Er grinste. »Deutsche Wertarbeit.«

»Muss wohl so sein.« Sie lachte. »Dann kannst du ja demnächst sämtliche Notfalleinsätze für Kirkby übernehmen.« Sie kletterte auf den Beifahrersitz und schnallte sich an.

»Das steht jetzt nicht direkt ganz oben auf meiner Agenda, aber ich würde es natürlich immer wieder tun.« *Mit dir an meiner Seite*, fügte er in Gedanken noch hinzu. »Trotzdem finde ich die heutige Fahrt in die Stadt dann doch entspannter als die an Ostern.«

»Ja, ich auch«, gab sie zu. »Das war eindeutig genug Aufregung für die nächste Zeit.« Er sah, dass sie ihm einen Seitenblick zuwarf, dann aber gleich wieder aus dem Fenster schaute und scheinbar interessiert die Szenerie betrachtete.

Die restliche Fahrt verlief in Schweigen. Brodie hatte keine Lust auf nichtigen Small Talk, und das, was er sagen wollte, kam ihm nicht über die Lippen. Dafür war das hier weder der richtige Ort noch der richtige Zeitpunkt, aber er hoffte, dass sich beides heute noch ergeben würde. Auch Charly war offenbar in Gedanken versunken – womöglich dachte sie über ähnliche Dinge nach wie er? Man durfte wohl hoffen, oder?

»Ich hoffe, du hast einen Plan«, bemerkte sie, als er schließlich in einem Parkhaus nahe dem Stadtzentrum parkte. »Ich war erst einmal in der Innenstadt unterwegs, ansonsten nur ein paarmal im Supermarkt, und ich habe keine Ahnung, wo man hier hübsche Sachen kaufen kann.«

»Ich habe einige Läden im Kopf, bei denen wir es probieren können, aber wir können uns auch einfach ein bisschen treiben lassen und durch die Gegend bummeln. Und ich kenne das eine oder andere nette Café, falls wir eine Stärkung brauchen.«

»Klingt gut.«

»Oder hast du gleich Hunger? Dann können wir auch noch auf ein spätes Mittagessen in einen Pub gehen. Ich hab dich ja womöglich …«

»Keine Sorge«, unterbrach sie ihn. »Ich habe vorhin meine mitgebrachten Sandwiches gegessen. Aber gegen einen Afternoon Tea nachher hätte ich nichts einzuwenden.« Sie lächelte ihn an. »Am liebsten mit allem Drum und Dran. Das steht schon auf meiner Wunschliste, seit ich wieder zurück in Schottland bin, aber bisher habe ich es nicht geschafft.«

»Oh, da weiß ich das perfekte Plätzchen.«

Sie schlenderten durch die lebhaften Gassen der kleinen Provinzhauptstadt, deren Atmosphäre und Energie Brodie jedes Mal wieder entzückten. Auch wenn seiner bescheidenen Meinung nach keine Stadt an Edinburgh herankam, das ihn seit seinem ersten Besuch dort bezaubert hatte, bot Inverness doch fast alles, was man sich wünschen konnte. Junges Studentenleben, coole Pubs, ambitionierte Restaurants, tolle Cafés und eine bunte Mischung von Läden. Neben den üblichen Ketten-Shops, die überall auf der Welt in jeder Stadt zu finden waren, gab es Schottland-Kitsch für Touristen, aber auch einige sehr ausgefallene und individuelle Geschäfte.

Brodie steuerte einen Laden an, den er erst vor Kurzem entdeckt hatte. Dort boten zwei junge Frauen tolle Papier- und Schreibwaren an. »Hier finden wir bestimmt eine passende Karte«, kündigte er an, als sie das Geschäft betraten. Es roch heimelig nach

Leim und anderen Aromen, die er nicht wirklich zuordnen konnte.

»Bin gleich da!«, tönte es aus dem Hinterraum.

»Wow, das ist ja toll.« Charly betrachtete mit einem fast sehnsüchtigen Blick die Kollektionen von Briefpapier und Notizbüchern, die laut Beschreibung von den Betreiberinnen handgemacht waren.

»Ja, finde ich auch. Schau mal, die Karten. Da finden wir bestimmt eine für Isla und Jon.«

»Kann ich euch helfen?«, fragte eine Frau mit leuchtend lila Haaren und einem breiten Lächeln.

»Ja, mit der Adresse deines Friseurs«, sagte Charly lachend. »Sehr coole Frisur.«

»Ich glaube, ihr habt den gleichen«, bemerkte Brodie. »Aber ich brauche seine Adresse.«

»Du?« Charly warf ihm einen ungläubigen Blick zu.

»Falls Emma bei einem ihrer nächsten Besuche einen Frisuren-Notfall hat«, gab er zurück. »Aber das ist nicht der Grund, warum wir hier sind«, wandte er sich an die Ladenbetreiberin, die eine Latzhose trug, die eindeutig mit Kleister und Farbspritzern verziert war. War der Hinterraum am Ende eine Werkstatt? »Freunde von uns haben einen Sohn bekommen, und wir brauchen eine Glückwunschkarte. Aber keine normale, sondern eine besondere.«

»Da seid ihr richtig. Normal können wir hier nämlich nicht.« Die Ladenbetreiberin kramte aus einem Schubfach einige Karten hervor, die für »Baby Boys« vorgesehen waren.

»Keine einzige ist blau!«, stellte Charly triumphierend fest.

»Wir hassen Klischees«, entgegnete die Verkäuferin. »Ich bin übrigens Penelope, werde aber nur Penny genannt.«

»Ich bin Charly, aber Penny ist mein Lieblingsname.« Charly strahlte. »Und ich liebe diese Karte.« Sie deutete auf eine cremefarbene Klappkarte, auf deren Vorderseite ein pausbäckiges Baby mit Tartan-Windeln gezeichnet war. »True Highlander« stand darüber.

»Perfekt«, befand Brodie. »Habt ihr zufällig auch kleine Geschenkverpackungen?«, fragte er Penelope und zog das Eisenherz aus seiner Jackentasche. »Dafür.«

»Oh, das ist ja toll.« Ihre Augen leuchteten. »Das wäre der perfekte Briefbeschwerer. Wo gibt's denn solche Herzen?«

»Noch nirgends«, sagte Charly. »Das ist ein Prototyp. Ich bin Hufschmiedin und habe das Herz aus einem alten Hufeisen hergestellt. Brodie hat es graviert und vergoldet.«

»Wow, damit könntet ihr hier wirklich Geld machen. Ich wette, die Kunden würden ausflippen. Also, falls ihr an eine größere Produktion denkt – vielleicht auch mit irgendwelchen Sinnsprüchen drauf –, dann gäbe es hier einen echten Markt dafür.« Sie zog eine Visitenkarte aus der Brusttasche ihrer Latzhose und reichte sie Charly. »Aber jetzt zur Verpackung. Da haben wir einiges, was passen könnte.« Sie ging zu einer Vitrine und öffnete die Türen, dann nahm sie einige kleine Pappschachteln heraus. »Die haben wir selbst gemacht, zum Teil aus handgeschöpftem Papier, zum Teil mit Stoffüberzug.« Sie machte die kleinen Schachteln auf, die allesamt schon für sich genommen Schmuckstücke waren. In einigen lagen sogar kleine Stoffkissen.

Charly deutete auf eine cremefarbene Schachtel, die von außen ganz schlicht wirkte, aber ein buntes Tartankissen als Füllung hatte. »Das wäre doch perfekt zur Karte, und das Herz passt auch rein.« Sie nahm ihm das Herz aus der Hand, und er fühlte wieder das bekannte Prickeln, das sich immer einstellte, wenn sie sich zufällig berührten. »Schau mal, wie dafür gemacht.« Sie strahlte andächtig und wandte sich dann an Penny. »Habt ihr zufällig auch noch ein passendes Band, aus dem man eine Schleife machen könnte?«

»Ich hätte mich in dem Laden totkaufen können.« Charly seufzte, als sie zehn Minuten später wieder auf der Straße standen. »So schöne Sachen. Denkst du, ich sollte das mit den geschmiedeten Herzen wirklich angehen?«

»Klar, warum nicht? Ist eine tolle Idee. Und solange ich nicht hundertmal ›Carpe Diem‹ gravieren muss, wäre ich auch an Bord.« Er grinste schief.

»Was spricht dagegen, den Tag zu pflücken?« Sie war stehen geblieben und musterte ihn auf eine Weise, die ihm das Gefühl gab, dass seine Antwort entscheidend werden könnte.

»Nichts.« Er räusperte sich. »Ich bin nur sehr aus der Übung, wenn es darum geht, Gelegenheiten beim Schopf zu packen – und ich dachte, du magst keine Klischees?«

»Ich hatte vorhin nicht das Gefühl, dass du ein Problem damit hast, Möglichkeiten zu nutzen«, sagte sie und bohrte sich mit ihrem Blick direkt in seine Seele hinein.

»Ich …« Er fühlte sich überrumpelt. Hier, mitten auf einer belebten Einkaufsstraße in Inverness, wollte er dieses Gespräch nicht führen, das sein Leben komplett verändern könnte. »Vielleicht sollten wir erst nach einem Geschenk für Daniel suchen, ehe wir dann … ähm … Tee trinken?«

Einen Wimpernschlag lang wirkte sie enttäuscht, aber vielleicht war das auch nur ein Wunschgedanke von ihm. »Gute Idee«, erwiderte sie munter. »Wohin?«

Sie liefen kreuz und quer durch die Straßen und standen dann plötzlich vor einem Geschäft mit dem Namen *Donkey Business*. Alles darin war »eselig«. Es gab Geschirr mit Eselmotiven, Bilder, Keramikfiguren, Bildbände, Romane, Postkarten und natürlich auch Plüschtiere. Charly stand wie vom Donner gerührt vor dem Schaufenster und beschloss: »Hier werden wir fündig!« Entschlossen öffnete sie die Tür, und er folgte ihr mit den Hunden, die sich wie immer mustergültig benahmen, aber hier deutlich interessierter die Schnauzen in die Luft hielten als in dem schönen Papierladen.

Brodie überließ Charly das Zepter, und Minuten später hatte sie sich für einen zauberhaften Esel aus einem weichen grauen Flanellstoff entschieden, der sogar waschmaschinenfest und bestens für Babys geeignet war. »Treffer!«, verkündete sie und bezahlte das Tierchen. »Jetzt brauchen wir nur noch eine Verpackung dafür, und dann ist unser Geschenk komplett.«

»Wir können ja noch mal in den Papierladen gehen und schauen, ob sie auch einen Stall für den Esel haben«, schlug er vor. Er wollte ohnehin noch einmal zurück, aber am liebsten allein, denn er hatte da etwas entdeckt, das sie nicht sehen sollte. Jedenfalls nicht mit ihm zusammen.

»Ich bräuchte noch ein Geburtstagsgeschenk für meinen Bruder Gregory«, sagte sie dann. »Der wird nächste Woche fünfunddreißig. Wir sind doch vorhin an einem Laden vorbeigekommen, in dem es lauter Seefahrer-Kram gibt. Da finde ich bestimmt etwas für ihn. Wir können uns danach treffen und den Afternoon Tea genießen.« Hm, sie schien ihn plötzlich ebenfalls ganz dringend loswerden zu wollen.

»Einverstanden. Dann besorge ich also eine Verpackung für den Esel und du ein Geschenk für deinen Bruder. Wann wollen wir uns wieder treffen?« Er sah auf die Uhr.

»In einer Stunde?«, schlug sie vor.

• • •

Es war der absolute Irrsinn, dachte Charly. Und so komplett gegen ihre Natur – oder das, was in den letzten Jahren zu ihrer Natur geworden war. Aber vielleicht war es nun an der Zeit für einen mutigen Schritt? Wenn Brodie das schon nicht schaffte?

Sie stieß ein Schnauben aus, das gleichzeitig ein Lachen und ein Laut der Panik war. Wie konnte sie sich sicher sein, dass er das Gleiche wollte? Das Gleiche empfand? Es könnte unfassbar peinlich werden, doch sie wollte das Leben nicht mehr nur von der Tribüne aus genießen, sie wollte mittendrin im Geschehen sein. Im Leid, in der Liebe, in der Freude und schlimmstenfalls auch in der Scham. Dann wäre es halt so. Peinlich. Total peinlich. Aber schlimmer eben auch nicht. Notfalls konnte man sich auch in Kirkby aus dem Weg gehen.

Entschlossen hob sie das Kinn und marschierte mit der großen Papiertüte in der Hand in Richtung des *Royal Tearoom of the Highlands*, wo es angeblich den besten Afternoon Tea in Inverness gab. Mindestens.

Brodie war schon da und erwartete sie an einem runden Tischchen in einer kuscheligen Ecke. Kate und Moss hatten sich brav zusammengefaltet. Bei ihrem Anblick klopften sie zur Begrüßung kurz mit den Schwänzen, konnten sich aber nicht wie ihr Zweibeiner dazu aufraffen, aufzustehen.

»Ich sehe, du warst erfolgreich«, sagte er und deutete auf ihre Tüte.

»Oh ja.« Sie nahm Platz und stieß dabei mit ihrem Knie an seins. »Sorry.«

»Nichts passiert.« Sein Adamsapfel zuckte. »Sie haben hier sogar eine vegane Etagere«, bemerkte er dann und deutete auf die Karte.

»Das klingt toll.« Warum fühlte sie sich plötzlich so unfassbar befangen? Wo war der Mut geblieben, den sie vorher gespürt hatte?

»Was darf ich Ihnen bringen?«, erkundigte sich die Kellnerin, die nun zu ihnen an den Tisch trat.

»Ich hätte gerne ein Kännchen Earl Grey und die vegane Etagere«, bestellte Charly.

»Und ich nehme den Grüntee und die klassische Etagere«, orderte Brodie.

»Vielleicht zwei Gläser Champagner dazu?«, erkundigte sich die Kellnerin.

»Nein, vielen Dank.« Charly schüttelte lächelnd den Kopf, und auch Brodie verneinte.

»Hast du eine passende Verpackung für den Esel gefunden?«, wollte Charly wissen.

»Ja. Hab ich. Und du ein Geschenk für deinen Bruder?«

Sie nickte. »Ein Bild mit Seemannsknoten. Nicht dass er das braucht, aber es ist sehr dekorativ und passt garantiert gut in seine Küche.«

Er zog eine große cremefarbene Schachtel im gleichen Stil wie die kleine, die sie für das Herz gekauft hatten, aus einer Papiertüte. »Ich bin unserem Look treu geblieben«, sagte er und reichte ihr die Schachtel.

Sie hob den Deckel hoch und sah den Flanell-Esel auf einem Tartankissen liegen. »Da war die Verpackung teurer als der Inhalt«, mutmaßte sie, weil sie ja mitbekommen hatte, was schon die kleine Schachtel gekostet hatte. »Aber es ist wunderschön.«

»Penelope hat mir den Rabatt für Stammkunden gegeben«, entgegnete er mit einem Lächeln. »Offenbar wird man das ganz schnell, wenn man zweimal am Tag das Geschäft betritt.«

Viel schneller als gedacht kam die Kellnerin zurück und hatte zwei Kollegen im Schlepptau, die jeweils eine Etagere trugen. Sie servierte die beiden Tees und fing dann an, die Leckereien zu erklären. Für Charly gab es Gurkensandwich mit Kichererbsenmousse statt mit Frischkäse wie bei Brodie. Vegane Clotted Cream und Kirschkonfitüre, diverse Petits Fours. Sie hörte nur halb hin, weil sie zwischen den zahllosen Köstlichkeiten eine gelbe Schachtel erspähte, die genauso aussah wie die kleine cremefarbene.

»Was ist das?«, fragte sie, als sie wieder allein waren, und deutete darauf.

»Eine kleine Überraschung.« Täuschte sie sich, oder hörte sich seine Stimme etwas belegt an?

Ihr Herz galoppierte wieder hektisch los. Eine Überraschung? Kaum. Sie war sich plötzlich ganz sicher, was sich in der gelben Schachtel befand – und das wäre, nein, das war eines der schönsten Geschenke, die sie jemals bekommen hatte. Sie wusste nur nicht, ob sie es schaffen würde, die Fassung zu bewahren.

»Willst du nicht reinschauen?«, fragte er, und nun nahm sie ein nervöses Flackern in seinen braunen Augen wahr. War er etwa auch aufgeregt?

»Ich habe ehrlich gesagt ein bisschen Angst vor meiner Reaktion«, gab sie zu und deutete dann auf das gut besetzte Café und auf die Kellner-Riege, die verstohlene, aber neugierige Blicke in ihre Richtung warf. Vermutlich erwarteten sie einen Heiratsantrag oder etwas Ähnliches.

»Du weißt doch gar nicht, was drin ist.« Er tat unschuldig, doch er war ein mieser Schauspieler. Genau wie vorhin am Telefon.

»Ich glaube, du hast heute Vormittag einen Patienten unverrichteter Dinge nach Hause geschickt, um dich in deinem Labor einzuschließen«, mutmaßte sie. »Und hast damit genau das getan, was …« Sie beugte sich zu ihrer Tüte hinunter und zog ein mit Messing verziertes und auf Hochglanz poliertes Mahagoni-Brett hervor, auf dem aus Segeltau der Schriftzug »Carpe Diem« angebracht war. »Was hier steht. Du hast die Gelegenheit beim Schopf gepackt, nicht wahr?« Sie reichte ihm das Schild, das sie im Vorbeigehen in dem Seefahrershop entdeckt hatte. »Das hat mich an dich erinnert.«

Er strich mit den Fingern über den Schriftzug, und ein fast schon scheues Lächeln zuckte an seinen Lippen. Dann legte er das Schild auf den freien Stuhl und griff nach ihrer Hand. »Nein, das war nur die Vorbereitung. Die Gelegenheit packe ich jetzt beim Schopf.« Dann beugte er sich zu ihr, fuhr mit einer Hand unfassbar zärtlich durch ihre Haare und küsste sie.

Hinter Charlys geschlossenen Lidern explodierte ein Kaleidoskop von Farben, Gefühlen und Geräuschen. Der Kuss war zart und fragend, aber alles in ihr begann zu vibrieren.

»Sie hat Ja gesagt!«, hörte sie jemanden rufen.

»Sie hat sich den Ring nicht mal angesehen«, hielt eine andere Stimme dagegen.

Doch das alles spielte keine Rolle. Es war kein Ring in dieser Schachtel – nur zwei Herzen. Zwei Herzen gegen das Vergessen und für einen Neuanfang.

JEDEM ENDE WOHNT EIN ANFANG INNE

»FINDEST DU DAS NICHT total unpraktisch, dass Charly immer noch in ihrem eigenen Haus wohnt?«, wollte Emma knapp sieben Wochen später von ihrem Vater wissen.

»Was heißt denn hier ›immer noch‹? Sie wohnt doch erst seit ein paar Monaten in ihrem Cottage, und wir wollen es langsam angehen lassen.« Brodie wusste nicht genau, ob er seine Tochter oder sich selbst davon überzeugen wollte, dass dieses Arrangement für den Moment die beste Lösung war. Wenn es nach ihm ginge, würden sie nämlich tatsächlich schon zusammenwohnen – und faktisch war sie auch die meiste Zeit bei ihm.

Doch Charly war eben Charly – und sie war mindestens so störrisch wie ihre Eselin. Wobei, nein, Penny war im Grunde komplett unkompliziert und in der Regel auch sehr kooperativ. Charly dagegen war ein wandelnder Widerspruch: eigensinnig und anschmiegsam, unabhängig und liebebedürftig, stark und verletzlich. Und er liebte alles an ihr. Was sich gut traf, denn offensichtlich liebte sie auch alles an ihm – sogar seine Maßhemden und die Golfschläger, auch wenn er Letztere in den vergangenen Wochen kaum genutzt hatte. Stattdessen hatten sie jede freie Minute gemeinsam verbracht. Nun ja, nicht jede. Denn sie bestand stur darauf, sich regelmäßig in ihre eigenen vier Wände zurückzuziehen, um in Ruhe zu wurzeln, wie sie sagte.

Er verstand das bis zu einem gewissen Punkt. Sie wollte sich sicher sein, dass Kirkby ihr Zuhause sein würde – unabhängig von ihm. Allerdings war er insgeheim der Meinung, dass sie gut auch gemeinsam Wurzeln schlagen könnten. Wenn Emma ihn besuchte, was erfreulicherweise mindestens jedes zweite Wochenende geschah, übernachtete Charly nie bei ihm, denn »Ihr müsst eure Vater-Tochter-Routine erst wieder stärken«.

»Es sieht doch jeder, dass ihr zusammengehört«, beharrte Emma jedoch. »Sie ist wirklich cool, und seit du mit ihr zusammen bist, bist du auch viel cooler geworden. Ich hätte jedenfalls nichts dagegen, wenn sie hier wohnt.«

»Das ist ausgesprochen großzügig von dir«, erwiderte er mit milder Ironie.

»Hast du eigentlich inzwischen darüber nachgedacht?«, sprach sie weiter.

»Ich denke über fast nichts anderes nach«, behauptete er. »Aber ein Schulwechsel wäre zum jetzigen Zeitpunkt doch ziemlich blöd, oder? Versteh mich nicht falsch, ich liebe es, dich hierzuhaben, und du kannst gern sämtliche Ferien bei mir verbringen. Aber deine Mutter und ich sind uns einig, dass du vor deinem Abschluss nicht die Schule wechseln solltest.«

Sie seufzte melodramatisch, schien deswegen aber nicht wirklich verzweifelt zu sein. »Ich musste es versuchen«, sagte sie großspurig. »Aber schön, so habe ich das Beste aus beiden Welten. Meine Großstadt-Clique unter der Woche und meine Land-Gang an den Wochenenden.«

»So ist es. Aber jetzt sollten wir langsam mal loskommen, um Charly an ihrem ersten Markttag zu unterstützen. Und am Nachmittag steht dann ja die Eröffnung des Sportplatzes an.« Brodie schnallte den Hunden die Halsbänder um – die aus Leder und die von Lucy und Tara gefertigten Schmuckbänder mit ihren Namen. Ohne die traute er sich am Samstag nicht mehr auf den Markt.

Sein Blick fiel auf das »Carpe Diem«-Schild, das Charly ihm in Inverness geschenkt hatte und das nun in der Küche an der Wand hing. Es machte sich dort erstaunlich gut, und auch wenn ihm dieser Motto-Spruch immer noch schrecklich abgedroschen vorkam, hielt er sich daran. Er würde keine Zeit mehr verschwenden, sondern jede Gelegenheit nutzen, etwas Gutes aus seinem Leben zu machen.

Minuten später schlenderten Emma, die Hunde und er zum Marktplatz. Ende Mai war das Dorf bereits voller Touristen, und zusammen mit den Einheimischen sorgten die für regen Betrieb. Die Schlange vor Kristies Backwaren-Stand war endlos, und vermutlich würde er ausverkauft sein, ehe Brodie auch nur daran denken konnte, sich anzustellen. Aber das war im Augenblick ohnehin keine Option, denn sein erstes Ziel war Charlys kleiner Stand, vor dem allerdings auch schon reichlich Andrang herrschte.

»Gut, dass ihr da seid«, begrüßte sie ihn und Emma mit rosigen Wangen. »Ich brauche dringend etwas Hilfe.« Sie umarmte Emma und drückte ihm einen kleinen, aber verheißungsvollen Kuss auf die Lippen.

»Was können wir tun?«, wollte er wissen.

»Du könntest uns Frühstück besorgen, und Emma kann mir beim Verkauf helfen. Ich habe das deutliche Gefühl, dass diese Aufgabenteilung den jeweiligen Kompetenzen optimal entspricht.« Sie zwinkerte Emma zu, die breit grinste.

»Gibt's Provision?«, fragte Emma.

»Natürlich. Also lass deinen Charme spielen.« Nach diesen Worten wandte sich Charly den nächsten Kunden zu, und Emma schnappte sich eine Handvoll der schicken Flyer, um sie unters Volk zu bringen.

Brodie sah seinen beiden Lieblingsfrauen, die sichtlich Spaß an ihren Aufgaben hatten, ein paar Augenblicke zu und stellte sich dann in die Bäckereischlange, wo sich gleich Ainslee zu ihm gesellte. Sie hatte ihre kleine Tochter Carolyn vor den Bauch geschnallt und die beiden Großpudel Jules und Ivy an der Leine. Außerdem strahlte sie mit dem herrlichen Sonnenschein um die Wette.

»Wie geht's euch?«, erkundigte er sich.

»Blendend. Allerdings hatten wir eine etwas unruhige Nacht, und ich habe dann beschlossen, das Trio zu lüften und Paul etwas Schlaf zu gönnen. Er hat sie nämlich durch die meisten Koliken geschaukelt, sodass ich schlafen konnte.«

»Klingt nach einer guten Arbeitsteilung«, befand Brodie lächelnd. »Die Kleine entwickelt sich prächtig.«

»Ja, das tut sie. Und bei dir?«

»Emma ist dieses Wochenende wieder hier und hilft gerade Charly bei ihrem Verkaufsstand.«

»Wahrscheinlich kann sie sich vor Aufträgen gar nicht mehr retten. Wenn das so weitergeht, kommt ihr beide gar nicht mehr zu euren eigentlichen Jobs, was?« Sie lachte und fügte hinzu: »Ich liebe das Herz für Caro.«

Das Geschenk für Isla und Jon war wie gewünscht ein Erfolg gewesen, und natürlich hatte sich in Windeseile im ganzen Dorf herumgesprochen, dass Charly neben Unendlichkeitssymbolen, die man prima zum Heiraten verwenden konnte, auch Erinnerungsherzen herstellte.

»Wir haben inzwischen eine kleine Werkstatt eingerichtet, damit ich nicht mehr mein Labor dafür missbrauchen muss«, erklärte er. »Und Charly hat das Vergolden inzwischen selbst perfekt drauf, sodass sie mich dafür gar nicht mehr braucht.«

»Ich bin mir ganz sicher, dass sie dich dafür auf anderer Ebene braucht«, entgegnete sie mit einem liebevollen Lächeln. »Ihr seid ein tolles Paar.«

Brodie nickte. Zu diesem Schluss war gefühlt schon ganz Kirkby gekommen – und nicht wenige gaben ihre Meinung auch unaufgefordert preis. Nicht, dass er es anders sah, ganz im Gegenteil, aber die Bestätigung von außen tat seltsam gut. »Danke, das finde ich auch«, entgegnete er. »Auch wenn ich es immer noch nicht wirklich glauben kann.«

»Manchmal wartet die Liebe an Ecken, wo man sie am wenigsten erwartet hat.« Ainslee streichelte über das Köpfchen ihrer schlafenden kleinen Tochter. »Vor einem Jahr hätte ich mir auch nicht vorstellen können, jemals wieder zu lieben, und schau mich jetzt an.«

Brodie hatte keine Ahnung, ob er sich wünschen sollte, in einem Jahr wieder Vater zu sein. Ausschließen wollte er es nicht, aber vor allem wollte er in Ruhe seine neue Beziehung wachsen sehen. Ein Kind konnte so einen Prozess durchaus verändern, das wusste er aus eigener Erfahrung. Ob er Marie geheiratet hätte, wäre sie nicht ungeplant schwanger geworden? Wer wusste das schon? Jedenfalls wollte er sich mit Charly Zeit lassen. Vor allem wollte er ihr Zeit geben, denn seltsamerweise war er selbst sich total sicher.

»Zwei vegane Quiches und etwas mit Speck und Sahne für dich?«, riss ihn Kristie gut gelaunt aus seinen Gedanken. Inzwischen hatte er den Backwaren-Stand erreicht.

»Du kannst wohl Gedanken lesen.« Er grinste.

»Ich kenne halt meine Pappenheimer und kriege ja mit, wie beschäftigt deine Damen sind. Also, hab ich recht, oder hab ich recht?«

»Du hast recht. Und noch drei süße Teilchen dazu. Selbst wenn die unter Umständen nicht hundert

Prozent vegan sein sollten.« Er schob einen Schein über den Tresen und nahm seine Beute in Empfang. »Gutes Geschäft noch. Ich nehme an, wir sehen uns später bei der Einweihung der Sporthalle?«

»Das würde ich mir für kein Geld der Welt entgehen lassen. Viel Spaß noch und bis nachher.«

Brodie verabschiedete sich von Ainslee, die ebenfalls ankündigte, am Nachmittag mit Mann und Kind zum Sportplatz zu kommen. Dann drehte er sich um und schaute zu Charlys Stand, an dem seine beiden Herzensfrauen mit ihren prächtig bunten Haaren Kunden berieten und zweifellos gute Umsätze machten. Kate stupste seine Hand an und betrachtete ihn seelenvoll.

In diesem Moment wurde ihm klar, dass er der glücklichste Mann auf der ganzen Welt war. Oder zumindest auf dem Marktplatz von Kirkby.

Er war dankbar für seine Gegenwart und freute sich auf die Zukunft mit seiner Tochter, seinen Hunden, seinen Freunden. Mit den Aufregungen, die seine Herzensheimat Kirkby am laufenden Band bereithielt – und mit Charly, die nun seinen Blick suchte und ihm ein Lächeln schenkte, das seine Seele wärmte. Mit dieser Frau an seiner Seite war er bereit für jedes Abenteuer.

– E N D E –

Zumindest für diese Geschichte, denn wir können davon ausgehen, dass Charly und Brodie eine ganz fabelhafte Zukunft haben werden. Vielleicht dürfen wir sie dabei gelegentlich beobachten?

Kirkby wird immer einen besonderen Platz in meinem Herzen behalten – genau wie die wunderbar exzentrische Dorfbevölkerung, die über die Jahre immer mehr gewachsen ist. Zweifellos werde ich auch immer wieder in das Highland-Dörfchen zurückkehren – nicht nur (aber auch) mit »Highland Crime«-Abenteuern.

Ich gebe aber zu, dass mir gerade auch eine neue Idee in den Fingern kribbelt. Das schottische Küstenstädtchen Oban, in dem Charlys Familie lebt, ist nämlich ein wahrer Wal-Hotspot und hat gute Chancen, zum nächsten »Insel der Wale«-Schauplatz zu werden …

Für die aktuellsten Infos rund um meine Bücher möchte ich dir meine beiden Newsletter ans Herz legen. In den »Letters from Kirkby« dreht sich alles um unser gemeinsames Lieblingsdorf, in meinem »Dienstags-Update«, das alle vierzehn Tage erscheint, informiere ich auch über meinen sonstigen Schreiballtag. Zur Begrüßung gibt's jeweils kostenlose E-Books.

Direkt zu den »Letters from Kirkby« und dem Kurzroman »Die Glückskuh von Kirkby«:
https://carinmueller.de/kirkby-letters

Direkt zum »Dienstags-Update«, zur Kurzgeschichte »Claire and her Prince of Whales« und zur Kolumnensammlung »Problemzonen«:
https://carinmueller.de/newsletter/leser-post

FIGURENREGISTER

Protagonisten:

Charly MacRae: 37, zierlich, aber ziemlich burschikos, tätowierte Arme, Nasenpiercing, blau gefärbter Undercut. Stammt aus einer Seefahrerdynastie aus Oban – und hat panische Angst vor dem Wasser. Ihr Element ist das Feuer, und sie ist Hufschmiedin mit Leib und Seele. Sie hat eine zehnjährige Eselstute namens Penny, die sie als Fohlen mit der Hand aufgezogen hat.

Brodie Henderson: 38, groß, dunkelblond, warme braune Augen, könnte als Kalender-Model für einen typischen britischen Landedelmann herhalten. Immer adrett, immer nett (auch wenn gewisse Leute das anders sehen) – und niemand merkt ihm die Düsternis an, die es auch in seinem Leben gibt. Hat zwei graue Whippets namens Kate und Moss – wegen denen er immer mal ausgelacht wird, weil sie gern in stylishen Mäntelchen herumlaufen. Und er hat eine 15-jährige Tochter namens Emma, die bei ihrer Mutter in Edinburgh lebt.

Die folgenden (erwachsenen) Personen sind ungefähr in der Reihenfolge ihres Auftretens aufgelistet:

Marlin Fraser: Patriarch des Fraser-Clans, Mann mit vielen Geheimnissen und noch mehr Meinungen, streitbarer, aber gleichzeitig großzügiger Mäzen

Betty Murray: bekannte Thrillerautorin und Marlins leidgeprüfte Lebensgefährtin

Anna Campbell: Kirkbys unersetzliche Hausärztin, Protagonistin in »Highland Hope – Eine Bäckerei für Kirkby«

Martha Millner: resolute Dorfhebamme und Kirkby-Kennerin

Christine: unerschrockene Dentalhygienikerin und Brodies nervenstarke Lieblingsassistentin

Collum McDonald: Kirkbys superengagierter Bürgermeister, dessen Ideenreichtum kaum zu bremsen ist. Verheiratet mit Harriet und Protagonist in »Highland Happiness – Die Weberei von Kirkby«

Maggie: tiefenentspannte Praxismanagerin

Marie Henderson: Brodies Ex-Frau und Emmas Mutter

Isla Fraser: engagierte Sterneköchin, liiert mit Pubwirt Jon Grant und Protagonistin in »Highland Hope – Ein Pub für Kirkby«

Rupert Fraser: Pferdeflüsterer und Clydesdale-Züchter in Kirkby, verheiratet mit Alice und Vater von Hailey und Kristie

Hailey Fraser: Bestimmt mit ihrem Vater Rupert die Pferdeszene in Kirkby. Liiert mit Töpfermeister Sean Gordon, Protagonistin in »Highland Happiness – Die Töpferei von Kirkby«

Kristie Fraser: Haileys jüngere Schwester, betreibt *Kristie's Old Bakery* und ein Highland-Dancing-Studio in Kirkby.

Marjorie MacRae: Charlys Mutter

Alex Fraser: ältester Sohn von Marlin Fraser, Ehemann von Colleen, Vater von Aidan und Roya, lokaler Hotelier, begeisterter Reiter und Protagonist in »Highland Hope – Ein Bed & Breakfast für Kirkby«

Fanny König: Münchner Dirndlschneiderin, die sich fürs Erste in Kirkby niedergelassen hat. Protagonistin der »Highland Crime«-Romane

Kendrick McIntosh: Tierarzt, verheiratet mit Shona und Protagonist in »Highland Hope – Eine Destillerie für Kirkby«

Joe: großmäuliger, aber zuverlässiger Stallbursche

Shona Fraser McIntosh: Brennmeisterin, Besitzerin der Golden Alpaca Distillery, verheiratet mit Kendrick und Protagonistin in »Highland Hope – Eine Destillerie für Kirkby«

Sean Gordon: Keramikkünstler, Reiter und bessere Hälfte von Hailey Fraser – Protagonist in »Highland Happiness – Die Töpferei von Kirkby«

Adley MacAlpine: Rinderzüchterin, liiert mit Michael Cunningham – Protagonistin in »Die Glückskuh von Kirkby«

Michael Cunningham: Biobauer, Maître d' in Islas Restaurant, liiert mit Adley und Protagonist in »Die Glückskuh von Kirkby«

Susan Sutherland: ehemalige Profifußballerin, Erzieherin und Leiterin des Kindergartens, mit Davie Tomlinson zusammen, Vermieterin von Charly, Protagonistin in »Highland Happiness – Die Schreinerei von Kirkby«

Davie Tomlinson: Schreiner und Architekt, Schweine-Papa, Partner von Susan und Protagonist in »Highland Happiness – Die Schreinerei von Kirkby«

Ainslee Ferguson: Schneiderin und Mitbetreiberin der *Kirkby Tartan Mill*, verlobt mit Paul Starling und Protagonistin in »Highland Happiness – Das Herrenhaus von Kirkby«

Timmy: Zahnmedizinischer Fachangestellter und Dentalhygieniker mit viel Leidenschaft für seinen Beruf, aber einem Hang zu außergewöhnlichen Outfits

Paul Starling: Geschichtsprofessor, Marlins uneheliecher Sohn und Partner von Ainslee, Protagonist in »Highland Happiness – Das Herrenhaus von Kirkby«

Harriet McDonald (früher Harper): Gründerin der *Kirkby Tartan Mill*, verheiratet mit Bürgermeister Collum und Protagonistin in »Highland Happiness – Die Weberei von Kirkby«

Nina: angehende Tiermedizinerin, derzeit Praktikantin bei Kendrick

Ivy: Kellnerin in *The Wise Pelican*

Poppy: Hebammen-Praktikantin

Kevin: Kellner in *The Wise Pelican*

Gregory MacRae: Charlys jüngerer Bruder

Mia MacRae: Charlys jüngere Schwester

Violet und Bruce Henderson: Brodies Eltern

Matthew und Liam MacRae: Charlys ältere Brüder

Hugh MacRae: Charlys Vater

Leslie Turner: patente Gemeindesekretärin in Kirkby und Collums rechte Hand

Jack McTavish: Pfarrer und bester Freund von Marlin Fraser

Heather Stewart: jüngere Schwester von Marlin und Rupert, verheiratet mit George Stewart, »Schloss«-Herrin von Monroe Manor

Zane: Hufschmied-Star, verstorbener Ehemann von Charly

Kinder:

Emma Henderson: fünfzehnjährige Tochter von Brodie

Roya Fraser: Vierzehn Monate alte Tochter von Colleen und Alex Fraser, hält Dorian für ihr Kuscheltier.

Aidan Fraser: vierzehnjähriger Sohn von Alex Fraser

Lucy: fünfzehnjährige Patientin von Brodie, geschäftstüchtige Perlenschmuck-Designerin auf dem Wochenmarkt

Tara: fünfzehn, Freundin und Geschäftspartnerin von Lucy

Carolyn Rose Starling: neugeborene Tochter von Ainslee und Paul

Brian: dreizehnjähriger Junge, der eine Schmiede-Karriere in Erwägung zieht

Daniel »Brutus« Charles Brodie Fraser oder Grant: neugeborener Sohn von Isla und Jon mit noch ungeklärtem Familiennamen

Chloe: verschollene und mutmaßlich verstorbene Pflegeschwester von Charly

Tiere:

Penny: Zehnjährige Eselin, wurde von Charly von Hand aufgezogen, benimmt sich wie ein Hund und folgt ihr am liebsten überallhin.

Kate und Moss: zwei schiefergraue, fünfjährige Whippets, Wurfgeschwister, die sich Brodie in der schwersten Zeit seines Lebens angeschafft hat

Elvis: riesiger Maine-Coon-Kater von Ärztin Anna

Dorian: mächtiger Rapphengst von Alex Fraser, von dessen Tochter Roya liebevoll »Dodo« genannt

Rudi: schlecht gelaunter original Münchner Dackel, der stets versucht, in den Highlands für Ordnung zu sorgen – vergebens natürlich

Ava: schwarze Pudelhündin von Harriet und Collum (einer von den neunundzwanzig Welpen aus »Highland Happiness – Die Schreinerei von Kirkby«)

Airgead: Haileys feinnervige Clydesdale-Stute, die nach einem neuen Beschlag wie ausgewechselt ist

Azzedine: ehemaliges Rennpferd, das von Kendrick und Shona gerettet wurde und nach einem Unfall bei Charly in Behandlung ist

Palmer: Airedale-Terrier-Pudel-Mix von Hailey und Sean (einer von den neunundzwanzig Welpen aus »Highland Happiness – Die Schreinerei von Kirkby«)

Roddy: junger Airedale-Rüde, der nur zum Trimmen im Ort ist

Petunia und Nessie: zwei Alpaka-Stuten aus der Herde von Shona

Orla und Higgins: zwei Irische Wolfshunde, die ebenfalls zu Shona und Kendrick gehören

Ernie: rotbraune Newfypoo-Hündin von Susan (einer von den neunundzwanzig Welpen aus »Highland Happiness – Die Schreinerei von Kirkby«)

Bertha: inzwischen riesiges Schwein, das Davie in »Highland Happiness – Die Schreinerei von Kirkby« als winziges Ferkel gerettet hat

Prince Charming: brauner Wallach, Gästepferd, »Kunde« von Charly

Edna: falbfarbene Clydesdale-Stute von Sean Gordon

Mella: gemütliche Fuchsstute von Heather

Kelloggs: lustiger Schecke

Namenloses buntes Plüsch-Chamäleon: Hat die Autorin beim weihnachtlichen Schrottwichteln gewonnen und sich verpflichtet, ihm einen Auftritt im nächsten Buch zu schenken. Voilà!

CHICKEN TIKKA MASALA

UM CHICKEN TIKKA MASALA ranken sich etliche Gerüchte. Als gesichert gelten darf, dass es kein Originalrezept aus der indischen Küche ist, sondern seine Ursprünge in einem britischen Pub hat. Womöglich sogar in einem schottischen! Dort hat der Legende nach ein indischer Koch den Versuch unternommen, seine heimischen Gerichte an wenig experimentierfreudige westliche Gaumen anzupassen. Herausgekommen ist ein vergleichsweise mildes Hähnchencurry mit reichlich cremiger Tomatensoße – seit Jahrzehnten eines der beliebtesten Gerichte in jedem schottischen Pub. Natürlich auch bei Jon in *The Wise Pelican*, wo Köchin Helen das Curry täglich frisch zubereitet. Mit echtem Hähnchenfleisch oder veganem Ersatz.

Ihre Variante ist supereasy zu kochen, gelingt garantiert immer und kann nach Lust und Laune variiert werden.

Zutaten für vier Personen:

- 400 g Hähnchenbrust (oder veganer Hähnchenfleisch-Ersatz)
- 250 ml Naturjoghurt
- 30 g Ingwer
- 1 Zwiebel
- 200 g (Fleisch-)Tomaten
- 2 frische Chilischoten
- 2 Knoblauchzehen
- 2 TL Koriandersamen
- 2 TL Senfkörner
- Salz
- 2 EL Pflanzenöl
- 1 EL Tomatenmark
- 200 g passierte Tomaten
- 250 g Basmatireis
- 1 Bund Koriander (kann man notfalls auch weglassen, ich mag es sehr)
- 5 EL Limettensaft
- Abgeriebene Schale einer Limette

Zubereitung:

Die Hühnerbrust grob würfeln, in einer Schüssel mit dem Joghurt vermengen und abgedeckt für 4–6 Stunden oder über Nacht im Kühlschrank einlegen.

Den Ingwer und die Zwiebeln schälen und Tomaten, Zwiebeln und Ingwer in feine Würfel schneiden. Die

Kerne der Chilischoten entfernen und die Schoten klein hacken, den Knoblauch in Würfel schneiden.

Koriandersamen, Senfkörner, Chilischoten und Knoblauchzehen in einer Pfanne anrösten.

Die Gewürzmischung, Tomaten-, Zwiebel- und Ingwerwürfel mit etwas Salz in einen Mörser geben und zu einer Paste mörsern.

Die Hühnerbrust aus dem Joghurt nehmen, trocken tupfen und in einem flachen Topf in etwas Pflanzenöl anbraten. Die Gewürzpaste und Tomatenmark dazugeben und mit einkochen lassen.

Mit den passierten Tomaten ablöschen und für ca. 10 Minuten bei mittlerer Hitze zu einer Soße einkochen.

Währenddessen den Reis in einem Sieb gründlich abwaschen, mit ca. 400 ml Wasser und einem Teelöffel Salz aufsetzen und gar kochen.

Den Koriander grob hacken und kurz vor dem Anrichten zusammen mit Limettensaft und -abrieb unter das Tikka Masala mischen.

Den Reis auf Tellern anrichten und mit dem Chicken Tikka Masala und mehr Koriander servieren.

Guten Appetit und viel Spaß beim Nachkochen!

DIE SACHE MIT DEM SCHMIEDEN

Ein sicheres Zeichen dafür, dass ich an einer Geschichte arbeite, in der es um Dinge geht, von denen ich nur wenig Ahnung habe, ist die Zusammensetzung meines Instagram-Feeds. Da tummeln sich naturgemäß viele Wale und Hochlandrinder, aber manchmal gibt's auch seltsame neue Schwerpunkte. Derzeit tauchen beispielsweise ständig irgendwelche Beiträge von Huf- und Goldschmiedinnen und -schmieden auf.

Natürlich recherchiere ich zunächst »traditionell« – und im Fall der Hufschmiede war ich einige Male auch live dabei –, aber Bilder und Filmchen untermalen meine Erkenntnisse dann immer besonders schön. Jedenfalls könnte ich aktuell – in der Theorie zumindest – so gut wie jedes pferdeartige Geschöpf mit dem passenden Schuhwerk versehen.

Ich will mich in diesem Text gar nicht so sehr mit den tatsächlichen Abläufen einer Pferdepediküre beschäftigen, sondern lieber ein paar interessante und skurrile Fakten zusammentragen:

»Hufschmied« zum Beispiel ist nämlich zumindest in Deutschland nicht die korrekte Berufsbezeichnung (in Österreich und der Schweiz schon). Stattdessen heißt es »Hufbeschlagsschmied«. Oder natürlich auch »Hufbeschlagsschmiedin«, denn so gering ist der Frauenanteil gar nicht. Wie Charly argumentiert, kommt es bei der Arbeit nicht in erster Linie auf Muskelkraft an, sondern auf Geschicklichkeit und Empathie. Umso erstaunlicher, dass Kenntnisse im Umgang mit Pferden bei der Ausbildung nicht zwangsläufig gefordert werden. Warum, ist mir ehrlich gesagt vollkommen schleierhaft, denn ohne Gefühl für die sensiblen Vierbeiner und solide Kenntnisse der Anatomie wird es vermutlich gar nicht klappen.

Die Sache mit den »Schmiede-Stars« habe ich mir übrigens nicht ausgedacht. Ich bin auf einen Bericht gestoßen, in dem es um einen »Wunderschmied« ging, um den sich die größten Gestüte in Kentucky regelrechte Schlachten geliefert haben. Ist schon ein bisschen her, aber viel geändert hat sich da wahrscheinlich nicht. Diese Geschichte war jedenfalls meine Inspiration für Charlys Ehemann Zane. Und auf Instagram habe ich einige »Schmiedfluencer« entdeckt …

Ursprünglich hatte ich geplant, dass Charly nicht nur eine begnadete Hufschmiedin ist, sondern in ihrer Freizeit auch Gold- und Silberschmuck macht. In der Umsetzung stellte sich diese Kombi dann aber als ziemlich schwierig dar, weil das Berufsbild von Gold- oder Silberschmiedinnen doch ziemlich anders ist als das von Hufschmieden. Und machen wir uns nichts vor, sie hat einfach keine Zeit, beides nebeneinander zu machen. Ihre goldverzierten Eisenschmuckstücke wird sie dagegen sicher auch in Zukunft herstellen. Vermutlich gerne auch zusammen mit Brodie. Und ich hätte selbst wirklich wahnsinnig gerne so ein Herz mit goldgefüllter Gravur … Sollte sich also im Kreise meiner Leserschaft jemand finden, der so etwas kann: Bitte melde dich bei mir!

An dieser Stelle ein riesengroßes Dankeschön an Alessia! Sie ist selbst Goldschmiedin und hat mir im Herbst 2023 angeboten, mir mit Rat und Tat zur Seite zu stehen, sollte ich Fragen rund um ihr Handwerk haben. Das hätte ich auch gemacht, wäre Charlys Karriereplanung etwas anders abgelaufen.

Dass Zahnärzte sich in ihren Praxislaboren als Nebenerwerbsgoldschmiede verdingen, ist übrigens nicht die Regel – allerdings auch nicht völlig meiner blühenden Fantasie entsprungen. Auch darüber habe ich bei meinen Recherchen eine Geschichte gefunden, die allerdings etwas makaber war: Ein französischer Zahnarzt soll jahrelang aus altem Zahngold unklarer Herkunft elaborierte Schmuckstücke für seine Gattin hergestellt haben. Bei Brodie kann man sich aber ganz sicher sein, dass er nicht zu krummen Dingern neigt.

DANKE

LIEBE LESERIN, LIEBER LESER,

diese Zeilen schreibe ich Mitte April 2024 im voll besetzten ICE von München nach Frankfurt. Die Bahn macht (ausnahmsweise) keine Probleme, und ich muss mich etwas zusammenreißen, damit ich nicht in laute Jubelstürme ausbreche: Der neunte große Kirkby-Roman ist im Kasten! Ist das zu glauben? Zusammen mit dem Krimi und, beiden Kurzromanen und den diversen Bonus-Storys sind das fast fünftausend Seiten! 5.000! Ich muss mir selbst die Augen reiben bei dieser Zahl.

Und du warst womöglich von der ersten Zeile an mit dabei. Dafür danke ich dir von ganzem Herzen. Es ist so ein unglaubliches Gefühl, Teil einer derart begeisterten Community zu sein. Vielen Dank für dieses Geschenk und deine Treue. Du ahnst gar nicht, wie viel mir das bedeutet.

Sollte dies dein erster Ausflug in »meine« schottischen Highlands sein, dann danke ich dir natürlich ebenfalls sehr und hoffe, dass du Lust bekommen hast, auch noch die anderen Geschichten für dich zu entdecken.

Dank gebührt so vielen Menschen – aber ich hoffe, ich kann mich kurzfassen:

Ich danke meiner lieben Freundin Susanne für Charly. Ich war lange auf der Suche nach einem perfekten Unisex-Namen für meine Protagonistin, und keiner wollte so richtig passen. Susanne hat mich dann überzeugt, dass Charly nicht nur als Kaninchenname (mein erstes Haustier) und »Verniedlichung« von Charles und Charlotte perfekt ist, sondern auch optimal zu meiner Schmiedin passt. Und was soll ich sagen? Sie hatte wie immer recht.

Kate und Moss wurden von meiner Freundin Micha getauft, die vor vielen Jahren gemeinsam mit mir einen Roman geschrieben hat. »Mopsküsse« unser Debüt. Danke, dass ich diese Namen verwenden durfte.

Danke meinem »Weihnachtswichtel« vom Frankfurter Bücherstammtisch für das bunte Plüsch-Chamäleon und die Challenge, es in diesen Roman hineinzuschreiben.

Ich danke meinen wundervollen Kolleginnen aus dem virtuellen WhatsApp-Schreibbüro. Ich weiß gar nicht, wie viele Romane ich mit eurer Unterstützung schon geschrieben habe. Der Austausch, der weit über das gegenseitige Motivieren hinausgeht, ist so, so wertvoll.

Danke meinem Podcast-Kollegen Christian, der mich seit über fünf Jahren mit »Der literarische Saloon« dazu zwingt, wenigstens alle vierzehn Tage an andere Dinge zu denken – und der die wundervollsten

Fanboy-Rezensionen zu meinen Büchern schreibt. Du bist großartig!

Danke an Gundel für unseren wöchentlichen Jour fixe, bei dem wir uns gelegentlich unser Autorinnen-Leid klagen, aber viel öfter mit tollen Ideen jonglieren.

Ich danke der unbestechlichen Julia dafür, dass sie mir keinen Unsinn durchgehen lässt – weder inhaltlich noch orthografisch und grammatikalisch. Außerdem ist sie die Hüterin der »Kirkby-Bibel« und behält den Überblick über das immer üppiger werdende Personal.

Danke an Sabine, die wieder so ein grandioses Cover gezaubert hat. Was wäre Kirkby ohne dich?

Danke an Christine und Justine – fürs finale Drüberschauen über das Manuskript.

Danke an Scotty, meinen vierbeinigen Terror … ähm … Terrier, der dafür sorgt, dass ich regelmäßig an die frische Luft gehe, und mich buchstäblich tierisch inspiriert.

Danke meinem Herzensmann Jan, der gar nicht ahnt, wie viel von ihm in meinen Protagonisten zu finden ist – obwohl er tapfer all meine Geschichten als Erster liest.

Ihr seid alle wundervoll!

Charlotte

PS: Hier folgt meine übliche Versicherung, dass ich natürlich auch all jenen von ganzem Herzen danke, die ich oben mal wieder vergessen habe. Es ist wie mit dem Figurenregister von Kirkby – es werden einfach immer mehr. Ihr seid großartig!

Noch ein PS: Sollte dieser Roman dein Erstkontakt mit mir sein, dann freue ich mich, dass du bis hierher durchgehalten hast. Das stimmt mich auch milde optimistisch, dass du Spaß mit der Geschichte und mit mir hattest. Besuche mich doch auf meiner Website www.carinmueller.de (so heiße ich, wenn ich keinen Kilt trage). Da erfährst du alles über mich, meine Bücher, meine diversen Pseudonyme und meine vielen Abenteuer. Und zögere nicht, mir zu schreiben, denn ich liebe es, von dir zu hören und zu lesen.

ALLE KIRKBY-GESCHICHTEN AUF EINEN BLICK

SÄMTLICHE KIRKBY-GESCHICHTEN können für sich allein und unabhängig voneinander gelesen werden – doch wer kann das schon wollen? Den größten Spaß hat man sicherlich, wenn man sie in der richtigen Reihenfolge genießt:

Weihnachten in Kirkby:
Diese zuckersüße Kurzgeschichte spielt genau ein Jahr vor »Highland Hope – Ein Bed & Breakfast für Kirkby«. Es gibt sie kostenlos exklusiv auf meiner Website: https://carinmueller.de/weihnachten-in-kirkby

Robin – High in the Sky:
Dieser Roman spielt in den Monaten vor »Highland Hope – Ein Bed & Breakfast für Kirkby« – und auch wenn er vorwiegend nicht in Schottland handelt, weht doch mehr als nur ein Hauch von Kirkby durch die Zeilen. Es gibt ihn als eBook und Taschenbuch überall im Buchhandel.

Was war der zweitschlimmste Tag in deinem Leben?

Diese Frage können Anwältin Robin Stewart und Entwicklungshelfer Sky Forrester eindeutig beantworten – wenn auch auf sehr unterschiedliche Art und Weise. Die toughe Schottin und der sensible Wohltäter landen unfreiwillig im gemeinsamen Exil in San Francisco und stellen fest: Gegensätze ziehen sich an.

Doch weil das Schicksal eigensinnige Pläne mit ihnen hat, müssen sie auf einem wilden Ritt um die halbe Welt erst zahlreiche Herausforderungen meistern, ehe sie erkennen, worauf es wirklich ankommt im Leben.

Eine ergreifende Geschichte über wahre Freundschaft, den Sinn des Lebens und die eine große Liebe.

Ein Sommer in Kirkby:
Dieser Kurzroman spielt wenige Monate vor »Highland Hope – Ein Bed & Breakfast für Kirkby«. Du bekommst ihn kostenlos in allen E-Book-Shops und auf meiner Website:
https://carinmueller.de/ein-sommer-in-kirkby

Lila Harper hat eine Mission: Um einen besseren Job als ihr Volontariat bei der Reitsportzeitschrift »Horse & Hound« zu ergattern, reist sie zu entfernten Verwandten nach Kirkby. Ein Artikel über das schillernde

Herrenhaus Monroe Manor soll ihr Karrieresprungbrett werden.

Profireiter Cameron Sinclair wollte nie wieder nach Kirkby zurückkehren, doch sein wertvolles Springpferd Artemis verweigert auf einmal jede Zusammenarbeit. Jetzt kann nur noch sein alter Mentor, der Pferdeflüsterer Rupert Fraser helfen.

Doch dann kommt alles anders: Exzentrische Dorfbewohner, eine wütende Exfreundin, Mister Spock und ein mythisches Wasserpferd in Loch Leary können nicht verhindern, dass zwischen Lila und Cameron die Funken sprühen und die Liebe einschlägt.

Highland Hope – Ein Bed & Breakfast für Kirkby: Band 1 der ersten Kirkby-Staffel gibt es als Taschenbuch und E-Book überall im Buchhandel.

Im »Cosy Thistle« findet Colleen mehr als nur ein Zimmer …

Colleen Murray hat nichts zu verlieren, als sie Boston hinter sich lässt, um auf Wunsch ihres verstorbenen Vaters ein paar Monate in seiner schottischen Heimat Kirkby zu verbringen. Die Schönheit der Highlands und den eigenwilligen Charme der Dorfbewohner nimmt sie anfangs kaum wahr. Doch dann trifft sie Alex Fraser, den Besitzer des romantischen Bed & Breakfast.

Der alleinerziehende Vater ist nicht nur genau ihr Typ, sondern teilt auch ihre Leidenschaft fürs Reiten.

Wird Colleen die Reise zu ihren Wurzeln dabei helfen, endlich ihren Platz im Leben zu finden? Das Glück scheint jedenfalls zum Greifen nahe. Bis Alex´ Vergangenheit ihn einzuholen und alles zu zerstören droht …

Highland Hope – Ein Pub für Kirkby:
Band 2 der ersten Kirkby-Staffel ist als Taschenbuch und E-Book überall im Buchhandel erhältlich.

Liebe geht durch den Magen … besonders, wenn man Essen so liebt wie Isla!

Isla Fraser ist leidenschaftliche Sterneköchin. Als der Gernegroß Rodney Swinton in der Nähe von Kirkby ein angesagtes Bistro eröffnet, muss sie um ihr Restaurant fürchten. Denn Rodney hat eine Rechnung mit ihr offen. Dann gerät sie auch noch mit dem eigentlich sehr charmanten Jon Grant aneinander, der den Pub des Örtchens zu neuem Leben erwecken möchte.

Da Jon mit seiner Neufundländerhündin Polly ins Bed & Breakfast von Islas Bruder zieht, können sich die beiden unmöglich aus dem Weg gehen … und fühlen sich bald unwiderstehlich zueinander hingezogen. Aber Jon ist ein alter Bekannter von Rodney und Isla muss sich fragen, auf wessen Seite er wirklich steht.

Highland Hope – Eine Destillerie für Kirkby:
Band 3 der ersten Kirkby-Staffel gibt es als Taschenbuch und E-Book überall im Buchhandel.

Shona liebt ihre Whisky-Brennerei ebenso wie ihr Alpaka. Als sie den Tierarzt Kendrick trifft, wird die Liebe hochprozentig!

Shona ist das Küken der Familie Fraser. Das einst wilde Party-Girl hat die stillgelegte Destillerie von Kirkby modernisiert und gerade ihren ersten eigenen Whisky abgefüllt. Bei all dem Trubel bemerkt sie nicht, dass ihr Alpaka Nessie zu tief ins Glas schaut und ausgerechnet dem Tierarzt Kendrick McIntosh vors Auto taumelt.

Dieser ist empört. Doch nachdem der erste Zorn verraucht ist, stellen die beiden fest, dass sie noch mehr verbindet als die Liebe zu den Tieren und zum Highland Dance. Durch ein tragisches Unglück lernen sie sich auf einmal von einer ganz neuen Seite kennen. Und auch Shonas Whisky erweist sich als wahrer Liebestrank …

Highland Hope – Eine Bäckerei für Kirkby:
Band 4 der ersten Kirkby-Staffel findest du als Taschenbuch und E-Book überall im Buchhandel.

Annabel bringt das Herz von Lennox zum Klingen … und gemeinsam verwirklichen sie ihre Träume

Die Landärztin Annabel Campbell hätte nie gedacht, dass sie sich so in das malerische Kirkby verlieben würde. Auch ihr Maine-Coon-Kater genießt die täglichen Besuche in der *Old Bakery*, in der Kristie das beste Shortbread von ganz Schottland backt. Hier trifft die optimistische Annabel auch immer wieder auf den rätselhaften Lennox Fraser.

Dieser fühlt sich als das schwarze Schaf der Familie. Insbesondere Vater Marlin ist strikt gegen Lennox´ Karriere als Musiker. Als Waise weiß Annabel wie es ist, sich alleine durchzukämpfen. Die beiden scheinen perfekt füreinander. Doch ein lang gehütetes Familiengeheimnis kann nicht länger verheimlicht werden und stellt alles auf den Kopf …

Die Glückskuh von Kirkby:
Dieser Kurzroman spielt zeitgleich mit dem Ende von »Eine Destillerie für Kirkby« und dem Anfang von »Eine Bäckerei für Kirkby« – ohne aber irgendwas von den Inhalten zu spoilern. Diese Geschichte gibt es derzeit als eBook exklusiv für die Abonnent*innen meiner »Letters from Kirkby« (https://carinmueller.de/kirkby-letters) und als Hörbuch überall im Handel.

Wer an dieser Quelle seine wahre Liebe küsst, bleibt für immer mit ihr zusammen …

Zwanzig Jahre nach dem ersten Kuss kehrt Adley MacAlpine nach Kirkby zurück und begegnet prompt

Michael Cunningham, dem sie mit süßen vierzehn an der geheimnisvollen Waldquelle ewige Liebe geschworen hat. Nur um kurz darauf mit ihren Eltern nach Neuseeland auszuwandern.

Zwei Jahrzehnte später ist alles anders. Beide sind erwachsen, das Leben hat für Erfahrungen und Narben gesorgt und Adley eine kleine Tochter geschenkt. Nun ist sie mit Willow in ihre alte Heimat zurückgekehrt, um den Bauernhof ihres verstorbenen Großvaters zu verkaufen – doch da ist Michael, und die Anziehungskraft zwischen ihnen flackert erneut machtvoll auf.

Kann es nach so langer Zeit eine zweite Chance geben?

Highland Happiness – Geschichten aus Kirkby:
Der Sammelband mit allen »Extras« außerhalb von »Highland Hope« und »Highland Happiness« gibt es als eBook und Taschenbuch überall im Handel.

Sehnsucht nach den schottischen Highlands?

Im Highland Dörfchen Kirkby ist immer reichlich los: Begleite in der Kurzgeschichte »Weihnachten in Kirkby« Fotografin Luci und Anwalt Ian zu einem romantischen Weihnachtsfest auf Monroe Manor. Sei in der Novelle »Ein Sommer in Kirkby« hautnah mit dabei, wie sich die ambitionierte Modejournalistin Lila in den Skandal-Profirciter Cameron verliebt.

Und erfahre im Kurzroman »Die Glückskuh von Kirkby«, ob Cowgirl Adley und Bio-Bauer Michael nach zwanzig Jahren noch eine zweite Chance haben.

Außerdem: Rezepte, Anekdoten und eine exklusive Preview auf ein kriminelles Kirkby-Abenteuer.

Für alle Fans von »Highland Hope« und Highland Happiness« und all jene, die es werden wollen. Die Geschichten sind spoilerfrei und in sich abgeschlossen.

Highland Happiness – Die Weberei von Kirkby:
Band 1 der zweiten Kirkby-Staffel gibt es als Taschenbuch, E-Book und Hörbuch überall im Buchhandel.

Kann man Glück und Liebe in einem Stoff verweben?

Harriet Harper wagt den Sprung in eine ungewisse Selbstständigkeit. Die Textildesignerin verlässt Londons schnelllebige Modebranche und gründet in Kirkby eine Weberei, um nachhaltige, stilvolle Stoffe herzustellen – und ein paar persönliche Wunden zu flicken.

Die kühne Idee stößt vor allem bei Bürgermeister Collum McDonald auf Begeisterung. Er träumt laut von einem eigenen Dorf-Tartan und heimlich von der zauberhaften Harriet als First Lady von Kirkby. Doch so glücklich sein Händchen für den Ort ist, in Liebesdingen ist er erschütternd hilflos.

Gut, dass die Seidenhühner Thelma und Louise noch ein Wörtchen mitzugackern haben …

Highland Happiness – Die Töpferei von Kirkby: Band 2 der zweiten Kirkby-Staffel gibt es als Taschenbuch, E-Book und Hörbuch überall im Buchhandel.

Wenn die Liebe auf tönernen Füßen steht …

Hailey Fraser hält die Zügel in der Hand. Mit ihrem Vater managt sie das Reittrainingscenter in Kirkby und hat Pferde und Reiter voll im Griff – genauso wie ihre Männergeschichten. Bis auf Sean Gordon. Der berühmte Keramikmeister lebt zwar schon mehrere Jahre im Ort, doch niemand kennt den zurückgezogenen Künstler wirklich.

Bei Vorbereitungen für die anstehenden Highland Games kommen sich die beiden näher und entdecken unter Schutzschichten aus Ton und Draufgängertum erstaunliche Ähnlichkeiten. Und eine überraschende Verbindung, die alles zu ruinieren droht. Mit einem Mal steht nicht nur ihr gemeinsames Glück auf der Kippe, sondern auch das von Haileys Schwester Kristie.

Muss sich Hailey zwischen ihrer Schwester und der Liebe entscheiden?

Highland Happiness – Das Herrenhaus von Kirkby: Band 3 der zweiten Kirkby-Staffel gibt es als Taschenbuch, E-Book und Hörbuch überall im Buchhandel.

Wer bin ich wirklich?

Ainslee Ferguson ist es gewohnt, in viele Rollen zu schlüpfen. Als Darstellerin auf Historienmärkten bessert sie ihr bescheidenes Schneiderinnen-Einkommen auf. Erst in der Kirkby Tartan Mill auf Monroe Manor findet sie langsam zu sich – und zu Paul Starling, dessen Pudeldame Ivy sich in Ainslees Rüden Jules verknallt.

Paul ist oft in Kirkby, um seinen leiblichen Vater und seine Halbgeschwister kennenzulernen. Doch dann soll der smarte Historiker Gerüchten um die Besitzverhältnisse von Monroe Manor nachgehen und findet heraus, dass Ainslee womöglich die wahre Erbin ist – eine Erkenntnis, die im Dorf für allerlei Schockreaktionen sorgt.

Manchmal braucht es ein Erdbeben, um die Dinge geradezurücken …

Highland Happiness – Die Schreinerei von Kirkby: Band 4 der zweiten Kirkby-Staffel gibt es als Taschenbuch und E-Book überall im Buchhandel.

Wahre Schönheit liegt im Detail – und im Ringelschwänzchen eines Ferkels.

Susan Sutherland liebt ihren Job im Kindergarten von Kirkby – auch wenn diese Aufgabe eher wie eine Verlegenheitslösung erscheint. Schließlich führte sie als Profifußballerin bis vor kurzem ein ganz anderes Leben. Davon kann auch Davie Tomlinson ein Lied singen. Der leidenschaftliche Schreiner hatte sein Geld ursprünglich mit Dingen verdient, die seine Seele zu zerstören drohten.

Die beiden sind beste Freunde und setzen sich voller Hingabe für die Dorfgemeinschaft ein. Doch plötzlich gerät ihre vertraute Kameradschaft ins Wanken, als Ernie und Bertha – ein Welpe und ein Ferkel – für reichlich Aufregung sorgen.

Wann kommt der Punkt, an dem es nur noch vorwärts geht und es keinen Weg zurück gibt?

Highland Happiness – Die Schmiede von Kirkby: Band 5 der zweiten Kirkby-Staffel gibt es als Taschenbuch und E-Book überall im Buchhandel.

Manchmal muss man durchs Feuer gehen, um Licht zu sehen.

Charly MacRaes Leben ist ein einziges Missverständnis. Die Tochter einer Seefahrerdynastie fürchtet sich vorm Meer und liebt das Spiel mit dem Feuer. In Kirkby heuert sie als Hufschmiedin an, obwohl dort alle einen Mann erwarten. Der smarte Zahnarzt

Brodie Henderson dagegen scheint immer alles richtig zu machen und nichts dem Zufall oder gar Schicksal zu überlassen.

Gegensätzlicher können zwei Menschen kaum sein, doch als sich ihre Wege immer häufiger kreuzen, stellen Charly und Brodie erstaunt fest, dass wahre Übereinstimmung nicht im Äußeren, sondern im Inneren liegt.

Werden die sprühenden Funken es schaffen, Vorurteile zu verbrennen und eine knisternde Liebe zu entzünden?

Und danach? Das wird man sehen!

Wenn du nicht genug von Kirkby und seinen schrulligen Bewohnern bekommen kannst, dann schreib mir doch eine Mail an kirkby@charlottemcgregor.de. Ich freue mich immer riesig über Post von meinen Leser*innen und abonniere unbedingt meine »Letters from Kirkby« (www.charlottemcgregor.de), denn dort erfährst du sofort, wenn es Neuigkeiten gibt.

Deine Charlotte

WER IST CHARLOTTE?

»MIT SEHNSUCHTSORTEN KENNT SICH Charlotte McGregor aus. Schon in frühester Kindheit fühlte sie sich zu Städten und Ländern hingezogen, die sie nur aus Büchern oder Filmen kannte. Kein Wunder, dass sie aus ihrem Fernweh einen Beruf gemacht hat. Die Journalistin schrieb jahrelang Reiseberichte für Zeitungen und Magazine, ehe sie ihre Lieblingsorte auch in Romanen verewigte. Derzeit schlägt ihr Herz für Schottland, wo sie regelmäßig mit ihrem Mann durch Städte, Dörfer und die Highlands streift und sich voller Enthusiasmus auf Whisky, Haggis und Kilts stürzt.«

So lautet die offizielle Vita in meinen »Kirkby«-Romanen. Das ist auch alles richtig – und doch nur die halbe Wahrheit. Denn ich bin inzwischen Viele, eine regelrechte Autorinnen-WG, was daran liegt, dass ich mich nur ungern in festgefertigte Schablonen pressen lasse. Mich interessieren einfach so viele unterschiedliche Themen. Also hier eine etwas detailliertere Selbstbeschreibung:

Es gibt Menschen, die sind werteorientiert, ich bezeichne mich gerne als »worteorientiert«, denn dem geschriebenen Wort gehört seit früher Kindheit meine ganze Aufmerksamkeit. Buchstaben, Worte, Wörter und Texte üben bis heute eine magische Faszination auf mich aus, denn die Wucht, die dieses vergleichsweise bescheidene Werkzeug aus sechsundzwanzig Lettern und einigen Satzzeichen ausüben kann, ist beträchtlich.

Meine große Leidenschaft gehört dem belletristischen Schreiben. Mein erster Roman ist 2009 unter meinem Klarnamen Carin Müller bei Goldmann erschienen. Seitdem folgten mehr als dreißig weitere Titel bei Publikumsverlagen und in Eigenregie als Selfpublisherin. Die wenigsten davon unter meinem richtigen Namen, denn eine Sache habe ich inzwischen auch gelernt: Leser lieben Schubladen und die will ich auch bedienen.

Für den etwas unkonventionelleren Blick über den Tellerrand habe ich meine Website und meinen Blog. Dort veröffentliche ich jeden Montag einen neuen Artikel zu einem Thema, das mir gerade unter den Nägeln brennt. Ich würde mich sehr freuen, wenn du mal einen Blick darauf wirfst. Außerdem gibt es auf meiner Seite alles über mich, meine Bücher und meinen Podcast zu erfahren. www.carinmueller.de

Wenn du es noch nicht getan hast, lade ich dich herzlich dazu ein, mein »Dienstags-Update« https://carinmueller.de/newsletter/leser-post zu abonnieren. Dort informiere ich alle vierzehn Tage immer dienstags über alles, was sich gerade bei mir tut und empfehle außerdem tolle Bücher von KollegInnen.

Ich freue mich auch über regen Austausch mit meinen Lesern. Du findest mich auf allen sozialen Medien und kannst mir aber gerne auch eine Mail schreiben. Ich beantworte jede Anfrage: post@carinmueller.de

Alles Liebe,

Deine Carin aka Charlotte^2

PS: Auf den nächsten Seiten findest du einen kleinen Überblick über meine bisherigen Veröffentlichungen.

MEINE BÜCHER

Veröffentlichungen als Charlotte McGregor:

»Ein Sommer in Kirkby« – 2020, SP
»Highland Hope – Ein Bed & Breakfast für Kirkby« – 2021, Heyne Verlag
»Highland Hope – Ein Pub für Kirkby« – 2021, Heyne Verlag
»Highland Hope – Eine Destillerie für Kirkby« – 2021, Heyne Verlag
»Highland Hope – Eine Bäckerei für Kirkby« – 2022, Heyne Verlag
»Island Dreams – Der Garten am Meer« – 2022, Heyne Verlag
»Die Glückskuh von Kirkby« – 2022, SP
»Highland Happiness – Geschichten aus Kirkby« – 2022, SP
»Highland Happiness – Die Weberei von Kirkby« – 2023, SP
»Robin – High in the Sky« – Wiederveröffentlichung des gleichnamigen Titels, 2023, SP
»Highland Happiness – Die Töpferei von Kirkby« – 2023, SP

»Highland Happiness – Das Herrenhaus von Kirkby« – 2023, SP
»Highland Crime – Die tote Tänzerin« – 2023, SP
»Insel der Wale – Lebe, als gäbe es kein Morgen« – Wiederveröffentlichung des gleichnamigen Titels, 2024, SP
»Insel der Wale – Lausche den Klängen deiner Seele« – Wiederveröffentlichung des gleichnamigen Titels, 2024, SP
»Insel der Wale – Wandere auf unerforschten Pfaden« – Wiederveröffentlichung des gleichnamigen Titels, 2024, SP
»Highland Happiness – Die Schreinerei von Kirkby« – 2024, SP
»Island Dreams – Die Imkerei am Meer« – 2024, Heyne Verlag
»Highland Happiness – Die Schmiede von Kirkby« – 2024, SP

Veröffentlichungen als Charlotte Taylor:

Die Reihe »Hot Chocolate« – 18 Titel, ab 2015, Bastei Lübbe
»San Francisco Millionaires Club – Ian« – 2017, SP
»San Francisco Millionaires Club – Derek« – 2017, SP
»Robin – High in the Sky« – 2018/2023, SP
»San Francisco Millionaires Club – Dan« – 2019, SP

»San Francisco Millionaires Club – Sammelband: Ian, Derek, Alistair, Dan« – 2020, SP
»Lebe, als gäbe es kein Morgen« – 2020, SP
»Lausche den Klängen deiner Seele« – 2021, SP
»Wandere auf unerforschten Pfaden« – 2021, SP
»L.A. Roommates 1 – Prickelnde Nächte und heiße Flirts« (Wiederveröffentlichung Teil 1 der »Hot Chocolate«-Geschichten) – 2022, Bastei Lübbe
»L.A. Roommates 2 – Wilde Herzen und süße Verführung« (Wiederveröffentlichung Teil 2 der »Hot Chocolate«-Geschichten) – 2022, Bastei Lübbe

Veröffentlichungen als Carin Müller:

»Mopsküsse« – 2009, Goldmann
»High Heels & Hundekuchen« – 2012, Goldmann
»Gefühlte Wahrheit – 2014, SP
»Hundstage« – 2014, SP
»Problemzonen« – 2015, SP
»Tage zwischen Ebbe und Flut« – 2016, Droemer Knaur
»Hugo's Affairs – Wie war das mit den zauberhaften Anfängen?« – 2022, SP (Wiederveröffentlichung von »Mopsküsse«)
»Hugo's Affairs – Wenn es nicht gut ist, ist es nicht das Ende!« – 2022, SP (Wiederveröffentlichung von »High Heels und Hundekuchen«)

Veröffentlichungen als Nirac Rellum:

»Außenmission auf Kaipas V« – 2015, SP
»Ferien auf Tarkanus X« – 2017, SP

Einen kompletten Überblick über meine Romane – inklusive Cover und Klappentexte findest du auch hier in meinem Katalog:
https://carinmueller.de/katalog

INSEL DER WALE

Band 1: Lebe, als gäbe es kein Morgen
Zwei Menschen, eine Leidenschaft: Orcas! Aber reicht das, um die tiefen Wunden beider zu heilen?

Wale sind Reed Archers große Leidenschaft und zusammen mit seiner dreizehnjährigen Tochter Grace sein ganzer Lebensinhalt. Nach einem tragischen Schicksalsschlag fühlt er sich endlich bereit für eine neue Liebe …

Ein winterlicher Liebesroman voller Gefühl und mit wichtigen Themen – fesselnd, bewegend und fürs Herz.

Band 2: Lausche den Klängen deiner Seele
Von neugierigen Walen, hungrigen Bären und einer Herausforderung namens Liebe.

Wal-Saison im malerischen Tofino. Für die lebensfrohe Esther Johnson kommen zur Sorge um ihre gehörlosen Kinder und dem Rosenkrieg mit ihrem Ex auch der Schuldenberg ihres Whale-Watching-Unternehmens dazu …

Eine mitreißende Geschichte vor der atemberaubenden Kulisse Vancouver Islands – mit imposanten Walen, hungrigen Bären und einer großen Erkenntnis: Man hört nur mit der Seele gut.

Band 3: Wandere auf unerforschten Pfaden
Verspielte Delfine, schützende Tätowierungen und der Beginn einer unerwarteten Liebe.

Yuma Solano ist auf der Flucht – vor der Angst. In Tofino kommt sie endlich zur Ruhe und mit der Entspannung kehrt nach Jahren auch ihre Kreativität zurück …

Eine außergewöhnliche Geschichte über die Überwindung von Ängsten und die Magie der eigenen, inneren Kraft.

Alle Bände erhältlich als eBook, Taschenbuch und Hörbuch in allen Shops!